Tributação no Brasil do Século XXI

UMA ABORDAGEM HERMENEUTICAMENTE CRÍTICA

Conselho Editorial
André Luís Callegari
Carlos Alberto Molinaro
Daniel Francisco Mitidiero
Darci Guimarães Ribeiro
Draiton Gonzaga de Souza
Elaine Harzheim Macedo
Eugênio Facchini Neto
Giovani Agostini Saavedra
Ingo Wolfgang Sarlet
Jose Luis Bolzan de Morais
José Maria Rosa Tesheiner
Leandro Paulsen
Lenio Luiz Streck
Paulo Antônio Caliendo Velloso da Silveira

Dados Internacionais de Catalogação na Publicação (CIP)

B889t   Buffon, Marciano.
         Tributação no Brasil do século XXI: uma abordagem hermeneuticamente crítica / Marciano Buffon, Mateus Bassani de Matos. – Porto Alegre: Livraria do Advogado Editora, 2015.
         285 p.; 23 cm.

         Inclui bibliografia.
         ISBN 978-85-7348-959-0

         1. Direito tributário - Brasil. 2. Hermenêutica (Direito). 3. Impostos. I. Matos, Mateus Bassani de. II. Título.

CDU 34:336.2(81)
CDD 343.8104

Índice para catálogo sistemático:
1. Direito tributário: Brasil   34:336.2(81)

(Bibliotecária responsável: Sabrina Leal Araujo – CRB 10/1507)

Marciano Buffon
Mateus Bassani de Matos

Tributação no Brasil do Século XXI

UMA ABORDAGEM HERMENEUTICAMENTE CRÍTICA

Porto Alegre, 2015

©
Marciano Buffon
Mateus Bassani de Matos
2015

Capa, projeto gráfico e diagramação
Livraria do Advogado Editora

Imagem da capa
Stockphoto.com

Revisão
Rosane Marques Borba

Direitos desta edição reservados por
Livraria do Advogado Editora Ltda.
Rua Riachuelo, 1300
90010-273 Porto Alegre RS
Fone/fax: 0800-51-7522
editora@livrariadoadvogado.com.br
www.doadvogado.com.br

Impresso no Brasil / Printed in Brazil

De facto, a questão da distribuição da riqueza é demasiado importante para ser deixada unicamente nas mãos dos economistas, sociólogos, historiadores e outros filósofos. Ela interessa e interpela toda a gente, e ainda bem.
[...]
O imposto não é uma questão de técnica. Trata-se de uma questão eminentemente política e filosófica, sem dúvida a primeira de entre todas. Sem impostos, não pode existir um destino comum e uma capacidade coletiva para agir. Sempre foi assim. No coração de cada reviravolta política importante encontramos uma revolução fiscal.

Thomas Piketty

À guisa de prefácio

Por Lenio Luiz Streck

O dever fundamental de buscar o sentido autêntico da tributação no Estado Social e Democrático de Direito

O Brasil é uma República que visa a erradicar a pobreza, fazer justiça social e construir uma sociedade justa e solidária. Eis a marca do Estado Social na Constituição do Brasil. É nesse conceito que vemos a virada de nosso constitucionalismo. Enquanto a Constituição de Portugal de 1976, de forma mais radical, indicava ser a República portuguesa uma sociedade em transição ao socialismo, a Carta brasileira foi mais modesta, estabelecendo uma transição em direção a algo que nunca tinha havido por aqui: o Estado Social.

Modesta, mas incisiva. O leque de direitos fundamentais-sociais previstos na Constituição são fortes indicativos de que devemos levar a sério o texto. Ou seja, como diz Müller, temos de cuidar para que o texto não revide (e, acrescento, não nos esbofeteie epistemicamente). Como contraponto para atender e resgatar as promessas incumpridas da modernidade, o constituinte estabeleceu uma política tributária apta a dar conta dessas demandas. Na verdade, estabeleceu claramente a tributação como condição de possibilidade para uma política distributiva.

Atento a essa problemática, Mateus Bassani de Matos e Marciano Buffon fazem, na obra *Tributação no Brasil do Século XXI: uma abordagem hermeneuticamente crítica* – que tenho a honra de apresentar à comunidade jurídica – uma aprofundada pesquisa visando a discutir as razões pelas quais o texto constitucional ainda carece de eficacialidade. E, para tanto, os autores fazem um olhar hermenêutico. Revolvem o chão linguístico em que está assentada a tradição do direito tributário-constitucional e buscam fazer as necessárias desleituras das capas de sentido inautêntico que o senso comum foi agregando a esse fenômeno.

Esse é o ponto, asseveram os autores: Apesar do fundamental papel que a tributação desempenha, os atores sociais responsáveis pela sua elaboração, institucionalização e manejo, mostram-se refratários às mudanças paradigmáticas operadas pela filosofia da linguagem e pelo movimento constitucional. Isso ocorre tanto no âmbito dos Poderes constituídos, como na doutrina em matéria tributária, que acriticamente referenda as posições exaradas por aqueles Poderes.

A tradição, no que tange ao papel das políticas tributárias em *terrae brasilis*, não se apresenta ainda filtrada constitucionalmente. Historicamente, o Estado tem sido visto a partir de um olhar e um viés patrimonialista. Isto é, o Estado tem sido visto como o lugar do extrativismo. Ocorre que a Constituição de 1988 foi ruptural no sentido de que construamos uma sociedade não mais baseada em privilégios. Não faltam, para tanto, mecanismos constitucionais para implementar essa viragem em direção ao Estado Social. Daí o papel fundamental dos juristas, na busca desse dever fundamental de pagar tributos, na feliz acepção de Casalta Nabais, e distribuí-los segundo os ditames do artigo 3º da Lei Maior. E o papel da academia fornecendo quadros para que alcancemos esse desiderato.

Por isso, este importante livro fulcrado na Crítica Hermenêutica do Direito, matriz teórica que construí ao longo dos anos, deixa claro que há uma série de instrumentos e mecanismos à disposição do imaginário jurídico nacional, com o específico objetivo de recuperar o papel de centralidade da tributação na construção de uma sociedade livre, justa e igualitária e, portanto, adequada à Constituição vigente (e eu acrescentaria, compromissória e dirigente).

O ferramental hermenêutico manejado reúne as condições necessárias e suficientes para uma releitura do fenômeno tributário brasileiro. Se a Constituição é tão firmemente aplicada em áreas que dizem respeito aos direitos de determinados setores da sociedade, qual a razão desse mesmo texto não servir para exigir o cumprimento, por exemplo, da tributação das grandes fortunas? Do mesmo modo, por qual razão ainda não fizemos uma teoria do bem jurídico-tributário-constitucional? Por que ainda punimos com mais rigor o furto qualificado que parcela dos delitos tributários? Por qual razão no direito penal-tributário é possível devolver o valor sonegado (e ficar isentado do crime) e nos crimes contra o patrimônio individual somos refratários à tese?

Há, assim, um imenso campo a ser explorado no âmbito da relação cidadania-tributação e Estado Social-papel-dos-tributos. *A obra Tributação no Brasil do Século XXI: uma abordagem hermeneuticamente crítica* é um passo importante nesse rumo. Boa leitura.

Da dacha de São José do Herval, no refúgio contra os dias quentes do verão de janeiro de 2015, para a tórrida Porto Alegre.

Sumário

Introdução..13

P a r t e 1 – Os elementos que devem conformar a pré-compreensão do fenômeno jurídico..21

1. O percurso do constitucionalismo..21
    1.1. Origem do constitucionalismo..22
    1.2. A conformação do estado de direito...25
        1.2.1. O historicismo...28
        1.2.2. O individualismo...30
        1.2.3. O estatalismo..31
        1.2.4. Revelar, dizer e criar..31
    1.3. Marcos históricos do constitucionalismo.......................................33
        1.3.1. "Glorious revolution"..33
        1.3.2. "We the People"...34
        1.3.3. A Revolução Francesa...38
        1.3.4. Encontros e desencontros entre as revoluções francesa e americana......41
    1.4. Do Estado de Direito ao Estado Constitucional.............................44
        1.4.1. O Estado Liberal...45
        1.4.2. O Estado Social..48
        1.4.3. O Estado Democrático de Direito..51
    1.5. A afirmação da supremacia da Constituição e suas consequências...............55
    1.6. Constitucionalismo contemporâneo *x* (neo)constitucionalismo....................66
2. A Crítica Hermenêutica do Direito no contexto do constitucionalismo contemporâneo...79
    2.1. O fenômeno hermenêutico...80
        2.1.1. Breves considerações sobre a hermenêutica....................80
        2.1.2. A filosofia hermenêutica de Heidegger...............................85
        2.1.2.1. A diferença ontológica entre ser e ente.........................86
        2.1.2.2. A estrutura prévia da compreensão................................91
        2.1.3. A hermenêutica filosófica de Gadamer...............................95
        2.1.3.1. O horizonte histórico..96
        2.1.3.2. O círculo hermenêutico..99
        2.1.3.3. O caráter dialógico da compreensão.............................103
    2.2. A Crítica Hermenêutica do Direito..108
        2.2.1. Instalando a controvérsia: entre objetivismos e subjetivismos...........110

2.2.2. Da hermenêutica jurídica clássica à hermenêutica fundamental........116
2.2.3. A Constituição e o constituir da sociedade: a necessidade da abertura da clareira..123
2.2.4. O direito fundamental a uma resposta constitucionalmente adequada..129

Parte 2 – O des-velamento da tributação em *terrae brasilis*............................137
3. Uma compreensão autêntica da tributação no Brasil......................................137
  3.1. A função da tributação no Estado Democrático de Direito..................137
  3.2. A adequada compreensão do princípio da capacidade contributiva............145
    3.2.1. O princípio da capacidade contributiva com critério para uma exigência justa dos tributos..146
    3.2.2. Os alicerces do princípio da capacidade contributiva.....................152
      3.2.2.1. A aplicação do princípio da capacidade contributiva como decorrência lógica do princípio da igualdade..............152
      3.2.2.2. A íntima conexão do princípio da capacidade contributiva com a cidadania e a solidariedade.................................156
      3.2.2.3. A exigência da tributação segundo o princípio da capacidade como meio de garantir o mínimo existencial........................162
    3.2.3. Os contornos conceituais do princípio da capacidade contributiva.....167
    3.2.4. O princípio da capacidade contributiva na Constituição Federal de 1988 e a condição de regra do disposto no § 1º do art. 145 da Constituição...174
  3.3. As realidades tributáveis e a adequação à capacidade contributiva.............179
    3.3.1. Imposto incidente sobre a renda e progressividade..........................182
    3.3.2. Impostos sobre o patrimônio: progressividade e seletividade............184
    3.3.3. Impostos sobre o consumo e seletividade......................................185
    3.3.4. Tributos vinculados e capacidade contributiva................................187
      3.3.4.1. Aplicabilidade às taxas e contribuições de melhorias.............188
      3.3.4.2. Aplicabilidade às contribuições especiais e aos empréstimos compulsórios...190
  3.4. Extrafiscalidade e capacidade contributiva..192
4. Os pré-juízos inautênticos que permeiam o modo de lidar com a tributação......199
  4.1. O estado d'arte da tributação no Brasil...201
    4.1.1. A influência do neoliberalismo sobre a arrecadação dos tributos.......202
    4.1.2. A composição da carga tributária brasileira...................................208
  4.2. Exemplos privilegiados de uma tributação inautêntica: a desconstrução e o (des)velamento do sentido da tributação...211
    4.2.1. A inadequada composição da carga tributária brasileira..................211
      4.2.1.1. A excessiva carga de tributos sobre o consumo......................212
      4.2.1.2. Imposto sobre a Renda e distorções dos princípios constitucionais..218
        4.2.1.2.1. As iniquidades na tributação das pessoas físicas......220
        4.2.1.2.2. O favorecimento às pessoas jurídicas via imposto de renda..226

4.2.1.3. A necessidade de ampliação da incidência dos impostos
sobre o patrimônio..230
 4.2.1.3.1. O esquecimento dos objetivos do Imposto Territorial
  Rural e a baixa incidência......................................230
 4.2.1.3.2. A taxação da riqueza concentrada............................231
 4.2.1.3.3. A inadequada interpretação acerca do Imposto
  sobre a Propriedade de Veículos Automotores.........233
 4.2.1.3.4. A alteração legislativa da incidência de ITCD no
  Rio Grande do Sul..235
 4.2.1.3.5. A falta de implementação da progressividade do
  IPTU e do ITBI..237
4.2.2. Por que a constituição (ainda) não constitui-a-ação (fiscal)?..............238
4.2.3. A constatação da Baixa Constitucionalidade na execução das leis
(tributárias)...245
4.2.4. A crise de paradigma instalada na doutrina do equivocadamente
denominado "direito tributário"...247
4.2.5. Como o Poder Judiciário continua refratário à evolução do
constitucionalismo e à viragem linguística no campo fiscal..............255

Considerações finais..263

Referências..275

Introdução

Este trabalho aborda criticamente o modo de tributar no Brasil, a partir da importância que a Constituição assume no papel de criação e interpretação/compreensão das regras no Constitucionalismo Contemporâneo, no contexto da Crítica Hermenêutica do Direito (Streck). O intuito não é apenas criticar a distribuição da carga tributária brasileira, mas, também, avaliar os critérios de fundamentação daqueles que criam e interpretam/compreendem as regras (no sentido *lato sensu*) tributárias. Em outras palavras, será a partir de uma "interpretação autêntica" (Gadamer) das regras atinentes à tributação, no chamado Constitucionalismo Contemporâneo, inserido na Crítica Hermenêutica do Direito, que o trabalho pretende abordar a forma como a *função* tributária vem sendo exercida pelos Poderes Executivo e Legislativo – condutas referendadas pela doutrina e jurisprudência brasileiras.

A Constituição passa a incorporar direitos subjetivos dos cidadãos; os princípios inerentes ao Estado Constitucional deixam de ser meros adornos jurídicos e passam a gozar de caráter normativo; legitima-se a justiça constitucional e o respeito à Constituição, surgindo a supremacia da Constituição. O Constitucionalismo rompe a onipotência do Poder do Estado e estabelece um papel fundamental à Constituição.

No caso brasileiro, a Constituição Federal de 1988 institui o chamado Estado Democrático de Direito, tendo como objetivo a redução das desigualdades sociais e a justiça social, além de ser inerente à função de cumprimento das promessas da modernidade. Esse modelo de Estado possui uma carga principiológica que lhe direciona aos seus fins. Haja vista o caráter deontológico, e na medida da cooriginariedade entre moral e direito, os princípios, ao serem positivados na Carta Constitucional, são alicerces jurídicos que vinculam o legislador e administrador – nesse sentido, na linha que assevera Streck, a Constituição poderia ser lida como fundamento que "constitui a ação". Em razão desse caráter, o poder do Estado fundamenta-se na Constituição, que é suprema, que deve constituir a ação, ser compromissória, ser o paradigma de fundamentação da legislação.

A tributação possui princípios que lhe são específicos, notadamente o da capacidade contributiva, responsável por densificar o princípio da igualdade no âmbito tributário. Além disso, a função da tributação no Estado Democrático de Direito é colaborar com a redução das desigualdades via redistribuição de renda, bem como com a concretização das garantias sociais, o que pode ser alcançado desde que devidamente observado o caráter deontológico dos princípios que a norteiam.

A problemática que se coloca, portanto, poderia ser resumida na seguinte interrogação: Quais os caminhos e possibilidades para que o modo de tributar brasileiro, a partir da Crítica Hermenêutica do Direito, torne-se adequadamente compatível com a atual principiologia constitucional?

A Crítica Hermenêutica do Direito incorpora a filosofia hermenêutica de Heidegger e a hermenêutica filosófica de Gadamer, mostrando que a linguagem deixa de ser mero instrumento, transformando-se em "morada do ser" – num claro rompimento com os pressupostos metafísicos. Não mais se interpreta para compreender, mas, sim, se compreende para interpretar, a partir daquilo que convencionou chamar "pré-compreensão". Em outras palavras, de nada adiantaria o conhecimento acerca do significado do constitucionalismo e sua importância, sem o entendimento do fenômeno hermenêutico: é preciso compreender como se compreende algo. Nesse sentido, está a importância de o jurista suspender seus pré-juízos e permitir que o texto lhe diga algo, de modo a legitimar sua pré-compreensão e possibilitar que interprete devidamente os dispositivos da Constituição, isto é, *compreender para interpretar*. É preciso, ainda, entender como é conformada a pré-compreensão sobre os fenômenos, no que diz respeito aos reflexos da história e da tradição sobre o *modo de ser* do homem.

A partir da matriz hermenêutica (filosófica), então, a compreensão dos direitos fundamentais deve dar-se de modo a constituir um sentido que os conduza à sua máxima proteção e eficácia, sobre o qual a atuação do Estado deve estar pautada, a fim de concretizar os direitos fundamentais sociais esculpidos na Constituição.

No direito tributário – como em outros indevidamente denominados "ramos do direito" –, os intérpretes/juristas continuam refratários à viragem ontológico-linguística e reféns da metafísica, mormente a objetivista, seja no âmbito legislativo, no executivo, na doutrina ou no judiciário. Não se observa, outrossim, a supremacia da Constituição, a qual possui a função de norte do ordenamento jurídico infraconstitucional, do agir da administração, do ponto de fundamento para a doutrina e alicerce construtivo de sentido no momento da interpretação/aplicação das normas.

Vale ressaltar que este trabalho foi concluído antes da publicação do livro de Thomas Piketty – *O capital no Século XXI* – referido na epígrafe, razão pela qual não serão encontradas citações que remetem a ele. Não obstante isso, as principais conclusões deste trabalho encontram em Piketty um inesperado e inestimável aliado, ressalvadas as devidas proporções, ante à notória impossibilidade de quaisquer comparações com a monumental e incomparável obra do economista francês.

Feitas tais considerações iniciais, cabe referir que o trabalho está dividido em duas partes, cada qual com dois capítulos: a primeira parte se dedica a explicitar as bases epistemológicas que o fundamentam, tratando da evolução do constitucionalismo e da recepção da viragem ontológico-linguística no Direito; a segunda parte, com base no que foi desenvolvido previamente, objetiva alcançar uma compreensão *autêntica* da tributação no Brasil, a partir dos ditames da Constituição de 1988, destacando o importante papel da *função* tributária, para, ao fim, criticar o modo de lidar com a tributação por parte daqueles que criam e interpretam/compreendem as normas aplicáveis à espécie.

No primeiro capítulo, trabalha-se a evolução proporcionada pelo constitucionalismo, em que a supremacia da lei sucumbe em favor da supremacia da Constituição, como forma de amenizar a onipotência do poder do Estado, além de atribuir caráter subjetivo aos direitos dos cidadãos. Verifica-se os contextos históricos que permearam tal desenvolvimento, mormente o estadunidense e o francês, em razão de convergirem para os contornos do constitucionalismo dos dias de hoje, cada qual com suas *nuances*, diante das circunstâncias históricas em que foram desenvolvidos. Analisa-se, também, aquilo que se passou a denominar Constitucionalismo Contemporâneo, superando, em certos aspectos, o movimento Neoconstitucional – ou, pelo menos, aquilo que se passou a entender no Brasil como "Neoconstitucionalismo" (ou o(s) "neoconstitucionalismo(s) à brasileira").

Em um segundo momento, passam-se a analisar os aportes filosóficos da hermenêutica que contribuem para o direito, dividindo-se o capítulo em duas partes. Na primeira, analisa-se o Fenômeno Hermenêutico, fazendo-se algumas considerações sobre a origem da hermenêutica, e, posteriormente, destacando-se algumas das contribuições da filosofia hermenêutica de Heidegger, assim como da hermenêutica filosófica de Gadamer; na segunda, aborda-se a Crítica Hermenêutica do Direito, instaurada por Streck enquanto crítica àquilo que Warat denominou *senso comum teórico dos juristas*, e que incorpora a viragem ontológico-linguística proporcionada por Heidegger e Gadamer.

No terceiro capítulo, busca-se amparo na "viragem linguística" incorporada pela hermenêutica filosófica e seus claros reflexos no Direito, a fim de desvelar o sentido da tributação no Brasil, no âmbito de uma Constituição compromissória e dirigente, compreendida de forma autêntica (legítima). Para tanto, discute-se a função da tributação, plasmada na carga principiológica inerente ao Estado Democrático de Direito, seguindo a linha da construção do sentido e alcance das garantias constitucionais, de modo a definir a máxima proteção e eficácia. Busca-se analisar os pontos principais do Estado Democrático de Direito brasileiro, relativamente à tributação, a fim de possibilitar o cotejo, a partir dos pressupostos desenvolvidos na primeira parte, entre constitucionalismo/hermenêutica e tributação, de forma a fazer com que o texto subsidie a seguinte problemática: a tributação, no Brasil, está de acordo com o Constitucionalismo Contemporâneo e os princípios que lhe são inerentes?

Define-se, nesse intuito, as possibilidades de que a tributação seja utilizada como instrumento de concretização dos direitos por meio da redistribuição de renda, mediante uma carga tributária que seja assumida de forma justa pelos cidadãos, em respeito à solidariedade e à cidadania, e na proporção das possibilidades daqueles que possuem capacidade para contribuir, ou, ainda, que não seja assumida por aqueles que não têm possibilidades de arcar com o ônus do custeio do Estado Social – princípio da capacidade contributiva. O objetivo é explorar alternativas para que a tributação possa ser utilizada como instrumento de redução de desigualdades, redistribuição de renda e concretização de direitos fundamentais, para que todos possam viver com dignidade e respeito, na medida em que esteja de acordo com o princípio da capacidade contributiva.

Por fim, este trabalho se guiará para a definição de como a tributação vem sendo exercida no Brasil, em especial diante da constatação de que se formou um modelo tributário excludente e contrário ao paradigma do Estado Social (enquanto Estado Democrático de Direito), implicando ampliação das desigualdades econômicas e sociais, quando a Constituição dá um norte diametralmente oposto à arrecadação dos tributos, que deve estar de acordo com os mandamentos da democracia e da justiça. Esta forma de tributar será denominada *neotributação*, tendo em vista que a exigência de tributos passa a ser influenciada por influxos neoliberais e se distancia dos ditames constitucionais, implicando uma verdadeira *redistribuição de renda às avessas*, à medida que a redução das desigualdades deu-se *apesar da tributação*, pois tal resultado foi atingido apenas por políticas públicas.

Será criticada a maneira de lidar com as regras atinentes à tributação por parte daqueles que as criam e as interpretam/compreendem, tendo em vista que, no Brasil, nem sequer a justiça constitucional é capaz de se divorciar do paradigma aristotélico-objetivista ao trabalhar com a matéria, impedindo que alcance suas condições de possibilidade para a concretização das garantias constitucionais.

Com o novo modelo de Estado instituído, surge um novo paradigma, a partir do qual a lei cede espaço à Constituição, os princípios adquirem normatividade e em termos de teoria da interpretação, supera-se a metafísica clássica e a filosofia da consciência, dando espaço para um redirecionamento à viragem ontológico-linguística de Heidegger e Gadamer, que supera os positivismos. O sujeito passa a não ser mais o fundamento do conhecimento, estabelecendo-se uma necessária intersubjetividade, um *diálogo* através da linguagem para que ocorra a fusão de horizontes necessária para uma compreensão apta a uma nova construção de sentido.

Faz-se necessário que, o intérprete da Constituição suspenda seus *prejuízos inautênticos* para poder compreender, interpretar e aplicar o texto da Constituição, permitindo que o texto *possa lhe dizer algo*, na medida em que, apenas dessa forma, poderá perceber/descobrir o novo sobreposto no referido texto, para poder trabalhar no processo de desvelamento e fundamentação da decisão judicial.

É preciso levar em conta que anteriormente, a função da Constituição era a de apenas controlar e legitimar a ação do Estado e estabelecer certa participação democrática, sem estabelecer os valores regentes da sociedade, como se verifica na Constituição de 1988. As constituições deixam de ser meramente programáticas, passando a agregar conteúdo substancial, pelo que vinculam os atos do Poder Público e buscam transformar a sociedade.

Para um retomar hermenêutico com o intuito de compreender os princípios constitucionais aptos a colaborar com uma tributação diferente da que ora se constata, é preciso levar em consideração que o jurista, ao interpretar/compreender o texto constitucional, o faz a partir de preconceitos construídos durante sua formação, que são intrínsecos ao seu *modo de ser no mundo*, embora não perceba claramente isso. Assim, ele deve compreender o novo paradigma, situando-se no seu contexto histórico (atual), a fim de incorporar pré-juízos que o faça alcançar interpretações/compreensões adequadas à Constituição, conforme dá conta a Crítica Hermenêutica do Direito.

O estudo se justifica pelo evidente prejuízo que a falta de uma análise crítica da tributação acarreta, enquanto retrocesso social e da própria noção de Estado Democrático de Direito, no que diz respeito à falta de vontade, por parte daqueles que criam e interpretam/compreendem as regras tributárias, de que a tributação esteja alicerçada nos princípios constitucionais que lhe são inerentes. Vislumbra-se uma obscuridade indisfarçável no que tange aos critérios a serem seguidos e os pressupostos a serem observados, para uma forma de lidar com a tributação que seja legítima frente à tradição instituída pelo paradigma do Estado Democrático de Direito.

Além disso, persistem arraigados, na cultura jurídica nacional (*senso comum teórico dos juristas*), preconceitos anacrônicos que, direta ou indiretamente, restringem as potencialidades de a tributação colaborar com a concretização dos direitos fundamentais, sobretudo com a redução das desigualdades. Há de se reconhecer que a tributação se constitui num poderoso instrumento no combate à desigualdade e à exclusão social, bastando, para tanto, que passe a ter como norte, concomitantemente, a preservação e a concretização dos direitos fundamentais de todas as dimensões, e não apenas daqueles que servem para limitar a ação do Estado.

Com relação ao aspecto social, a pesquisa se justifica frente à desigualdade existente entre as classes sociais, e o domínio de poucos sobre muito, isto é: uma pequena camada da população detém a maior parte das riquezas, enquanto a maior parte da população tem o poder sobre a minoria das riquezas. Alheio a isso, está o fato de a tributação ser severamente suportada por cidadãos que possuem diminuta capacidade de contribuir para o custeio da máquina pública. Por outro lado, os poucos que possuem grandes possibilidades de colaborar com a arrecadação, pagam tributos na mesma proporção – ou até menos – que as classes baixas, de forma extremamente contrária à solidariedade, pilar de sustentação do Estado Social, além de destoar do sentido da cidadania como dever, bem como não observar o princípio da capacidade contributiva, responsável por densificar o princípio da igualdade em matéria tributária.

Em razão da inobservância dos fundamentos para uma tributação adequada aos princípios que lhe são inerentes e aos fins do Estado Democrático de Direito, os tributos sobre o consumo importam em uma arrecadação média de 50% do total arrecadado. Ocorre que a tributação sobre o consumo possui um caráter regressivo, à medida que faz com que a maior parte da população contribua além de suas possibilidades para o custeio das atividades do Estado. Em relação ao imposto de renda, a tributação também se reveste de reflexos regressivos. A renda do trabalho e do capital é diferenciada, fazendo com que os trabalhadores tenham um custo tributário maior do que os detentores do capital e proprietários de empresas, o que colabora para a ampliação do fosso da desigualdade no Brasil.

Essas são as razões encontradas para justificar a realização deste trabalho, ao qual se entende que, caso atingido o seu objetivo, pode revelar opções para uma tributação adequada com o modelo de Estado brasileiro e colaborar com a máxima efetivação das garantias constitucionais, além de preencher na doutrina a lacuna acerca do sentido da arrecadação dos tributos, com o intuito de materialização dos mandamentos constitucionais. Divorcia-se, assim, do que é produzido – em verdade, reproduzido – cotidianamente pelo *senso comum teórico dos juristas* que trabalham com a matéria tributária, que ao invés de se preocuparem também com a *função tributária*, limitam-se a repetir significados "colados" no texto do Código Tributário Nacional, cujos criadores atentaram-se em conceituar os institutos tributários e fixar o modo de "interpretar" as normas tributárias – como se a tributação fosse estanque do restante do Ordenamento Jurídico.

Enfim, nestes tempos embrutecidos, em que a capacidade de se sensibilizar com o outro parece ter encontrado seu ocaso, há de se reafirmar a inquebrantável crença de que é possível construir um presente e futuro melhor, há de se renovar o compromisso indissociável com o humanismo e lembrar que todos são responsáveis pelo destino de cada ser que habita este planeta e que, portanto, a sorte de cada qual está inescapavelmente conectada à sorte de todos.

Eis o desafio que se apresenta! Com a necessária e devida modéstia daqueles que tiveram o privilégio do acesso ao conhecimento formal e com a responsabilidade que isso impõe, começa-se esta empreitada e saúda-se a todos aqueles que juntos a irão percorrer.

Parte 1

Os elementos que devem conformar a pré-compreensão do fenômeno jurídico

1. O percurso do constitucionalismo

No primeiro capítulo, busca-se situar no paradigma constitucionalista, mediante o exame dos contornos históricos que circundaram sua evolução. Trata-se de algo analítico-descritivo, importante para o estabelecimento das bases de sustentação do trabalho. Isso será realizado, inicialmente, a partir do nascimento do constitucionalismo no Estado Moderno.

Num segundo momento, passa-se a verificar os contornos do Estado de Direito, no que diz respeito à sua identificação com o *rule of law*, *due process of law*, *Rechtsstaat*, *principe de la légalité*, assim como os modelos constitucionalistas historicista, individualista e estatalista, relacionados, respectivamente, com a Inglaterra, a França e o Estados Unidos, que se resumirão em *revelar*, *criar* e *dizer* o texto da Constituição.

Posteriormente, verificam-se os contextos históricos que permearam tal desenvolvimento, mormente o estadunidense e o francês, em razão de convergirem para os contornos do constitucionalismo dos dias de hoje, cada qual com suas especificidades, diante das circunstâncias históricas em que foram desenvolvidos. Nesse ínterim, examina-se a legitimidade da jurisdição constitucional como guarda da Constituição.

Chega-se ao momento em que supremacia da lei sucumbe em favor da supremacia da Constituição, com o desenrolar do sentido da Constituição desde o Estado Liberal até o Estado Democrático de Direito, como forma de amenizar a onipotência do poder do Estado, além de atribuir caráter subjetivo aos direitos dos cidadãos, com diversos reflexos nível de Teoria da Norma e de Interpretação.

Por fim, examina-se o neoconstitucionalismo, que buscou dar efetividade às Constituições do segundo pós-guerra, mas, que, no Brasil, acabou por implicar a importação acrítica de diversas teorias, que, implicaram a aposta ao protagonismo judicial. Assim, acaba diferenciando-se do Constitucionalismo Contemporâneo, que, apoiado na viragem ontológico-linguística incorporada pela Crítica Hermenêutica do Direito, acaba superando, em certos aspectos "o(s) neoconstitucionalismo(s) à brasileira", que não obteve êxito em romper com os objetivismos e subjetivismos que (ainda) permeiam o *imaginário dos juristas*.

1.1. Origem do constitucionalismo

O constitucionalismo antigo estava assentado num conjunto de princípios escritos ou consuetudinários, que fundamentavam os direitos estamentais junto ao monarca, e, ao mesmo tempo, limitavam o seu poder. Tais princípios se sedimentaram por um longo tempo, desde os fins da Idade Média até o século XVIII.[1] Segundo Carl Schmitt, no processo histórico da constituição moderna, desde o séc. XVIII, somente eram designadas como Constituições aquelas que correspondiam às demandas de liberdade burguesa e continham certas garantias de dita liberdade.[2]

As características fundamentais do Estado Moderno[3] foram determinadas pelas deficiências da sociedade política medieval. O sistema feudal era compreendido por uma estrutura econômica e social de pequenos produtores individuais, formada por famílias voltadas à produção para o sustento, ampliou o número de proprietários de terra. De seu turno, os senhores feudais já não toleravam monarcas que exigiam uma tributação indiscriminada e mantinham um constante estado de guerra, prejudicando a vida econômica e social.[4]

Neste cenário, é de se ressaltar o papel da tributação como "motor" das revoluções. Tanto que o princípio da legalidade em matéria de exi-

---

[1] CANOTILHO, José Joaquim Gomes. *Direito constitucional e teoria da constituição*. 7. ed. Coimbra: Almedina, 2003. p. 52.

[2] SCHMITT, Carl. *Teoría de la Constitución*. Madrid: Alianza, 1992. p. 59.

[3] De acordo com Anderson Teixeira, "as origens da palavra 'Estado', remontam às contribuições do pensamento político dos séculos XV e XVI, em especial Maquiavel (1469-1527). Esta nova forma de pensar a organização política afastava da compreensão do poder político qualquer possibilidade de legitimação metafísica e irracional como aquelas até então vistas no continente europeu. O Estado moderno pode vir a ser entendido quando a defesa dos interesses particulares e a independência das potências locais frente aos demais poderes tornou-se a pauta central do pensamento político, i.e., quando os primeiros esboços de um nacionalismo foram sentidos na obra de um autor como Maquiavel. [...]. Na França, ainda no século XVI, encontraremos em Jean Bodin (1530-1596) contribuições teóricas decisivas para a consolidação da configuração das noções de Estado moderno e, por consequência, de Estado soberano. Ele não dissociava a função e o caráter da função, nem mesmo o poder e a qualidade do poder, permitindo que sua compreensão de soberania se assemelhe formalmente à descrição político-jurídica do Príncipe". TEIXEIRA, Anderson Vichinkeski. Qual a função do Estado constitucional em um constitucionalismo transnacional? In: STRECK, Lenio Luiz; ROCHA, Leonel Severo; ENGELMANN, Wilson (Org.). *Constituição, sistemas sociais e hermenêutica*: anuário do Programa de Pós-graduação em Direito da UNISINOS: mestrado e doutorado. Porto Alegre: Liv. do Advogado; São Leopoldo: UNISINOS, 2012. p. 10 e 12.

[4] DALLARI, Dalmo de Abreu. *Elementos de teoria geral do estado*. 24. ed. São Paulo: Saraiva, 2003. p. 70.

gência de tributos terá origem histórica na Magna Carta de 1215, do Rei João Sem Terra, a quem foi imposto pelos barões a necessidade de obtenção prévia de aprovação dos súditos para a exigência de impostos.

O descontentamento, em função das questões apontadas, serviu para despertar a consciência para a busca da unidade, que se configuraria com a afirmação de um poder soberano e superior sobre os demais, em uma delimitação territorial. Foram os tratados de paz de Westfália que tiveram o caráter de documentação da existência de um novo modelo de Estado, com característica de unidade territorial dotada de um poder soberano,[5] formando as marcas fundamentais do Estado Moderno.[6]

O processo de criação dos Estados europeus culmina nos tratados de Westfália, em 1648, que puseram fim à guerra dos Trinta Anos, ao mesmo tempo em que selam a ruptura religiosa, põem termo à supremacia do Papa e dividem a Europa em vários Estados independentes, cada qual com suas fronteiras.[7] "O Estado soberano se converte em um 'Estado de direito'".[8] De acordo com Anderson Teixeira:

> [...] o outrora poder ilimitado passa por uma limitação do exercício das suas funções potestativas cujo objetivo é torná-lo compatível com os direitos individuais de liberdade. A soberania do Estado passou a coincidir com a soberania do ordenamento jurídico do próprio Estado [...]. Em uma palavra, a soberania estatal torna-se uma soberania constitucional.[9]

---

[5] Muito embora a soberania tenha sido uma das marcas mais significativas do Estado Moderno, consagrada como poder incontrastável dentro de um determinado espaço geográfico, Bolzan de Morais afirma que isso foi se transformando pelas modificações que veio sofrendo o próprio Estado e pelas relações entre Nações. De um lado, no plano interno face às pluralidades democráticas; de outro, no plano externo, em razão das flexibilizações sofridas pelo Estado, diante de comunidades supranacionais, devido a Cortes de Justiça Internacionais, acordos comerciais, etc., que fazem com que ele se condicione, no exercício de sua soberania, a elas. Por outro lado, com a globalização, surgem ordenamentos jurídicos globais que fogem ao domínio dos Estados e passam a fazer parte de um direito público não estatal internacional, denominados por Cassese de ordenamentos públicos globais, os quais, conforme o autor, serviriam para controlar a globalização, diante dos grandes organismos econômicos internacionais. MORAIS, Jose Luis Bolzan de. *As crises do estado e da constituição e a transformação espacial dos direitos humanos*. Porto Alegre: Liv. do Advogado, 2002; CASSESE, Sabino. *A crise do estado*. São Paulo: Saberes, 2010; Nesse sentido, ver, ainda: BONAVIDES, Paulo. *Do estado liberal ao estado social*. 9. ed. São Paulo: Malheiros, 2009; BUFFON, Marciano. *Tributação e dignidade humana: entre os direitos e deveres fundamentais*. Porto Alegre: Liv. do Advogado, 2009; TEIXEIRA, Anderson Vichinkeski. *Teoria pluriversalista do direito internacional*. São Paulo: WMF Martins Fontes, 2011.

[6] DALLARI, Dalmo de Abreu. *Elementos de teoria geral do estado*. 24. ed. São Paulo: Saraiva, 2003. p. 70.

[7] MIRANDA, Jorge. *Manual de direito constitucional*. 5. ed. Coimbra: Coimbra, 1996. v. 1: Preliminares – a experiência constitucional. p. 72.

[8] TEIXEIRA, Anderson Vichinkeski. *Teoria pluriversalista do direito internacional*. São Paulo: WMF Martins Fontes, 2011. p. 112-113.

[9] Ibid. loc. cit.

Nesse sentido, "o Estado de Direito é concebido como um muro de contenção ao absolutismo, e a lei, como emanação da vontade do povo e não como expressão da vontade do governante".[10] Configura-se, assim, nas palavras de Julios-Campuzano, um "constitucionalismo frágil", em que o estabelecimento de "Constituições flexíveis" vem a confirmar a supremacia da lei e a onipotência do legislador.[11]

Consoante Fioravanti, a supremacia da lei ficava idealizada no dogma estatalista liberal da força irrestrita da lei, que se manifestava na onipotência e autonomia do legislador, representante da maioria, cujo poder se submetia apenas às regras formais de validação normativa.[12] Julios-Campuzano, ao se referir à fase primeva do constitucionalismo, frisa que a Constituição ficava "nas mãos do legislador, submetida ao mutante jogo das maiorias e ao sempre instável equilíbrio das coalizões e dos interesses das partes".[13]

Nessa toada, o Estado de Direito se trata de uma forma de Estado que substitui a monarquia absoluta, baseada na separação dos poderes, que remonta à monarquia constitucional instaurada na Inglaterra, depois da Revolução Gloriosa de 1688, ainda que o poder fosse quase que uma parceria entre o rei e o Parlamento.[14]

É preciso destacar que, se o constitucionalismo antigo se caracterizou por certa concepção organicista e determinista de convivência pública, na qual o corpo coletivo se impunha como instância hegemônica em face do indivíduo e cuja amálgama de direitos advindos da tradição costumeira não possuía instrumentos eficazes de proteção, o constitucionalismo moderno vai significar a proposta de fundar o *poder e autoridade* – assim como o *Estado* – em bases legais, surgindo a Lei e a Constituição como símbolos de racionalidade aptos ao complexo trabalho de proteção à esfera individual. Nesse ambiente, a Constituição representa o documento catalisador dos ideais e das exigências modernas, no sentido de garantir a racionalização da disciplina do poder e, em consequência, a garantia do espaço de desenvolvimento do indivíduo, especialmente pela declaração dos direitos fundamentais.

---

[10] LEAL, Rogério Gesta. *Teoria do estado:* cidadania e poder político na modernidade. 2. ed. Porto Alegre: Livraria do Advogado, 2001. p. 208.

[11] JULIOS-CAMPUZANO, Alfonso. *Constitucionalismo em tempos de globalização.* Porto Alegre: Livraria do Advogado, 2009. p. 13-14. Ressalta-se, que, na referida citação, o autor utiliza o qualitativo *flexível* referindo-se à fragilidade da força normativa das Constituições.

[12] FIORAVANTI, Maurizio. *Los derechos fundamentales:* apuntes de historia de las constituciones. 4. ed. Madrid: Trotta, 2003. p. 128-129.

[13] JULIOS-CAMPUZANO, Alfonso. *Constitucionalismo em tempos de globalização.* Porto Alegre: Livraria do Advogado, 2009. p. 17.

[14] MATTEUCCI, Nicola. Constitucionalismo. In: BOBBIO, Norberto; MATTEUCCI, Nicola; PASQUINO, Gianfranco (Orgs.). *Dicionário de política.* 5. ed. Brasília: Universidade de Brasília, 2000. v. 1. p. 247.

Do que acima foi dito, verifica-se que desde o constitucionalismo moderno, que se iniciou ainda no século XVIII, vindo a desenvolver-se no século XIX, houve mudanças significativas em relação ao constitucionalismo contemporâneo. De seu turno, Luis Prieto Sanchís define o surgimento do Estado constitucional somente após a criação de efetivos mecanismos de controle da supremacia da Constituição, em que o maior exemplo é o controle de constitucionalidade:

> [...] ahora conviene afirmar que no todo sistema jurídico dotado de un texto más o menos solemne llamado Constitución o Ley fundamental es un Estado constitucional. [...] cabe pensar en un Estado de Derecho estrictamente legislativo, como de hecho fue en lo fundamental el Estado liberal del siglo XIX, pero no en un Estado constitucional de absoluta e incondicionada supremacía de la ley. Por eso, es corriente leer que el rasgo definitorio del Estado constitucional es precisamente la existencia de un procedimiento efectivo de control de constitucionalidad de las leyes o, más ampliamente, de control sobre el poder en general.[15]

Inequívocas, atualmente, as teorias desenvolvidas com o objetivo de fortalecer os direitos e garantias fundamentais; defender a atuação da jurisdição constitucional; sustentar o caráter normativo dos princípios e sua prevalência sobre as regras, através da importância que a Constituição adquiriu – supremacia.

Muitos, entretanto, foram os percalços pelos quais passou a humanidade, durante o longo tempo que durou o processo de maturação do constitucionalismo. Assim, com amparo em Canotilho, para quem "saber história é um pressuposto inelimável do 'saber constitucional'",[16] busca-se analisar a evolução do Estado Constitucional, assim como o papel e a importância da Constituição durante os séculos que se seguiram na modernidade.

1.2. A conformação do estado de direito

O Estado dos dias atuais somente se concebe como Estado constitucional, a partir de um constitucionalismo que procurou justificar um Estado submetido ao direito, regido por leis, sem divisão de poderes.

De início, o Estado Constitucional adquire uma constituição limitadora do poder por meio do direito, através de ideias realizadas por institutos como *rule of law, due process of law, Rechtsstaat, principe de la légalité*.[17] Nesse sentido, Anderson Teixeira refere:

---

[15] SANCHÍS, Luis Prieto. *Ley, principios, derechos*. Madrid: Dykinson, 1998. p. 31-33.
[16] CANOTILHO, José Joaquim Gomes. *Direito constitucional e teoria da Constituição*. 7. ed. Coimbra: Almedina, 2003. p. 19.
[17] Ibid., p. 92-93.

> O Estado de direito e suas diversas variantes europeias (*Rule of Law, Rechtsstaat, État de Droit, État légal*) fizeram com que a racionalização que acompanha o Estado moderno desde sua gênese migrasse do campo filosófico para o político-jurídico. [...].
> Neste contexto, ao cidadão resta garantida uma ordem estável e sólida a ponto de se tornar previsível quanto ao seu funcionamento, enquanto ao Estado resta garantida a impessoalidade e a possibilidade de que esta atribua àquele um senso de continuidade atemporal.[18]

Em razão da necessidade de explorar determinados momentos históricos para a devida compreensão do constitucionalismo, cabe destacar, amiúde, o que caracteriza tais estágios que constituem um dos vieses do constitucionalismo – a submissão do Estado ao direito.

A fórmula *rule of law* significa, primeiramente, na sequência da *Magna Charta* de 1215, a obrigatoriedade de um processo justo legalmente regulado, quando for preciso julgar e punir os cidadãos, privando-os de suas liberdades e propriedades; em segundo lugar, a proeminência das leis e costumes do país perante a discricionariedade do poder real; depois, à sujeição dos atos do executivo à soberania do parlamento; em quarto lugar, igualdade de acesso aos tribunais entre os cidadãos a fim de defenderem seus direitos.[19]

Enquanto *rule of law*, o Estado de Direito remonta à Revolução Gloriosa de 1688, e ao advento do Parlamento como instituição fundamental no processo político britânico. Evoca também a supremacia do direito mediante experiências sociais concretas, que na maioria das vezes podem ser resolvidas somente através do processo judicial. Isso faz com que o *common law* seja um direito preponderantemente judiciário, em vez de legislativo.[20]

Para Jorge Miranda, o *rule of law* é uma expressão que designa princípios, instituições e processos que a tradição e a experiência dos juristas e dos tribunais mostraram ser elementares para resguardar a dignidade das pessoas frente ao estado, sob a ideia de que o direito deve dar aos indivíduos a proteção contra qualquer arbitrariedade de poder.[21]

Quanto aos Estados Unidos, em um primeiro momento, há de ser citada a ideia *always under law*, ou seja, sempre sob o abrigo da lei, sen-

---

[18] TEIXEIRA, Anderson Vichinkeski. *Teoria pluriversalista do direito internacional*. São Paulo: WMF Martins Fontes, 2011. p. 113-114.

[19] CANOTILHO, José Joaquim Gomes. *Direito constitucional e teoria da Constituição*. 7. ed. Coimbra: Almedina, 2003. p. 93-94.

[20] TEIXEIRA, Anderson Vichinkeski. Qual a função do Estado constitucional em um constitucionalismo transnacional? In: STRECK, Lenio Luiz; ROCHA, Leonel Severo; ENGELMANN, Wilson (Org.). *Constituição, sistemas sociais e hermenêutica:* anuário do Programa de Pós-graduação em Direito da UNISINOS: mestrado e doutorado. Porto Alegre: Liv. do Advogado; São Leopoldo: UNISINOS, 2012. p. 13-14.

[21] MIRANDA, Jorge. *Manual de direito constitucional*. 5. ed. Coimbra: Coimbra, 1996. v. 1: Preliminares – a experiência constitucional. p. 130.

do a constituição um documento que estabeleceu os esquemas essenciais do governo e seus limites; segundo, associa a juridicidade do poder à justificação do governo, devendo as razões serem sempre públicas; por último, da essência do constitucionalismo americano, fazem parte os tribunais que exercem a justiça em nome do povo, que deposita sua confiança nos juízes para preservar os princípios de justiça e os direitos condensados na lei superior.[22]

A ideia de Estado de direito no constitucionalismo francês assentou-se na construção do *L'État legal*, arquitetado como ordem jurídica hierárquica. No topo da pirâmide situava-se a Declaração de 1789, consagrando os direitos naturais e sagrados do homem, que foi, ao mesmo tempo, uma "supraconstituição" (por ser vinculativa para a própria constituição de 1791) e uma "pré-constituição" (por preceder a primeira lei superior); em segundo lugar, na pirâmide normativa está a constituição; em terceiro a lei; na base os atos do executivo.[23]

Entretanto, não se pode esquecer que, na França, o limite do poder era estabelecido pelo direito, fazendo com que a supremacia da Constituição fosse neutralizada pela primazia da lei. Isto levou Carré de Malberg a afirmar que o Estado de Direito francês era eficaz no cumprimento do princípio da legalidade por parte da administração, mas incapaz de compreender o sentido da supremacia da constituição, como no caso do constitucionalismo americano, e insensível à força normativa dos direitos e liberdades "declarados" na Declaração de 1789.[24]

O *Rechtsstaat* ou Estado de Direito,[25] do constitucionalismo alemão, aparece no início do século XIX, caracterizando-se em termos abstratos como "Estado limitado em nome da autodeterminação da pessoa". No final de século, estabilizaram-se suas bases, configurando-se como um Estado Liberal de Direito, limitando-se à defesa da ordem e segurança pública e remetendo os domínios econômico e social para a liberdade individual e a liberdade de concorrência.[26]

Em razão de o Estado perseguir seus fins somente dentro das formas e limites do direito, o *Rechtsstaat* deve garantir aos cidadãos a certeza da sua liberdade jurídica, uma liberdade sempre concedida pelo

---

[22] CANOTILHO, op. cit., p. 94-95.

[23] Ibid., p. 95-96.

[24] MALBERG, Carré de, *Contribution à la théorie générale de l'État*, Paris: Sirey, 1922, apud CANOTILHO, José Joaquim Gomes. *Direito constitucional e teoria da Constituição*. 7 ed. Coimbra: Almedina, 2003. p. 96.

[25] Para Manoel Gonçalves Pereira Filho, "a locução *Estado de Direito* foi cunhada na Alemanha: é o *Rectsstaat*. Igualmente foi na Alemanha que se desenvolveu, no plano filosófico e teórico, a doutrina do Estado de direito". FERREIRA FILHO, Manoel Gonçalves. *Estado de direito e Constituição*. 2. ed., rev. e ampl. São Paulo: Saraiva, 1999. p. 5.

[26] CANOTILHO, José Joaquim Gomes. *Direito constitucional e teoria da Constituição*. 7 ed. Coimbra: Almedina, 2003. p. 96-97.

Estado. De outra parte, o Estado só pode interferir nos direitos subjetivos dos cidadãos com uma lei geral; ainda é preciso manter distintas as funções legislativas e executivas: assim, há necessidade de um controle constante da administração/executivo, para que não ocorra violação às normas gerais e abstratas impostas pelo legislativo.[27]

A versão germânica do Estado de direito ganhou solidez no século XIX, porque foi quando se tornou possível encontrar três elementos fundamentais que o definiram, como: supremacia da lei sobre a Administração Pública, subordinação dos cidadãos somente à lei; e a presença de juízes independentes e competentes para aplicar a lei às controvérsias entre cidadãos e o Estado.[28]

A Constituição em sentido moderno, portanto, pretendeu estabelecer duas ideias básicas: a) ordenar, fundar e limitar o poder político; b) reconhecer e garantir os direitos a liberdade do indivíduo.

Feitas as observações precedentes acerca do Estado de Direito, passa-se a descrever os modelos constitucionalistas do historicismo (Inglês), do individualismo (Francês) e do estatalismo (Americano), na esteira das aproximações destacadas por Canotilho e Fioravanti. Referidas tradições constituem-se importantes à medida que conformam as bases mestras do constitucionalismo moderno.

1.2.1. O historicismo

Os pontos centrais do constitucionalismo, segundo Canotilho, são a fundação e a legitimação do poder político e a constitucionalização das liberdades, os quais podem ser verificados através dos modelos teóricos historicista, individualista e estadualista.[29] Na mesma linha do mestre lusitano, Fioravanti também ensina que a aproximação ao problema das liberdades pode ser do tipo historicista, individualista ou estatalista, ressaltando que, os acontecimentos ocorridos em função das revoluções do final do século XVIII mostram que nenhum dos três modelos tende a

---

[27] MATTEUCCI, Nicola. Constitucionalismo. In: BOBBIO, Norberto; MATTEUCCI, Nicola; PASQUINO, Gianfranco (Orgs.). *Dicionário de política*. 5. ed. Brasília: Universidade de Brasília, 2000. v. 1. p. 251.

[28] TEIXEIRA, Anderson Vichinkeski. Qual a função do Estado constitucional em um constitucionalismo transnacional? In: STRECK, Lenio Luiz; ROCHA, Leonel Severo; ENGELMANN, Wilson (Org.). *Constituição, sistemas sociais e hermenêutica*: anuário do Programa de Pós-graduação em Direito da UNISINOS: mestrado e doutorado. Porto Alegre: Liv. do Advogado; São Leopoldo: UNISINOS, 2012. p. 14.

[29] CANOTILHO, José Joaquim Gomes. *Direito constitucional e teoria da Constituição*. 7. ed. Coimbra: Almedina, 2003. p. 54-59.

permanecer isolado dos outros. A respeito, escreve o professor florentino:

> [...] tenemos uma doctrina individualista y estatalista de lãs libertades, construída em clave antihistoricista (en la revolución francesa); uma doctrina individualista e historicista, construída em clave antiestatalista (em La revolución americana); y, finalmente, uma doctrina historicista y estatalista, construída em clave antiindividualista (em los juristas Del Estado de decrecho del siglo XIX).[30]

O modelo historicista situa-se no constitucionalismo inglês, cujas dimensões histórico-constitucionais sintetizam-se na garantia de direitos adquiridos traduzidos no binômio *liberty and property*, estruturação corporativa dos direitos pertencentes aos membros de um estamento e a regulação destes direitos através de contratos de domínio, como a *Magna Charta*. A evolução de tais modelos constitucionais, desde a *Magna Charta*, de 1215, à *Pettition of Rights*, de 1968, do *Habeas Corpus Act*, de 1679, ao *Bill of Rights*, de 1680, levou à cristalização de algumas dimensões estruturantes da constituição ocidental.[31]

Distinguem-se, assim, três fases na formação e evolução do constitucionalismo inglês: a fase dos primórdios, iniciada em 1215 com a concessão da *Magna Carta*; a fase de transição, aberta no início do séc. XVII pela luta entre o Rei e o Parlamento com a Petição de Direito de 1628, as revoluções de 1648 e 1688 e a Declaração de Direitos de 1689; e a fase contemporânea, desencadeada a partir de 1832 através de reformas eleitorais direcionadas à ampliação do sufrágio.[32]

A aproximação historicista tende a privilegiar as liberdades civis, denominadas negativas, que se traduzem em capacidade de agir, em ausência de impedimentos ou de obrigações, dentro de uma esfera delimitada e autônoma, sobre tudo com relação ao poder político. O país em que se encontra mais forte a cultura historicista é a Inglaterra, com o célebre binômio liberdade e propriedade, além de demonstrar a possibilidade de transição gradual e relativamente indolor da ordem medieval à moderna das liberdades, sem a necessidade de um poder político soberano capaz de decidir com autoridade as esferas de liberdades individuais.[33]

---

[30] FIORAVANTI, Maurizio. *Los derechos fundamentales*: apuntes de historia de las constituciones. 4. ed. Madrid: Trotta, 2003. p. 25.

[31] Para Jorge Miranda, três são os documentos que consagram as principais liberdades e garantias dos ingleses: a *Magna Carta*, o *Petition of Rights* e o *Bill of Rights*. MIRANDA, Jorge. *Manual de direito constitucional*. 5. ed. Coimbra: Coimbra, 1996. v. 1: Preliminares – a experiência constitucional. p. 131.

[32] MIRANDA, Jorge. *Manual de direito constitucional*. 5. ed. Coimbra: Coimbra, 1996. v. 1: Preliminares – a experiência constitucional. p. 122.

[33] FIORAVANTI, Maurizio. *Los derechos fundamentales*: apuntes de historia de las constituciones. 4. ed. Madrid: Trotta, 2003. p. 26-35.

1.2.2. O individualismo

O modelo individualista está relacionado ao constitucionalismo francês. Na primeira fase individualista, a revolução francesa procurava edificar uma nova ordem sobre os direitos naturais dos indivíduos, e não com base em posições subjetivas dos indivíduos enquanto membros de uma ordem estamental, no intuito de romper, claramente, com o *Ancien Régime*, fundando uma nova ordem social; o segundo momento, refere-se à legitimação/fundação do novo poder político, o que será resolvido por um acordo entre os homens (Hobbes), isto é, a ordem política é conformada através de um contrato social assente nas vontades individuais. Os dois momentos referidos explicam uma terceira característica do constitucionalismo revolucionário: o construtivismo político/constitucional.

Não obstante a espressão "Revolução Francesa" esteja relacionada a um período limitado da história da França, que se estende de 1789 a 1799, "as repercussões desse fato histórico são mundiais e atemporais. Suas causas são variadas e distintas". Trata-se de lutas pela liberdade, justiça e pelo bem comum, que permitem à Europa criar paradigmas aptos a fazerem parte do legado cultural da humanidade. Para, além disso, a cultura jurídica europeia se contrapõe a culturas jurídicas de outras áreas geográficas porque a grande maioria de seus elementos nasce com vocação jurídica de universalidade, em especial os direitos humanos, a dignidade humana, a doutrina de justiça, o princípio democrático, o Estado de direito e a divisão de poderes, e até mesmo a economia de mercado.[34]

A cultura individualista, inversamente, tende enfrentar o passado, a se construir em polêmica com ele, em fixar a relação entre o medievo e a modernidade em termos de ruptura de época. Nesta, a idade moderna é a idade dos direitos individuais e do progressivo aperfeiçoamento dos modos de tutelá-los, por ser a idade da progressiva destruição do medievo e da ordem feudal e estamental de governo e de sociedade. A identificação se dá com em particular com a Revolução Francesa, em 1789.[35]

---

[34] Nesse sentido, Daniela de Cademartori, em importante pesquisa histórica sobre a Revolução Francesa, ensina que ela "[...] não deve ser vista como um fenômeno unicamente francês; deve-se considerar também a 'cadeia de revoluções' que explodiram de um lado a outro do oceano Atlântico: da Revolução Americana de 1770-1783 até a francesa, passando pelas revoluções holandesa (1783-1787), belga (1787-1790), genebrina (1792). Revoluções que, após terem modificado a Europa, reatravessaram o Atlântico, a partir de 1808, para culminar com a independência das colônias espanholas e portuguesas da América". CADEMARTORI, Daniela Mesquita Leutchuk de. Reflexões histórico-conceituais sobre constitucionalismo e democracia na Revolução Francesa. In: STRECK, Lenio Luiz; ROCHA, Leonel Severo; ENGELMANN, Wilson (Org.). *Constituição, sistemas sociais e hermenêutica:* anuário do Programa de Pós-graduação em Direito da UNISINOS: mestrado e doutorado. Porto Alegre: Liv. do Advogado; São Leopoldo: UNISINOS, 2012. p. 56.

[35] FIORAVANTI, Maurizio. *Los derechos fundamentales:* apuntes de historia de las constituciones. 4. ed. Madrid: Trotta, 2003. p. 35-46.

1.2.3. O estatalismo

Já o modelo estadualista está relacionado ao constitucionalismo americano, marcado pela epígrafe *We the People* (nós, o povo), que se refere a um povo que reclamou o direito de escrever uma lei básica, assim como na França. Diferente da Constituição britânica onde tinha se alojado um tirano que exigia impostos sem representação, ou do caso francês em que se buscavam reestruturar antigos direitos e liberdades, no caso americano emerge o momento em que o povo toma as decisões, através do exercício de um poder constituinte (Constituição de 1787), fixando num texto escrito às regras disciplinadoras e domesticadoras do poder, opondo-as, caso necessário, aos governantes que atuassem em violação da Constituição, concebida como lei superior.[36]

O estatalismo é distinto e autônomo dos modelos precedentes, diferenciando-se da valoração positiva do papel do Estado feita pela cultura individualista. Tal cultura prescinde da referência a um direito natural dos indivíduos anteriores ao direito imposto pelo Estado. Nessa lógica, não existe sociedade antes da submissão de todos a força imperativa e autorizadora do Estado. Nas palavras de Fioravanti, "la *societas* de los individuos titulares de derechos nace *com el mismo Estado*, y sólo *a través* de su presencia fuerte y com autoridad".[37]

1.2.4. Revelar, dizer e criar

Acerca do fenômeno da evolução da constituição, na ligação do que restou referido (entre historicismo, individualismo e estatalismo) Canotilho resume em três palavras os traços que caracterizam as três experiências histórico-constitucionais acima referidas: revelar, dizer e criar, explicadas da seguinte maneira:

> [...] os ingleses compreendem o poder constituinte como um processo histórico de *revelação* da "constituição da Inglaterra"; os americanos *dizem* num texto escrito, produzido por um poder constituinte "the fundamental and Paramount law of the nation"; os franceses *criam* uma nova ordem jurídico-política através da "destruição" do antigo e da "construção do novo", traçando a arquitectura da nova "cidade política" num texto escrito – a constituição. *Revelar, dizer* e *criar* uma constituição são os *modi operandi* das três experiências constitucionais.[38]

---

[36] FIORAVANTI, Maurizio. *Los derechos fundamentales*: apuntes de historia de las constituciones. 4. ed. Madrid: Trotta, 2003. p. 46-49.

[37] Ibid., p. 50-53.

[38] CANOTILHO, José Joaquim Gomes. *Direito constitucional e teoria da Constituição*. 7. ed. Coimbra: Almedina, 2003. p. 68-69.

Revelar a norma, no caso dos ingleses, está relacionado à desconfiança perante um poder constituinte com força e competência para por si mesmo desenhar e planificar o modelo político de um povo; dizer, quanto aos americanos, no sentido da criação de um corpo de regras superiores e invioláveis; criar a norma, no caso dos franceses, a partir do poder constituinte como fórmula ruptural com o antigo regime.[39]

Portanto, pode-se dizer que, dentro de uma variável, três são os sistemas que influenciaram, significativamente, o desenvolvimento do constitucionalismo: o inglês, o americano e o francês. Foi a partir das revoluções emergidas pelas aspirações democráticas e libertárias que se desenvolveram os direitos de liberdade e propriedade, e a limitação do Poder.[40] O período das revoluções dos séculos XVII e XVIII importou no que Bobbio denominou "Era dos Direitos", passando os direitos do soberano a concorrerem com os direitos do indivíduo, implicando uma necessária reavaliação do conceito de soberania existente.[41]

Dalmo de Abreu Dallari aduz que as três revoluções – inglesa, americana e francesa –, expressões dos ideais que prevaleciam na Europa do século XVIII, determinaram as diretrizes do Estado a partir daquele momento, consolidando-se a ideia de Estado Democrático como ideal supremo. O autor relaciona três pontos fundamentais que sintetizam os princípios que passaram a nortear os Estados, como exigência da democracia: a) supremacia da vontade popular; b) preservação da liberdade; c) e igualdade de direitos.[42]

Verifica-se, na sequência, o constitucionalismo inglês, e em especial o americano e o francês, cujos marcos teóricos confluíram significativamente para a enriquecimento do constitucionalismo. Tomando como base, mais uma vez, os ensinamentos do mestre lusitano: "não é possível

---

[39] CANOTILHO, José Joaquim Gomes. *Direito constitucional e teoria da Constituição*. 7. ed. Coimbra: Almedina, 2003. p. 69-72.

[40] Barroso considera referidas revoluções como as responsáveis pela abertura de caminho para o Estado Liberal. BARROSO, Luís Roberto. Constituição. BARRETTO, Vicente de Paulo (Coord.). *Dicionário de filosofia do direito*. São Leopoldo: UNISINOS, 2006. p. 14. Para Jorge Miranda, a Revolução Francesa foi o ponto culminante de viragem que conduziu ao Estado Constitucional, mas não se pode deixar de dar importância à Inglaterra e aos Estados Unidos; ninguém ignora o marco representa na história do Estado e do Direito público, por terem colocado um fim ao Estado absolutista e aberto caminho a um novo modelo de organização política, o Estado Constitucional, cujo direito está ligado a uma Constituição com força jurídica diversa da dos outros corpos de regras do ordenamento. MIRANDA, Jorge. *Manual de direito constitucional*. 5. ed. Coimbra: Coimbra, 1996. v. 1: Preliminares – a experiência constitucional. p. 14 e 83.

[41] TEIXEIRA, Anderson Vichinkeski. *Teoria pluriversalista do direito internacional*. São Paulo: WMF Martins Fontes, 2011. p. 109.

[42] DALLARI, Dalmo de Abreu. *Elementos de teoria geral do estado*. 24. ed. São Paulo: Saraiva, 2003. p. 150-151.

compreender o constitucionalismo sem conhecer a história das revoluções americana e francesa".[43]

1.3. Marcos históricos do constitucionalismo

1.3.1. "Glorious revolution"

A Revolução Inglesa teve como ponto precípuo a afirmação do Parlamento e a implantação de uma monarquia constitucional, com a ascensão ao trono por parte de William III e Mary II, em 1689, com poderes limitados pelo *Bill of Rigths,* de 1688. Este momento lançou as bases para a forma de organização política que iria inspirar o Ocidente nos séculos seguintes. Com fundamentos sólidos, prescindiu-se de uma Constituição escrita.[44]

O *Bill of Rights,* promulgado um século antes da Revolução Francesa, pôs fim ao regime de monarquia absoluta, no qual todo poder emanava do rei e em seu nome era exercido. Na Inglaterra, a partir de 1689, os poderes de legislar e criar tributos deixam de ser prerrogativas do monarca, e passam à esfera de competência reservada ao Parlamento. Com a divisão dos poderes, criou-se uma *garantia institucional* (como a doutrina constitucionalista alemã do século XX viria a denominar), cuja função era proteger os direitos fundamentais da pessoa. Ainda hoje, é um dos mais importantes textos constitucionais do Reino Unido. Acerca deste documento, Comparato refere:

> A transformação social provocada pelo *Bill of Rights* não pode deixar de ser encarada. Não é exagero sustentar que, ao limitar os poderes governamentais e garantir as liberdades individuais, essa lei fundamental suprimiu a maior parte das peias jurídicas que embaraçavam a atividade profissional dos burgueses.[45]

Apesar da importância do *Bill of Rights* para a garantia de liberdades, é preciso referir que tais atos não beneficiavam, indistintamente, a todos os súditos do Rei, mas, preferencialmente, o clero e a nobreza, os dois primeiros estamentos do reino; a grande diferença é que acabam sendo aproveitados também pela burguesia.[46] Nas palavras de Jorge Miranda:

---

[43] CANOTILHO, José Joaquim Gomes. *Direito constitucional e teoria da Constituição.* 7. ed. Coimbra: Almedina, 2003. p. 19.

[44] BARROSO, Luís Roberto. Constituição. In: BARRETTO, Vicente de Paulo (Coord.). *Dicionário de filosofia do direito.* São Leopoldo: UNISINOS, 2006. p. 145.

[45] COMPARATO, Fábio Konder. *A afirmação histórica dos direitos humanos.* 5. ed. São Paulo: Saraiva, 2007. p. 93-95.

[46] Ibid., p. 49.

O que distingue, sobretudo, a Revolução inglesa de 1688 (*Glorious Revolution*) da que um século mais tarde ensanguentaria a França está em que aquela se insere numa linha de continuidade, ao passo que a francesa tenta reconstruir a arquitectura toda do Estado desde o começo. [...] O Direito constitucional inglês não nasce em 1689 com o *Bill of Rights*, o direito constitucional francês nasce em 1789 com a Declaração dos Direitos do Homem e do Cidadão.[47]

Dois pontos podem ser apontados em relação à Revolução Inglesa: a) a intenção de limitar o poder absoluto do monarca; b) e a influência do protestantismo. Tais temas contribuíram para a afirmação dos direitos naturais dos indivíduos, nascidos livres e iguais, o que justificou o governo da maioria, que deveria exercer o poder legislativo para assegurar a liberdade dos cidadãos.[48]

Portanto, o essencial desta declaração é a separação de poderes, uma vez que, com ela, o Parlamento tornou-se um órgão encarregado de defender os súditos frente ao Rei, e o seu funcionamento não ficava sujeito ao arbítrio do monarca.

1.3.2. "We the People"

A Revolução Americana, por sua vez, teve duplo significado. Ao mesmo tempo em que emancipou as treze colônias inglesas na América, pela Declaração de Independência de 1776, as reuniu em um Estado Independente, pela Constituição de 1787.[49] A importância histórica da Declaração de Independência está relacionada ao fato de ser o primeiro documento político que reconhece, ciente da soberania popular, a existência de direitos intrínsecos a todo ser humano, independente de diferenças de raça, religião, sexo, cultura ou posição social.[50] Nesse sentido, Carl Schmitt diz que "la historia de los derechos fundamentales comienza con las declaraciones formuladas por los Estados americanos en el siglo XVIII, al fundar su independencia respecto de Inglaterra".[51]

Na cultura americana dos direitos e liberdades, historicismo e individualismo estão fortemente interrelacionados. A necessidade de construir um mundo novo e um novo sistema político fundado sobre

---

[47] MIRANDA, Jorge. *Manual de direito constitucional*. 5. ed. Coimbra: Coimbra, 1996. v. 1: Preliminares – a experiência constitucional. p. 124.

[48] DALLARI, Dalmo de Abreu. *Elementos de teoria geral do estado*. 24. ed. São Paulo: Saraiva, 2003. p. 148.

[49] BARROSO, Luís Roberto. Constituição. In: BARRETTO, Vicente de Paulo (Coord.). *Dicionário de filosofia do direito*. São Leopoldo: UNISINOS, 2006. p. 145.

[50] COMPARATO, Fábio Konder. *A afirmação histórica dos direitos humanos*. 5. ed. São Paulo: Saraiva, 2007. p. 107.

[51] SCHMITT, Carl. *Teoría de la Constitución*. Madrid: Alianza, 1992. p. 164.

os direitos naturais individuais (os *Rights*), não excluía o fato de os protagonistas da operação se sentirem orgulhosamente ingleses, filhos de uma tradição histórico-constitucional que havia oferecido aportes de primeira ordem à causa dos direitos e liberdades.[52]

A independência das antigas treze colônias britânicas da América do Norte, em 1776, dessa forma, simbolizou o ato inaugural da democracia moderna. Sob regime constitucional, combinou a representação popular com a limitação dos poderes governamentais e o respeito aos direitos humanos. Daí Fábio Comparato referir ser a Constituição, em seu aspecto moderno, *uma criação norte-americana*, pois se consubstancia em um ato supremo de vontade política de um povo, com a finalidade principal de proteção do indivíduo frente aos abusos dos governantes.[53]

Entre os eventos que desencadearam o movimento de independência norte-americano, vale lembrar que, em função da guerra franco-inglesa pela ocupação do território canadense, as despesas correntes do governo inglês mais que dobraram, fazendo com que sucessivos primeiros-ministros reforçassem o poder imperial, elevando os impostos, o que fez com que acontecessem revoltas em várias cidades, provocando a reunião das colônias em Congressos Continentais, que por fim implicaram a independência.[54]

Tratava-se de impugnar uma série de disposições fiscais que a mãe pátria havia imposto sobre itens de consumo interno das treze colônias, baseando-se na velha fórmula *no taxation without representation*, que em certo sentido estava na base do mesmo constitucionalismo britânico, que desde sempre buscou diferenciar-se dos Estados absolutos com a rígida proibição da livre apreensão dos bens dos súditos (constituindo-se o célebre binômio *liberty and property*).[55] Nas palavras de Jorge Miranda:

> O Direito constitucional dos Estados Unidos brota do sistema jurídico inglês e do pensamento político do século XVIII, postos perante as condições peculiares da América do Norte.
>
> As Constituições outorgadas pela Coroa às treze colónias, os grandes princípios de Direito público (como *no taxation without representation*, cujo desrespeito desencadearia a revolta), o *Commom Law*, com importantíssimo papel do juiz, eis as principais fontes a referir, a que se pode acrescentar uma ou outra prática constitucional proveniente da própria Revolução americana.[56]

---

[52] FIORAVANTI, Maurizio. *Los derechos fundamentales*: apuntes de historia de las constituciones. 4. ed. Madrid: Trotta, 2003. p. 77-78.

[53] COMPARATO, Fábio Konder. *A afirmação histórica dos direitos humanos*. 5. ed. São Paulo: Saraiva, 2007. p. 99 e 113.

[54] Ibid., p. 103-104.

[55] FIORAVANTI, op. cit., p. 80.

[56] MIRANDA, Jorge. *Manual de direito constitucional*. 5. ed. Coimbra: Coimbra, 1996. v. 1: Preliminares – a experiência constitucional. p. 141.

Nas colônias da América do Norte, também se desenrolou a luta contra o absolutismo inglês, tendo sido possível levar adiante a ideia de governo democrático. Os americanos estavam buscando sua independência. Seguindo as ideias de que todos os homens são criados iguais, dotados de direitos inalienáveis como a vida, a liberdade e a felicidade, e que quando o governo se tornar destrutivo é direito do povo alterá-lo ou aboli-lo, foi que se organizaram primeiramente as antigas colônias, e, depois, os Estados Unidos da América, com o objetivo de garantir sempre a supremacia da vontade do povo.[57]

Na trilha da declaração de direitos da Inglaterra, os Estados Unidos deram aos direitos humanos a qualidade de direitos fundamentais, ou seja, direitos reconhecidos pelo Estado expressamente, dotados de caráter constitucional, e, portanto, superiores à legislação ordinária.[58] Julios-Campuzano adverte existir, na revolução norte-americana, como componente básico, a desconfiança com relação ao legislador, a "suspeita contra o poder legislativo e a necessidade de estabelecer limites efetivos, operativos e sólidos diante da irresistível tentação da tirania da maioria e sua insaciável voracidade".[59] Nas palavras de Anderson Teixeira:

> [...] A Declaração de Direitos da Virgínia, de 1776, e a Constituição federal dos Estados Unidos, de 1787, significaram o nascimento de uma nova ordem constitucional – independente do conquistador – que tinha na divisão dos poderes e na liberdade do indivíduo dois dos marcos iniciais para a sua construção. Diferentemente do que ocorria na Europa, onde ordens já constituídas demandavam por reformas na concepção de soberania absoluta que caracterizou o início o surgimento do Estado moderno, a realidade estadunidense do século XVIII desconhecia um poder soberano que não estivesse estabelecido na Europa insular.[60]

Dessa forma, o constitucionalismo estadunidense gira sobre a supremacia da Constituição, que deve estar a salvo da tentação expansionista do poder legislativo. A Constituição adquire qualidade de norma jurídica, construindo-se sobre duas ideias basilares: o conceito de limite do poder, através da consagração dos direitos fundamentais, e um sistema de equilíbrio dos poderes para enfraquecer sua eventual consagração (*check and balances*).[61]

---

[57] DALLARI, Dalmo de Abreu. *Elementos de teoria geral do estado*. 24. ed. São Paulo: Saraiva, 2003. p. 149.
[58] COMPARATO, Fábio Konder. *A afirmação histórica dos direitos humanos*. 5. ed. São Paulo: Saraiva, 2007. p. 112.
[59] JULIOS-CAMPUZANO, Alfonso. *Constitucionalismo em tempos de globalização*. Porto Alegre: Livraria do Advogado, 2009. p. 25.
[60] TEIXEIRA, Anderson Vichinkeski. *Teoria pluriversalista do direito internacional*. São Paulo: Wmfmartinsfontes, 2011. p. 115.
[61] JULIOS-CAMPUZANO, op. cit., p. 26.

A supremacia da Constituição sobre as leis pareceu, desde o início, o primeiro mandamento do sistema jurídico norte-americano, firmado pela Suprema Corte a partir do caso *Marbury v. Madison*, julgado em 1803. A *judicial review* não chegou a ser expressa na Constituição norte-americana de 1787, somente vindo a ser admitida com esta decisão, na qual também foi afirmado como princípio a judicialidade de todo e qualquer direito fundado em norma constitucional.[62]

A partir do momento em que a *judicial review* foi posta em prática, sucederam três fases: até cerca de 1880, a preocupação maior era a defesa das unidades dos Estados Unidos, servindo a fiscalização como arbitragem entre a União e os Estados federados; de 1880 a 1935/1937, o Supremo Tribunal interpreta a Constituição num sentido conservador de ordem liberal capitalista, afirmando sua autoridade frente ao legislativo, donde se falará em "governo dos juízes"; desde 1954, dando preferência à proteção da propriedade, a Corte se dedica à proteção da liberdade política e da igualdade racial.[63]

A dimensão garantista da tradição estadunidense caracteriza-se na atribuição dos juízes em analisar a constitucionalidade das leis, tendo origem na importante decisão da Suprema Corte acima referida, quando os juízes se converteram em verdadeiros guardiões da Magna Carta, e assumiram a função de julgar a coerência das leis com a Constituição.[64]

A importância do Direito constitucional norte-americano se justifica em razão do significado da sua experiência e pelas aquisições e novos elementos que dele emergiram, como, por exemplo: ser o primeiro grande Estado europeu formado fora da Europa; primeira revolução vitoriosa revelada também como anticolonial, mas que encerrou contradições de cunho racial; primeira e mais duradoura Constituição em sentido moderno; noção de Constituição e de seu valor supremo perante os demais atos da federação, com autoridade reconhecida aos tribunais na sua interpretação e concretização (fiscalização judicial de constitucionalidade).[65]

Portanto, os norte-americanos deram significativamente mais ênfase às garantias judiciais do que à declaração de direitos. No modelo estadunidense, a Constituição passa a ter supremacia na teoria das fontes, posto que assume condição de verdadeira norma superior no ordenamento, reduzindo o poder integral do legislador, que passa a

---

[62] COMPARATO, Fábio Konder. *A afirmação histórica dos direitos humanos*. 5. ed. São Paulo: Saraiva, 2007. p. 113-114 e 117.

[63] MIRANDA, Jorge. *Manual de direito constitucional*. 5. ed. Coimbra: Coimbra, 1996. v. 1: Preliminares – a experiência constitucional. p. 148-149.

[64] JULIOS-CAMPUZANO, op. cit., p. 26.

[65] MIRANDA, op. cit., p. 142-143.

submeter-se às diretrizes e princípios da Constituição e ter sua atividade controlada pelos juízes.

1.3.3. A Revolução Francesa

Desde a eclosão do movimento francês de 1789, houve uma mudança no próprio sentido do termo *revolução*. Antes significava, com Copérnico, o movimento orbital dos planetas em torno do sol; no *Bill of Rights* de 1689, designava a restauração das antigas prerrogativas dos súditos frente ao monarca; nos Estados Unidos pretendeu compreender o espírito inovador de nação independente, restaurando prerrogativas dos súditos da coroa britânica. Com a Revolução Francesa, a palavra *revolução* teve "uma mudança semântica de 180°", nas palavras de Fábio Comparato, passando a ser usada para indicar uma completa renovação das estruturas sociopolíticas, assim como a instauração, não apenas de um governo ou de um regime político, mas de toda uma sociedade, quanto às relações de poder que compunham a sua estrutura.[66]

De acordo com Carl Schmitt, "la declaración francesa de derechos del hombre y del ciudadano de 26 de agosto de 1789, proclama como derechos fundamentales más importantes: libertad, propiedad, seguridad y derecho de resistencia".[67] A Declaração dos Direitos do Homem e do Cidadão de 1789 representou o atestado de óbito do *Ancien Régime*, constituído pela monarquia absoluta e pelos privilégios feudais. Foi, também, o primeiro elemento constitucional do novo regime político, tendo sido publicada sem a sanção do Rei.[68] Simbolizada pela queda da bastilha, foi um processo radical de transformação política e social. Tornou-se o grande divisor de águas, com o advento do Estado Liberal, divulgando, com caráter universal, uma nova ideologia, fundada na Constituição, na separação dos poderes e nos direitos individuais.[69]

Para os constituintes franceses, naquele momento, confiar as liberdades e os direitos à história, haveria de significar aceitar que as práticas sociais e institucionais do antigo regime continuassem a exercer sua influência após a revolução. Por isso, todo o projeto revolucionário se constrói por meio da contraposição radical com o passado. A grande novidade da Revolução Francesa foi a de fazer aparecer, em sua auto-

---

[66] COMPARATO, Fábio Konder. *A afirmação histórica dos direitos humanos*. 5. ed. São Paulo: Saraiva, 2007. p. 128-129.

[67] SCHMITT, Carl. *Teoría de la Constitución*. Madrid: Alianza, 1992. p. 166.

[68] COMPARATO, op. cit., p. 151.

[69] BARROSO, Luís Roberto. Constituição. In: BARRETTO, Vicente de Paulo (Coord.). *Dicionário de filosofia do direito*. São Leopoldo: UNISINOS, 2006. p. 145-146.

nomia, uma sociedade civil unificada na vontade política constituinte, como povo ou nação.[70]

O constitucionalismo francês surge, portanto, para pôr fim ao *Ancien Régime* e para dar contornos a uma nova sociedade fundada na ideologia revolucionária que marcou a Revolução Francesa: liberdade, igualdade e fraternidade. Entretanto, apesar de desempenhar singular importância quanto ao projeto coletivo, mormente pela Revolução Francesa, propiciou significativo protagonismo decisório da vontade majoritária, pelo elemento democrático, mantendo-se refém da onipotência legislativa.

No caso da Revolução Francesa, assiste-se a formação de uma cultura das liberdades que resulta de uma combinação entre o modelo individualista e contratualista, de um lado, e estatalista de outro, deixando totalmente fora, desde o horizonte político e cultural da revolução, a visão historicista. Tanto que, a partir da declaração de direitos de 1789, em contraposição com o antigo regime, existem apenas dois valores políticos-constitucionais: o indivíduo e a lei como expressão da soberania da nação.[71] Nas palavras de Carl Schmitt:

> En la Revolución francesa de 1789 surge la Constitución moderna, mixta de elementos liberales y democráticos. Su supuesto mental es la teoría del Poder constituyente. La Teoría del Estado de la Revolución francesa pasa a ser así una fuente capital, no sólo para la dogmática política de todo el tiempo siguiente, sino también para la construcción jurídica de carácter positivo de la moderna Teoría de la Constitución. El poder constituyente presupone el Pueblo como una entidad política existencial; la palabra «Nación» designa en sentido expresivo un Pueblo capaz de actuar, despierto a la conciencia política. El pueblo francés se constituye como sujeto del Poder constituyente; se hace consciente de su capacidad política de actuar, y se da a sí mismo una Constitución bajo el supuesto, expresamente afirmado así, de su unidad política y capacidad y capacidad de obrar. Al darse una Constitución realiza el acto más amplio de la decisión acerca de un modo y forma particular da existencia. El pueblo se convierte en Nación, o, lo que es igual, se hace consciente de su existencia política. La segunda significación de la Revolución francesa consiste en que condujo a una Constitución del Estado burgués de Derecho, esto es, limitadora y controladora del ejército del poder del Estado, dando así al Estado francés un nuevo modo de ser políticamente.[72]

A função da Constituição é eminentemente política, ficando suas cláusulas submetidas à intervenção da lei, da qual se evidenciava a plenitude normativa do ordenamento jurídico. Em uma eventual tensão entre Estado de Direito e democracia, a questão se resolveria a favor da democracia, prevalecendo o poder onipotente da maioria sobre o texto

---

[70] FIORAVANTI, Maurizio. *Los derechos fundamentales*: apuntes de historia de las constituciones. 4. ed. Madrid: Trotta, 2003. p. 59 e 61.

[71] Ibid., p. 57-58.

[72] SCHMITT, Carl. *Teoría de la Constitución*. Madrid: Alianza, 1992. p. 70-71.

constitucional.[73] Assim sendo, na França, a Constituição era essencialmente lei, lei escrita ao serviço dos direitos e liberdades e da separação dos poderes, que decorre de um poder constituinte distinto dos demais poderes do Estado, como poderes constituídos. Ao contrário dos Estados Unidos, a supremacia da Constituição, até pouco tempo, não era um princípio jurídico operativo, determinante da invalidade das leis com ela incompatíveis.[74]

Segundo Fioravanti, o constitucionalismo francês apresenta uma dimensão contratualista, que, perde seu estilo individualista para se expressar no sentido de dar contornos ao projeto coletivo. Os interesses individuais ficam relegados ao segundo plano. E a nação figura na condição de titular do poder constituinte, tendo que se conformar a um projeto coletivo de caráter político, almejando metas a alcançar e objetivos subordinados à ação do governo.[75]

A Revolução Francesa desencadeou a supressão das desigualdades entre indivíduos e grupos sociais, como nunca antes fora visto pela humanidade. Percebeu-se, em pouco tempo, que o espírito da Revolução era muito mais relacionado à supressão das desigualdades estamentais, do que a afirmação das liberdades individuais a todos. Proclamou-se, inclusive, em 1791, a emancipação dos judeus e a abolição dos privilégios religiosos.[76] Essa Revolução emplacou, ainda, a ideia de que o poder decorre do povo e que é o próprio povo que limita o poder.[77]

Tendo sido descrito os aspectos fundamentais das revoluções inglesa, americana e francesa, passa-se a verificar os pontos em que tais

---

[73] JULIOS-CAMPUZANO, Alfonso. *Constitucionalismo em tempos de globalização*. Porto Alegre: Livraria do Advogado, 2009. p. 23-24.

[74] Até o momento, os tribunais judiciais não obtiveram competência para apreciar a constitucionalidade das leis, o que derivava: 1º) da ideia de lei (ordinária); 2º) do entendimento em relação à teoria da separação dos poderes, não sendo admitido que órgãos estranhos à função legislativa apreciem a validade das leis; 3º) da reação contra a prática jurídica dos parlamentos judiciais do antigo regime, o que levou à proibição, por lei, da apreciação judicial da constitucionalidade. Havia apenas o Conselho Constitucional, órgão de fiscalização *preventiva*, em moldes jurisdicionalizados. MIRANDA, Jorge. *Manual de direito constitucional*. 5. ed. Coimbra: Coimbra, 1996. v. 1: Preliminares – a experiência constitucional. p. 167-168.
Entretanto, após a reforma constitucional de 23 de julho de 2008, que acrescentou o art. 61-1 na vigente Constituição Francesa de 04 de outubro de 1958, foi alterado o modelo francês de fiscalização da constitucionalidade das leis, no sentido de permitir ao Conselho Constitucional que realize um controle repressivo de constitucionalidade, sempre que a ele for submetido, dentro de certas condições, o exame de uma questão prioritária de constitucionalidade, em face da qual o órgão político francês fiscaliza a constitucionalidade de leis em vigor, cuja desconformidade com a Constituição pode ter sido suscitada por qualquer das partes em processo judicial ou administrativo.

[75] FIORAVANTI, Maurizio. *Los derechos fundamentales*: apuntes de historia de las constituciones. 4. ed. Madrid: Trotta, 2003. p. 63-64.

[76] COMPARATO, Fábio Konder. *A afirmação histórica dos direitos humanos*. 5. ed. São Paulo: Saraiva, 2007. p. 136-137.

[77] TEIXEIRA, Anderson Vichinkeski. *Teoria pluriversalista do direito internacional*. São Paulo: Wmf-martinsfontes, 2011. p. 110.

momentos históricos se mesclam, especialmente em relação às experiências dos Estados Unidos e da França.

1.3.4. Encontros e desencontros entre as revoluções francesa e americana

Não é demais frisar que a grande diferença entre o sistema constitucional francês e sistemas britânico e americano está na sua origem revolucionária e, posteriormente, na vocação universalista de difusão de ideias que ao modelo francês estavam associadas. Contudo, o sistema constitucional francês vai se formar a partir de 1789, através da revolução que, de forma radical, propôs-se a destruir todas as instituições e estruturas antigas.[78]

A Revolução Francesa consagrou as aspirações democráticas do século XVIII. Diferentemente das condições políticas da América, na França, além de se oporem contra os governos absolutos, os líderes enfrentavam um problema de instabilidade interna, surgindo à ideia de nação como centro unificador de vontades e de interesses. Por outro lado, na França o Estado e a Igreja eram inimigos, o que importou em que a Declaração dos Direitos do Homem e do Cidadão, de 1789, tomasse caráter mais universal do que as Declaração Inglesas e Americanas, pela ausência das limitações das lutas religiosas locais.[79]

Com seu estilo abstrato e generalizante, a Declaração de 1789 se distingue dos *bills of rigthts* dos Estados Unidos, pelo fato de que os americanos estavam mais interessados em firmar a sua independência e estabelecer o seu próprio regime político do que levar a ideia de liberdade para outros povos; o sentido que atribuíam a sua revolução era de uma restauração das antigas liberdades e costumes – que se coaduna com a tradição histórica que lhes era inerente. Por outro lado, os revolucionários de 1789 se julgavam "apóstolos de um novo mundo, a ser enunciado a todos os povos e em todos os tempos vindouros".[80]

O constitucionalismo norte americano destaca a garantia dos limites ao poder. Diferente do constitucionalismo francês, não aspirava modificações na ordem social, mas sim estabelecer uma nova ordem política. A revolução norte-americana respondeu a uma ruptura com a metrópole e a submissão à coroa britânica, mas não se fazia necessário,

---

[78] MIRANDA, Jorge. *Manual de direito constitucional*. 5. ed. Coimbra: Coimbra, 1996. v. 1: Preliminares – a experiência constitucional. p. 159.

[79] DALLARI, Dalmo de Abreu. *Elementos de teoria geral do estado*. 24. ed. São Paulo: Saraiva, 2003. p. 150.

[80] COMPARATO, op. cit., p. 133-134.

como na França, eliminar um antigo regime carregado de injustiças e discriminações. Fioravanti destaca que aí está a principal diferença entre as duas tradições. A identificação dos direitos fundamentais, substancialmente idêntica, responde a motivações, exigência e condicionamentos diferentes.[81]

Enquanto nos esquemas revolucionários franceses a constituição legitimou o Estado legicêntrico, na cultura revolucionária americana o objetivo foi constituir uma ordem política formada pela limitação do poder. Portanto, o modelo americano de constituição assenta na ideia da limitação normativa do domínio político por meio de uma lei escrita. O fato de dar à Constituição o status de *lei proeminente/higher law*, justificou a elevação do poder judicial a defensor da constituição e guardião dos direitos e liberdades, através da fiscalização da constitucionalidade (*judicial review*); os juízes passaram a ter competência para medir as leis segundo a medida da constituição, passaram a ser os "juízes" entre o povo e o legislador.[82] A respeito das revoluções francesa e americana, Fábio Comparato refere:

> A chamada Revolução Americana foi essencialmente, no mesmo espírito da *Glorious Revoltion* inglesa, uma restauração das antigas franquias e dos tradicionais direitos de cidadania, diante dos abusos e usurpações do poder monárquico. Na Revolução Francesa, bem ao contrário, todo o ímpeto do movimento político tendeu ao futuro e representou uma tentativa de mudança radical das condições de vida em sociedade. O que se quis foi apagar completamente o passado e recomeçar a História do marco zero.
>
> Além disso, enquanto os norte-americanos mostraram-se mais interessados em firmar sua independência em relação à coroa britânica do que em estimular igual movimento em outras colônias europeias, os franceses consideraram-se investidos de uma missão universal de libertação dos povos.[83]

Por isso, a diferença nas tradições históricas que permeiam as revoluções francesa e americana: os franceses "apostavam" no parlamento; os americanos não. No caso dos franceses ocorreu um legicentrismo, acabando por pecar ao apostar suas fichas no Parlamento; já os americanos, acabaram depositando sua confiança no judiciário, atribuindo superioridade à Constituição. Neste sentido, oportunas as colocações de Fioravanti:

> En pocas palabras, se puede afirmar que la revolución francesa confía los derechos y libertades a la obra de *un legislador virtuoso*, que es tal porque es altamente representativo del pueblo o nación, más allá de las facciones o de los intereses particulares; mientras

---

[81] FIORAVANTI, Maurizio. *Los derechos fundamentales*: apuntes de historia de las constituciones. 4. ed. Madrid: Trotta, 2003. p. 78.
[82] CANOTILHO, José Joaquim Gomes. *Direito constitucional e teoria da Constituição*. 7. ed. Coimbra: Almedina, 2003. p. 59-60.
[83] COMPARATO, Fábio Konder. *A afirmação histórica dos direitos humanos*. 5. ed. São Paulo: Saraiva, 2007. p. 52.

que la revolución americana *desconfía de las virtudes de todo legislador* [...] y, así, confía los derechos y libertades *a la constitución*, es decir, a la posibilidad de limitar as legislador con una norma de orden superior.[84]

Há de se dizer, também, que, observadas as devidas distinções quanto ao contexto político das treze colônias britânicas e da França revolucionária, ambas as declarações possuíam nítida conotação burguesa e espírito individualista. Com isso, "desencadearam a expansão capitalista, sacralizando a propriedade e instituindo a livre iniciativa, por meio do reconhecimento de uma liberdade quase ilimitada".[85]

Alguns pontos, assim, neste momento precisam ser delimitados: a) o contexto histórico-social que embasava o constitucionalismo moderno estadunidense e francês era diferente: os franceses buscavam romper com o antigo regime, enquanto os americanos almejavam uma nova ordem política, por terem desconfiança da expansão legislativa; b) no topo da pirâmide, na teoria das fontes, encontrava-se a lei para os franceses, já para os americanos estava a Constituição; c) para os americanos, a garantia da Constituição seria realizada via jurisdição, passando a guarda a ser confiada aos juízes. Dessa forma, verifica-se que, os franceses, quase que se limitaram a declarar direitos, deixando de mencionar instrumentos que os garantissem, ao contrário dos norte-americanos que, seguindo a tradição inglesa, deram maior ênfase às garantias judiciais.

Entretanto, não obstante as diferenças entre os regimes revolucionários, é preciso reconhecer que a instituição da representação política moderna foi obra da Constituição americana e da Revolução Francesa, passando a ser representada por uma coletividade global, sem divisões internas, e não mais por estamentos ou grupos sociais, como outrora na idade média.[86] Conforme Anderson Teixeira, a "constituição moderna" sai fortalecida do período das revoluções, uma vez que, ao mesmo tempo, passa a ser tanto o espaço legítimo para a discussão política entre o Estado e o povo, quanto a síntese de tal embate, ou seja, ela legitima, torna possível o embate.[87]

---

[84] FIORAVANTI, Maurizio. *Los derechos fundamentales*: apuntes de historia de las constituciones. 4. ed. Madrid: Trotta, 2003. p. 83.

[85] BRAGATO, Fernanda Frizzo. Para além do individualismo: crítica à irrestrita vinculação dos direitos humanos aos pressupostos da modernidade ocidental. In: CALLEGARI, André Luís; STRECK, Lenio Luiz; ROCHA, Leonel Severo (Org.). *Constituição, sistemas sociais e hermenêutica*: anuário do Programa de Pós-graduação em Direito da UNISINOS: mestrado e doutorado. Porto Alegre: Liv. do Advogado; São Leopoldo: UNISINOS, 2010. p. 109.

[86] COMPARATO, Fábio Konder. *A afirmação histórica dos direitos humanos*. 5. ed. São Paulo: Saraiva, 2007. p. 151-152.

[87] TEIXEIRA, Anderson Vichinkeski. *Teoria pluriversalista do direito internacional*. São Paulo: Wmf-martinsfontes, 2011. p. 117.

Verificados os pontos de diferença entre os modelos constitucionalistas exsurgidos na modernidade, a partir das revoluções analisadas, passa-se a verificar o constitucionalismo moderno no contexto dos Estados Liberal, Social e Democrático, em que a supremacia da lei soçobrará em detrimento da supremacia da Constituição.

1.4. Do Estado de Direito ao Estado Constitucional

O constitucionalismo moderno refere-se ao movimento político, social e cultural que questiona as formas tradicionais de dominação política, nos planos político, filosófico e jurídico a partir da metade do século XVIII, ao mesmo tempo em que sugere uma nova maneira de ordenação e fundamentação do poder.[88] Nas palavras de Canotilho:

> Constitucionalismo é a teoria (ou ideologia) que ergue o princípio do governo limitado indispensável à garantia dos direitos em dimensão estruturante da organização político-social de uma comunidade. Neste sentido, o constitucionalismo moderno representará uma *técnica específica de limitação do poder com fins garantísticos*.[89]

De acordo com Matteucci, a função do constitucionalismo é "traçar os princípios ideológicos, que são a base de toda a Constituição e da sua organização interna". Trata-se de uma técnica da liberdade, qualificada como jurídica, pela qual é assegurado aos cidadãos o exercício dos seus direitos individuais, ao mesmo tempo em que coloca o Estado na condição de não poder violá-los.[90]

Um dos pontos de maior fundamento na evolução do constitucionalismo, que proporcionou e continua proporcionando enriquecimento para as Teorias do Direito e da Interpretação, está relacionada ao fato de a Constituição substituir o caráter de proeminência da lei, reduzindo significativamente a autonomia das maiorias dominantes.

Tais questões acabam aportando, também, significativa autonomia para o Direito, que não pode mais ser confundido com a lei. Compreender isso passa, necessariamente, pela descrição dos modelos de Estado consagrados como Liberal, Social e Democrático de Direito – ainda que amiúde –, em que a função da Constituição vai se ampliando ao mesmo tempo em que ela agrega normatividade.

---

[88] CANOTILHO, José Joaquim Gomes. *Direito constitucional e teoria da Constituição*. 7. ed. Coimbra: Almedina, 2003. p. 52.

[89] Ibid., p. 53.

[90] MATTEUCCI, Nicola. Constitucionalismo. In: BOBBIO, Norberto; MATTEUCCI, Nicola; PASQUINO, Gianfranco (Orgs.). *Dicionário de política*. 5. ed. Brasília : Universidade de Brasília, 2000. v. 1. p. 247-248.

1.4.1. O Estado Liberal

O Estado Constitucional moderno surge como Estado Liberal, firme na ideia de liberdade, e, em nome dela, comprometido em limitar o poder político tanto internamente, pela sua divisão, como externamente, reduzindo as funções junto à sociedade.[91] Este modelo de Estado – representando as aspirações políticas da burguesia –, na busca pela consolidação no poder em nível político, servia-se de dois argumentos: a) em nível político, da ideologia liberal, vinculada aos interesses econômicos; b) no plano jurídico, do positivismo legalista, que levou ao monopólio da produção das leis por parte do aparato estatal, à onipotência da lei, à primazia do poder legislativo, e à identificação entre justiça e validade – direito válido era legítimo.[92]

A sociedade contemporânea, cujas raízes estão no Ocidente do século XVIII, dessa forma, tem como inspiração original a ideia de liberdade. A ideia de direito que se generalizou e inspirou as revoluções americana e francesa se tornou conhecida como liberal justamente por ter sido marcada pela preocupação com a liberdade. O liberalismo, descendente do iluminismo, confiava ao direito a tarefa de limitar, instituir e organizar o Poder, assim como disciplinar sua atuação de forma a resguardar a liberdade, os direitos do homem.[93]

Como adverte Anderson Teixeira, "uma característica que é, ao mesmo tempo, um defeito e uma vantagem do liberalismo está na sua capacidade de construir categorias conceituais abstratas, amorfas e presumidamente universais". Um defeito devido ao fato de representar a defesa de uma ideia abstrata de ser humano, como na definição dos direitos humanos, que não leva em conta aquilo que ocorre dentro "das realidades factuais às quais os indivíduos pertencem".[94]

O Direito superior reconhecido pelo Estado Liberal era garantido pelas Constituições, que se destinavam a limitar o Poder para proteger a liberdade. Manoel Gonçalves Ferreira Filho, dirá que "nenhum órgão, ou agente do Estado, por mais alta que seja a sua hierarquia, detém qual-

---

[91] MIRANDA, Jorge. *Manual de direito constitucional*. 5. ed. Coimbra: Coimbra, 1996. v. 1: Preliminares – a experiência constitucional. p. 87.
[92] JULIOS-CAMPUZANO, Alfonso. *Constitucionalismo em tempos de globalização*. Porto Alegre: Livraria do Advogado, 2009. p. 10-11.
[93] FERREIRA FILHO, Manoel Gonçalves. *Estado de direito e Constituição*. 2. ed., rev. e ampl. São Paulo: Saraiva, 1999. p. 1 e 4.
[94] TEIXEIRA, Anderson Vichinkeski. Qual a função do Estado constitucional em um constitucionalismo transnacional? In: STRECK, Lenio Luiz; ROCHA, Leonel Severo; ENGELMANN, Wilson (Org.). *Constituição, sistemas sociais e hermenêutica*: anuário do Programa de Pós-graduação em Direito da UNISINOS: mestrado e doutorado. Porto Alegre: Liv. do Advogado; São Leopoldo: UNISINOS, 2012. p. 18.

quer poder senão o que advém da Constituição, e o tem de exercer rigorosamente pelo modo nesta definido".[95]

O surgimento do que se convencionou denominar Estado Liberal de Direito está marcado, portanto, profundamente, pelo compromisso primeiro de assegurar direitos e garantias individuais, tais como liberdade e propriedade, assim como a submissão do Poder Público à lei, constituindo-se em uma concepção de Estado caracterizado por poderes e funções limitadas. Como diz Manoel Gonçalves Ferreira Filho:

> No esquema liberal, portanto, a Constituição é acima de tudo a garantia dos direitos fundamentais do homem. É, numa construção imaginosa e hábil, a garantia desses direitos contra o Estado ao mesmo tempo que é a Lei Magna desse Estado, estabelecendo em linhas nítidas e inflexíveis a sua organização fundamental.[96]

Os grandes documentos constitucionais do século XIX eram, pois, regras que tratavam da organização dos poderes, sendo que a garantia dos direitos que eram proclamados nas Cartas constitucionais ficava reduzida à autolimitação da própria soberania. Ainda, por estarem vinculados ao positivismo legalista, a tarefa do jurista limitava-se à taxonomia, à classificação, à construção de categorias e às exegeses, permanecendo expressamente proscrita qualquer projeção valorativa à normatividade jurídica.[97]

Na concepção liberal de constituição, esta é a parte essencial da organização do Estado que visa a garantir a liberdade por meio de um estatuto do Poder. Essa concepção difunde o constitucionalismo e se concretiza com as revoluções liberais que levam ao estabelecimento de constituições. Ela presume direitos naturais do ser humano anteriores ao Estado, superiores ao Poder, "pois Estado e Poder só tem como razão de existência a garantia de tais direitos".[98]

O constitucionalismo da primeira fase do estágio moderno, fruto do positivismo legalista, portanto, era frágil, limitando-se a estabelecer o esquema básico da ordem política e de suas instituições, isto é, um conjunto de preceitos destinados fundamentalmente ao legislador e às demais instituições do Estado a quem se vinculava diretamente, além de atribuir caráter supremo à lei.

Entretanto, os resultados de uma construção do direito à margem dos acontecimentos históricos e das transformações sociais, negando a necessária influência mútua entre as mudanças sociais e a realidade jurí-

---

[95] FERREIRA FILHO, Manoel Gonçalves. *Estado de direito e Constituição*. 2. ed., rev. e ampl. São Paulo: Saraiva, 1999. p. 4.
[96] Ibid., p. 18.
[97] JULIOS-CAMPUZANO, Alfonso. *Constitucionalismo em tempos de globalização*. Porto Alegre: Livraria do Advogado, 2009. p. 18 e 20.
[98] FERREIRA FILHO, op. cit., p. 74.

dica, puseram "contra a parede" o movimento teórico referido, como se verifica das reivindicações do movimento trabalhista. Este, alimentado pelas teses marxistas e sob os auspícios da social democracia, reivindicou o acréscimo de direitos-prestação ao catálogo dos direitos fundamentais, na busca por porções de igualdade material.[99]

Nesse cenário, presente no final do século XIX e início do século XX, é que se começa a perceber a mudança dos paradigmas do Estado Liberal, na medida em que este assume tarefas que não eram de sua natureza, como: prestações públicas aos cidadãos com relação às mais diversas situações e intervenção no setor econômico – pois pela sua matriz ideológica era um Estado negativo, ou seja, deveria manter a paz, a segurança, a liberdade, e não ter caráter intervencionista –, originando-se o Estado Social.[100]

A classe trabalhadora requereu compromissos por parte do Estado no sentido de ações (positivas) para a transformação da ordem social, com o objetivo de remover impedimentos ao exercício efetivo das liberdades. De nada adiantaria pretender garantir a liberdade, sem os direitos-meio para o seu gozo, ou seja, sem educação, saúde, alimentação, etc. Enfim, sem os direitos sociais não há que se falar em exercício da liberdade, seja para exercer direito de voto, de manifestação, de ação ou até mesmo de opção. Conforme referem Bolzan de Morais e Valéria do Nascimento:

> Dentre os principais aspectos que ocasionaram esta nova transição, pode-se citar: motivos de ordem econômica, em razão da liberdade de mercado propiciar o surgimento de economias de escala que favoreciam posições monopolíticas; as crises cíclicas do mercado capitalista, que aprofundavam as diferenças sociais; presença de efeitos externos à produção: poluição, congestionamento, esgotamento dos recursos naturais; consequências de ordem política, através da luta pelos direitos fundamentais (desenvolvimento das teorias socialistas); destruição e medo ocasionado pelas guerras, etc.
> [...]
> Com isso, ocorreu uma maior intervenção "no" e/ou "sobre" o domínio econômico. Da propriedade privada dos meios de produção passou-se à função social da propriedade; da liberdade contratual passou-se ao dirigismo contratual. Da centralidade exclusiva da liberdade (individual), à igualdade (social). Da "regulação", à "prestação".[101]

Apesar de o constitucionalismo ter surgido como uma doutrina de limitação do poder estatal – fruto da ideologia liberal –, com o passar dos séculos, passou a incluir em seu repertório direitos sociais e coletivos, além de abrigar princípios fundamentais e objetivos públicos. A

---

[99] JULIOS-CAMPUZANO, Alfonso. *Constitucionalismo em tempos de globalização*. Porto Alegre: Livraria do Advogado, 2009. p. 21.
[100] STRECK, Lenio Luiz; MORAIS, Jose Luis Bolzan de. *Ciência política & teoria do estado*. 5. ed. Porto Alegre: Livraria do Advogado, 2006. p. 63.
[101] MORAIS, Jose Luis Bolzan de; NASCIMENTO, Valéria Ribas do. *Constitucionalismo e Cidadania: por uma jurisdição constitucional democrática*. Porto Alegre: Livraria do Advogado, 2010. p. 52.

separação de Poderes e a garantia dos direitos sempre foram da gênese da Constituição.[102] Disso decorre uma transformação do próprio Estado Liberal, ao se desprender de sua base para assumir os contornos do Estado Social, consoante se verá a seguir

1.4.2. O Estado Social

A transição do Estado Liberal para o Estado Social, ocorrida no início do séc. XX, foi ocasionada pelo esgotamento do Estado Liberal em solo europeu. Não obstante, a *supremacia da lei* na resolução dos conflitos sociais e a tutela dos direitos ainda se mantinham presentes. A lei era dotada de tão grande significância por ser "o caminho indispensável para as liberdades. O indivíduo é livre na medida em que age dentro dos limites da lei, e esta, por sua vez, é o único instrumento capaz de protegê-lo do arbítrio".[103] Como refere Anderson Teixeira:

> Se a primeira fase fora uma ode à liberdade individual, sobretudo porque positivava a primeira geração dos direitos humanos, já no início do séc. XX, há necessidade de uma ação efetiva por parte do Estado na proteção dos direitos não somente individuais, mas também da coletividade. A Revolução Russa, em 1917, direitos sociais, Revolução Vermelha, a partir de então, eclodiu uma sequência de constituições, não apenas europeias, mas também nas Américas, que incorporavam tanto a proteção aos direitos sociais como a própria concepção do fenômeno constitucional como um movimento destinado a tutelar direitos individuais e coletivos. Entre as principais constituições do constitucionalismo social, encontramos as de: México (1917), Alemanha (Weimar, 1919), Rússia (1919), Áustria (1920), Brasil (1934) e URSS (1936).[104]

A concepção contemporânea de direitos humanos, que adota a compreensão solidária de dignidade humana, consolida-se no segundo pós-guerra, gerando a limitação da propriedade e de certas liberdades típicas, além de uma profunda transformação no conceito de igualdade e a incorporação de novos direitos impensáveis no paradigma liberal--individualista, como: desenvolvimento, paz, meio ambiente saudável e autodeterminação dos povos.[105]

---

[102] BARROSO, Luís Roberto. Constituição. In: BARRETTO, Vicente de Paulo (Coord.). *Dicionário de filosofia do direito*. São Leopoldo: UNISINOS, 2006. p. 147.

[103] TEIXEIRA, Anderson Vichinkeski. Qual a função do Estado constitucional em um constitucionalismo transnacional? In: STRECK, Lenio Luiz; ROCHA, Leonel Severo; ENGELMANN, Wilson (Org.). *Constituição, sistemas sociais e hermenêutica*: anuário do Programa de Pós-graduação em Direito da UNISINOS: mestrado e doutorado. Porto Alegre: Liv. do Advogado; São Leopoldo: UNISINOS, 2012. p. 16.

[104] Ibid., p. 19.

[105] BRAGATO, Fernanda Frizzo. Para além do individualismo: crítica à irrestrita vinculação dos direitos humanos aos pressupostos da modernidade ocidental. In: CALLEGARI, André Luís; STRECK, Lenio Luiz; ROCHA, Leonel Severo (Org.). *Constituição, sistemas sociais e hermenêutica*:

Nessa nova organização social, o Estado tem um papel decisivo no sentido de não apenas assegurar a igualdade formal, mas, sobretudo, alcançar a igualdade material, isto é, o Estado passa a ter, como condição de existência, a busca de meios que possam minimizar as desigualdades decorrentes do modelo econômico vigente. Nessa linha, Bonavides afirma:

> O Estado social é enfim Estado produtor de igualdade fática. Trata-se de um conceito que deve iluminar sempre toda a hermenêutica constitucional, em se tratando de estabelecer equivalência de direitos. Obriga o Estado, se for o caso, a prestações positivas; a prover meios, se necessário, para concretizar comandos normativos de isonomia.[106]

O Estado Social de Direito, assim, é uma segunda fase do Estado constitucional, porque a liberdade das pessoas continua a ser o valor básico da vida coletiva e a limitação do poder político um objetivo permanente, além do fato de o povo continuar a ser o titular do poder político. O objetivo é articular direitos, liberdades e garantias com direitos sociais; igualdade jurídica (à partida) com igualdade social (à chegada). Tais diretrizes decorrem da Constituição mexicana de 1917, e especialmente da de Weimar de 1919.[107] Refere Matteucci, que no âmbito do Estado Social, a temática do Constitucionalismo adquiriu novo vigor para pôr limites ao poder do Governo:

> Tem-se em vista o Estado, gestor da economia da grande família pública: levada em conta a relação entre impostos pagos e gastos, entre receita e despesa, quer-se uma Constituição fiscal para impedir uma excessiva apropriação pública dos rendimentos, para se obter um balanço equilibrado, para combater a inflação, uma Constituição fiscal que prescreva amiúde, em tais matérias, a necessidade de maiorias qualificadas.[108]

O constitucionalismo liberal, marcado pela organização do Estado e pela proteção de alguns direitos de liberdade, cedeu espaço ao chamado constitucionalismo social, que se distingue pela afirmação de direitos ligados à igualdade material, ampliando significativamente as tarefas a serem desempenhadas pelo Estado no plano econômico e social.[109]

Nas palavras de Anderson Teixeira, a redefinição da Constituição dentro de um Estado de direito para ser a maior contribuição que o Estado Social de direito fez para a Teoria Constitucional do séc. XX, pois, de

---

anuário do Programa de Pós-graduação em Direito da UNISINOS: mestrado e doutorado. Porto Alegre: Liv. do Advogado; São Leopoldo: UNISINOS, 2010. p. 119.

[106] BONAVIDES, Paulo. *Curso de direito constitucional*. 11. ed. São Paulo: Malheiros, 2001. p. 343.

[107] MIRANDA, Jorge. *Manual de direito constitucional*. 5. ed. Coimbra: Coimbra, 1996. v. 1: Preliminares – a experiência constitucional. p. 97.

[108] MATTEUCCI, Nicola. Constitucionalismo. In: BOBBIO, Norberto; MATTEUCCI, Nicola; PASQUINO, Gianfranco (Orgs.). *Dicionário de política*. 5. ed. Brasília : Universidade de Brasília, 2000. v. 1. p. 256.

[109] BARROSO, Luís Roberto. Constituição. In: BARRETTO, Vicente de Paulo (Coord.). *Dicionário de filosofia do direito*. São Leopoldo: UNISINOS, 2006. p. 147.

documento mais político do que jurídico, passa a ser documento jurídico dotado de normatividade como outras leis, só que com a prerrogativa de ser a lei maior. "Com isso supera-se a supremacia da lei e chegamos à *soberania da constituição*".[110]

Dessa forma, a constituição passa a ser uma estrutura política conformadora do Estado, informada pelos princípios materiais do constitucionalismo; ela pretende "dar forma", "constituir", "conformar" um determinado esquema de organização política. Antes do século XIX, o referente da constituição era a sociedade; a constituição era a constituição da sociedade, assim, nos esquemas políticos oitocentistas, a constituição era um "corpo jurídico" de regras aplicáveis "ao corpo social". No entanto, a partir do início do século XIX, o referente da constituição passa a ser o Estado, por três razões apontadas por Canotilho:

a) a primeira diz respeito à revolução semântica do conceito: nos processos constituintes americano e francês, passou-se a entender que a constituição "constituía" os Estados Unidos" dos americanos ou o "Estado Nação" dos franceses;

b) a segunda está relacionada com a estruturação do Estado Liberal, cada vez mais assente na separação entre sociedade civil e Estado, posto que as constituições diziam respeito à organização dos poderes do Estado;

c) e a terceira, vinculada à influência da filosofia hegeliana e da juspublicística germânica, que passa a designar a constituição como a ordem do Estado. Contudo, é o conceito de Estado Constitucional que resolveu a discussão, definindo a constituição como uma lei proeminente que conforma o Estado.[111]

O Estado Social, garantidor de qualidade de vida, portanto, pode ser caracterizado como um modelo que garante tipos mínimos de renda, alimentação, habitação, saúde e educação a todos os cidadãos, como direito político, e não como caridade.[112] É o tipo de Estado que decorre da luta e da conquista dos trabalhadores por melhores condições, por saúde, pela educação, pela intervenção do Estado na economia como agente regulador e combatente pelos seus cidadãos, buscando estimular a geração de empregos e a melhora constante nas relações de trabalho a

---

[110] TEIXEIRA, Anderson Vichinkeski. Qual a função do Estado constitucional em um constitucionalismo transnacional? In: STRECK, Lenio Luiz; ROCHA, Leonel Severo; ENGELMANN, Wilson (Org.). *Constituição, sistemas sociais e hermenêutica*: anuário do Programa de Pós-graduação em Direito da UNISINOS: mestrado e doutorado. Porto Alegre: Liv. do Advogado; São Leopoldo: UNISINOS, 2012. p. 16.

[111] CANOTILHO, José Joaquim Gomes. *Direito constitucional e teoria da Constituição*. 7. ed. Coimbra: Almedina, 2003. p. 87-89.

[112] MORAIS, Jose Luis Bolzan de; NASCIMENTO, Valéria Ribas do. *Constitucionalismo e cidadania*: por uma jurisdição constitucional democrática. Porto Alegre: Livraria do Advogado, 2010. p. 53.

fim de evitar ou diminuir os abusos cometidos contra os trabalhadores. Nesse sentido, são oportunos os ensinamentos de Bonavides:

> Quando o Estado, coagido pela pressão das massas, pelas reivindicações que a impaciência do quarto estado faz ao poder político, confere, no Estado Constitucional ou fora deste, os direitos do trabalho, da previdência, da educação, intervém na economia como distribuidor, dita o salário, manipula a moeda, regula os preços, combate o desemprego, protege os enfermos, dá ao trabalhador e ao burocrata a casa própria, controla as profissões, compra a produção, financia as exportações, concede crédito, institui comissões de abastecimento, provê as necessidades individuais, enfrenta as crises econômicas, coloca na sociedade todas as classes na mais estreita dependência de seu poderio econômico, político e social, em suma, estende-se a sua influência a quase todos os domínios que dantes pertenciam, em grande parte, à área de iniciativa individual, nesse instante o Estado pode, com justiça, receber a denominação de Estado Social.[113]

Indissociável também do Estado de Bem-Estar vem a questão de igualdade das necessidades dos homens buscada de maneira social, e não apenas como era no Estado Liberal burguês em que se objetivava uma igualdade linear, garantida apenas com relação aos direitos civis e políticos, que vai estimular a atuação do Estado através de mecanismos públicos.

Posteriormente ao desastre totalitarista do século passado, que implicou episódios dramáticos de negação dos direitos humanos, houve necessidade de superar o formalismo jurídico que propiciou a redução do universo da juridicidade ao direito positivo, de forma a recuperar a dimensão valorativa do direito.[114] Nesse sentido, vale lembrar as lições do professor Otto Bachof, segundo o qual, o fenômeno de normas constitucionais inconstitucionais não deverá ser esquecido, como advertência permanente de que a onipotência do Estado tem limites.[115]

O constitucionalismo que ora se vivencia, fruto da junção de tradições constitucionais determinadas à implementação das regras constitucionais e aos respeito às garantias constitucionais, não pode mais ser acedido pelo positivismo legalista. O Estado passa a ser conformado pela Constituição, dentro do contexto de um autêntico Estado Democrático de Direito, o que é debatido no item procedente.

1.4.3. O Estado Democrático de Direito

Para que o Estado Constitucional contemporâneo seja um Estado com as qualidades identificadas pelo constitucionalismo moderno, deve

---

[113] BONAVIDES, Paulo. *Do estado liberal ao estado social*. 9. ed. São Paulo: Malheiros, 2009. p 186.

[114] JULIOS-CAMPUZANO, Alfonso. *Constitucionalismo em tempos de globalização*. Porto Alegre: Livraria do Advogado, 2009. p. 10.

[115] BACHOF, Otto. *Normas constitucionais inconstitucionais?*. Coimbra: Almedina, 1994.

ser um Estado de Direito Democrático,[116] que converge duas qualidades do Estado Constitucional: Estado de *direito* e Estado *Democrático*, ou seja, há uma conexão interna entre democracia e Estado de Direito.[117]

Este modelo de Estado é a síntese histórica da democracia e do constitucionalismo: enquanto a ideia de democracia se funda na soberania popular, o constitucionalismo tem sua origem ligada à noção de limitação do poder. A democracia constitucional, apesar de proclamada neste final de século como regime de governo ideal, "vive sob o influxo de uma tensão latente entre a vontade majoritária e a vontade superior expressa na Constituição".[118]

Dalmo de Abreu Dallari afirma que "a base do conceito de Estado Democrático é, sem dúvida, a noção de *governo do povo*, revelada pela própria etimologia do *termo democracia*". Para o referido autor, o Estado Constitucional – como Estado num sistema normativo fundamental – é uma criação moderna, surgida paralelamente ao Estado Democrático, que, em parte, está sob a influência dos mesmos princípios deste.[119]

Estruturando-se o Estado Constitucional como um Estado Democrático de Direito, confirma-se este como uma ordem de domínio de legitimidade pelo povo, devendo o poder do Estado se organizar e ser exercido em termos democráticos. O princípio da soberania popular é uma das chaves mestras do Estado constitucional, uma vez que o poder político deriva do "poder dos cidadãos". Nos percucientes ensinamentos do mestre Canotilho:

> O *Estado constitucional* é mais do que Estado de direito. O elemento democrático não foi apenas introduzido para "travar" o poder (*to check the power*); foi também reclamado pela necessidade de *legitimação* do mesmo poder (*to legitimize State power*). Se quisermos um Estado Constitucional assente em fundamentos não metafísicos, temos de distinguir claramente duas coisas: (1) uma é a de legitimidade do direito, dos direitos fundamentais e do processo de legislação no sistema jurídico; (2) outra é a de *legitimidade de uma ordem de domínio* e da *legitimação do exercício do poder político*.[120]

Ainda, discorrendo sobre o Estado de Direito Democrático-Constitucional, Canotilho ressalta que não é abstrato como o Estado de Direito formal, em razão de o legislador estar vinculado à implementação das

---

[116] Manoel Gonçalves Ferreira Filho dá conta que "a expressão *Estado Democrático de Direito* foi cunhada pelo espanhol Elías Diaz que a empregou no livro *Estado de derecho y sociedad democrática*, com o significado de Estado de transição para o socialismo". FERREIRA FILHO, Manoel Gonçalves. *Estado de direito e Constituição*. 2. ed., rev. e ampl. São Paulo: Saraiva, 1999. p. 63.

[117] CANOTILHO, José Joaquim Gomes. *Direito constitucional e teoria da Constituição*. 7. ed. Coimbra: Almedina, 2003. p. 93.

[118] BINENBOJM, Gustavo. *A nova jurisdição constitucional brasileira*: legitimidade democrática e instrumentos de realização. 2. ed. Rio de Janeiro: Renovar, 2004. p. 246.

[119] DALLARI, Dalmo de Abreu. *Elementos de teoria geral do estado*. 24. ed. São Paulo: Saraiva, 2003. p. 145 e 197.

[120] CANOTILHO, op. cit., p. 100.

diretrizes fixadas na Constituição: a Constituição dirigente. Tais diretrizes devem dirigir todo o Poder de acordo com os objetivos prefixados, obrigatórios a todos os Poderes ou órgãos do Estado. Nesse sentido, afirma: "[...] o poder estadual não é uma entidade substancial preexistente à constituição e limitada *a posteriori* por esta; é um poder com fundamento na constituição, devendo os seus atos considerar-se também, e em qualquer caso, constitucionalmente determinados". Por isso, "[...] lei, no Estado de Direito Democrático Constitucional, não é um ato livre dentro da constituição; é um ato, positiva e negativamente determinado pela lei fundamental".[121]

A Constituição deve ser um programa de conformação da sociedade, dirigindo a própria ação governamental (daí a designação: Constituição dirigente), estabelecendo uma "uma direção política *permanente*" que se imporia sobre qualquer "direção política do governo", naturalmente "uma direção política *contingente*", o que significa que antes de tudo, a Constituição se torna uma lei material a preordenar fins, e um *"instrument of government"* a definir competências, regular processos, estabelecer limites.[122] A doutrina da Constituição dirigente, portanto, concebe a Constituição como normativa, como definição de um *dever-ser* que transforme a sociedade.

Conforme adverte Lenio Streck, a noção de Estado Democrático de Direito está ligada à realização dos direitos fundamentais. Este modelo de Estado faz uma síntese das fases anteriores, adicionando a construção das condições de possibilidades para o suprimento das lacunas decorrentes das promessas da modernidade não cumpridas, garantia dos direitos fundamentais, igualdade e justiça social. Portanto, "[...] a lei (Constituição) passa a ser uma forma privilegiada de instrumentalizar a ação do Estado na busca do desiderato apontado pelo texto constitucional, entendido no seu todo dirigente-principiológico".[123]

Não se pode esquecer que o ordenamento constitucional brasileiro aponta para um Estado forte, intervencionista e regulador, dentro do contexto do que se entende como Estado Democrático de Direito nos dias atuais, fazendo com que o direito recupere sua especificidade e seu acentuado grau de autonomia. Nesse sentido, entende-se ser "[...] razoável afirmar que o Direito, enquanto legado da modernidade – até porque temos uma Constituição democrática – *deve ser visto, hoje, como um campo necessário de luta para implantação das promessas modernas*".[124]

---

[121] CANOTILHO, José Joaquim Gomes. *Direito constitucional e teoria da Constituição.* 7 ed. Coimbra: Almedina, 2003. p. 20, 244, 464 e 476.
[122] Id. *Constituição dirigente e vinculação do legislador.* Coimbra: Coimbra Ed., 1982. p. 87, 157 e 487.
[123] STRECK, Lenio Luiz. *Hermenêutica jurídica e(m) crise:* uma exploração hermenêutica da construção do direito. 11. ed., rev., atual. e ampl. Porto Alegre: Liv. do Advogado, 2014. p. 54.
[124] Ibid., p. 48.

Entretanto, é preciso atentar para o que significa a constitucionalização do chamado Estado Democrático de Direito, no que diz respeito às condições, possibilidade e limites de realizações das promessas contidas no "contrato constitucional", levando-se em consideração tratar-se de um Estado de Direito, em que a normatividade não apenas trata da organização do poder, mas também define procedimentos e espaços de atuação do próprio Estado.[125] A respeito, Bolzan de Morais refere:

> Esse novo modelo de Estado com o qualificativo democrático – que o distingue tanto do Estado "Liberal" de Direito quanto do Estado "Social" de Direito –, embora tenha nascido sob o influxo do neoconstitucionalismo, carregando a marca de um projeto de *transformação social* – [...] encontra-se imerso em dilemas para efetivação das promessas constitucionais. Dilemas que vão desde as condições e possibilidades para *dar conta* de seu conteúdo, até o imprescindível *redesenho* de sua organicidade e de suas práticas, tudo sempre vinculado à *máxima e melhor* realização dos conteúdos constitucionais.[126]

Dentro desse contexto, Bolzan de Morais aduz que se vive na dualidade "política de inclusão vs. economia de exclusão ou, no limite, de semi-inclusão", tendo em vista tratar-se de um projeto estatal que se vê confrontado com o objetivo de transformar a sociedade (inclusão social), de um lado, e, de outro, delimitado com as proteções, resguardos e salvaguardas estabelecidos por uma economia capitalista, que estabelece limites à possibilidade de concretização do projeto social do Estado Democrático de Direito.[127]

O que precisa ficar claro é que, apesar de a supremacia da lei ter marcado o início do constitucionalismo, notadamente pela tradição histórica francesa, em que não havia desconfiança do legislador, com o passar do tempo e pela força da tradição americana, especialmente pela judicialização do poder político, a Constituição assume seu lugar de hierarquia superior na Teoria das Fontes e passa a ser critério de criação de regras e limites; o legislador não pode mais, a partir de então, desbordar das balizas constitucionais.

Para além das características singulares das constituições democráticas posteriores à segunda guerra mundial, cabe destacar que neste momento histórico se descobre em seu conjunto a supremacia da constituição, bem como máxima fonte de garantia dos direitos e liberdade, assim como norma diretiva fundamental direcionada à realização dos valores constitucionais. Estas mesmas Constituições se propõem, frente

---

[125] MORAIS, Jose Luis Bolzan de. O estado constitucional: diálogos (ou a falta deles) entre justiça e política. In: CALLEGARI, André Luís; STRECK, Lenio Luiz; ROCHA, Leonel Severo (Org.). *Constituição, sistemas sociais e hermenêutica:* anuário do Programa de Pós-graduação em Direito da UNISINOS: mestrado e doutorado. Porto Alegre: Liv. do Advogado; São Leopoldo: UNISINOS, 2010. p. 151.

[126] Ibid., p. 151-152.

[127] Ibid., p. 152.

ao estatalismo liberal do séc. XIX, como rígidas, protegidas por procedimentos particulares de revisão e reforçadas por uma difusão progressiva de controle de constitucionalidade.[128]

Por outro lado, como afirma Anderson Teixeira, "seja lá qual for a espécie a qual estamos nos referindo, veremos o fenômeno constitucional exercendo a *limitação do poder político* e a *tutela de direitos fundamentais*".[129] Mas será dentro do contexto evolutivo do Estado, conformado pelo constitucionalismo, que se afirmará o caráter supremo da Constituição.

A seguir, examina-se a afirmação do caráter supremo da Constituição e o dirigismo por ela proporcionado, no que diz respeito à Teoria da Norma, à medida que: as normas constitucionais deixam de ser programáticas e passam a ser normativas; os princípios passam a gozar de caráter normativo ao lado das regras.

1.5. A afirmação da supremacia da Constituição e suas consequências

Por ocasião do novo constitucionalismo, os indivíduos livres e racionais buscaram formar e conformar a sociedade que reputaram adequada ao seu convívio, limitando o arbítrio e declarando o rol de seus direitos, compreendidos como indevassáveis.[130] O objetivo era cristalizar a Constituição numa forma escrita que representasse o labor intelectual em sua plenitude, opondo-se ao conjunto incerto e difuso do direito costumeiro.[131]

---

[128] FIORAVANTI, Maurizio. *Los derechos fundamentales:* apuntes de historia de las constituciones. 4. ed. Madrid: Trotta, 2003. p. 127-128.

[129] TEIXEIRA, Anderson Vichinkeski. Qual a função do Estado constitucional em um constitucionalismo transnacional? In: STRECK, Lenio Luiz; ROCHA, Leonel Severo; ENGELMANN, Wilson (Org.). *Constituição, sistemas sociais e hermenêutica:* anuário do Programa de Pós-graduação em Direito da UNISINOS: mestrado e doutorado. Porto Alegre: Liv. do Advogado; São Leopoldo: UNISINOS, 2012. p. 176.

[130] O que resulta do contido no art. 16 da Declaração dos Direitos do Homem e do Cidadão de 1789: "Toda a sociedade na qual não esteja assegurada a garantia do homem e nem determinada a separação de poderes, não possui constituição".

[131] Esse ideal de Constituição escrita foi propagado como modo adequado de se objetivar as conquistas constitucionais por vários motivos, assim destacados por José Alfredo de Oliveira Baracho: a) a crença na superioridade da Constituição escrita sobre a Constituição costumeira por, justamente, atribuir maios certeza à conquista dos direitos; b) proporcionar a ideia de renovação do Contrato Social; c) representar um insuperável meio de educação política, difundindo entre os cidadãos o conhecimento de seus direitos. BARACHO, José Alfredo de Oliveira. Teoria geral das constituições escritas. In: *Revista Brasileira de Estudos Políticos.* Belo Horizonte: UFMG/Imprensa Universitária, n. 61/62, jul. 1985.

Em função dessa nova compreensão acerca do modo de convivência política, a noção de que a Constituição devia ser protegida em face dos abusos contra ela cometidos foi sendo desenvolvida na trilha do constitucionalismo moderno com a consagração do princípio da *supremacia constitucional*. É o que esclarece Cristina Queiroz:

> À imagem outrora da lei, a constituição fixa agora a fronteira entre o lícito e o ilícito, entre o constitucional e o inconstitucional. Provoca com isso uma clara diferenciação entre o direito constitucional e o direito infra-constitucional. O binômio *inovação política/mudança conceptual* reside precisamente nisso: a ideia de uma lei utilizada como critério de legitimidade e/ou ilegitimidade face às demais leis e actos jurídicos-públicos. A constituição atribui-se a si própria a primazia, rompendo com a regra tradicional segundo a qual *lex posterior derrogat legi priori*. Esta supremacia constitui em si mesma uma regra de resolução de conflitos. Ela é a própria *forma do direito*.[132]

Como decorrência da supremacia da Constituição e de sua força normativa, Fioravanti sustenta necessário conceber a constituição não somente como *"norma fundamental de garantía"*, a proteger os direitos fundamentais, mas como *"norma directiva fundamental"*, à qual devem conformar suas ações, em nome de valores constitucionais, todos os sujeitos politicamente ativos, públicos e privados. Em resumo, concebe-se a constituição não somente como mecanismo de proteção dos direitos, mas como *"gran norma directiva"*, que solidariamente compromete a todos na realização dos valores constitucionais.[133]

Se a constituição deve ser *"una verdadera y precisa norma jurídica"*, surge em seguida o problema da ilegitimidade das normas de direito positivo vigente enquanto criadas formalmente de maneira correta, mas contrárias aos conteúdos substanciais da constituição. A própria existência de um controle de constitucionalidade destrói o dogma liberal-estatalista da força da lei, criando uma situação inconcebível para doutrina do séc. XIV, na qual a validade das normas do Estado fica suspensa, no sentido de que depende de um juízo sobre sua conformidade com a constituição e, definitivamente, com uma certa interpretação pelos princípios constitucionais. Em suas palavras:

> La renovada supremacía de la constitución no se refiere sólo a este aspecto, que es el de la rigidez constitucional, el del control de constitucionalidad y el de una tutela más eficaz de la esfera individual de libertad con el instrumento de la construcción como norma fundamental de garantía (*costituzione-garanzia*). Con las constituciones democráticas de este siglo vuelve a primer plano otro aspecto, el de la constitución como norma directiva fundamental (*costituzione-indirizzo*), que dirige a los poderes públicos y condiciona a los particulares de tal manera que asegura la realización de los valores constitucionales. Una

---

[132] QUEIROZ, Cristina. *Interpretação constitucional e poder judicial:* sobre a epistemologia da construção constitucional. Coimbra: Coimbra Editora, 2000. p. 15.

[133] FIORAVANTI, Maurizio. *Los derechos fundamentales:* apuntes de historia de las constituciones. 4. ed. Madrid: Trotta, 2003. p. 128.

materia típica de la constitución como norma fundamental es, por ejemplo, el goce de los derechos sociales, así el derecho a la educación o a la subsistencia o al trabajo.[134]

O estatalismo liberal é derrotado pela nova realidade constitucional em duplo sentido: com a constituição como norma fundamental de garantia renasce a ideia de que a validez das normas do Estado pode e deve ser julgada partindo de uma norma fundamental que precede a autoridade do próprio Estado; e com a constituição como norma diretiva fundamental renasce a ideia – originariamente contratualista, mas revisada à luz de uma realidade constitucional distinta – de que o Estado existe somente como resultado de um encontro de vontades, como decorrência de escolha pelo voto, que os poderes públicos devem perseguir de comum acordo. Assim, Fioravanti afirma que a doutrina do constitucionalismo não pode mais ser apenas *"la doctrina del gobierno limitado sino también doctrina de los deberes del gobierno"*, como é o caso dos direitos sociais em relação ao valor constitucional de igualdade a promover e realizar.[135]

Portanto, num primeiro momento, a supremacia da Constituição importa num aspecto material: não é permitido a qualquer poder que ela instituiu exigir algo que não esteja de acordo com o direito nela fixado. O conteúdo de uma lei ou de ato administrativo não pode contrariar o das normas constitucionais.[136] A consequência lógica da supremacia da Constituição, portanto, é a invalidade dos atos que a contrariam; o ato inconstitucional deve ser nulo, para que prevaleça a superlegalidade constitucional.[137]

Canotilho sustenta que a partir do referido princípio deriva as seguintes relevantes consequências: a) *vinculação do legislador à Constituição*; b) *vinculação de todos os atos do Estado à Constituição*; c) *o princípio da reserva da Constituição que implica a exclusão do tratamento de determinadas questões por leis infraconstitucionais*; e d) *a força normativa da Constituição*.[138]

As afirmações acerca da supremacia da Constituição geram diversos benefícios para as normas constitucionais, que acabam ganhando hierarquia superior sobre o restante do ordenamento jurídico. Bonavides aponta as seguintes especificidades acerca das normas constitu-

---

[134] FIORAVANTI, Maurizio. *Los derechos fundamentales:* apuntes de historia de las constituciones. 4. ed. Madrid: Trotta, 2003. p. 128-129.

[135] Ibid., p. 130-131.

[136] FERREIRA FILHO, Manoel Gonçalves. *Estado de direito e Constituição*. 2. ed., rev. e ampl. São Paulo: Saraiva, 1999. p. 82.

[137] Entretanto, como ressalta Manoel Gonçalves Ferreira Filho, nem sempre a inconstitucionalidade é admitida, o que não ocorre por razões jurídicas, mas sim com apoio em argumentos políticos, sobretudo no apoio do legislativo. FERREIRA FILHO, op. cit. p. 32-33.

[138] CANOTILHO, José Joaquim Gomes. *Direito constitucional e teoria da Constituição*. 3. ed. Coimbra: Almedina, 1999. p. 242.

cionais, no que diz respeito à reflexão do intérprete em se tratando de normas constitucionais:

a) em primeiro lugar, elas são de superior categoria hierárquica em face das normas da legislação ordinária, seja pela natureza de que algumas se revestem (constitucionalidade material), seja em razão do instrumento a que se vinculam ou aderem (constitucionalidade formal);

b) em segundo lugar, a norma constitucional é de natureza política, porquanto rege a estrutura fundamental do Estado, atribui competência aos poderes, dispõe sobre os direitos humanos básicos, fixa o comportamento dos órgãos estatais e serve, enfim, de pauta à ação dos governos, visto que no exercício de suas atribuições não podem eles evidentemente ignorá-la.[139]

Para além da hierarquia superior das normas constitucionais, outro dos movimentos de extrema importância é a afirmação da força normativa dos princípios constitucionais. Bonavides demonstra o desenvolvimento lento e gradual da conquista da normatividade dos princípios, distinguindo três concepções distintas acerca de sua natureza:

a) *Jusnaturalismo:* é a primeira e mais antiga teoria acerca da natureza dos princípios. A presença marcante das ideias filosóficas e políticas que firmaram o Estado Liberal fez com que os princípios fossem considerados a expressão desses novos valores, possuindo, pois, um peso fortemente ético e não jurídico. Os princípios estavam, então, impregnados de um ideal próprio de Justiça, sendo verdadeiros axiomas jurídicos, normas que tinham valores deduzidos pela "reta razão" e, por isso, pairavam em um nível abstrato, valorativo, meramente informador e carente por completo de juridicidade – mero extrato de valores informadores da ordem jurídica;

b) *Positivismo:* representa uma etapa intermediaria na afirmação da juridicidade dos princípios. Esses passam a figurar nos códigos jurídicos ao lado das demais normas e, por isso, não podem ser considerados, como antes, instância supralegal. Decorrem, outrossim, do próprio Direito Positivo na medida em que são considerados generalizações das regras jurídicas, e não de um fictício Direito Natural descoberto pela razão. Entretanto, são denominados *princípios gerais do direito* e integram o ordenamento jurídico no mais baixo grau de hierarquia, eis que na ausência de regra estrita: são fontes normativas secundárias, verdadeiras "válvulas de segurança" do sistema, com funcionalidade meramente supletiva;

c) *Pós-positivismo*: princípios passam a ter força normativa plena, ou seja, são considerados normas dotadas de juridicidade idêntica à das

---

[139] BONAVIDES, Paulo. *Curso de direito constitucional*. 6. ed. São Paulo: Malheiros, 1996. p. 419-420.

regras jurídicas. Não são mais tratados como valores abstratos, nem como fonte supletiva, e sim como Direito, em toda a latitude do termo, na medida em que integram cada vez mais as Constituições criadas após as grandes guerras mundiais. Reconfigurando todo o sistema jurídico, alcançam foro de norma constitucional e duas fases distintas: a) *fase programática:* em que possuem aplicabilidade diferida e, portanto, normatividade mínima, eis que são vistos como programas normativos a serem concretizados aos poucos pelos operadores jurídicos, e b) *fase não programática:* em que há a reversão do conceito, pelo que os princípios passam a ser considerados em sua dimensão objetiva e concretizadora, tendo, pois, aplicação direta e imediata.[140]

De sua vez, Canotilho reúne os seguintes critérios de distinção entre regras e princípios no âmbito da norma:

a) *Grau de abstracção*: os *princípios* são normas como um grau de abstracção relativamente elevado; de modo diverso, as *regras* possuem abstracção relativamente reduzida.

b) *Grau de determinabilidade* na aplicação do caso concreto: os *princípios*, por serem vagos e indeterminados, carecem de mediações concretizadoras (do legislador? do juiz), enquanto as *regras* são susceptíveis de aplicação directa.

c) *Caráter de fundamentalidade* no sistema das fontes de direito: os *princípios* são normas de natureza ou com um papel fundamental no ordenamento jurídico devido à sua posição hierárquica no sistema das fontes (ex.: princípios constitucionais) ou à sua importância estruturante dentro do sistema jurídico (ex.: princípio do Estado de Direito).

d) *"Proximidade" da ideia de direito*: os *princípios* são *standards* juridicamente vinculantes radicados nas exigências de 'justiça' (Dworkin) ou na 'ideia de direito' (Larenz); as *regras* podem ser normas vinculativas com um conteúdo meramente funcional.

f) *Natureza normogenética*: os *princípios* são fundamento de regras, isto é, são normas que estão na base ou constituem a *ratio* de regras jurídicas, desempenhando, por isso, uma função normogenética fundamentante.[141]

Para Bonavides, o ganho de normatividade dos princípios é consequência clara da sua migração dos Códigos jurídicos para as Constituições, marcando o tratamento *juspublicista* destes por oposição ao tratamento *jusprivatista* típico da fase positivista, ou seja, para além de *princípios gerais do direito*, passam a *princípios constitucionais*. A teoria dos

---

[140] BONAVIDES, Paulo. *Curso de direito constitucional*. 6 ed. São Paulo: Malheiros, 1996. p. 232-245.

[141] CANOTILHO, José Joaquim Gomes. *Direito constitucional e teoria da Constituição*. 3. ed. Coimbra: Almedina, 1999. p. 1086-1087.

princípios, dessa forma, chega a presente fase do pós-positivismo com os seguintes resultados já consolidados:

a) a passagem dos princípios da especulação metafísica e abstrata para o campo concreto e positivo do Direito, com baixíssimo teor de densidade normativa;

b) a transição crucial da ordem jusprivatista (sua antiga inserção nos Códigos) para a órbita juspublicista (seu ingresso nas Constituições);

c) a suspensão da distinção clássica entre princípios e normas;

d) o deslocamento dos princípios da esfera da jusfilosofia para o domínio da Ciência Jurídica; a proclamação de sua normatividade;

e) a perda de seu caráter de normas programáticas;

f) o reconhecimento definitivo de sua positividade e concretude por obra sobretudo das Constituições;

g) a distinção entre regras e princípios, como espécie diversificadas do gênero norma, e;

h) finalmente, por expressão máxima de todo esse desdobramento doutrinário, o mais significativo de seus efeitos: a total hegemonia e preeminência dos princípios.[142]

Sem desconsiderar as diferenças existentes entre as matrizes teóricas das referências citadas até aqui, e sem recair em qualquer sincretismo entre autores tão distintos, cumpre destacar que, para Habermas, os princípios – ou normas mais elevadas – possuem um caráter deontológico, em cuja luz outras normas podem ser justificadas, diferentemente dos valores, que possuem sentido teleológico. "A validade deontológica de normas tem o sentido absoluto de uma obrigação incondicional e universal: o que deve ser pretende ser igualmente bom para todos". Por outro lado, a "atratividade de valores tem o sentido relativo de uma apreciação de bens, dotada ou exercitada no âmbito de formas de vida ou de uma cultura".[143]

Dworkin também se filia aos autores que sustentam a normatividade dos princípios, ao afirmar o conceito de integridade no Direito. Porém, apresenta uma justificação diferenciada para a questão da aplicabilidade destes: a noção de interpretação construtiva, como modo adequado de realizar a grandiosa tarefa de arquitetar as fontes normativas para a aplicação do direito no caso concreto e, assim, determinar a única resposta correta. Neste sentido, afirma:

---

[142] BONAVIDES, Paulo. *Curso de direito constitucional*. 6. ed. São Paulo: Malheiros, 1996. p. 260-265.
[143] HABERMAS, Jurgen. *Direito e democracia*: entre facticidade e validade. Rio de Janeiro: Tempo Brasileiro, 1997. v. 1. p. 315.

Defenderei aqui uma solução diferente: a de que a interpretação criativa não é conversacional, mas *construtiva*. (...) Em linhas gerais, a interpretação construtiva é uma questão de impor um propósito a um objeto ou prática, a fim de torná-lo o melhor exemplo possível da forma ou do gênero aos quais se imagina que pertençam.[144]

A exigência de integridade e coerência no julgamento está relacionada à ideia de considerar o direito como um todo, e não como uma série de decisões que possam ser tomadas de modo desvinculado, para com isso requerer que "nossos juízes tratem nosso atual sistema de normas públicas como se este expressasse e respeitasse um conjunto coerente de princípios [...]".[145] Nas palavras de Dworkin:

> Força-nos a considerar um aspecto da exigência de adequação que deixe para mais tarde, a distinção fundamental entre competição e contradição entre princípios [...]. Nenhuma interpretação geral que negasse qualquer um deles seria plausível; a integridade não poderia ser atendida se um deles fosse totalmente desautorizado.[146]

Com essa noção de *coerência*, Dworkin reafirma a natureza dos princípios como mandamentos deontológicos, ou seja, dotados de natureza binária: aplicam-se ou não ao caso concreto, inexistindo qualquer relação de hierárquica – *de preferência condicionada* – entre eles. Para ele, o conflito de *princípios* não é verdadeiramente uma *colisão*, porque não se trata de *contradição* entre princípios válidos, mas de *concorrência* entre eles para a regência do caso. Marcelo Galuppo considera a concorrência entre princípios constitucionais essencial ao Estado Democrático de Direito, como exigências de respeito ao pluralismo ínsito às democracias constitucionais contemporâneas:

> A concorrência entre os princípios constitucionais revela uma característica fundamental da sociedade em que existe um Estado Democrático de Direito: não é possível hierarquizar os princípios constitucionais porque são, todos eles, igualmente valiosos para a auto-identificação de uma sociedade pluralista. É o conjunto deles, e não um ou outro, que revela quem somos e quem queremos ser. A concorrência dos princípios deriva do fato que nossa identidade é uma identidade pluralista.[147]

Nesse ambiente em que os princípios passam a integrar o âmbito da norma e se constituem de *caráter de fundamentalidade* e *natureza normogenética* (Canotilho), como decorrência da afirmação do caráter de supremacia da Constituição, passando essa a ser fundamento de validade do ordenamento jurídico, a jurisdição constitucional passa a ser essencial para a efetivação dos Estados Constitucionais Democráticos. Nos

---

[144] DWORKIN, Ronald. *O império do direito*. São Paulo: Martins Fontes, 1999. p. 65.

[145] Ibid., p. 185 e 261.

[146] Ibid., p. 238.

[147] GALUPPO, Marcelo Campos. Os princípios jurídicos no estado democrático de direito: ensaio sobre o modo de sua aplicação. *Revista de informação legislativa*. Brasília, n. 143. Ano 36. p. 191-209, jul./set.. 1999. p. 205.

dizeres do Bolzan de Morais e Valéria do Nascimento, ela "passa a ser condição de possibilidade do Estado Democrático de Direito".[148]

Cabe à jurisdição constitucional atuar como arbítrio do jogo democrático, a fim de realizar a implementação do Estado Democrático de Direito, no objetivo de assegurar a pauta de direito fundamentais e a sobrevivência das minorias políticas, contra eventuais maiorias. Portanto, apesar de a jurisdição constitucional se apresentar como uma instância de poder contramajoritário, situado no limite entre o jurídico e o político, sua missão será a de intervir a favor, e não contra a democracia.

Quando se pensa na atuação do sistema de justiça (jurisdição constitucional) com fins de garantir a supremacia da Constituição e a tutela dos direitos e garantias fundamentais, pensa-se também na estipulação de limites às demais funções do Estado, bem como em critérios para a sua atuação positiva.[149]

Para Dworkin, a jurisdição constitucional, além de ser compatível com a democracia, constribui decisivamente para o seu fortalecimento. Afirma que o controle judicial de constitucionalidade das leis é, simultaneamente, o *orgulho* e o *enigma* da doutrina jurídica norte-americana. *Orgulho* por se tratar da matriz de um dos mais eficazes e difundidos mecanismos de contenção do poder, em que princípios e direitos inalienáveis são retirados do varejo do dia a dia e protegidos contra a maiorias eleitorais irresponsáveis. O *enigma*, em suas palavras, consiste:

> Todos concordam que a Constituição proíbe certas formas de legislação ao Congresso e aos legislativos estaduais. Mas nem juízes do Supremo Tribunal nem especialistas em Direito constitucional nem cidadãos comuns conseguem concordar quanto ao que ela proíbe exatamente, e a discordância é mais grave quando a legislação em questão é politicamente mais controvertida e criadora de divergência. Portanto, parece que esses juízes exercem um poder de veto sobre a política da nação, proibindo as pessoas de chegar, a decisões que eles, um número ínfimo de nomeados vitalícios, acham erradas. Como isso pode ser conciliado com a democracia?[150]

A jurisdição constitucional, dessa maneira, é uma instância de poder contramajoritário, por ter como função anular determinados atos votados e aprovados, majoritariamente, por representantes eleitos. Apesar disso, os princípios e direitos fundamentais, em sendo constitucionalmente assegurados quando da anulação de leis a eles ofensivos, são condições estruturantes e essenciais ao bom funcionamento da democracia, motivo pelo qual, a intervenção via justiça constitucional se dá a favor, e não contra a democracia. Isso se trata da fonte maior de legitimidade da

---

[148] MORAIS, Jose Luis Bolzan de; NASCIMENTO, Valéria Ribas do. *Constitucionalismo e cidadania: por uma jurisdição constitucional democrática*. Porto Alegre: Livraria do Advogado, 2010. p. 71.

[149] Ibid., p. 82.

[150] DWORKIN, Ronald. *Uma questão de princípio*. São Paulo: Martins Fontes, 2000. p. 41.

jurisdição constitucional. Por isso, aduzem Bolzan de Morais e Valéria do Nascimento ser "necessário ocorrer uma interligação efetiva, uma integração, entre a jurisdição constitucional e a democracia político-social. Ou seja: o princípio democrático deve se fazer presente nas formas de atuação e de produção do sistema de justiça".[151]

Assim, necessária se faz a busca pela democratização da jurisdição constitucional, construindo-se um saber apto a promover sua reconfiguração e adequá-la às circunstâncias e necessidades do presente, onde esta se caracteriza pela atuação do Poder Judiciário na efetivação da Constituição, "seja pela necessidade de atribuição de sentido ao seu texto, seja ante a insuficiência das práticas políticas tradicionais para pôr em ação os seus conteúdos".[152]

Ao apreciar o caso concreto e agir de acordo com a escolha material da Constituição, o Poder Judiciário se revela como expressão da vontade popular, o que apresenta a jurisdição constitucional como uma possibilidade de ultrapassar as indeterminações dos textos legais, ou como alternativa à solução dos problemas sociais. Faz-se imperativo reforçar a ideia de que a Constituição é o documento que ao mesmo tempo expressa os anseios e tutela os valores de uma determinada comunidade. Por isso, é essencial que o Poder Judiciário, como sistema de justiça, atue em defesa dos valores democráticos e sociais presentes na Carta de Direitos, a fim de que seja possível aproximá-la do povo, e, mesmo tempo, lutar para as garantias serem implementadas.[153]

A supremacia da Constituição e a jurisdição constitucional, trata-se de mecanismos através dos quais determinados princípios e direitos, considerados inalienáveis pelo poder constituinte originário, são retirados da esfera decisória ordinária dos agentes políticos eleitos pelo povo, para ficarem protegidos pelos instrumentos de controle de constitucionalidade das leis e atos do Poder Público.

Fatores como a democratização social (fruto das políticas do *Welfare State*), o advento da democracia (a partir do segundo pós-guerra) e a redemocratização de países (exsurgidos de regimes autoritários/ditatoriais), fazem surgir Constituições cujos textos positivam direitos fundamentais e sociais, acabando por redefinir a relação entre os Poderes do Estado e fazem com que o Judiciário passa a fazer parte da arena política.[154]

---

[151] MORAIS, Jose Luis Bolzan de; NASCIMENTO, Valéria Ribas do. *Constitucionalismo e cidadania:* por uma jurisdição constitucional democrática. Porto Alegre: Livraria do Advogado, 2010. p. 65.

[152] Ibd., p. 70-71.

[153] Ibid., p. 83 e 91.

[154] STRECK, Lenio Luiz. *Hermenêutica jurídica e(m) crise:* uma exploração hermenêutica da construção do direito. 11. ed., rev., atual. e ampl. Porto Alegre: Liv. do Advogado, 2014. p. 54.

No Brasil isto não é diferente, conforme se observa da Constituição, que, instituindo um típico Estado Democrático de Direito, positiva diversos direitos fundamentais, além de ter como objetivos a instituição de uma sociedade justa e solidária, na busca pela redução das desigualdades sociais. Por isso, necessária uma jurisdição constitucional forte o suficiente para evitar os constantes deletérios ocorridos em detrimento da Lei Fundamental.

No Estado Democrático de Direito, o centro de decisões do Legislativo e do Executivo acaba se deslocando para o plano da justiça constitucional, diferentemente do Estado Liberal, em que o centro de decisões apontava para o Legislativo (o que não é proibido é permitido, direitos negativos) e do Estado Social, em que a primazia ficava com o Executivo, em face da necessidade de realizar políticas públicas e sustentar a intervenção do Estado na economia.[155]

Portanto, em determinado circunstâncias, inércias do Executivo e a falta de atuação do Legislativo, podem ser supridas pelo Poder Judiciário, especialmente pela utilização dos mecanismos jurídicos postos na Constituição que instituiu o Estado Democrático de Direito.[156] Isso faz com que a Constituição seja marcada pela transição de um direito constitucional legislativo para um direito constitucional *jurisprudencial*, isto é, passando-se do texto da norma para o texto da decisão judicial (jurisprudencialização da Constituição), o que acabou por mudar o paradigma do constitucionalismo, até então pautado pela postura positivista, para percebê-lo em sua forma aberta e viva, para além da *neutralidade* do texto normativo.[157]

Todavia, é preciso desmitificar a ideia de que ao Poder Judiciário esteja reservado o monopólio sobre o controle da constitucionalidade no Ordenamento Jurídico Brasileiro, no sentido de fiscal da Constituição. Também os Poderes Executivo e Legislativo desempenham papel importante na defesa da supremacia constitucional, tendo o dever de impedir, dentro de suas competências, qualquer atentado à Lei Fundamental; não são meros *sujeitos passivos* do controle da constitucionalidade; exercem, no âmbito de suas atribuições e responsabilidades, o poder-dever de atuar como *sujeito ativo* na preservação dos princípios e regras constitucionais.[158]

---

[155] STRECK, Lenio Luiz. *Hermenêutica jurídica e(m) crise*: uma exploração hermenêutica da construção do direito. 11. ed., rev., atual. e ampl. Porto Alegre: Liv. do Advogado, 2014. p. 64.

[156] Ibid., p. 65.

[157] MORAIS, Jose Luis Bolzan de; NASCIMENTO, Valéria Ribas do. *Constitucionalismo e cidadania*: por uma jurisdição constitucional democrática. Porto Alegre: Livraria do Advogado, 2010. p. 65.

[158] BINENBOJM, Gustavo. *A nova jurisdição constitucional brasileira*: legitimidade democrática e instrumentos de realização. 2. ed. Rio de Janeiro: Renovar, 2004. p. 224.

Para além da ideia de que o controle de constitucionalidade não está reservado apenas ao Poder Judiciário, cabe um adendo à tese de Peter Häberle – embora defenda o procedimentalismo –, de que o âmbito do fazer hermenêutico não pode se restringir às instâncias oficiais, mas ser um assunto que diz respeito a todos, como observa em sua obra *A sociedade aberta dos intérpretes da Constituição*. Sustenta que a interpretação constitucional, até então, esteve vinculada a um círculo restrito de intérpretes, em que o âmbito de investigação se concentra na interpretação constitucional dos juízes e dos procedimentos formalizados, o que faz com que o sentido e o alcance do texto constitucional seja o resultado da interpretação daqueles que são nomeados para exercerem tal função. Visando a uma teoria da interpretação que se deva adequar à democracia, afirma que a interpretação constitucional não pode ser fruto apenas dos intérpretes oficiais, propõe a seguinte tese:

[...] no processo de interpretação constitucional estão potencialmente vinculados todos os órgãos estatais, todas as potências públicas, todos os cidadãos e grupos, não sendo possível estabelecer-se um elenco cerrado ou fixado com *numerus clausus* de intérpretes da Constituição.[159]

A interpretação constitucional, assim, deve ser realizada pela e para uma sociedade aberta, pois "toda atualização da Constituição, por meio da atuação de qualquer indivíduo, constitui, ainda que parcialmente, uma interpretação constitucional antecipada". As forças oficiais, sociais e privadas deixam de ser encaradas como meros objetos, para se transformarem-se em sujeitos do processo de interpretação constitucional, confirmando a tese de que a Constituição estrutura não apenas o Estado em sentido estrito, mas também a própria esfera pública, ou seja, tais forças, "representam um pedaço da publicidade e da realidade da Constituição", sendo "elementos que se colocam dentro do quadro da Constituição".[160]

Contudo, é preciso ressaltar: a condição de supremacia da Constituição depende da sanção do descumprimento, uma vez que, tendo o ato inconstitucional prevalecido, a Constituição não será lei suprema, mas sim uma Carta de Direitos à mercê das mudanças que tais atos adotem. Assim, "o 'controle' de constitucionalidade é, destarte, condição da supremacia da Constituição".[161]

Enfim, a Constituição deve ocupar lugar de proeminência na Teoria das Fontes, de modo a conformar o Fenômeno Hermenêutico. Ela deve

---

[159] HÄBERLE, Peter. *Hermenêutica constitucional:* a sociedade aberta dos intérpretes da constituição – contribuição para a interpretação pluralista e 'procedimental' da constituição. Porto Alegre: Fabris, 1997. p. 12-13.

[160] Ibid., p. 13 e 33.

[161] FERREIRA FILHO, Manoel Gonçalves. *Estado de direito e Constituição.* 2. ed., rev. e ampl. São Paulo: Saraiva, 1999. p. 84.

ser o ponto de partida do qual se define a amplitude dos significados possíveis das regras jurídicas infraconstitucionais. Feitas tais observações, passa-se a abordar as teorias que surgiram para dar efetividade às Constituições pós-segunda guerra, ditas neoconstitucionalistas – termo abandonado por Streck em razão de ter incentivado uma recepção acrítica de teorias estrangeiras.

1.6. Constitucionalismo contemporâneo x (neo)constitucionalismo

O Neoconstitucionalismo busca descrever as diversas constituições surgidas na metade do Século XX, a partir do segundo pós-guerra, que passaram a prever em suas disposições o dever de ação do Estado em direção ao cumprimento de determinados fins e objetivos, além de estabelecer uma diferente relação e entre Estado e cidadãos, e impor ao primeiro garantir e efetivar os direitos fundamentais.[162]

A indiscutível força normativa dessas Cartas Constitucionais impõe questões atinentes à interpretação das relações jurídicas, decorrente de um efeito "irradiador, invasivo ou intrometido",[163] que não está dissociado da atividade judicial, que, em muitas vezes deverá concretizar a Constituição.[164]

Uma das consequências significativas provocadas pelo vendaval da globalização, está relacionada, segundo García Amado, na forte relação entre direitos fundamentais e as atividades da jurisdição, especificamente no que se constitui a marca do neoconstitucionalismo: ação de órgãos destinados a dar respostas constitucionalmente possíveis/corretamente possíveis com o objetivo de efetivar o "componente material axiológico" das Constituições, em que o coração é formado pelos direitos fundamentais.[165]

Para Daniel Sarmento, o neoconstitucionalismo representa as mudanças significativas que o Direito brasileiro vem sofrendo nos últimos tempos, relacionadas a um novo paradigma na teoria jurídica e na prá-

---

[162] CARBONNEL, Miguel. El constitucionalismo: significado y niveles de análisis. In: CARBONNEL, Miguel. JARAMILLO, Leonardo García. *El canon neoconstitucional*. Bogotá: Universidad Externado, 2010. p. 162.

[163] Ibid., p. 163.

[164] Entretanto, isso não pode significar que o Juiz deve ser o protagonista na concretização de direitos. Nesse sentido, ver: STRECK, Lenio Luiz. *O que é isto – decido conforme minha consciência?*. 2. ed., rev. e ampl. Porto Alegre: Liv. do Advogado, 2010. p. 20.

[165] GARCÍA AMADO, Juan Antonio. *Neoconstitucionalismo, ponderaciones y respuestas más ou menos corneoconstitucional*. Bogotá: Universidad Externado, 2010. p. 369-370.

tica dos tribunais, que sintetiza da seguinte maneira: a) reconhecimento da força normativa dos princípios jurídicos e valorização no processo de aplicação do Direito; b) rejeição ao formalismo e recurso mais frequente a métodos ou "estilos" mais abertos de raciocínio jurídico: ponderação, tópica, teorias da argumentação, etc.; c) constitucionalização do Direito, com a irradiação das normas e valores constitucionais; d) reaproximação entre o Direito e a Moral, com a penetração da Filosofia nos debates jurídicos; e) judicialização da política e das relações sociais, com deslocamento de poder da esfera do Legislativo e do Executivo para o Poder Judiciário.[166]

O surgimento do fenômeno se justifica diante da necessidade de resolver tensões entre princípios constitucionais colidentes em decorrência da textura aberta e imprecisão semântica das constituições do 2º pós-guerra, o que deu espaço ao desenvolvimento da técnica da ponderação, e tornou frequente o recurso ao princípio da proporcionalidade na esfera judicial. A busca de legitimidade para estas decisões teria impulsionado o desenvolvimento de diversas teorias da argumentação jurídica, que incorporaram ao Direito elementos que o positivismo clássico costumava desprezar, como considerações de natureza moral, ou relacionadas ao campo empírico subjacente às normas.[167]

A partir da segunda metade do século XX, as Constituições deixaram para trás sua tradicional concepção restrita de realizar a conformação política do Estado, estabelecendo um procedimento para os demais atos do Poder Público, tornando-se juridicamente vinculante, passando a prever diversos direitos fundamentais, a ter Força Normativa, nas palavras de Konrad Hesse.[168]

No Brasil, em um primeiro momento, com a promulgação da Constituição de 1988, autores como Luis Roberto Barroso e Clèmerson Merlin Clève, passaram a advogar a tese de que a Constituição, sendo norma jurídica, deveria ser rotineiramente aplicada pelos juízes, o que até então não ocorria. A incidência direta da Constituição sobre a realidade social, independentemente de qualquer mediação legislativa, contribuiria para tirar do papel as proclamações generosas de direitos contidas na Carta de 1988, promovendo justiça, igualdade e liberdade.[169]

---

[166] SARMENTO, Daniel. *O neoconstitucionalismo no Brasil*: riscos e possibilidades. Disponível em: http://www.danielsarmento.com.br/wp-content/uploads/2012/09/O-Neoconstitucionalismo-no-Brasil.pdf. Acesso em: 30 set. 2012. p. 1.

[167] Ibid., p. 6-7.

[168] OLIVEIRA, Rafael Tomaz. O constitucionalismo garantista e a leitura moral da constituição: quais são as "condições de possibilidade" dos juízos substanciais (materiais) de controle de constitucionalidade. In: FERRAJOLI, Luigi; STRECK, Lenio Luiz; TRINDADE, André Karam. *Garantismo, hermenêutica e (neo)constitucionalismo*: um debate com Luigi Ferrajoli. Porto Alegre: Livraria do Advogado, 2012. p. 185.

[169] SARMENTO, op. cit., p. 15-16.

Em um segundo momento, fala-se na chegada ao Brasil das teorias jurídicas ditas pós-positivistas, tendo como marcos relevantes a publicação da 5ª edição do *Curso de Direito Constitucional*, de Paulo Bonavides, bem como do livro *A Ordem Econômica na Constituição de 1988*, de Eros Roberto Grau, que divulgaram a teoria dos princípios de autores como Ronald Dworkin e Robert Alexy, e incentivaram as discussões sobre temas importantes, como a ponderação de interesses, o princípio da proporcionalidade e eficácia dos direitos fundamentais.[170]

Daniel Sarmento afirma que também deve ser salientado o pensamento de filósofos como John Rawls e Jürgen Habermas, que se voltaram para o estudo da relação entre Direito, Moral e Política, a partir dos anos 90, com uma perspectiva pós-metafísica. Além disso, destaca os estudos de hermenêutica jurídica (filosófica), a partir de uma nova matriz teórica inspirada pelo giro linguístico na Filosofia, que denunciou os equívocos do modelo positivista de interpretação até então dominante.[171] O autor assume o rótulo do neoconstitucionalismo, se este for pensado como uma teoria constitucional que, sem descartar a importância das regras e da subsunção, abra também espaço para os princípios (ainda que concebidos enquanto "abertura interpretativa") e para a denominada "ponderação", tentando racionalizar o seu uso.[172]

Ferrajoli, um dos mais importantes constitucionalistas dos tempos que se sucedem, ao abordar a temática em análise, propõe a distinção entre o constitucionalismo principialista e o constitucionalismo garantista. Nesse sentido, refere que o Constitucionalismo pode ser concebido, de um lado, como a superação em sentido tendencialmente jusnaturalista ou ético-objetivista do positivismo jurídico, frequentemente etiquetado como "neoconstitucionalismo" e mais difundido; de outro, como a expansão e completamento do positivismo jurídico.[173]

Relativamente ao constitucionalismo principialista e/ou não positivista, Ferrajoli explica que, com a incorporação nas Constituições, de princípios de justiça de caráter ético-políticos, como a igualdade, a dignidade das pessoas e os direitos fundamentais, desapareceria o principal traço distintivo do positivismo jurídico: a separação entre direito e moral, ou seja, entre validade e justiça. Segundo esta tese, a moral, que

---

[170] SARMENTO, Daniel. *O neoconstitucionalismo no Brasil:* riscos e possibilidades. Disponível em: http://www.danielsarmento.com.br/wp-content/uploads/2012/09/O-Neoconstitucionalismo-no-Brasil.pdf. Acesso em: 30 set. 2012. p 17.

[171] Ibid., p. 17.

[172] Ibid., p. 40.

[173] FERRAJOLI, Luigi. Constitucionalismo principialista e constitucionalismo garantista. In: FERRAJOLI, Luigi; STRECK, Lenio Luiz; TRINDADE, André Karam. *Garantismo, hermenêutica e (neo)constitucionalismo:* um debate com Luigi Ferrajoli. Porto Alegre: Livraria do Advogado, 2012. p. 13.

no velho paradigma juspositivista correspondia a um ponto de vista externo ao direito, agora faria parte do seu ponto de vista interno. Para ele, essa concepção tendencialmente jusnaturalista de constitucionalismo é defendida por expoentes do constitucionalismo não positivista como Ronald Dworkin, Robert Alexy, Carlos Nino, Gustavo Zagrebelsky e Manuel Atienza. Como segundo aspecto desta concepção de constitucionalismo, destaca-se a configuração de grande parte das normas constitucionais, a começar pelos princípios, não mais como regras suscetíveis de observância ou inobservância, mas sim como normas que se respeitam em maior ou menor grau, sendo possível sobre eles a ponderação ou balanceamento, por se encontrarem virtualmente em conflito.[174]

No que diz respeito à concepção de constitucionalismo garantista, com a qual Ferrajoli concorda, trata-se de um juspositivismo reforçado, que não é uma superação, mas sim um reforço do positivismo jurídico, por ele alargado em razão de suas próprias escolhas que devem orientar a produção do direito positivo: os direitos fundamentais postos nas normas constitucionais. Representa um complemento tanto do positivismo jurídico (positiva não apenas o "ser", mas também o "dever ser") como do Estado de Direito (porque comporta a submissão, inclusive da atividade legislativa, ao direito e ao controle de constitucionalidade).[175]

Como *modelo de direito*, o constitucionalismo garantista se caracteriza pela positivação também dos princípios que devem subjazer toda a produção normativa. Como *teoria do direito*, sendo uma teoria que tematiza a divergência entre o *dever ser* (constitucional) e o *ser* (legislativo) do direito. Como *filosofia* e como *teoria política*, consiste em uma teoria da democracia, elaborada não apenas como uma genérica e abstrata teoria do bom governo democrático, mas sim como uma teoria da democracia *substancial*, além de *formal*, ancorada empiricamente no paradigma de direito ilustrado.[176]

O constitucionalismo positivista e garantista diferencia-se do constitucionalismo não positivista e principialista pela rejeição de todos aqueles que são seus três elementos principais: (1) a conexão entre direito e moral; (2) a contraposição entre princípios e regras e a centralidade conferida à distinção qualitativa; (3) o papel da ponderação, em oposição à subsunção, na prática jurisdicional.[177]

---

[174] FERRAJOLI, Luigi. Constitucionalismo principialista e constitucionalismo garantista. In: FERRAJOLI, Luigi; STRECK, Lenio Luiz; TRINDADE, André Karam. *Garantismo, hermenêutica e (neo)constitucionalismo:* um debate com Luigi Ferrajoli. Porto Alegre: Livraria do Advogado, 2012. p. 19-20.

[175] Ibid., p. 22-23.

[176] Ibid., p. 24-25.

[177] Ibid., p. 27.

Para Ferrajoli, o constitucionalismo principialista comporta um enfraquecimento e um colapso da normatividade dos princípios constitucionais, além de uma degradação dos direitos fundamentais neles estabelecidos em genéricas recomendações de tipo ético-político, além de subverter a hierarquia das fontes. Ao contrário, o constitucionalismo garantista comporta o reconhecimento de uma *normatividade forte* das constituições rígidas em razão da qual, estabelecido constitucionalmente um direito fundamental, se a Constituição é levada a sério, não devem existir normas com ele em contradição e deve existir o dever a ela correspondente que compete à esfera pública.[178]

Quanto às duas concepções ora colocadas, em crítica ao constitucionalismo principialista, Streck e Ferrajoli concordam que os princípios não são valores; não há uma distinção estrutural entre regra e princípio; um princípio só se aplica através de uma regra (atrás de cada regra há sempre um princípio); por vezes, princípios são aplicados como regras e, finalmente, que o panprincipiologismo é forte componente da fragilização do direito. Eles concordam também que a ponderação enfraquece a autonomia do direito. Nesse sentido, as palavras de Streck:

> O Neoconstitucionalismo, na tentativa de superar o "positivismo jurídico", buscou na teoria da argumentação jurídica um modo de racionalizar o modelo de interpretação e aplicação do direito, imaginado como adequado para os novos textos constitucionais. A raiz da problemática está na jurisprudência dos valores, que Alexy tentou racionalizar com sua teoria da argumentação jurídica. Daí se dizer que no neoconstitucionalismo há mais princípios que regras, mais ponderação e menos subsunção, e os casos simples se resolvem com subsunção, e os casos difíceis pela ponderação.[179]

A crítica se faz, porque, para Alexy, segundo Streck, os princípios são mandados de otimização e possuem uma estrutura alargada de dever-ser, que tensiona os princípios, fazendo-os colidir. A valoração é um momento subsequente que incorpora o procedimento da ponderação. Mas, enquanto ele constrói sua teoria para tentar racionalizar a ponderação dos valores, no Brasil, os pressupostos formais são praticamente desconsiderados, retornando às estratégias de fundamentação da jurisprudência da valoração.[180]

Na linha esposada, Sterck afirma que o Direito Constitucional foi "tomado" por diversas teorias dos princípios, sendo raro encontrar constitucionalistas que não se rendam à distinção estrutural regra-princípio e à ponderação dos valores. Como exemplo, cita o embaraço teórico de

---

[178] STRECK, Lenio Luiz. Neoconstitucionalismo, positivismo e pós-positivismo. In: FERRAJOLI, Luigi; STRECK, Lenio Luiz; TRINDADE, André Karam. *Garantismo, hermenêutica e (neo)constitucionalismo*: um debate com Luigi Ferrajoli. Porto Alegre: Livraria do Advogado, 2012. p. 55-56.

[179] Ibid., p. 71-72.

[180] Ibid., p. 73.

Luiz Roberto Barroso e Ana Paula de Barcellos, que propõem, que além da ponderação de valores, deve existir também uma ponderação entre regras, o que se repete, sobre outro fundamento, em Humberto Ávila.[181]

De fato, Luís Roberto Barroso entende que o constitucionalismo moderno promove o retorno dos valores entre a ética e o direito, e que os princípios constitucionais, explícitos ou não, passam a ser uma síntese dos valores abrigados no ordenamento jurídico, dando unidade e harmonia ao sistema, integrando suas diferentes partes e atenuando tensões normativas. Assim refere:

> A Constituição passa a ser encarado como um sistema aberto de princípios e regras, permeável a valores jurídicos suprapositivos, no qual as ideias de justiça e de realização dos direitos fundamentais desempenham um papel central. [...]
> Princípios contêm, normalmente, uma maior carga valorativa, um fundamento ético, uma decisão política relevante, e indicam uma determinada direção a seguir. Ocorre que, em uma ordem pluralista, existem outros princípios que abrigam decisões, valores ou fundamentos diversos, por vezes contraposto. A colisão de princípios, portanto, não só é possível, como faz parte da lógica do sistema, que é dialético. [...]
> A aplicação dos princípios se dá, predominantemente, mediante ponderação.[182]

Continuando a defesa de sua tese, Luís Roberto Barroso afirma que as normas (*rectius:* regras) são aplicadas na plenitude da sua força normativa, enquanto os princípios são ponderados, ressaltando que a ponderação dos valores ou ponderação de interesses é a técnica que procura estabelecer o peso relativo de cada um dos princípios contrapostos.[183]

Ana Paula de Barcellos, em defesa da ponderação, diz que os julgadores se socorrem cada vez mais de tal raciocínio nas situações em que as fórmulas hermenêuticas tradicionais são insuficientes. Descreve que, de forma geral, a ponderação pode ser definida como uma técnica de decisão própria para casos difíceis, os denominados *hard cases*, aos quais a subsunção não é adequada. Nesse sentido, menciona:

> Gradativamente, porém, a ponderação tem se destacado como figura principal, e não só coadjuvante dos princípios. Já é possível identificá-la como uma técnica de decisão jurídica autônoma que, aliás, vem sendo aplicada em diversos outros ambientes que não o conflito de princípios. É possível encontrar decisões judiciais empregando um raciocínio equiparável ao que se tem entendido por ponderação para definir o sentido de conceitos jurídicos indeterminados e decidir o confronto entre regras que se chocam diante de um caso concreto e entre princípios e regras, dentro do sistema constitucional e fora dele.[184]

---

[181] Ibid., loc. cit.
[182] BARROSO, Luís Roberto. Fundamentos Teóricos e filosóficos do novo direito constitucional brasileiro. In: BARROSO, Luís Roberto (Org.). *A nova interpretação constitucional:* ponderação, direitos fundamentais e relações privadas. 2. ed. Rio de Janeiro: Renovar, 2006. p. 28-31.
[183] Ibid., p. 32-33.
[184] Ibid., p. 54-56.

Para aplicação do referido princípio, Ana Paula de Barcellos descreve o seguinte caminho: em uma primeira fase, identificam-se os comandos normativos ou as normas relevantes em conflito; na segunda fase, cabe examinar as circunstâncias concretas do caso e suas repercussões sobre os elementos normativos, daí se dizer que a ponderação depende substancialmente do caso concreto e de suas particularidades; e na terceira fase – a fase da decisão –, estar-se-á examinando conjuntamente os diferentes grupos de normas e a repercussão dos fatos sobre eles, a fim de apurar os pesos que devem ser atribuídos aos diferentes elementos em disputa.[185]

A autora, na sua defesa em prol da ponderação, estabelece inclusive parâmetros para a aplicação no caso concreto. O primeiro parâmetro é o seguinte: as regras (constitucionais e infraconstitucionais) têm preferência sobre os princípios constitucionais; diante de um conflito insuperável pelos métodos tradicionais de interpretação, o princípio deve ceder, e não a regra, já que as regras, como padrão geral, não devem ser ponderadas. O segundo parâmetro descreve assim: diante de um conflito que exija o recurso à ponderação, os direitos fundamentais, previstos pela Constituição, devem preponderar sobre os demais enunciados normativos e normas.[186]

Também aparece como problemático o assim denominado princípio da proporcionalidade, posto que, conforme Streck adverte, este não pode ser tomado a tal ponto como se fosse uma metarregra para resolver problemas não resolvidos pelos "demais princípios" conformadores do sistema jurídico. Ela deve sempre estar presente, em princípio, em toda a aplicação. Por isso, isolado, o enunciado "proporcionalidade" carece de significado. O sentido da proporcionalidade se manifestará de dois modos: ou a lei contraria a Constituição, porque o Estado se excedeu, ou a lei poderá ser inconstitucional porque o Estado protegeu de forma insuficiente determinado direito. Em qualquer aplicação de princípio, sempre haverá uma regra/preceito em jogo, o que implica afirmar que o "princípio da proporcionalidade" não é instrumento para decisionismos.[187]

O fato é que, em 1988 o Brasil concebeu uma Constituição rica em direitos fundamentais, com diversos direitos sociais. A questão que se

---

[185] BARCELLOS, Ana Paula de. Alguns parâmetros normativos para a ponderação constitucional. In: BARROSO, Luís Roberto (Org.). *A nova interpretação constitucional:* ponderação, direitos fundamentais e relações privadas. 2. ed. Rio de Janeiro: Renovar, 2006. p. 57-58.

[186] Ibid., p. 69 e 108.

[187] STRECK, Lenio Luiz. Neoconstitucionalismo, positivismo e pós-positivismo. In: FERRAJOLI, Luigi; STRECK, Lenio Luiz; TRINDADE, André Karam. *Garantismo, hermenêutica e (neo)constitucionalismo*: um debate com Luigi Ferrajoli. Porto Alegre: Livraria do Advogado, 2012. p. 66-67.

colocou era de que forma poderia se olhar para o novo, diante de uma tradição em que não havia lugar para direitos de segunda e terceira dimensões? Também não havia uma teoria constitucional adequada aos novos paradigmas. Isso fez com que os juristas brasileiros adotassem teorias estrangeiras, sendo que tais teorias, em geral, foram importadas de forma acrítica, e apostaram na maioria dos casos no protagonismo dos juízes, a partir de três principais teorias: a jurisprudência dos valores, o realismo norte americano (ênfase no ativismo judicial) e a teoria da argumentação de Alexy.[188]

No que diz respeito à Jurisprudência dos Valores, cabe referir que no caso alemão, ela serviu para equalizar a tensão produzida após a outorga da Lei Fundamental da República Federal da Alemanha pelos aliados, em 1949, pois nos anos que se passaram, houve um grande esforço para legitimar uma Constituição que não tinha sido constituída pela participação do povo. Daí a invocação de argumentos que permitissem ao Tribunal recorrer a critérios decisórios que se encontravam fora da estrutura rígida da legalidade. A referência a valores aparece assim como mecanismo de abertura de uma legalidade extremamente fechada.[189]

Entretanto, os juízes não atentaram para as distintas realidades entre o Brasil e a Alemanha, sendo que no Brasil, a grande luta tem sido para estabelecer o fortalecimento de um espaço democrático. Assim, tomaram emprestada a tese fundante de que a Constituição é uma ordem concreta de valores, sendo o papel dos intérpretes o de encontrar e revelar esses interesses ou valores, pela teoria da argumentação de Alexy, também recepcionada de forma equivocada, uma vez que, para ele, os princípios são mandados de otimização e possuem uma estrutura alargada de dever-ser, a qual tensiona os princípios, fazendo-os colidir, sendo a valoração um momento subsequente, que incorpora o procedimento da ponderação.[190]

Por isso, Streck afirma que "no Brasil, os tribunais, no uso descriterioso da teoria alexyana, transformam a regra da ponderação em um princípio". Para além disso, com o uso da ponderação acabaram fazendo nascer o denominado *panprincipiologimo*, um subproduto do neoconstitucionalismo à brasileira que faz com que – ao fundamento de aplicar princípios constitucionais – gere diversos enunciados para resolver

---

[188] STRECK, Lenio Luiz. Neoconstitucionalismo, positivismo e pós-positivismo. In: FERRAJOLI, Luigi; STRECK, Lenio Luiz; TRINDADE, André Karam. *Garantismo, hermenêutica e (neo)constitucionalismo*: um debate com Luigi Ferrajoli. Porto Alegre: Livraria do Advogado, 2012. p. 47.

[189] Ibid., p. 48.

[190] STRECK, Lenio Luiz. *Verdade e consenso*: constituição, hermenêutica e teorias discursivas. 4. ed. São Paulo: Saraiva, 2011. p. 49.

determinados problemas concretos, fazendo com que a ponderação seja uma porta aberta à discricionariedade, como por exemplo o princípio da precaução, princípio da não surpresa, princípio da efetividade, princípio do fato consumado, princípio da cooperação processual, princípio da confiança no juiz da causa (para justificar qualquer decisão), princípio da humanidade (*standard*), da felicidade, entre outros citados pelo jusfilósofo.[191]

Também a ideia de ativismo judicial vem sendo empregada no Brasil de forma equivocada. Enquanto nos Estados Unidos, a discussão sobre o governo dos juízes e sobre o ativismo judicial acumula mais de 200 anos de história, no Brasil o tema toma ares dramáticos, tendo sido inclusive incluído como princípio no anteprojeto de Código Brasileiro de processo coletivo. O que ocorre é que, quando se está diante de uma postura ativista, acaba-se tendo uma decisão que vai além do próprio texto constitucional, acarretando um rompimento constitucional. Exemplo disso, é o caso em que parte dos Ministros do Supremo Tribunal Federal entenderam que o art. 52, X, quando estabelece que cabe ao Senado suspender a aplicação da lei em controle difuso de constitucionalidade, deve ser como lido, publicar, a pretexto de certa mutação constitucional. Porém, nesse caso, não houve apenas a alteração de significado do texto, mas, sim, pretendeu-se mudar o próprio texto, o que demonstra a falta de limites no processo interpretativo. Nem os limites semânticos do texto constitucional funcionam como bloqueio ao protagonismo judicial que vem sendo praticado nas esferas do Poder Judiciário do Brasil.[192]

Por isso, Streck dá conta de que o neoconstitucionalismo não apresenta uma contribuição significativa para a superação do protagonismo judicial presente na Escola do Direito Livre (a decisão cria o direito), Jurisprudência dos Interesses e Jurisprudência dos Valores (Escola de Direito – moral corretiva para não aplicar o direito – confusão entre vigência e validade), sendo apenas possível afirmar que representa a superação do positivismo exegético. Ao invés de representar uma solução para o problema da decisão, ele propicia ainda um maior protagonismo judicial, o que necessariamente pode não ser ruim, dependendo da fundamentação a ser utilizada na interpretação.[193]

O termo *neoconstitucionalismo* pode ter levado a equívocos, pois na sua busca, percorreu-se um caminho que levou à jurisprudência da valoração e suas derivações axiologistas, em conjunto com a ponderação alexyana. Embora tenha representado um importante passo para a força

---

[191] STRECK, Lenio. *Verdade e consenso:* constituição, hermenêutica e teorias discursivas. 4. ed. São Paulo: Saraiva, 2011. p. 50.

[192] Ibid., p. 51-52.

[193] Ibid., p. 64-65.

normativa da Constituição, no Brasil acabou por incentivar/institucionalizar uma recepção acrítica da Jurisprudência dos Valores, da teoria da argumentação de Robert Alexy (procedimento da ponderação para racionalizar a decisão judicial) e do ativismo judicial norte-americano.[194]

Relativamente às questões aviadas – recepção acrítica das teorias estrangeiras[195] – Streck observa, no que tange à releitura que deve ser feita em relação à teoria da argumentação/interpretação – diante de uma sociedade carente de realização de direitos, e frente à indeterminabilidade do direito (enquanto texto normativo) combinada com a crise de efetividade da Constituição – que é de fundamental importância discutir como se interpreta e como deve ser interpretado, como se aplica e como deve ser aplicado, e se é possível alcançar condições interpretativas capazes de garantir uma resposta correta. Essa importância se dá devido ao fato de que, no atual Estado Democrático de Direito, esculpido na Constituição, o foco de conflito social acaba sendo transferido para o Poder Judiciário, que por sua vez passa a assumir o papel de responsável pela implementação da igualdade material e transformador do *status quo* do cidadão, haja visto que a concretização do Estado Social ocorreu apenas no plano formal.[196]

Em razão do efetivo crescimento do grau de deslocamento do polo de tensão entre os poderes do Estado em direção à jurisdição (constitucional), e, consequentemente, diante da impossibilidade de o legislador prever todas as hipóteses de limitação e do aumento das demandas por direitos fundamentais, cresce também a necessidade de limitar o "poder hermenêutico" dos juízes em decorrência da invasão no espaço legislativo, feito pelo judiciário.[197]

O aumento das demandas é consequência de textos constitucionais compromissários, com amplo catálogo de direitos individuais e coletivos, pois que de um direito meramente legitimador das relações de poder, passa-se a um direito com potencialidade de transformar a sociedade. O direito, no Estado Democrático e Social é sempre um instrumento de transformação, uma vez que regula a intervenção do Estado

---

[194] STRECK, Lenio. *Verdade e consenso*: constituição, hermenêutica e teorias discursivas. 4. ed. São Paulo: Saraiva, 2011. p. 35.

[195] A colocação que se fez com relação aos problemas decorrentes da recepção acrítica das teorias estrangeiras no Brasil, parte exclusivamente das colocações feitas por Streck, na obra *Verdade e Consenso*, tratando-se, praticamente, de um resumo, "ainda que todo resumo seja basicamente um ato de barbárie", conforme ensina Amartya Sen. SEN, Amartya. *A idéia de justiça*. São Paulo: Companhia das Letras, 2011. p. 83. Não obstante, por não se tratar de objeto específico do trabalho, entendeu-se também pela desnecessidade de outras fontes, mormente pelo fato de ser a teoria de Streck que o embasa.

[196] STRECK, op. cit., p. 58-59.

[197] Ibid., loc. cit.

na economia, estabelece a obrigação da realização de políticas públicas, além de diversos direitos fundamentais-sociais.[198]

Num primeiro momento, a importação do denominado neoconstitucionalismo cumpriu uma função meritória, pois o Brasil ingressou tardiamente no "novo mundo" constitucional. Falar de neoconstitucionalismo implicava ir além de um constitucionalismo de feições liberais, em direção a um constitucionalismo compromissário, de feições dirigentes, que possibilitasse a efetivação de um regime democrático no Brasil. Entretanto, acabou por contribuir para a corrupção do próprio texto da Constituição, pois sob sua bandeira, defende-se, ao mesmo tempo, um direito constitucional da efetividade; um direito assombrado pela ponderação de valores; uma concretização *ad hoc* da Constituição. Tudo porque se acreditou ser a jurisdição responsável pela incorporação dos "verdadeiros valores" que definem o direito justo.[199]

Portanto, nos termos em que o neoconstitucionalismo vem sendo utilizado, representa uma contradição, pois se tal teoria se expressa como um movimento teórico para lidar com um direito "novo", fica sem sentido depositar todas as esperanças de realização desse direito na "loteria" do protagonismo judicial, sobretudo levando em conta a prevalência da filosofia da consciência no campo jurídico.

Para Streck, não faz sentido continuar a usar a expressão "neoconstitucionalismo" para apontar o que ele pretende defender: "a construção de um direito democraticamente produzido, sob o signo de uma Constituição normativa e da integridade da jurisdição". Por isso, ele passa a nominar Constitucionalismo Contemporâneo o movimento que desaguou nas Constituições do segundo pós-guerra, no sentido de evitar mal entendidos.[200]

Nos termos em que o jusfilósofo propõe sua teoria, o Constitucionalismo Contemporâneo representa um redirecionamento na práxis político-jurídica, que se dá em dois níveis: em relação à teoria do Estado e da Constituição, com o surgimento do Estado Democrático de Direito; quanto à teoria do direito, a partir da reformulação das teorias das fontes, devendo a lei ceder espaço à Constituição, da teoria da norma, ganhando os princípios o caráter normativo, e na teoria da interpretação, a partir da Crítica Hermenêutica do Direito, a fim de alcançar uma blindagem às discricionariedade e aos ativismos.[201]

---

[198] STRECK, Lenio. *Verdade e consenso:* constituição, hermenêutica e teorias discursivas. 4. ed. São Paulo: Saraiva, 2011. p. 69-60.

[199] Ibid., p. 35-36.

[200] Ibid., p. 36-37.

[201] Ibid., p. 37.

O Constitucionalismo (Contemporâneo – compromissório, principiológico e dirigente) significa uma ruptura com o positivismo jurídico em suas diversas formas, não sendo possível sustentar nenhuma forma de discricionariedade judicial neste momento histórico, por estar ligada ao subjetivismo (sujeito-objeto), avesso ao paradigma intersubjetivo (entre sujeitos, pelo compartilhamento da pré-compreensão/pano de fundo), pelo que é incompatível com o Estado Democrático de Direito.[202] É preciso des-velar o novo – entendido como o Estado Democrático de Direito.[203]

De fato, a consagração da supremacia da Constituição e do controle de constitucionalidade dos atos normativos infraconstitucionais implicou uma verdadeira revolução na Teoria do Direito, sobretudo no campo da interpretação/compreensão. Nas palavras de Konrad Hesse:

> [...] la importancia de la interpretación es fundamental pues, dado el carácter abierto y amplio de la Constitución, los problemas de interpretación surgen con mayor frecuencia que en otros sectores del ordenamiento cuyas normas son más detalladas. Importancia que aumenta, si cabe, en un orden constitucional dotado de una *jurisdicción constitucional* de amplias proporciones, como los es la de la Ley Fundamental.[204]

Nesse sentido, afirma García Enterría, que, faticamente, somente depois dos problemas decorrentes da busca de um controle eficaz de constitucionalidade, em função da supremacia da constituição, é que foram despertados os interesses gerais sobre os diversos problemas atinentes ao conjunto de temas envolvidos na Hermenêutica Constitucional.[205]

Frente aos objetivos do Estado Democrático de Direito e aos problemas ora enfrentados por esse modelo de Estado, as questões que se colocam são: "Como se interpreta esse Estado Democrático de Direito? Como se aplica e se é possível alcançar condições interpretativas capazes de garantir efetividade aos objetivos propostos?".[206]

---

[202] STRECK, Lenio. *Verdade e consenso*: constituição, hermenêutica e teorias discursivas. 4. ed. São Paulo: Saraiva, 2011. p. 65-66.

[203] Por isso, o des-velar do novo (Estado Democrático de Direito, sua principiologia e a conseqüente força normativa e substancial do texto constitucional) pressupõe a desconstrução/destruição da tradição jurídica inautêntica, mergulhada na crise de paradigmas. Ao des-construir, a hermenêutica constrói, possibilitando a manifestar-se de algo (o ente "Constituição" em seu estado de des-coberto). O acontecimento da Constituição será a revelação dessa existência do jurídico (constitucional), que está aí, ainda por des-cobrir. O acontecer será, assim, a des-ocultação do que estava aí velado. STRECK, Lenio Luiz. *Jurisdição constitucional e hermenêutica*: uma nova crítica do direito. 2. ed. Rio de Janeiro: Forense, 2004. p. 224.

[204] HESSE, Konrad. *Escritos de derecho constitucional*. 2. ed. Madrid: Centro Estud. Constitucionales, 1992. p. 34.

[205] ENTERRÍA, Eduardo García. *Hermeneutica y supremacía constitucional*: el principio de la interpretacíon conforme a la constitución de todo el ordenamiento. Revista de Direito Público, n. 77, ano XIX. p. 33, jan/mar. 1986.

[206] STRECK, Lenio Luiz; BOLZAN DE MORAIS, Jose Luiz. *Ciência política & teoria do estado*. 5. ed. Porto Alegre: Livraria do Advogado, 2006. p. 138.

Os questionamentos ora colocados serão respondidos, para os fins deste trabalho, a partir de aportes da hermenêutica filosófica, no contexto da Crítica Hermenêutica do Direito, uma vez não ser possível a compreensão do constitucionalismo/direito sem se buscar entender a estrutura do acontecimento interpretativo/compreensivo. Não se pode descurar o fato de que o Direito é constituído por textos (dispositivos) compostos por palavras ambíguas e polissêmicas que possuem caráter abrangente, sendo que não se consegue esgotar todos os casos em que serão aplicados antes de analisar a situação concreta.

Feito esse apanhado acerca da evolução do constitucionalismo, da afirmação do caráter de supremacia da Constituição, do neoconstitucionalismo e seus efeitos negativos no Brasil, bem como acerca da sua diferenciação em relação ao que se passou denominar Constitucionalismo Contemporâneo, passa-se a examinar os aportes filosóficos da hermenêutica.

2. A Crítica Hermenêutica do Direito no contexto do constitucionalismo contemporâneo

Neste capítulo, em continuação à edificação dos alicerces do trabalho, a análise dedica-se à busca de aportes da hermenêutica filosófica, no intuito de clarear respostas às questões colocadas ao final do capítulo anterior ("Como se interpreta esse Estado Democrático de Direito? Como se aplica e se é possível alcançar condições interpretativas capazes de garantir efetividade aos objetivos propostos?"). À medida que se busca estabelecer uma compreensão autêntica da tributação no Brasil, assim como criticar a forma como ela é utilizada, faz-se necessário entender o fenômeno compreensivo/interpretativo, justamente para identificar as inautenticidades presentes na elaboração e interpretação/compreensão das regras atinentes à tributação.

Primeiramente, aborda-se o chamado fenômeno hermenêutico. De início, fazem-se algumas considerações sobre a origem etimológica e epistemológica da hermenêutica, para depois destacar as contribuições de Heidegger com sua filosofia hermenêutica, notadamente por meio da diferença ontológica e pela estrutura prévia da compreensão, assim como a viragem linguística na hermenêutica filosófica gadameriana, que atribuirá caráter de universalidade para a hermenêutica, efetuando-se o delineamento de marcos conceituais essenciais, como o *horizonte histórico*, o *círculo hermenêutico*, o *caráter dialógico da compreensão*.

Num segundo momento, culmina-se na análise da Crítica Hermenêutica do Direito, na acepção de Streck, enquanto crítica aquilo que Warat denominou *senso comum teórico dos juristas*,[207] e seus reflexos no

---

[207] Trata-se de um conjunto de crenças, valores e justificativas por meio de disciplinas específicas, legitimadas mediante discursos produzidos pelos órgãos institucionais, tais como os parlamentos, os tribunais, as escolas de direito, as associações profissionais e a administração pública. Tal conceito traduz um complexo de saberes acumulados, apresentados pelas práticas jurídicas institucionais, expressando, destarte, um conjunto de representações funcionais provenientes de conhecimentos morais, teológicos, metafísicos, estéticos, políticos, tecnológicos, científicos, epistemológicos, profissionais e familiares, que os juristas aceitam em suas atividades por intermédio da dogmática jurídica. Difusamente, é o conhecimento que se encontra na base de todos os discursos científicos e epistemológicos do direito. Pode ser entendido, ainda, como uma racionalidade subjacente, que opera sobre os discursos de verdade das ciências humanas. Tal racionalidade aparece de vários modos e maneiras e configura a instância de pré-compreensão do conteúdo e os efeitos dos discursos

Direito em razão da incorporação da viragem ontológico-linguística de Heidegger e Gadamer.

2.1. O fenômeno hermenêutico

Neste subitem, dedicado à abordagem do *Fenômeno Hermenêutico*, inicia-se pelas considerações sobre a origem etimológica e epistemológica da hermenêutica, fazendo um breve escorço histórico de seu significado até as revoluções operadas por Heidegger e Gadamer.

2.1.1. Breves considerações sobre a hermenêutica

A filosofia, vista por uma perspectiva unificadora, resume-se na questão da relação entre compreensão e linguagem, isto é, aponta para relação entre hermenêutica e linguagem. Ela trata, de um lado, do problema da verdade dos enunciados, e, de outro, do problema da fundamentação humana a partir de certas normas morais, isto é, busca dar conta da condição do homem enquanto ser racional constituído por uma dupla racionalidade: a que dá conta da verdade ou da falsidade do que o se fala e a que dá conta do fundamento das ações do homem.[208]

No que diz respeito à tradição hermenêutica, a filosofia acompanha o processo das ideias, a evolução conceitual e certa visão evolutiva da cultura, dentro de um contexto que não exige necessariamente conteúdos que lhes garantam o sentido, pois este é garantido pelo próprio processo de conhecimento humano, da história humana.[209]

Desde o surgimento da palavra hermenêutica, no século XVII, entende-se que é a ciência ou a arte da interpretação. Até o final do século XIX, ela assumia a forma de uma doutrina que tinha como finalidade fornecer técnicas/regras de interpretação com o objetivo de prevenir arbitrariedades em termos de interpretação.[210]

A hermenêutica é essencialmente a tarefa de compreender textos, é o estudo da compreensão. Trata-se de um campo que nasceu como esforço para descrever, mais especificamente, os modos de compreen-

---

de verdade do direito, assim como também incide sobre a pré-compreensão que regula a atuação dos produtores e usuários dos discursos do e sobre o direito. WARAT, Luis Alberto. *Introdução geral ao direito I*. Porto Alegre: Fabris, 1994. p. 14-15.
[208] STEIN, Ernildo. *Aproximações sobre hermenêutica*. 2. ed. Porto Alegre: EDIPUCRS, 2004. p. 9-10.
[209] Ibid., p. 53.
[210] GRONDIN, Jean. *Introdução à hermenêutica filosófica*. São Leopoldo: UNISINOS, 1999. p. 23.

são "históricos" e "humanísticos". As raízes da palavra hermenêutica residem no verbo grego *hermeneuein* e no substantivo *hermeneia*, normalmente traduzido como interpretação.[211]

O conceito da hermenêutica foi se difundido para diversos outros campos do conhecimento – surgindo diversas hermenêuticas especiais –, notadamente para a Filologia e a Ciência do Direito, sendo que nestes ramos restou mantida a mesma feição e objetivos clássicos, isto é, disciplina auxiliar para instrumentalizar metodologicamente a interpretação.

Heidegger, que vê a própria filosofia enquanto interpretação, relaciona explicitamente a filosofia ligada à hermenêutica com Hermes, aquele que traz a mensagem dos Deuses; *hermeneuein* é esse descobrir de qualquer coisa que traz uma mensagem, na medida em que o que se mostra pode tornar-se mensagem. Levada até a sua raiz grega mais antiga, a origem das atuais palavras *hermenêutica* e *hermenêutico* sugere o processo de *tornar compreensível*, especialmente enquanto tal processo envolve a linguagem, visto ser a linguagem o meio por excelência no referido processo.[212]

Relativamente à história moderna, tanto na hermenêutica teológica como na jurídica, a palavra (hermenêutica) tem sido percebida como arte ou técnica para dirigir a tensão entre o texto analisado e o seu sentido na aplicação de um caso concreto, tanto em um processo judicial quanto em uma pregação religiosa. Esta tensão, "coloca a hermenêutica diante de vários caminhos, todos ligados, no entanto, às condições de acesso do homem ao conhecimento acerca das coisas".[213]

Foi apenas no início do séc. XIX, com o trabalho de Schleiermacher, que pode ser reconhecido como o pai da hermenêutica moderna,[214] que a

---

[211] A palavra grega *hermeios* referia-se ao sacerdote do oráculo de Delfos. Esta palavra, o verbo *hermeneuein* e o substantivo *hermeneia*, mais comuns, remetem para o deus-mensageiro-alado Hermes, de cujo nome as palavras aparentemente derivaram (ou vice-versa?). E é significativo que Hermes se associe a uma função de transmutação – transformar tudo aquilo que ultrapassa a compreensão humana e algo que essa inteligência consiga compreender. As várias formas da palavra sugerem o processo de trazer uma situação ou uma coisa, da inteligibilidade à compreensão. Os Gregos atribuíram a Hermes a descoberta da linguagem e da escrita – as ferramentas que a compreensão humana utiliza para chegar ao significado das coisas e para o transmitir aos outros. PALMER, Richard E. *Hermenêutica*. Rio de Janeiro: Edições 70, 1989-1997. p. 19 e 23-24.

[212] Como relata Palmer, o processo de tornar compreensível associado a Hermes, enquanto mediador e portador da mensagem, está implícito em três vertentes básicas no uso antigo do significado de *hermeneuein e hermeneia*: "1) exprimir em voz alta, ou seja, «dizer»; 2) explicar, como quando se explica uma situação, e 3) traduzir, como na tradução de uma língua estrangeira". PALMER, Richard E. *Hermenêutica*. Rio de Janeiro: Edições 70, 1989-1997. p. 24-36.

[213] STRECK, Lenio Luiz. Apresentação. TRIBE, Laurence; DORF, Michael. *Hermenêutica constitucional*. Belo Horizonte: Del Rey, 2007. p. XIV.

[214] Segundo Danilo Marcondes, a hermenêutica surgida na Alemanha a partir da inspiração no teólogo e filósofo Schleiermacher, que considera a interpretação como nossa forma de relação originária com o real, tem seu principal representante contemporâneo em Gadamer, a partir da obra

hermenêutica transcendeu os ramos particulares do conhecimento e alcançou um novo sentido, passando a ser uma disciplina que, perguntando pelas condições gerais da compreensão, deveria estabelecer regras que possibilitassem a compreensão objetiva de quaisquer pensamentos expressos através de palavras, e não somente de textos científicos setorizados.[215]

A contribuição central de Schleiermacher foi repensar a hermenêutica como *ciência* ou *arte* da compreensão. Tal concepção de hermenêutica, ao ultrapassar o conceito de hermenêutica como conjunto de regras, implica uma crítica radical do ponto de vista da filosofia, fazendo uma hermenêutica sistematicamente coerente, uma ciência que descreve as condições da compreensão, em qualquer diálogo. O resultado foi o estabelecimento de uma pretensa *hermenêutica geral*, cujos princípios poderiam servir de base a todos os tipos de interpretação de texto, e não uma hermenêutica simplesmente filosófica. Esta concepção marca o começo de uma hermenêutica não disciplinar, de suma importação, pois, como se verá mais adiante, a hermenêutica se define como estudo da sua própria compreensão.[216]

Dilthey, além de biógrafo de Schleiermacher, foi um dos grandes filósofos de século passado, que influenciou sobremaneira a filosofia de Gadamer. Viu na hermenêutica a disciplina central que serviria de base para todas as Ciências Humanas, como as disciplinas centradas na compreensão da arte, comportamento e escrita do homem. Defendia que a interpretação das expressões essenciais da vida humana (seja ela do domínio das leis, da literatura ou das Sagradas Escrituras) implica num ato de compreensão histórica, uma operação fundamentalmente diferente de quantificação, do domínio científico do mundo natural, uma vez que, "neste ato de compreensão histórica, está em causa um conhecimento pessoal do que significa sermos humanos".[217]

Ao distinguir as Ciências Naturais e as Ciências do Espírito, com amparo na divisão explicar/compreender, almejou criar uma disciplina que tivesse por finalidade proporcionar a interpretação objetivamente válida dos objetos de estudo das Humanidades, referidos como expres-

---

Verdade e Método. MARCONDES, Danilo. *Iniciação à história da filosofia:* dos pré-socráticos a Wittgenstein. 13. ed. Rio de Janeiro: Jorge. Zahar, 2010. p. 257.

[215] SCHLEIERMACHER, Friedrich D. E. *Hermenêutica:* a arte e técnica de interpretação. Rio de Janeiro: Vozes, 1999.

[216] PALMER, Richard E. *Hermenêutica.* Rio de Janeiro: Edições 70, 1989-1997. p. 50.

[217] Palmer anota que Dilthey tinha como objetivo apresentar métodos para alcançar uma interpretação "objetivamente válida" das "expressões da vida interior", tendo reagido de forma drástica à tendência dos estudos humanísticos em tomar as normas e os modos de pensar das ciências naturais para aplicar ao estudo do homem. Portanto, sua grande contribuição foi situar a possibilidade de compreensão, ainda que limitada ao âmbito das Humanidades para a interpretação objetiva dos fenômenos vivenciais, imersos no mundo histórico. PALMER, op. cit., p. 50, 105 e 128.

sões da vida, entendida por sua vez como experiência humana conhecida a partir de seu interior, portanto dentro do mundo histórico. Como ressalta Paul Corset:

> Dilthey é um dos primeiros a se interessar, em uma perspectiva, ao mesmo tempo histórica e epistemológica, pelo o status das ciências do espírito.
> [...] no domínio do espírito, o pensamento deve rejeitar do conceito de dado tudo o que é rígido, tudo o que é rígido, tudo o que nos é estranho, a maneira do que é característico das imagens do mundo físico. Aqui todo esse dado é construído e produzido, portanto, histórico. [...] Os métodos da compreensão, condições de possibilidade das ciências do espírito, devem substituir os métodos explicativos, condições de possibilidade das ciências da natureza.[218]

Dilthey tinha como objetivo apresentar métodos para alcançar uma interpretação "objetivamente válida" das "expressões da vida interior", tendo reagido de forma drástica à tendência dos estudos humanísticos em tomar as normas e os modos de pensar das ciências naturais para aplicar ao estudo do homem. Portanto, sua grande contribuição foi situar a possibilidade de compreensão, ainda que limitada ao âmbito das Humanidades para a interpretação objetiva dos fenômenos vivenciais, imersos no mundo histórico.[219]

Dando seguimento à análise evolutiva da hermenêutica, passa a investigar seu sentido em Heidegger. Este, por sua vez, voltou-se para o método fenomenológico de Husserl, sua principal influência, e empreendeu um estudo *fenomenológico* da presença quotidiana do homem no mundo – denominado giro *fenomenológico e/ou ontológico*[220] –, que chamou em *Ser e Tempo* de uma análise da hermenêutica do *Dasein*[221] – que, em um primeiro momento, pode ser considerado o homem. Neste contexto, a hermenêutica não se refere à ciência ou às regras de interpretação textual nem a uma metodologia para as Ciências Humanas, mas

---

[218] CORSET, Paul. Wilhelm Dilthey: Le pacte moderne entre épistémologic et herméneutique. In: GREISCH, Jean (Cur). *Comprendre et interpreter; le paradigme herméneutique de la raison.* Paris: Beauchesne, 1993, p. 129.

[219] PALMER, Richard E. *Hermenêutica.* Lisboa: Edições 70, 1997. p. 105 e 128.

[220] O giro *fenomenológico*, portanto, demonstra que os acontecimentos do mundo não são compreendidos a partir de uma apropriação intelectiva do homem, pela dicotomia sujeito/objeto, mas, invertendo-se a perspectiva, os acontecimentos do mundo são fenômenos que implicam a potencialidade de se revelarem tal como são, independentemente de nosso subjetivismo. A fenomenologia é uma das principais correntes do pensamento do séc. XX, constituindo-se no movimento filosófico inaugurado por Husserl e desenvolvido, especialmente na França e na Alemanha. Embora tenha desenvolvida uma interpretação própria, a fenomenologia de Husserl pertence à tradição da filosofia da consciência e da subjetividade características da modernidade. MARCONDES, Danilo. *Iniciação à história da filosofia: dos pré-socráticos a Wittgenstein.* 13. ed. Rio de Janeiro: Jorge. Zahar, 2010. p. 261.

[221] Segundo Stein, "o sempre primeiro é o ser humano. Heidegger chamará o ser humano de *Dasein*. O *Dasein*, o estar-aí, é um constructo, é uma espécie de elemento teórico com a função sustentar aquilo que Heidegger quer corrigir na fenomenologia". STEIN, Ernildo. *Diferença e metafísica*: ensaios sobre a desconstrução. 2. ed. Ijuí: UNIJUÍ, 2008. p. 15 e 65.

antes a explicação fenomenológica da própria existência humana, tendo sua análise indicado que a compreensão e a interpretação são modos fundantes da existência humana.[222]

O filósofo da floresta negra será o responsável por um segundo deslocamento da hermenêutica, pelo qual associará a ela uma perspectiva fundamental, que diz respeito às condições prévias não só da interpretação de textos, mas de todo pensamento e atividade humana.[223]

Na concepção heideggeriana, a hermenêutica corresponde à possibilidade de o *ser* de um *ente* manifestar-se como fenômeno – razão pela qual Heidegger inaugura uma nova concepção fenomenológica, desta vez, adjetivada de *hermenêutica*. Explica Streck que, em Heidegger, hermenêutica é levar o *ser* do *ente* a se manifestar como fenômeno, sendo a ontologia (fundamental) a interrogação explícita e teórica pelo sentido do *ser*, por isso, compreender não é um modo de conhecer, é um modo de ser.[224] Assim, a hermenêutica passa a ter o significado de fenomenologia da existência, isto é: a análise das possibilidades que o *ser* tem de existir e de se manifestar através dos fenômenos que se dão no horizonte do tempo. Por isso, em Heidegger, a compreensão deixa de ser uma propriedade para se tornar um modo de existência.

Já a hermenêutica filosófica é de uma data mais recente e designa a posição filosófica de Gadamer, principalmente em *Verdade e Método*, a partir dos fundamentos de Heidegger em *Ser e Tempo*, que vieram a ancorar a hermenêutica no terreno da faticidade humana, ou seja, abrindo-se para a faticidade histórica da vida. Compreender, em Heidegger, é um *existencial*; em Gadamer, um *acontecer*.

Gadamer investigará o fenômeno da compreensão tendo como finalidade explicar o que ocorre na operação humana fundamental do compreender, no sentido empregado à expressão giro hermenêutico.[225] Ao opor verdade a método, demonstra que a possibilidade de revelação da *verdade* depende sempre da *situação hermenêutica* (ou do *horizonte histórico*) em que se encontra o sujeito que se põe a compreender, depende sempre de um constante diálogo com a tradição que se faz presente na plêiade de pré-compreensões que formam a compreensão individual. Isso já deixa claro que referido filósofo critica a pretensão utópica da busca de razões metodológicas para a justificação do saber, que supostamente levariam a

---

[222] PALMER, Richard E. *Hermenêutica*. Lisboa: Edições 70, 1997. p. 51 e 129.

[223] SILVA FILHO, José Carlos Moreira da. *Hermenêutica filosófica e direito:* o exemplo privilegiado da boa-fé objetiva no direito contratual. Rio de Janeiro: Lumen Juris, 2003. p. 49-50.

[224] STRECK, Lenio Luiz. *Jurisdição constitucional e hermenêutica:* uma nova crítica do direito. 2. ed. Rio de Janeiro: Forense 2004. p. 206-207.

[225] ORTIZ-OSÉS, Andrés. *La nueva filosofía hermenêutica:* hacia uma razón axiológica posmoderna. Barcelona: Anthropos, 1986. p. 49.

uma verdade objetiva, estática e imanente aos fenômenos interpretados. Em suas palavras:

> O que nos apresenta não é uma diferença dos métodos, uma diferença dos objetivos do conhecimento. A questão colocada aqui quer descobrir e tornar consciente algo que permanece encoberto e desconhecido por aquela disputa sobre os métodos, algo que, antes de traçar limites e restringir a ciência moderna, precede-a e em parte tona-a possível.[226]

Nesse sentido, Richard Palmer aduz que "o método não é o caminho para a verdade. Pelo contrário, a verdade zomba do homem metódico. A compreensão não se concebe como um processo subjectivo do homem face a um objecto mas sim como o modo do homem de ser do próprio homem". Gadamer, portanto, não está preocupado diretamente com os problemas decorrentes da formulação de princípios interpretativos corretos, mas em esclarecer o fenômeno da compreensão.[227]

A viragem hermenêutica provocada por Heidegger e Gadamer é de fundamental importância para qualquer interpretação que se pretenda autêntica, notadamente pela hermenêutica jurídica, para que se rompa com as concepções metafísicas, que, nas palavras de Ernildo Stein, trata-se de "filosofias que produzem seus problemas mediante uma apressada objetivação da linguagem e da equívoca interpretação das verdadeiras questões filosóficas".[228]

Feitas as considerações iniciais sobre a hermenêutica, a abordagem se dirige à filosofia hermenêutica de Heidegger, pensada para superar o paradigma que acabou por atribuir ao sujeito (assujeitador) da modernidade a responsabilidade pela constituição de sentido, desprezando a historicidade.

2.1.2. A filosofia hermenêutica de Heidegger

A hermenêutica avança de forma duradoura para o centro da reflexão filosófica, com Heidegger, a partir de seus ensinamentos sobre a Hermenêutica da Faticidade. A partir de uma crítica radical à tradição filosófica da metafísica ocidental que se origina em Platão, procurou dar um novo rumo, um novo sentido à filosofia, que fosse também a busca de algo mais originário, mais fundamental, que foi a retomada da

---

[226] GADAMER, Hans Georg. *Verdade e método:* traços fundamentais de uma hermenêutica filosófica. 2 ed. Petrópolis: Vozes, 1998. p. 15.
[227] PALMER, Richard E. *Hermenêutica*. Lisboa: Edições 70, 1997. p. 168.
[228] STEIN, Ernildo. *Diferença e metafísica:* ensaios sobre a desconstrução. 2. ed. Ijuí: UNIJUÍ, 2008. p. 25.

ontologia, consubstanciada na superação do esquecimento do *ser*, que teria se produzido nessa tradição.[229]

Contra a tendência dominante, Heidegger objetivou *trazer à luz o ser*, pesquisar o sentido do *ser* enquanto *desvelamento*, manifestação. É necessária uma análise ontológica e hermenêutica (interpretativa, de compreensão de sentido) que revela "o ente que nós somos", o *ser-aí*, o *Dasein*. Para Heidegger, o homem é o único ente que busca o *ser*. "Em sua terminologia, *Dasein* deve substituir 'sujeito', ou 'eu', devido ao sentido que estes termos adquiriram na filosofia da consciência e da subjetividade do período moderno".[230]

Dentro desse contexto, ele inaugura duas questões centrais na filosofia: a diferença ontológica e a estrutura prévia da compreensão, que são os teoremas que sustentam sua teoria da realidade e do conhecimento (ou a teoria da fundamentação do conhecimento). Passa-se, assim, a analisar a diferença ontológica entre *ser* e *ente*.

2.1.2.1. A diferença ontológica entre ser e ente

Tradicionalmente, a ontologia é vista como a doutrina do *ser*, uma teoria que estabelece como o mundo é, coincidindo com a ontologia antiga (metafísica), referindo-se a uma determinada realidade que se apresenta como definitiva. Na filosofia hermenêutica, por outro lado, a ontologia é vista como a diferenciação entre *ser* e *ente*.

A diferenciação ontológica é o ponto de partida para superar a metafísica, que por não pensar a diferenciação entificou o *ser* e criou um embaraço para pensar as condições de conhecimento do *ente*, para pensar o *ser*. Por isso, Stein aduz que "o tema principal da Filosofia não é mais simplesmente o *ser* como objetivo principal, mas a compreensão do *ser*, o que implica também uma compreensão do *Dasein*".[231]

---

[229] Apesar de a tradição ter esquecido o ser dos entes, todo ente está presente no ser. Disso decorre que "os entes são bimórficos", posto que, de um lado, caracterizam-se pelo mostrar-se, pelo aparecer, pela manifestação, mas, de outro, podem se distinguir pelo dissimular, pelo desaparecer, sendo ausentes, errantes. "Os entes estão, portanto, sempre no ser (verdade) e no não-ser (não-verdade), a dissimulação, a ausência". MARCONDES, Danilo. *Iniciação à história da filosofia*: dos pré-socráticos a Wittgenstein. 13. ed. Rio de Janeiro: Jorge. Zahar, 2010. p. 270.

[230] Ibid., p. 271.

[231] STEIN, Ernildo. *Diferença e metafísica*: ensaios sobre a desconstrução. 2. ed. Ijuí: UNIJUÍ, 2008. p. 15 e 65. Na obra *Ser e tempo* traduzida por Marcia Sá Cavalcante Schuback, ela optou por traduzir *Dasein* por *presença*. Para ela, a compreensão da vida fática do homem foi o que Heidegger chamou de *Dasein*; trata-se de um termo decisivo em *Ser e tempo* por indicar uma condição existencial de possibilidade de um pensamento que não se define e nem se esgota com a racionalidade categorial dos conceitos; é indicação de experiência; possui como dimensão fundamental a temporalidade do acontecer, isto é, como tensão do durante. Ela escolheu traduzir *Dasein* por *presença*, porque este

A intenção básica de Heidegger é tematizar, além de toda a pesquisa do *ente*, a questão do sentido do *ser*, como sentido fundante de todos os sentidos regionais. A partir dessa perspectiva, ele vai dizer que o tema central da ontologia é a diferença ontológica, porque sua preocupação primeira é a *tematização do sentido do ser*, que passa, necessariamente, por uma análise do homem, enquanto *ente* cujo *ser* consiste em compreender ser. Somente há mundo e verdade, porque o homem é *Dasein*, é presença, revelação, é o desvelamento do *ser*.[232]

Ao elaborar sua analítica existencial como ontologia fundamental, Heidegger identificada a palavra ontologia com a fenomenologia, que também é utilizada para descrever o fenômeno do *ser*. A fenomenologia se liga tanto à compreensão quanto à questão do *ser*. A ontologia, nesse sentido, se refere ao contexto da compreensão do *ser* de que trata a fenomenologia, cuja questão ontológica é prévia, antecipadora, haja vista que a compreensão do *ser* é algo com que o homem já sabe quando conhece os *entes*.[233]

A analítica existencial é o caminho para a interpretação do sentido do *ser*, pois a característica ôntica do *Dasein* consiste no fato de ser ontológico, ou seja, de ser fundamentalmente compreensão do *ser*. O ser do *Dasein* é fundamentalmente existência, isto é, compreensão prévia do sentido do *ser*, presença do *ser*. A faticidade originária do *ser* consiste no fato de o *Dasein* estar lançado no *ser*. O homem não é simplesmente, mas só enquanto *ser-no-mundo*, o que significa que ele já desde sempre se encontra situado num *mundo determinado como hermenêutico*, numa maneira determinada de ordenar a totalidade dos *entes*.[234]

Como teoria da compreensão, a hermenêutica é uma teoria da revelação ontológica, sendo importante observar que sua análise une a hermenêutica à ontologia existencial e à fenomenologia, apontando para um fundamento da hermenêutica que não se baseia na subjetividade, mas na facticidade do mundo e na historicidade da compreensão.[235]

A fenomenologia (união de *fenômeno* e *logos*) significa uma maneira de deixar as coisas se manifestarem, "sem que essa manifestação seja ocultada com conceitos e juízos previamente fixados e impostos no

---

termo está morfológica e etimologicamente próximo do sentido dado por Heidegger em *Ser e tempo*. SCHUBACK, Márcia Sá Cavalcante. A perplexidade da presença. HEIDEGGER, Martin. *Ser e tempo*. 7. ed. Petrópolis: Vozes, 2012. p. 15-32.

[232] OLIVEIRA, Manfredo Araújo de. *Reviravolta lingüístico-pragmática na filosofia contemporânea*. São Paulo: Loyola, 1996. p. 208-209.

[233] STRECK, Lenio Luiz. *O que é isto – decido conforme minha consciência?*. 2. ed., rev. e ampl. Porto Alegre: Liv. do Advogado, 2010. p. 15.

[234] OLIVEIRA, Manfredo Araújo de. *Reviravolta lingüístico-pragmática na filosofia contemporânea*. São Paulo: Loyola, 1996. p. 209-210.

[235] PALMER, Richard E. *Hermenêutica*. Rio de Janeiro: Edições 70, 1989-1997. p. 141.

momento em que se busca desvelar o ente". Neste sentido, Silva Filho afirma que, o plano heideggeriano de investigação do sentido do *ser* deve iniciar por uma análise do *ser-aí (Dasein)*, ou seja, "deve partir da situação de compreensão na qual se encontra o sujeito, pois é a partir dela que o ser de todos os entes poderá ser revelado".[236]

O *Dasein* se caracteriza como um *ente* que atua a partir de uma certa compreensão do seu próprio *ser*, uma compreensão que se modifica ao longo da experiência histórica, revelando-se como uma interpretação fundada no momento mais radical, o da abertura para o mundo, o da compreensão primeira, a partir da qual se desenvolve a ação humana.[237] Partindo disso, a filosofia hermenêutica distingue *ser* e *ente*, tratando do *ser* enquanto compreensão do *ser* e do *ente* enquanto compreensão do *ser* de um outro modo de *ser*. A ontologia trata do *ser* ligado ao operar fundamental do *Dasein*, que é o compreender do *ser*, diferentemente da ontologia clássica, que tratava do *ser* e do *ente* ao mesmo tempo.[238]

Para que não ocorra confusão entre o *ser* e algum *ente*, o *ente* precisa ser pensado a partir da compreensão do *ser*. A partir do horizonte do *ser* se abre o espaço de acesso aos *entes*. Assim o homem é *Dasein*, expressão que fundamenta primeiro a transcedentalidade, e, posteriormente, o acontecer da história do *ser*. Na relação entre *ser* e *ente* se estabelece o que aparece como o núcleo da fenomenologia de Heidegger, na qual se decide a possibilidade do surgimento do significado e sua relação como objeto. "A revelação, a compreensão do *ser* que distingue *ser* de ente sustenta todas as nossas expressões linguísticas e, portanto, todo nosso conhecimento, isto é, todo vir ao encontro dos entes".[239]

Examinar a diferença entre *ser* e *ente*, portanto, é fundamental para compreender Heidegger. Para ele, o *ser* dos *entes* não é em si mesmo um outro *ente*; chama-se de *ente* muitas coisas e em sentidos diversos. "Ente é tudo de que falamos, tudo que entendemos, com que nos comportamos dessa ou daquela maneira; ente também é o que e como nós mesmos somos". *Ser* está naquilo que é e como é, na realidade, no ser simplesmente dado no teor e recurso, no valor e validade, na presença, no há.[240] Como o próprio Heidegger explica:

> O ser dos entes não é em si mesmo um outro ente. [...] Chamamos de "ente" muitas coisas e em sentidos diversos. Ente é tudo de que falamos, tudo que entendemos, com que

---

[236] SILVA FILHO, José Carlos Moreira da. *Hermenêutica filosófica e direito:* o exemplo privilegiado da boa-fé objetiva no direito contratual. Rio de Janeiro: Lumen Juris, 2003. p. 57.

[237] Ibid., loc. cit.

[238] STEIN, Ernildo. *Diferença e metafísica:* ensaios sobre a desconstrução. 2. ed. Ijuí: UNIJUÍ, 2008. p. 15.

[239] STEIN, Ernildo. *Aproximações sobre hermenêutica.* 2. ed. Porto Alegre: EDIPUCRS, 2004. p. 77.

[240] Id. *Diferença e metafísica:* ensaios sobre a desconstrução. 2. ed. Ijuí: UNIJUÍ, 2008. p. 42.

nos comportamos dessa ou daquela maneira, ente é também o que e como nós mesmos somos. Ser está naquilo que é e como é, na realidade, no ser simplesmente dado no teor e recurso, no valor e validade, na presença, no há.[241]

A diferença, assim, é extrema entre todo *ente* e o *ser*. Todos os *entes* levam à diferença. O *ser* não é nada de *ente*, só o *ente* é; não se pode dizer que o *ser* é. O giz, a mesa, o anfiteatro do curso, a montanha, o rio, o pássaro, o anjo, Deus, etc., todos estes *entes* contribuirão para levar a pensar que, se eles são, seu *ser* não é do modo como eles são. O *ser* do giz não é como o próprio giz.[242]

Relativamente ao direito, o *ente* corresponderia ao próprio *texto*, enquanto o *ser* corresponderia à *norma*, ou seja, a *norma* é fruto da interpretação do *texto*, é pela *norma* que surge o sentido do *texto*, de modo que o *ser* é o sentido que se manifesta de um *ente*. "Sem texto não há norma, para usar a linguagem da hermenêutica de cariz filosófico. Afinal, e a lição vem de Hans-Georg Gadamer, *quem quer compreender um texto, deve deixar, primeiro, que o texto lhe diga algo*".[243]

No que diz respeito à importância da hermenêutica para a devida compreensão entre a diferença texto/norma, cabe referir que ela "começou a colocar a questão do ler entre as linhas, a descobrir atrás do texto, o texto não escrito, na medida em que mais que a verdade do texto, no texto está o sentido que envolve, abrange e carrega a verdade do texto, através dos processos históricos e culturais".[244]

A metafísica, ao não pensar a diferença entre *ser* e *ente*, da forma como trabalhada por Heidegger, acabou *entificando* o *ser* e criando um radical embaraço para pensar as condições de conhecimento do *ente* e para pensar o *ser*. Consequentemente, "não entificar o ser, identificando-o como ente ou um ente, significa para Heidegger superar a metafísica", o que reflete numa inevitável confusão entre texto e norma/sentido do texto.[245]

A superação da metafísica pensada por Heidegger é a superação dessa entificação, pela qual leva o ser humano a um novo começo, qual seja, a destruição,[246] ou melhor – como diz Stein – à desconstrução. A

---

[241] HEIDEGGER, Martin. *Ser e Tempo*. Parte I. Petrópolis: Vozes, 1995. p. 32.
[242] DUBOIS, Christian. *Heidegger*: introdução a uma leitura. Rio de Janeiro: Jorge Zahar, 2004. p. 86.
[243] STRECK, Lenio Luiz. Apresentação. TRIBE, Laurence; DORF, Michael. *Hermenêutica constitucional*. Belo Horizonte: Del Rey, 2007. p. XX.
[244] STEIN, Ernildo. *Aproximações sobre hermenêutica*. 2. ed. Porto Alegre: EDIPUCRS, 2004. p. 55.
[245] Id. *Diferença e metafísica*: ensaios sobre a desconstrução. 2. ed. Ijuí: UNIJUÍ, 2008. p. 77.
[246] É preciso ressaltar que *destruição*, para Heidegger, é uma tarefa necessária para que a questão do ser adquira a transparência de sua própria história, abalando a rigidez e o enrijecimento de uma tradição petrificada, removendo-se os entulhos acumulados pela antiga ontologia. Mas a *destruição* não tem o sentido *negativo* de arrasar a tradição ontológica; pelo contrário, deve definir e circunscrever a tradição em sua possibilidades positivas, ou seja, em seus limites, sem se propor a sepultar

desconstrução dá ao ser humano um novo começo que desde sempre o acompanha enquanto compreende o *ser* e como o acontecer da história do *ser* o situa na historialidade, na finitude. Portanto, é preciso ficar claro que "a superação da metafísica não é o fim da metafísica".[247] Heidegger não deixe de ser metafísico, mas sim, deixa de ser metafísico no sentido de entificação do *ser*, de compreensão do *ser* como objeto. Ele observa que a objetificação do *ser* encobriu o problema fundamental da metafísica.[248]

O primeiro passo da analítica existencial consiste em definir a essência do homem como existência, como poder-ser, que será encontrado na noção de *ser-no-mundo*. O *ser* do homem consiste em estar referido a possibilidades. Como existir concretamente em mundo de coisas e de outras pessoas. O *mundo* não é de modo algum uma determinação do *ente* posto ao estar-aí, mas, ao contrário, é uma característica do próprio estar-aí, o que significa, nas palavras de Vattimo, que "o *mundo* é um existencial". O existencial, que é o modo de *ser* do *Dasein*, é com efeito a compreensão. O *Dasein* está no mundo como *compreensão*.[249]

Ser no mundo, para o *Dasein*, equivale a ter originariamente intimidade com certa totalidade de significados. O mundo não lhe é dado primariamente como um conjunto de objetos com os quais, em um segundo momento, se relacionaria, ao atribuir-lhe os seus significados e funções. As coisas já se apresentam para ele dotadas de uma função, de um significado, podendo se manifestar a ele como coisas, enquanto se inserem numa totalidade de significados de que já dispõe. "Põe-se a claro a estrutura peculiarmente circular da compreensão, que constitui um dos núcleos teóricos mais relevantes de todo o *Seind und Zeit*".[250]

A diferença ontológica só é possível dentro do contexto do círculo hermenêutico, pois ambos se relacionam em um mesmo movimento, e são a chave do pensamento filosófico de Heidegger e dos filósofos que o seguiram, em especial para compreender a viragem hermenêutica produzida por Gadamer.[251] Portanto, quando assume o círculo hermenêutico como o modo de *ser* do *Dasein*, Heidegger rompe com a dicotomia sujeito/objeto, e com a noção de conhecimento enquanto representação do real. A partir disso, torna-se impossível uma total objetivação dos

---

o passado em um nada negativo, tendo uma intenção positiva. HEIDEGGER, Martin. *Ser e tempo*. 7. ed. Petrópolis: Vozes, 2012. p. 60-61.

[247] STEIN, op. cit., p. 17 e 89.

[248] Id. *Diferença e metafísica*: ensaios sobre a desconstrução. 2. ed. Ijuí: UNIJUÍ, 2008. p. 63-64.

[249] VATTIMO, Gianni. *Introdução à Heidegger*. Lisboa: Instituto Piaget, 1998. p. 26-27 e 33.

[250] Ibid., p. 33-34.

[251] STRECK, Lenio Luiz. *O que é isto – decido conforme minha consciência?*. 2. ed., rev. e ampl. Porto Alegre: Liv. do Advogado, 2010. p. 77.

entes, haja vista que qualquer proposição pressupõe uma estrutura prévia.[252]

Feitas os apontamentos entendidos essenciais em relação à diferença ontológica, analisa-se, dentro da circularidade hermenêutica (articulação recíproca entre compreensão do *Dasein* e compreensão do *ser*), a estrutura prévia da compreensão, que substitui o modelo moderno de fundamentação do conhecimento da relação sujeito-objeto.

2.1.2.2. A estrutura prévia da compreensão

Heidegger – e depois Gadamer – propõe chegar ao verdadeiramente filosófico pelo exame dos elementos antecipatórios dos enunciados, permitindo vir à tona as possibilidade prévias de qualquer teoria do conhecimento, apontando para uma pré-compreensão que acompanha e antecipa o esforço de conhecimento do ser humano, a qual se manifesta na explicitação do seu modo de compreender o que é no mundo prático, compreendendo-se em seu modo-de-ser-aí e como é, para compreender o *ser* sem o qual não tem acesso a nada, a nenhum *ente*. Nesse sentido, afirma Stein que: "Heidegger fala de um acontecer sempre presente em nosso discurso que, ao mesmo tempo em que possibilitava o enunciado, nele se escondia como uma dimensão que o acompanhava de modo não explícito".[253]

Inicialmente, em sua compreensão prévia, o homem está numa relação de disponibilidade com as coisas, o que significa que os *entes* adquirem um sentido a partir da utilidade prática que eles possuem no cotidiano em que cada pessoa está inserida. Esta utilidade vem determinada culturalmente pela realidade social na qual o sujeito cresce. Antes de o homem poder ter consciência das características que os *entes* possuem e que os tornam úteis, já conhece esta utilidade a partir de um sentido que aquele *ente* já possui em sua circunvisão.[254]

Por isso, pode-se falar que a compreensão – que faz parte do modo de *ser-no-mundo* – antecipa qualquer tipo de explicação decorrente de critérios lógico-semânticos, que não no sentido temporal. O homem não saberia entender o que é uma casa, uma montanha, etc., caso não possuísse desde sempre uma forma de compreender o modo dele de *ser* no mundo, motivo pelo qual se fala que há uma compreensão antecipatória

---

[252] SILVA FILHO, José Carlos Moreira da. *Hermenêutica filosófica e direito:* o exemplo privilegiado da boa-fé objetiva no direito contratual. Rio de Janeiro: Lumen Juris, 2003. p. 64-65.
[253] STEIN, Ernildo. Nas raízes da controvérsia II. In: STRECK, Lenio. Verdade e Consenso: constituição, hermenêutica e teorias discursivas. 4. ed. São Paulo: Saraiva, 2011. p. 23.
[254] SILVA FILHO, op. cit., p. 62.

de qualquer tipo de explicação.[255] Heidegger "demonstrou que o *Dasein* se manifesta existencialmente como *ser-com-os-outros*, que está sempre engajado em um projeto de mundo compartilhado".[256]

O ser humano sempre aparece dentro de uma determinada cultura, dentro de uma determinada história, dentro de um determinado contexto. Não há uma proximidade com os objetos senão pelo caminho da linguagem, uma vez que já sempre se colocou entre a linguagem com que o homem se encaminha para os objetos e os objetos, todo o mundo da cultura, todo o mundo da história. Por isso, o "nosso acesso aos objetos é sempre um acesso indireto", pois se dá pela via do significado.[257]

Heidegger faz uso da concepção chamada pré-estrutura da compreensão, pela qual "a compreensão humana se orienta a partir de uma pré-compreensão que emerge da eventual situação existencial e que demarca o enquadramento temático e o limite de validade de cada tentativa de interpretação". A pré-estrutura significa que o *Dasein* caracteriza-se por uma interpretação que lhe é inerente e que se encontra *antes* de qualquer enunciado ou locução. É nesse sentido que se diz que a hermenêutica da faticidade de Heidegger "quer basicamente ser uma hermenêutica daquilo tudo que trabalha por detrás da elocução".[258]

Assim, a compreensão é ontologicamente fundamental e anterior a qualquer ato de existência. Sua essência não está na simples captação de situação de cada um, mas na revelação das potencialidades concretas do *ser*, no horizonte da situação que cada um ocupa no mundo. É para esse aspecto da compreensão que Heidegger utiliza o termo existencialidade.[259] Dessa forma, o *Dasein*, pela compreensão, inaugura uma singularidade que se dá pela compreensão, uma circularidade hermenêutica, na qual o *ser* não funda o *ente* e nem qualquer *ente* funda o *ser*. A relação entre *ser* e *ente* se dá porque há o *Dasein*, porque há compreensão.[260]

A vida do homem é tecida por tais "habilidades": ele entende sobre como tratar as pessoas, como cuidar das coisas, como passar o tempo, etc., sem possuir um saber especial sobre tais assuntos. Essa compreensão (ou maneira de entender), que pode ser chamada de prática, é concebida por Heidegger como "existencial", isto é, com "modo de ser" ou "modo básico", por força do qual o homem consegue e procura se

---

[255] STEIN, Ernildo. *Aproximações sobre hermenêutica*. 2. ed. Porto Alegre: EDIPUCRS, 2004. 49.

[256] STRECK, Lenio Luiz. *O que é isto – decido conforme minha consciência?*. 2. ed., rev. e ampl. Porto Alegre: Liv. do Advogado, 2010. p. 38.

[257] STEIN, op. cit., p. 18-20.

[258] GRONDIN, Jean. *Introdução à hermenêutica filosófica*. São Leopoldo: UNISINOS, 1999. p. 159-160.

[259] PALMER, Richard E. *Hermenêutica*. Rio de Janeiro: Edições 70, 1989-1997. p. 136.

[260] STEIN, Ernildo. *Diferença e metafísica*: ensaios sobre a desconstrução. 2. ed. Ijuí: UNIJUÍ, 2008. p. 116.

situar neste mundo. Ele constata que esse entendimento cotidiano quase sempre permanece inexpresso, pelo fato de que se vive de maneira tão intensa nele e dele, que não necessita estar expresso. Entretanto, todas as coisas e acontecimentos com os quais o homem lida em seu mundo vital são pré-interpretadas a partir dessa compreensão anterior, como objetos para as diversas utilidades.[261]

Esse "não-estar-expresso" é explicado pelo filósofo pela diferença entre o "como hermenêutico" e o "como apofântico", que constitui o método fenomenológico. O "como hermenêutico" realiza uma pré-compreensão interpretante elementar das coisas do meio, ao nível do *ser-aí*; o "como apofântico" é a expressão dos fenômenos, que se exprime em enunciados ou locuções.[262]

Para hermenêutica tradicional, a interpretação funcionava como meio para a compreensão, sendo função da interpretação a de encontrar os meios para a compreensão. De forma contracorrente à tradição, Heidegger inverte essa relação, pois para ele, o primário será a compreensão, e a interpretação consistirá exclusivamente na elaboração da compreensão. Portanto, a interpretação ocorre após a primeira compreensão com o objetivo de completar a busca e liberação de visão, que a marca a compreensão. Por isso Jean Grondin afirma que "a primeiríssima tarefa de qualquer interpretação sincera deve ser a de trazer à consciência a própria pré-estrutura da compreensão".[263]

A vantagem da inversão da relação provocada por Heidegger é o retorno reflexivo à própria pré-estrutura, tornando primariamente possível controlar parcialmente a interpretação de fundo, a fim de que a diversidade das coisas a serem desvendadas possa, em face da pré-estrutura, vir à tona. Esse esforço crítico por autocompreensão mostra a recepção do círculo hermenêutico entre a interpretação e a compreensão por parte do filósofo.[264]

O homem enquanto existência, na facticidade, é antes de tudo *ser* do projeto, *ser* da possibilidade; compreendendo seu próprio *ser*, o homem compreende suas possibilidades. No *Dasein*, o que está em jogo, em última análise, é seu próprio *ser*. Aqui está o lugar da linguagem para Heidegger: "linguagem só pode ser adequadamente pensada a partir da temporalização do tempo enquanto evento de revelação". A compreensão heideggeriana do tempo é medida pela analítica existencial,

---

[261] GRONDIN, Jean. *Introdução à hermenêutica filosófica*. São Leopoldo: UNISINOS, 1999. p. 160-161.
[262] Ibid., p. 161.
[263] Ibid., p. 164-165.
[264] GRONDIN, Jean. *Introdução à hermenêutica filosófica*. São Leopoldo: UNISINOS, 1999. p. 166.

portanto, o tempo se dá desde o fazer prático do homem no mundo, ou seja, com os utensílios, com os outros entes.[265]

A pré-compreensão se concretiza, de fato, numa linguagem, num mundo de palavras e de regras gramaticais e sintáticas. O projeto dentro do qual as cosias adquirem *ser* é um fato linguístico. Onde não há linguagem, não há abertura do *ente*; ao nomear o *ente* pela primeira vez, a linguagem o faz chegar (o *ente*) à palavra e à aparição. Em virtude de a abertura do mundo se dar na linguagem, é nela que se verifica toda a verdadeira inovação ontológica, toda a mudança do *ser*, o que significa a linguagem (criação, abertura, inovação ontológica) no seu sentido essencial.[266]

O que Heidegger pretende, sem negar o valor do caráter instrumental da linguagem, é fazer o que Manfredo Oliveira chama de dar um "passo para trás", a fim de pensar a relação originária do homem com a linguagem que, para ele, é uma descida aos seus "fundamentos", pois é essa relação originária que é sempre pressuposta a toda a ciência. A reflexão de Heidegger, portanto, faz-se no sentido de mostrar que a linguagem marca o homem, o determina, assim como é por ela que se dá a revelação dos *entes* ao homem, o que só é possível porque a linguagem é o evento de desvelamento do sentido do *ser*. Portanto, visa a demonstrar, em relação à linguagem, que o originário não é que o homem fala uma linguagem e dela se utiliza para poder manipular o real.[267]

Heidegger visualiza que "as palavras e a linguagem não são envólucros com que se embrulham as coisas para o comércio daqueles que escrevem e falem. É pelas palavras e pela linguagem que as coisas ganham *ser* e existem". Neste sentido a afirmação muito comum de Heidegger de que a *linguagem é a casa do ser*. Assim, a significação não é algo que o homem dê a um objeto; é aquilo que um objeto dá ao homem, fornecendo-lhe a possibilidade ontológica das palavras e linguagem. A compreensão tem que ser vista inserida neste contexto, sendo a interpretação simplesmente o tornar explícita a compreensão.[268]

Como diz Manfredo Oliveira, "aprendemos a nos conhecer, a conhecer os homens e o mundo na medida em que aprendemos a falar. Aprender a falar é, portanto, ter o acesso originário ao mundo enquanto tal". Se a linguagem é a casa do *ser*, então é a morada do homem, pelo fato de o homem ser *ser-no-mundo*, posto que a compreensão do mundo do homem é sempre linguisticamente interpretada. "Enquanto lugar

---

[265] OLIVEIRA, Manfredo Araújo de. *Reviravolta lingüístico-pragmática na filosofia contemporânea*. São Paulo: Loyola, 1996. p. 210-211.
[266] VATTIMO, Gianni. *Introdução à Heidegger*. Lisboa: Instituto Piaget, 1998. p. 131.
[267] OLIVEIRA, op. cit., p. 205-206.
[268] PALMER, Richard E. *Hermenêutica*. Rio de Janeiro: Edições 70, 1989-1997. p. 139.

do evento do ser, a linguagem é aquele acontecimento originariamente único, no qual o mundo se abre para nós". Dessa forma, o homem é originalmente diálogo, linguagem: diálogo como *ser*, com o sentido originário que historicamente interpela o homem; *ser* homem é, assim, acolher o chamado com o historicamente incondicionado e inevitável do *ser*, portanto, não é objeto de uma conquista do homem; antes, é o *ser* que possibilita as conquistas do homem, o conceituar e o dominar o mundo das coisas.[269]

Vistos os principais fundamentos de Heidegger relativamente aos seus dois teoremas fundamentais (diferença ontológica e estrutura prévia da compreensão), aborda-se alguns dos fundamentos gadamerianos da hermenêutica filosófica, que também colaboram para a Crítica Hermenêutica do Direito (Streck).

2.1.3. A hermenêutica filosófica de Gadamer

Gadamer desenvolve sua teoria sobre hermenêutica a partir da crítica às denominadas tradicionais consciências estética e histórica. Entende ser equivocada qualquer intenção de considerar a obra de arte, uma realidade não associada ao observador, atingível em sua verdade estética pelo procedimento metódico; que a obra de arte não pode ser vista de forma isolada, uma vez que há uma rede de compreensão compartilhada entre seu horizonte de sentido e do observador.[270]

Critica a compreensão usual entre os historiadores, que partem do pressuposto de que haveria possibilidade de se chegar a um conhecimento puro, objetivamente válido da História. Palmer verifica de forma clara a discordância de Gadamer a tal entendimento, por entender que a compreensão possível somente pode se situar na própria História, e não fora dela, ou seja, a partir de um ponto de vista exterior.[271]

Será a partir das críticas acima apontadas, às consciências histórica e estética até então prevalentes, que ele seguirá seu objetivo, tendo como caminho um constante diálogo com a modernidade, efetuando, em *Verdade e Método*, uma crítica fundamental ao método, revelada na preocupação com a cientificidade das ciências do espírito. Sua tese é de que o caráter científico das ciências do espírito se pode "antes compreender

---

[269] OLIVEIRA, Manfredo Araújo de. *Reviravolta lingüístico-pragmática na filosofia contemporânea*. São Paulo: Loyola, 1996. p. 216 e 220-221.

[270] GADAMER, Hans Georg. *Verdade e método:* traços fundamentais de uma hermenêutica filosófica. 2 ed. Petrópolis: Vozes, 1998. p. 195.

[271] PALMER, Richard E. *Hermenêutica*. Rio de Janeiro: Edições 70, 1989-1997. p. 180.

com base na tradição do conceito de formação cultural, do que a partir da ideia da ciência moderna".[272]

Interessante apontamento feito por Grondin, de que ao perguntar para Gadamer em que consistiria o aspecto universal da hermenêutica, ele teria respondido *"no verbum interius"*, ou seja, na linguagem interior, pelo fato de que não se pode dizer tudo, nem expressar tudo o que está na alma. Assim, Grondin afirma ter entendido que "a fala pronunciada sempre fica aquém da palavra interior a ser expressada e de que só se pode entender o que foi falado, quando se recupera a linguagem interior, a espreitar atrás dela".[273] "Isto é Hermenêutica: tudo aquilo que fica de não dito quando se diz algo".[274]

Feitas as considerações iniciais sobre a hermenêutica filosófica, passa-se a trabalhar alguns dos conceitos chaves que compõem a estrutura da compreensão gadameriana, como o *horizonte histórico*, o *círculo hermenêutico* e a *caráter dialógico da linguagem*. Tais conceitos não são estanques, mas intercambiáveis, além de acabarem abordando outros elementos da hermenêutica filosófica, como se verificará no decorrer do texto.

2.1.3.1. O horizonte histórico

Partindo do conceito de *horizonte*, originalmente formulado por Husserl, Gadamer adota a tese de que toda forma de compreensão é historicamente situada, e, portanto, sua possibilidade de realização acontece apenas no contexto do horizonte daquele que se põe a conhecer. O horizonte, assim, comprova que o acesso do homem ao mundo acontece a partir de sua situação hermenêutica, ou seja, de seu ponto de vista, que será sempre um posicionar-se perante os fenômenos. Nas palavras do filósofo:

> Horizonte é o âmbito de visão que abarca e encerra tudo o que é visível a partir de um determinado ponto. Aplicando-se à consciência pensante falamos então da estreitez do horizonte, da possibilidade de ampliar o horizonte, da abertura de novos horizontes, etc.[275]

Toda maneira de compreender é enraizada na situação hermenêutica do sujeito, consciente ou não, na medida em que se conhece, vin-

---

[272] GRONDIN, Jean. *Introdução à hermenêutica filosófica*. São Leopoldo: UNISINOS, 1999. p. 183.

[273] Ibid., p. 19-21.

[274] GADAMER, Hans-Georg. Retrospectiva dialógica à obra reunida e sua história de efetuação. Entrevista de Jean Grondin com H.-G. Gadamer. In: ALMEIDA, Custódio Luís Silva de. FLICKINGER, Hans-Georg (Org.). *Hermenêutica filosófica:* nas trilhas de Hans-Georg Gadamer. Porto Alegre: EDIPUCRS, 2000, p. 211.

[275] GADAMER, Hans-Georg. *Verdade e método:* traços fundamentais de uma hermenêutica filosófica. 2 ed. Petrópolis: Vozes, 1998. p. 452.

culando-se ao conjunto de experiências ocasionadas na História, que inevitavelmente formam o raio de visão do homem e pré-moldam suas interações intelectivas com os fenômenos que se postam à sua frente. A história confronta o homem, o interpela e se apresenta a ele. A questão da especulação reside na sua própria natureza e também na natureza de todos os seres com que o homem se depara: "tudo, na medida em que tenta fazer-se compreender, se divide, separa o dito do não dito, o passado do presente; a autoapresentação e o tornar-se compreensível não são características especiais da história, da arte e da literatura, são universais".[276] Portanto, sendo a compreensão o modo de *ser* da existência humana, sua possibilidade só se dá na circunstância do horizonte histórico.

É em função da noção de horizonte que Gadamer resgata a noção de pré-compreensão (pré-juízo, preconceito) em Heidegger, para ver nesta uma parte integrante da própria compreensão. Desse modo, não há possibilidade de compreensão que se forme à margem do conjunto difuso de pré-compreensões antecedidas do horizonte histórico em que se situa o sujeito que se põe a compreender.[277] Cabe referir, entretanto, que a característica principal do conceito de horizonte não é a de fechamento, mas sim de abertura, posto que, ter horizonte é sempre aprender a ver mais além, não no sentido de anulá-lo, mas sim no de vislumbrá-lo em direção a um padrão mais concreto.[278]

É no horizonte da tradição de um todo de sentido que o homem compreende qualquer coisa, do que se dessume que o homem não é dono do sentido. Sendo a hermenêutica gadameriana uma "hermenêutica da finitude", fica demonstrado que a consciência é do homem e determinada pela história. A historicidade do *Dasein* implica que seu *ser* é uma mediação entre o passado e o presente na direção do futuro que se abre: isso significa que a historicidade do homem não é uma limitação, mas antes "condição de possibilidade" de sua compreensão. Ele compreende a partir de seus pré-conceitos que se gestaram na história e são agora "condições transcendentais" de sua compreensão. Oportunas as palavras de Manfredo Oliveira: "Pode-se dizer com Gadamer que os pré-conceitos não são pré-conceitos de um sujeito, mas muito mais a realidade histórica de seu *ser*, aquele todo histórico de sentido no qual os sujeitos emergem como sujeitos".[279]

---

[276] PALMER, Richard E. *Hermenêutica*. Rio de Janeiro: Edições 70, 1989-1997. p. 215.

[277] GADAMER, op. cit., p. 400.

[278] Ibid., p. 455.

[279] OLIVEIRA, Manfredo Araújo de. *Reviravolta lingüístico-pragmática na filosofia contemporânea*. São Paulo: Loyola, 1996. p. 227-228.

Ao interpretar qualquer fenômeno, o homem possui (antecipadamente) uma pré-compreensão difusa sobre ele, um pré-conceito, uma antecipação prévia de seu sentido, afetada pela tradição na qual se insere, conformada por suas experiências, seu modo de vida, sua situação hermenêutica. Nas palavras de Gadamer:

> Quem quiser compreender um texto realiza sempre um projetar. Tão logo apareça um primeiro sentido no texto, o intérprete prelineia um sentido todo. Naturalmente que o sentido somente se manifesta porque quem lê o texto lê a partir de determinadas expectativas e na perspectiva de um sentido determinado. A compreensão do que está posto no texto consiste precisamente na elaboração desse projeto prévio, eu, obviamente, tem que ir sendo constantemente revisado com base no que se dá conforme se avança na penetração do sentido. [...] O fato de que toda revisão do projeto prévio está na possibilidade de antecipar um novo projeto de sentido; que os projetos rivais possam se colocar lado a lado na elaboração, até que se estabeleça univocamente a unidade de sentido; que a interpretação comece com conceitos prévios que serão substituídos por outros mais adequados. [...] A compreensão somente alcança sua verdadeira possibilidade, quando as opiniões prévias, com as quais ela inicia, não são arbitrárias. Por isso, faz sentido que o intérprete não se dirija aos textos diretamente, a partir da opinião prévia que lhe subjaz, mas que examine tais opiniões quanto à sua legitimação, isto é, quanto à sua origem.[280]

Seguindo na preocupação com a objetividade nas ciências do espírito, Gadamer destaca a consciência da *história efeitual*, categoria essa que surge da *distância temporal* e dos efeitos que ela produz na interpretação dos textos. Tradicionalmente, a *história efeitual* era entendida como o estudo das interpretações produzidas por determinada época, ou a história de suas recepções; para Gadamer, a consciência da *história efeitual* significa algo mais essencial, gozando de status de um princípio, ao qual se pode deduzir quase toda sua hermenêutica. Ela revela uma tênue ambiguidade: de um lado, significa que a consciência atual do homem foi cunhada e inclusive constituída pela *história efeitual*, podendo-se dizer que a consciência do homem é "efetuada" pela história; de outro, caracteriza uma consciência a ser constantemente reconquistada, desse ser efetuado, que pode também se dividir em duas coisas: primeiro, a exigência de um esclarecimento dessa historicidade do homem, elaborando sua situação hermenêutica, e, segundo, um dar-se conta dos limites estabelecidos para tal esclarecimento, o que expressa a consciência da própria finitude.[281]

Aceitar isso significa ter consciência da influência que a própria História exerce sobre o homem, por meio do que Gadamer chamou de *princípio da história efeitual*, segundo o qual, para além de toda consciência ou método, a perspectiva do homem é limitada por aquilo que o passado

---

[280] GADAMER, Hans-Georg. *Verdade e método:* traços fundamentais de uma hermenêutica filosófica. Petrópolis-RS: Vozes, 1998. p. 402-403.

[281] GRONDIN, Jean. *Introdução à hermenêutica filosófica.* São Leopoldo: UNISINOS, 1999. p. 190-192.

o traz, através do acontecer da tradição na História. Esta influencia fundamentalmente o modo de compreender do homem; ela molda, ainda que imperceptivelmente, o seu "olhar" para as coisas. Por isso, o filósofo afirma que, "os efeitos da história efeitual operam em toda compreensão, esteja ou não consciente disso".[282] Portanto, a *consciência da história efeitual* reconhece a limitação do homem em sua compreensão e as reais bases sobre as quais ela se dá. É através dela que o homem reconhece a sua situação hermenêutica.

Dessa forma, a compreensão humana possui uma temporalidade intrínseca. Não existe possibilidade de compreensão que se dê fora da História, ao largo da influência temporal. A historicidade compõe a compreensão, porque ao mesmo tempo em que o homem faz História, nela também participa e por ela também é feito.

2.1.3.2. O círculo hermenêutico

A partir de Schleiermacher, a expressão *círculo hermenêutico* se universalizou como regra relacionada ao estudo de textos, entendida como uma inter-relação entre a *parte e o todo*. Na perspectiva desse autor, significava que apenas se pode compreender a totalidade de uma obra a partir da compreensão de suas partes; de outra banda, a parte também só pode ser adequadamente entendida em função do todo, numa constante antecipação global do sentido da obra, porque a parte compreendida fora do contexto da obra, geralmente leva a interpretação equivocada.[283]

Já em Gadamer, a expressão terá significado mais profundo, pois será vista como momento estrutural ontológico da compreensão, uma vez que caracteriza o modo de sua formação. O conceito pressupõe um enlace dialético em que, a compreensão se molda no processo relacional entre a consciência histórica do intérprete e a abertura interpretativa permitida pelo objeto a partir de seu mundo particular. Nas palavras do hermeneuta: "o círculo descreve, porém, a compreensão como a interpretação do movimento da tradição e do movimento do intérprete".[284]

A hermenêutica gadameriana demonstrou, pela análise do círculo hermenêutico, que a antecipação do todo, inerente ao processo de compreensão, desempenha para o autor uma tarefa constante de pôr à prova as pré-compreensões do intérprete. À medida que este entra em contato

---

[282] GADAMER, Hans-Georg. *Verdade e método*: traços fundamentais de uma hermenêutica filosófica. Petrópolis-RS: Vozes, 1998. p. 450.
[283] SCHLEIERMACHER, Friedrich D. E. *Hermenêutica*: arte e técnica da interpretação. Rio de Janeiro: Vozes, 1999. p. 49.
[284] GADAMER, op. cit., p. 439-440.

com o fenômeno interpretado, vai checando seus preconceitos em função de uma constante antecipação de sentido de tal fenômeno em totalidade, o que gera efeitos sobre os conceitos prévios, colaborando com a separação dos verdadeiros e dos que devem ser descartados. O filósofo descreve tal fenômeno, fazendo analogia à interpretação de um texto:

> Quem quiser compreender um texto realiza sempre um projetar. Tão logo apareça um primeiro sentido no texto, o intérprete prelineia um sentido do todo. Naturalmente que o sentido somente se manifesta porque quem lê o texto lê a partir de determinadas expectativas e na perspectiva de um sentido determinado. A compreensão do que está posto no texto consiste precisamente na elaboração desse projeto prévio, que, obviamente, tem que ir sendo constantemente revisado com base no que se dá conforme se avança na penetração do sentido.
>
> [...] O movimento da compreensão vai constantemente do todo à parte e deste ao todo. A tarefa é ampliar a unidade do sentido compreendido em círculos concêntricos.[285]

O que Gadamer pretendeu foi demonstrar que a circularidade da compreensão ocorre em função de um encontro entre o mundo/horizonte daquele que compreende e o mundo/horizonte donde veio o objeto, ou seja, uma interação entre o mundo daquilo que se conhece e o mundo daquele que se propõe a conhecer. Disso decorre que o ser humano interpreta, então, em virtude do que Gadamer denomina *fusão de horizontes*.

Portanto, o círculo hermenêutico ocorre no instante em que o intérprete, a partir de sua pré-compreensão, auxilia na construção do sentido do objeto, enquanto o próprio objeto, na desenvoltura do processo hermenêutico, modifica a compreensão do intérprete. Isto pode ser visto como uma espiral hermenêutica, tendo em vista que o movimento de compreensão constituído por essa relação, ao longo do processo, vai estabelecendo padrões mais corretos de interpretação, os quais, de sua parte, lançarão novas luzes sobre os preconceitos e possibilitarão seguir em direção a um entendimento mais adequado.

Há também uma influência mútua circular entre passado e presente, haja vista que o homem só compreende em decorrência de uma consciência que se situa no agora, mas que possui como condição de compreensão a operacionalidade do passado que se faz atual pelas pré-compreensões por ele transmitidas.[286]

Nesse sentido, Grondin refere que tudo indica "que 'a questão realmente crítica da hermenêutica', a saber, como se pode, enquanto podemos ter deles consciência, diferenciar os verdadeiros preconceitos dos falsos, ou das pré-concepções que conduzem a mal-entendidos?".[287]

---

[285] GADAMER, Hans Georg. *Verdade e método:* traços fundamentais de uma hermenêutica filosófica. 2. ed. Petrópolis: Vozes, 1998. p. 402 e 436.

[286] Ibid., p. 457-458.

[287] GRONDIN, Jean. *Introdução à hermenêutica filosófica*. São Leopoldo: UNISINOS, 1999. p. 188-189.

Segundo Gadamer, o auxílio para percorrer o caminho de acesso ao sentido das coisas é oferecido pelo decurso do tempo, pelo passar dos anos, pela *distância temporal*, que permite distinguir os preconceitos que foram e continuam sendo adequados, porque permite ao homem ver, com determinado recuo histórico, as opiniões que se ajustam ao fenômeno interpretado e as que dele se dissociaram. O filósofo anota que há uma ação positiva em se distanciar do tempo, pois o momento futuro, pelo choque com o aprendizado adquirido pelo passado histórico, está apto a mostrar os juízos verdadeiros. Em suas palavras:

> Na verdade trata-se de reconhecer a distancia de tempo como uma possibilidade positiva e produtiva do compreender. Não é um abismo devorador, mas está preenchido pela continuidade da herança histórica e da tradição, a cuja luz nos é mostrado todo o transmitido. Não será exagerado, se falarmos aqui de uma genuína produtividade do acontecer. [...]
>
> Nada além do que essa distancia de tempo torna possível resolver a verdadeira questão crítica da hermenêutica, ou seja, distinguir os verdadeiros preconceitos, sob os quais compreendemos, dos falsos preconceitos que produzem os mal-entendidos.[288]

Gadamer menciona, inclusive, que se deve colocar as pré-compreensões à prova, isto é, suspender a validade e testá-las diante da verdade do tema que se apresenta ao homem linguisticamente, pelo fenômeno observado, ao explicar como *destacar* um preconceito:

> É claro que destacar um preconceito implica em suspender sua validez. Pois na medida em que um preconceito nos determina, não o conhecemos nem o pensamos como um juízo. Como poderia então ser destacado? Conseguir pôr um preconceito diante dos olhos é impossível, enquanto este estiver constante e despercebidamente em obra, porém somente quando, por assim dizer, ele é atraído por estímulo. Este estímulo procede precisamente do encontro com a tradição. Pois o que incita à compreensão deve ter-se feito valer já, de algum modo, em sua própria alteridade. Já vimos que a compreensão começa aí onde algo nos interpela. Esta é a condição hermenêutica suprema. Sabemos agora o que exige com isso: as de suspender por completo os próprios preconceitos. Porém, a suspensão de todo juízo e, a *fortiriori*, de todo preconceito, visto logicamente, tem a estrutura da pergunta.[289]

Em toda atividade de compreensão deve haver uma apropriação crítica dos preconceitos, que não podem ser compreendidos dogmaticamente. *Preconceito* significa um juízo que se forma antes da prova definitiva de todos os momentos determinantes segundo a coisa; também não significa, de modo algum, falso juízo, pois está em seu conceito que ele possa ser valorizado positivamente ou negativamente.[290]

---

[288] GADAMER, Hans Georg. *Verdade e método:* traços fundamentais de uma hermenêutica filosófica. 2 ed. Petrópolis: Vozes, 1998. p. 445 e 447.

[289] Ibid., p. 447.

[290] GADAMER, Hans Georg. *Verdade e método:* traços fundamentais de uma hermenêutica filosófica. 2 ed. Petrópolis: Vozes, 1998. p. 407.

Portanto, relativamente ao tema da verdade, Gadamer afirma que o entendimento hermenêutico se volta para a coisa, para o tema que o fenômeno observado nos revela linguisticamente em nossa historicidade. A questão da verdade não vai ser buscada no método tradicional, mas em um constante jogo de velamento e desvelamento, em que ela atinge o homem a partir do entendimento sobre o tema, levantado pelo processo compreensivo visto como diálogo, em que a hermenêutica opera, no acontecer histórico, no sentido de separar os preconceitos legítimos dos preconceitos ilegítimos, que levam aos mal-entendidos.

A propósito, Grodin afirma expressamente que a falta de um caminho seguro para a conquista de uma verdade absoluta não importa a inexistência de qualquer verdade, só demonstra que ela se encontra enraizada, necessariamente, na situação do homem, compreendida no diálogo interno que o caracteriza em relação ao conhecimento de si e de tudo o que o cerca.[291]

No acontecer histórico, referente a certo fenômeno, há uma pluralidade de camadas de sentido, uma constante de significados que se modificam em função de cada época, de cada conjunto de experiências, de cada situação concreta. Segundo Gadamer: "na finitude histórica da nossa existência está o fato de que sejamos conscientes de que, depois de nós, outros compreenderam de maneira diferente".[292]

Por sua vez, a fusão de horizontes leva à fusão dos momentos de compreensão, interpretação e aplicação, entendidos como distintos pela antiga hermenêutica, e representadas pelos brocardos *subtilitas intelligendi, subtilitas explicandi* e *subtilitas applicandi*. Isso porque, para Gadamer, a interpretação nada mais é do que a forma explícita da compreensão e não um momento separado desta; a aplicação não se realiza posteriormente a essas, mas integra o próprio ato de compreender. Portanto, não se compreende para posteriormente aplicar o compreendido a algo, mas se compreende aplicando; compreender é sempre um aplicar e nunca um acontecer anterior à aplicação ou sem qualquer referência a ela.[293]

A interpretação será sempre um processo de construção de sentidos. Mas a compreensão (e todo o processo de interpretação), só se perfectibilizará adequadamente se as opiniões estiverem destituídas de arbitrariedades, ou seja, se os preconceitos forem legítimos e válidos. O processo de interpretação tem como condição de possibilidade a compreensão, que está ligada a uma pré-compreensão, que por sua vez é incompatível com a ideia de busca da verdade pela utilização de um

---

[291] GRODIN, Jean. L' *université de l'hermeneutique*. Paris: Presses Universitaires de França, 1993. p. 225 e 227.
[292] GADAMER, op. cit., p. 549.
[293] Ibid., p. 459, 493 e 502.

método. Com um método não se chega à verdade, porque a verdade não é uma questão de método.

Dessa maneira, o processo de interpretação dos textos normativos encontra na pré-compreensão o horizonte de mundo do intérprete firmado na tradição (que deve estar ligada à Constituição, informando seus pré-juízos) o seu momento inicial, a partir de qual ganha dinamismo um movimento circular, que compõe o círculo hermenêutico. Por tal razão, a atribuição de sentido é sempre um processo criativo, e por isso Gadamer afirma que "a tarefa da interpretação consiste em concretizar a lei em cada caso, isto é, em sua aplicação".[294] Nas palavras de Silva Filho, quanto à aplicação:

> Sinteticamente, a tese de Gadamer é de que não há uma divisão temporal entre compreensão e aplicação, isto é, que não se trata de primeiro compreender um texto para depois poder aplicá-lo às situações práticas e cotidianas. A compreensão quando ocorre traz em si o momento da aplicação.[295]

A compreensão, portanto, não ocorre em abstrato e deve sempre se referir à situação hermenêutica do sujeito. Isso decorre da inserção da aplicação na mecânica interna da compreensão, sendo importante para diminuir a possibilidade de mal-entendidos. O *compreender* se realiza sempre em um fluxo de interação entre passado e presente, devendo estar vinculado a um conjunto de fatores concretos que, por sua vez, ajudam a reduzir a margem de indeterminação na interpretação.

Como se vê, Gadamer também utiliza, entre seus conceitos centrais, o da concretização. Para ele, a interpretação da lei consiste em sua concretização em cada caso concreto, isto é, ela se realiza em sua aplicação, pressupondo-se uma atividade produtiva por parte do juiz, que deve adequar a especificidade dos fatos com a generalidade da norma. Essa operação, entretanto, não poderá ser feita de forma arbitrária, mas por meio de uma ponderação por alusão ao conjunto do ordenamento jurídico.[296]

2.1.3.3. O caráter dialógico da compreensão

Para Gadamer, o fenômeno da compreensão se realiza em uma fusão de horizontes, em que o mundo do objeto interpretado vem ao homem intermediado pela sua história, pelo passado que chega a ele

---

[294] GADAMER, Hans-Georg. *Verdade e método*: traços fundamentais de uma hermenêutica filosófica. Petrópolis-RS: Vozes, 1998. p. 489.

[295] SILVA FILHO, José Carlos Moreira da. *Hermenêutica filosófica e direito*: o exemplo privilegiado da boa-fé objetiva no direito contratual. Rio de Janeiro: Lumen Juris, 2003. p. 87.

[296] GADAMER, op. cit., loc. cit.

através da tradição a que pertence, vindo a chocar-se com o seu horizonte atual. A abertura do conhecimento que o objeto transmite ao homem é fruto de sua situação hermenêutica, sendo previamente delimitada em razão do impulso que o instiga a conhecer. Por isso, a conclusão de que toda a compreensão pressupõe aplicação.

Em sua teoria, "a aplicação é, na compreensão, tudo, menos algo secundário". Para ele, o compreender é sempre um compreender-se, incluindo um encontro consigo mesmo, isto é, compreender significa, então, o mesmo que aplicar um sentido à situação do homem, aos seus questionamentos. Entender um texto pretérito significa traduzi-lo para a situação presente, escutando nele uma discursa resposta para os questionamentos atuais.[297]

Ele busca auxílio na dialética da pergunta e resposta, que marca o caráter dialógico da compreensão (compreensão como diálogo), partindo do pressuposto da relevância da pergunta para produção da resposta.[298] Ao discorrer sobre a essência do diálogo, Gadamer afirma que a capacidade para o diálogo é um atributo natural do ser humano; que apesar das objeções ou aprovação, da compreensão ou dos seus mal entendidos, o diálogo significa um modo de ampliação da singularidade do homem e um experimentar da possível comunhão à qual a razão o encoraja. Enfim, nas importantes palavras do filósofo, "o diálogo possui uma força transformadora. Onde um diálogo é bem sucedido, algo nos ficou e algo fica em nós que nos transformou".[299]

Antes de tudo, dialogar é dizer algo ao outro, sendo que, numa análise estática desse jogo se revela sua estrutura básica, que é a proposicional. Enquanto *proposição*, o diálogo, portanto, não é o *lugar* da verdade e, consequentemente, o consenso a que se chega através dele (quando se chega) não poderá ser equiparado à verdade. Apesar de não construir sentido, o diálogo ilumina o *ente* a partir de novas perspectivas.[300]

Nesse sentido, interrogar significa se abrir ao conhecimento, incentivar a vontade do saber, e isso passa pelo reconhecer de que não se sabe, ou que não se sabe por completo. Apenas pela interrogação daquilo que se coloca diante do homem, ser que conhece, é possível seguir o caminho para o correto entendimento, pela interpretação dialética entre o mundo

---

[297] GRONDIN, Jean. *Introdução à hermenêutica filosófica*. São Leopoldo: UNISINOS, 1999. p. 192-194.

[298] GADAMER, Hans Georg. *Verdade e método*: traços fundamentais de uma hermenêutica filosófica. 2 ed. Petrópolis: Vozes, 1998. p. 534 e 542.

[299] Id. A incapacidade para o diálogo. In: ALMEIDA, Custódio Luís da Silva; FLICKINGER, Hans-Georg; ROHDEN, Luiz (Eds.) *Hermenêutica filosófica:* nas trilhas de Hans-Georg Gadamer. Porto Alegre: EDIPUCRS, 2000. p. 130 e ss.

[300] CARNEIRO, Wálber Araujo. O direito e as possibilidades epistemológicas do paradigma hermenêutico. In: STEIN, Ernildo; STRECK, Lenio Luiz; ROSA, Alexandre (Org.) *et al. Hermenêutica e epistemologia:* 50 anos de verdade e método. Porto Alegre: Liv. do Advogado, 2011. p. 141.

do indivíduo e o mundo do objeto, que constituem polos difusos que se encontram no ato de interpretar. Isso demonstra que Gadamer rejeita a separação entre sujeito e objeto no fluxo do conhecimento, diferentemente da velha metódica, que leva a termo a dissociação entre o ser que interpreta e aquilo que é dado a conhecer. [301]

Na luta da verdade com a não verdade, o diálogo tem como vantagem reduzir o espaço do ocultamento, des-velando o *ente* que se mostra em seu *ser*, ainda que este traga a característica intrínseca do ocultamento provocado por toda e qualquer proposição. No entanto, o diálogo reduz os efeitos do ocultamento ao dinamizar o jogo pondo o *ente* a girar e a mostrar seu lado oculto há todo momento.[302]

Diferentemente das perguntas e respostas referentes à aquisição de informações acerca de objetos específicos, as perguntas e as respostas dialógicas formam um jogo circular, simultâneo-concêntrico; instauram o sentido e reúnem-se num movimento de tensão e distensão constante. Nem a resposta e nem a pergunta podem ser desconectadas de um determinado contexto físico-espacial.[303]

No diálogo hermenêutico, uma opinião não pode ser imposta sobre a do outro. Não se monologiza, nem tampouco se agrega a opinião de um à do outro ao modo de soma, sendo imprescindível que o dialogar transforme ambos.[304] É condição do diálogo hermenêutico que seus parceiros descobrem um ao outro e se descubram nele. O homem experimente e expressa isso quando diz que determinado diálogo fez sentido, que o realizou, ou seja, foi produtivo. "Pressuposto e exigência para ser produtivo é que os parceiros do diálogo aprendam reciprocamente e revisem seus pontos de vista".[305]

É fundamental para o diálogo hermenêutico, ainda, que os parceiros acolham a palavra do outro, o que significa ouvir, receber, procurar, captar, compreender o que o outro diz ou quis dizer num determinado momento. "Ouvir o outro não significa anular-se ao ouvi-lo ou concor-

---

[301] GADAMER, Hans Georg. *Verdade e método:* traços fundamentais de uma hermenêutica filosófica. 2. ed. Petrópolis: Vozes, 1998. p. 544 e 551.

[302] CARNEIRO, Wálber Araujo. O direito e as possibilidades epistemológicas do paradigma hermenêutico. In: STEIN, Ernildo; STRECK, Lenio Luiz; ROSA, Alexandre (Org.) et al. *Hermenêutica e epistemologia:* 50 anos de verdade e método. Porto Alegre: Liv. do Advogado, 2011. p. 142.

[303] ROHDEN, Luiz. *Interfaces da hermenêutica:* método, ética e literatura. Caxias do Sul, RS: Educs, 2008. p. 161.

[304] Id. *Hermenêutica filosófica.* São Leopoldo: Universidade do Vale do Rio dos Sinos. Editora UNISINOS, 2002. p. 199.

[305] Nesse sentido, Rohden complementa: "O diálogo hermenêutico fundamenta-se na exigência de que os parceiros descubram-se em seus pré-juízos, em suas decisões mais internas. Sem esta predisposição, sem esta abertura, um diálogo é ilusório. Caso alguém não se disponha a abrir-se ao jogo do diálogo, este não poderá se efetivar". ROHDEN, Luiz. *Hermenêutica filosófica.* São Leopoldo: Universidade do Vale do Rio dos Sinos. Editora UNISINOS, 2002. p. 206.

dar com o que se pede ou diz. Acolher significa abrir-se ao outro, compreendê-lo em seu horizonte e reconhecer a própria disposição de atacar [ou não] um argumento diferente ou até oposto ao seu".[306]

O processo de compreensão dá conta de que aquilo que se pretende conhecer está implícito, ainda que difusamente, naquele que conhece, sendo o interrogar o caminho a ser trilhado pelo homem em direção ao conhecimento. A verdade será alcançada dialeticamente e não metodicamente, entendendo-se a abordagem dialética como antítese do método; a dialética é um meio de ultrapassar a tendência que o método tem de estruturar previamente o modo individual de uma nova verdade; ela explicita o tipo de verdade implícita no método. "No método, o tema a investigar orienta, controla e manipula; na dialéctica, é o tema que levanta as questões a que irá responder".[307] Portanto, a chave para a compreensão se dá no relacionamento íntimo entre o sujeito e o objeto, e não na cisão estrutural entre tais polos.

Pelo caráter dialógico da compreensão, verifica-se que a hermenêutica de Gadamer se situa na linguagem, e, por isso, para ele "ser, que pode ser entendido, é linguagem" sendo que "a linguagem não se realiza em enunciados, porém como conversação". A compreensão da linguagem resulta da pertença a uma tradição em continuada formação, ou seja, da pertença a uma conversação, pela qual o que foi expresso adquire para o homem consistência e significado.[308]

Portanto, a compreensão, que é configurada e acontece por meio da linguagem, deve ser capaz de realizar conjuntamente todo o conteúdo da linguagem, a fim de que possa chegar até o *ser*, o qual ela ajuda a expressar. Assim, a fundamental linguisticidade da compreensão se manifesta menos nos enunciados do homem, do que na busca de linguagem daquilo que ele tem na alma e quer externar. E é essa realização conjunta da palavra interior que irá fundamentar a universalidade da hermenêutica.[309]

O poder de dizer da linguagem é tão grande, que cria o mundo no interior do qual tudo pode ser revelado; o seu alcance é tão forte que o homem pode compreender mais mundos dos que se exprimiram na linguagem; seu poder de revelação é tão significativo que mesmo um texto relativamente curto pode abrir um mundo diferente do leitor, mas que apesar disso consegue compreender; a linguisticidade fornece o chão comum no qual e sobre o qual se podem encontrar; a linguagem é o meio

---

[306] ROHDEN, Luiz. *Interfaces da hermenêutica:* método, ética e literatura. Caxias do Sul, RS: Educs, 2008. p. 159.
[307] PALMER, Richard E. *Hermenêutica.* Lisboa: Edições 70, 1997. p. 169.
[308] GRONDIN, Jean. *Introdução à hermenêutica filosófica.* São Leopoldo: UNISINOS, 1999. p. 196-196.
[309] Ibid., p. 200.

em que a tradição se esconde e é transmitida. Portanto, "a experiência hermenêutica é um encontro entre a herança (sob a forma de um texto transmitido) e o horizonte do interprete".[310]

Afirmar que a essência da tradição é caracterizada por sua dimensão linguística tem consequências hermenêuticas para Gadamer. Para ele, tradição linguística não se trata simplesmente de algo que restou do passado, significa entrega, transmissão, é algo que é transmitido ao homem, é dito a ele no mito, nos costumes, nos textos, sobretudo na forma da tradição escrita, cujos sinais são destinados a qualquer um que tenha capacidade de compreender.[311]

Enfim, sendo o meio pelo qual ocorre a compreensão, a linguagem, esta não pode ser vista como mero instrumento, como uma terceira coisa que se põe entre o sujeito e o objeto, cujo objetivo seja ligar uma subjetividade ilhada (do homem) a uma objetividade isolada (da coisa). Além de possibilitar o conhecimento dos fenômenos que cercam o homem, à linguagem o homem pertence; ele não a possui, mas nela participa. Pensar o contrário significa não perceber a amplitude do fenômeno linguístico.

O homem é partícipe da história, e isso significa que ele participa de uma tradição que veicula determinada visão de mundo e condiciona, até certo ponto, seu modo de agir. A tradição oferece uma pré-compreensão determinada de mundo, uma compreensão que sempre pode continuar se formando e modificando, mas que reivindica prioridade frente aos atos particulares do distanciamento, da crítica ou da transformação". A linguagem da hermenêutica filosófica convoca o homem a nela participar, com o que extrapola sua redução à dimensão instrumental. Em sua autêntica produtividade, "tal linguagem pede que filosofemos ao invés de nos prender apenas à validade das regras ou à construção de sistemas gramaticais".[312]

Os conceitos que o homem possui são transmitidos pela linguagem, assumindo aspectos diferentes em razão da época, lugar e circunstâncias, o que ratifica o entendimento de que a linguagem não é um mero conjunto de signos com a função de reunir palavras que designam objetivamente coisas postas ao conhecimento individualmente. A linguagem é o *ser* em que o mundo, as coisas, são compartilhadas e por isso o homem vive nela e não em uma instância a ela exterior.[313]

---

[310] PALMER, op. cit., p. 209-210.

[311] OLIVEIRA, Manfredo Araújo de. *Reviravolta lingüístico-pragmática na filosofia contemporânea*. São Paulo: Loyola, 1996. p. 233.

[312] ROHDEN, Luiz. *Hermenêutica filosófica*. São Leopoldo: Universidade do Vale do Rio dos Sinos. Editora UNISINOS, 2002. p. 234 e 243.

[313] PALMER, Richard E. *Hermenêutica*. Lisboa: Edições 70, 1997. p. 209.

Realizada, assim, a análise de alguns dos conceitos fundamentais de Heidegger e Gadamer, entendidos como essenciais para a abordagem do presente trabalho, passa-se a analisar a recepção dessa viragem ontológico-linguística no Direito, em termos de hermenêutica jurídica, no âmbito do Constitucionalismo Contemporâneo, através da Crítica Hermenêutica do Direito.

2.2. A Crítica Hermenêutica do Direito

A Crítica Hermenêutica do Direito (ou Nova Crítica do Direito) representa a incorporação da viragem ontológico-linguística no direito em termos de hermenêutica jurídica. Expressão cunhada por Lenio Streck, a Crítica Hermenêutica do Direito é "uma nova teoria que exsurge da fusão dos horizontes da filosofia hermenêutica, da hermenêutica filosófica e da teoria integrativa dworkiniana. Dela exsurge a tese de que há um direito fundamental a uma resposta correta, entendida como 'adequada à Constituição'".[314]

O jusfilósofo aponta para a necessidade dos dois teoremas fundamentais de Heidegger, que são o círculo hermenêutico e a diferença ontológica, para uma hermenêutica jurídica que se pretenda crítica. Com o círculo hermenêutico é possível concluir que o método sempre chega tarde, porque o *Dasein* se pronunciou de há muito; pela diferença ontológica, verifica-se que o ser é sempre o ser de um ente, com o que se rompe com a possibilidade de subsunções/deduções, uma vez que o sentido é existencial, e não algo fixado sobre o ente, que esteja atrás dele ou que não sabe onde esteja.[315] Quando o intérprete está diante de um texto, estará no entre-meio do círculo hermenêutico. É por isto que o conceito de círculo hermenêutico é antitético à noção de dedução. Há um movimento antecipatório da compreensão, cuja condição ontológica é o círculo hermenêutico.[316]

Portanto, esse novo paradigma se trata de uma "virada hermenêutica", que significa uma nova forma de abordagem da filosofia *no* Direito, na qual a primeira tarefa é "o reconhecimento de que a universalidade da compreensão é condição de possibilidade da racionalização (ou da positivação)". Nele, a linguagem passa a ser entendida como condição de possibilidade, e não mais como uma terceira coisa que se coloca entre

---

[314] STRECK, Lenio Luiz. *O que é isto – decido conforme minha consciência?*. 2. ed., rev. e ampl. Porto Alegre: Liv. do Advogado, 2010. p. 90.

[315] Ibid., p. 77-78.

[316] Id. *Jurisdição constitucional e hermenêutica:* uma nova crítica do direito. 2. ed. Rio de Janeiro: Forense, 2004. p. 210.

o sujeito e o objeto. Tendo em vista que a linguagem é o que está dado, resulta conclusivo que ela não pode ser produto de um sujeito solipsista – aquele que constrói o seu próprio objeto de conhecimento. [317] Em suas palavras:

> A Crítica Hermenêutica do Direito, fincada na matriz teórica originária da ontologia fundamental, busca, através de uma análise fenomenológica, o des-velamento daquilo que, no comportamento cotidiano, ocultamos de nós mesmos (Heidegger): o exercício da transcendência, no qual não apenas somos, mas percebemos que somos (*Dasein*) e somos aquilo que nos tornamos através da tradição (pré-juízos que abarcam a faticidade e historicidade de nosso ser-no-mundo, no interior do qual não se separa o direito da sociedade, isto porque o ser é sempre o ser de um ente, e o ente só é no seu ser, sendo o direito entendido como a sociedade em movimento), e onde o sentido já vem antecipado (círculo hermenêutico).[318]

Essa "nova crítica", realizada a partir da hermenêutica filosófica, insere-se no movimento do Constitucionalismo Contemporâneo, para o qual a teoria da interpretação/argumentação deve ser abordada a partir da hermenêutica da faticidade, recolocando a discussão do enfrentamento do positivismo e da indeterminabilidade do direito no contexto da filosófica diferença entre texto/ente e norma/ser, que é ontológica, abrindo espaço para a construção de respostas hermeneuticamente adequadas à Constituição. A hermenêutica leva vantagem sobre as demais teorias, tendo na interpretação, como foco principal, a faticidade, ou seja, o modo prático de ser-no-mundo comanda a atividade compreensiva; no direito, costuma-se chamar de caso concreto.[319]

Nesta segunda parte do capítulo, portanto, pretende-se abordar a Crítica Hermenêutica do Direito relativamente aos influxos por ela proporcionados a partir da incorporação dos elementos da filosofia hermenêutica e da hermenêutica filosófica. Cabe referir, entretanto, que, por óbvio, não se conseguirá expor toda a repercussão dessa crítica – em virtude dos limites objetivos da pesquisa – à Teoria do Direito. Busca-se expor alguns dos fundamentos que contribuem para alcançar o objetivo geral da pesquisa, que é desvelar a tributação no Brasil, seja estabelecendo uma compreensão autêntica dela, seja destacando os *pré-juízos* que permeiam a maneira de lidar com ela.

Primeiramente, analisa-se a metafísica clássica e a moderna, relativamente aos seus reflexos no Direito, destacando-se em que se situa a

---

[317] STRECK, Lenio Luiz. *O que é isto – decido conforme minha consciência?*. 2. ed., rev. e ampl. Porto Alegre: Liv. do Advogado, 2010. p. 17.

[318] Id. *Hermenêutica jurídica e(m) crise:* uma exploração hermenêutica da construção do direito. 11. ed., rev., atual. e ampl. Porto Alegre: Liv. do Advogado, 2014. p. 21.

[319] Id. *Verdade e consenso:* constituição, hermenêutica e teorias discursivas. 4. ed. São Paulo: Saraiva, 2011. p. 70.

problemática referente à como (ainda) se decide hoje, ou seja, aborda-se o objetivismo e o subjetivismo, que assombram o *imaginário dos juristas*.

2.2.1. Instalando a controvérsia: entre objetivismos e subjetivismos

O direito trata de normas de caráter geral e com certa pretensão de universalidade e, ao mesmo tempo, trata de casos particulares, da concretude das relações humanas, que são perpassadas e, ao mesmo tempo, constituem tais normas. Desse modo, a ciência jurídica clássica normalmente se debruçou sobre a resolução do problema relativo ao movimento da norma geral à sentença individual, buscando amparo em certa racionalidade para a aplicação de uma norma jurídica ao caso concreto, realizando operações *lógicas* para deduzir a norma individual daquela geral, ou seja, para subsumir o caso concreto na norma abstrata. Para os juristas do século XIX, a *lógica* era, portanto, o instrumento principal para a interpretação de uma norma.[320]

O primeiro quadro do positivismo se solidifica no século XIX, sendo que o "positivo" a que se refere o termo *positivismo* é entendido aqui como sendo os *fatos*. *Fatos* correspondem a determinada interpretação da realidade que engloba apenas aquilo que se pode contar, medir ou pesar. Essa mensurabilidade positivista será encontrada num primeiro momento no produto do parlamento, ou seja, nas leis, mais especificamente nos códigos. Desse modo, o *exegetismo* tem sua origem nos estudos sobre o direito que giravam em torno de um texto – o *Corpus Juris Civilis*.[321]

A principal característica do positivismo exegético, em relação ao problema da interpretação do direito, será a realização de uma análise sintática, na qual a determinação rigorosa da conexão lógica dos signos que compõem o Código seria o suficiente para resolver o problema da interpretação do direito. Também nessa perspectiva, a analogia e os princípios gerais do direito.[322]

Num segundo momento, aparecem propostas de aperfeiçoamento desse rigor lógico – o positivismo normativista. As primeiras décadas do século XX viram crescer o poder regulatório do Estado que se intensificou em 1930 e 1940, e também a falência dos modelos sintático-semân-

---

[320] LOSANO, Mario G. *Sistema e estrutura no direito*. São Paulo: WMF Martins Fontes, 2010. v. 2: O século XX. p. 142.
[321] STRECK, Lenio. *Verdade e consenso*: constituição, hermenêutica e teorias discursivas. 4. ed. São Paulo: Saraiva, 2011. p. 31.
[322] Ibid., p. 32.

ticos de interpretação da codificação, que se apresentam desgastados, aparecendo o problema da indeterminação do direito. Nesse ambiente, aparece Kelsen, com o objetivo de reforçar o método analítico.[323]

Em Kelsen, há uma cisão entre direito e ciência do direito que irá determinar seu conceito de interpretação. A interpretação também será cindida em "interpretação como ato de vontade" e "interpretação como ato de conhecimento", havendo uma ampliação dos problemas semânticos (sentidos das palavras) da interpretação. Em um ponto específico, Streck afirma que "Kelsen 'se rende' aos seus adversários: a interpretação do direito é eivada de subjetivismos provenientes de uma razão prática solipsista", o que o autor austríaco considera ser impossível de ser corrigido.[324]

Kelsen escolheu fazer ciência apenas na ordem das proposições jurídicas (ciência), deixando de lado o espaço da "realização concreta do direito". Ele privilegiou, em seus esforços teóricos, as dimensões semânticas e sintáticas dos enunciados jurídicos, deixando a pragmática para um segundo plano: a discricionariedade do intérprete. Isso é essencial para compreender o positivismo que se desenvolveu no século XX e o modo como Lenio Streck encaminha suas críticas na área da Teoria do Direito, que falam sobre o positivismo normativista. Portanto, Streck afirma que Kelsen superou o exegetismo, mas abandonou o principal problema do direito: a interpretação concreta, no nível da "aplicação".[325]

Com fortes traços positivistas, a teoria do direito continua refém de duas faces metafísicas: o objetivismo e o subjetivismo. A teoria objetivista considera que a lei traz *consigo* a norma, e que em razão disso a interpretação judicial é objetivamente controlada pelas regras, as quais levam a uma correta determinação do significado do texto, como se a verdade estivesse nas coisas, um retorno à metafísica clássica, desprezando a diferença ontológica entre texto e norma. Esta teoria representa um esforço para que seja deixada de lado qualquer influência de valores pelo intérprete, ou seja, que a vontade do juiz não seja levada a cabo – numa evidente pretensão de neutralidade. Para isso, busca minimizar as brechas na lei e maximizar as exigências institucionais no intuito de que os juízes decidam conforme padrões legais gerais através da subsunção, pelo processo lógico-dedutivo.[326]

---

[323] STRECK, Lenio. *Verdade e consenso*: constituição, hermenêutica e teorias discursivas. 4. ed. São Paulo: Saraiva, 2011. p. 32

[324] Ibid., p. 33-34.

[325] Ibid., p. 34.

[326] LUIZ, Fernando Vieira. *Teoria da decisão judicial*: dos paradigmas de Ricardo Lorenzetti à resposta adequada à Constituição de Lenio Streck. Porto Alegre: Liv. do Advogado, 2013. p. 35 e 38.

O objeto possuía um sentido objetivo que podia ser determinado mediante processos analíticos abstratos. A linguagem é considerada, nesse contexto, como instrumento por meio do qual os sentidos são comunicados, não possuindo qualquer papel substantivo ou constitutivo do significado. Acaba-se, assim, acreditando que apenas a utilização de metodologias próprias poderia garantir a objetividade necessária para a formação do conhecimento jurídico, que estabeleceriam critérios impessoais de avaliação, referentes ao objeto, que pudessem revelar seu significado inerente. Portanto, para essa concepção, o sistema legal é lógico e fechado – veja, pois, a expressão "código" –, e para que uma decisão seja correta deve ser deduzida de uma norma legal predeterminada por uma operação puramente lógica. Prega também uma separação entre o Direito positivo e a política e moral, as quais estariam de fora do discurso jurídico, como necessária para uma análise lógica do direito para apuração dos conceitos essenciais e estruturas do direito.[327]

A teoria subjetivista, por sua vez, vê a interpretação judicial como sendo subjetivamente determinada pelas preferências valorativas pessoais do intérprete (solipsista), que dá ao texto o significado que melhor lhe agradar, com sua ideia de justiça, utilizando-se também de uma visão metafísica, mas, desta vez, fundada na filosofia da consciência. Ela nasce da tentativa de superação da interpretação objetivista, que não conseguia responder aos anseios de assegurar decisões judiciais previsíveis ou o seu grau de justiça. Essa forma de interpretação acredita no sujeito kantiano assujeitador do mundo, pelo qual o intérprete cria seu próprio objeto de estudo, delegando-se ao julgador a possibilidade de escolher da forma que entender melhor adequada, no sentido do que Kelsen afirma, que a decisão é um ato de vontade, e tem como ponto-chave a ideia de que o texto legal possui diversos significados possíveis, consistindo a interpretação em um processo pelo qual o juiz, com seus valores pessoais, escolherá um deles, acabando por ter a função criativa da norma.[328]

Assim, enquanto na teoria objetivista a norma supostamente estaria contida no texto, na teoria subjetivista o texto perde considerável importância, pois o foco está naquele que determina o sentido, o intérprete, uma vez que a realidade passa a ser construída, e não mais descoberta. Enquanto na teoria objetivista, a objetividade do texto sobrepõe-se ao intérprete; no subjetivismo, o intérprete sobrepõe-se ao texto, com a tarefa de escolher os valores nele escondidos (ou não). No objetivismo, o sen-

---

[327] LUIZ, Fernando Vieira. *Teoria da decisão judicial:* dos paradigmas de Ricardo Lorenzetti à resposta adequada à Constituição de Lenio Streck. Porto Alegre: Liv. do Advogado, 2013. p. 31 e 38.
[328] Ibid., p. 35 e 39.

tido é dado previamente ao texto; no subjetivismo, o texto é relativizado ou, até mesmo, desconsiderado.[329]

As dúvidas quanto as condições de possibilidade para que os objetos tenham determinados nomes, a relação entre o sujeito e objeto, o papel da linguagem, atravessam os séculos, tendo diferentes respostas, e fizeram a travessia de duas metafísicas. A busca por um fundamento absoluto da verdade já está na ideia platônica, na autoridade aristotélica; o *cogito* é inaugurador da filosofia da consciência. No direito, tais questões permanecem difusas em um misto de objetivismo e subjetivismo.[330] Nesse sentido, Streck destaca:

> [...] é possível dizer que, para a metafísica clássica, os sentidos estavam nas coisas (as coisas têm sentido porque há nelas uma essência). A metafísica foi entendida e projetada como ciência por Aristóteles e é a ciência primeira no sentido que fornece a todas as outras o fundamento comum, isto é, objeto ao qual todas se referem e os princípios dos quais dependem. Para aquilo que aqui interessa, a metafísica é entendida como ontologia, doutrina que estuda os caracteres fundamentais do ser: aquilo sem o qual algo não é; se refere às determinações necessárias do ser. [...]. É um saber que precede todos os outros e, por isso, é a ciência primeira, pois seu objeto está implicado nos objetos de todas as ciências e o seu princípio condiciona a validade de todos os outros princípios. [...]
>
> A superação do objetivismo (realismo filosófico) dá-se na modernidade (ou com a modernidade). Naquela ruptura histórico-filosófica, ocorre uma busca da explicação sobre os fundamentos do homem. Trata-se do iluminismo (*Aufklärung*). O fundamento não é mais o essencialismo com uma certa presença da *illuminatio divina*. O homem não é mais sujeito às estruturas. Anuncia-se o nascimento da subjetividade. A palavra "sujeito" muda de posição. Ela passa a "assujeitar" as coisas. É o que se pode denominar de esquema sujeito-objeto, em que o mundo passa a ser explicado (e fundamentado) pela razão [...].[331]

Com o giro ontológico-linguístico, o sujeito não é fundamento do conhecimento, pois se trata de uma compreensão de caráter ontológico, o que significa que enquanto seres humanos, os homens são entes que já se compreendem a si mesmos, de forma que o compreender é um existencial da própria condição humana, fazendo, assim, parte da dimensão ontológica.[332] Como refere Streck, no que concerne à superação metafísica:

> Numa palavra: a viragem ontológico-linguística é o raiar da nova possibilidade de constituição de sentido. Trata-se da superação do elemento apofântico, com a introdução desse elemento prático que são as estruturas prévias que condicionam e precedem o conhecimento. Assim, a novidade é que o sentido não estará mais na consciência (de si do pensamento pensante), mas, sim na linguagem, como algo que produzimos e que é

---

[329] STRECK, Lenio Luiz. *Verdade e consenso*: constituição, hermenêutica e teorias discursivas. 4 ed. 2 tir. ed. São Paulo: Saraiva, 2012. p. 220, 244 e 439.

[330] Ibid., p. 12.

[331] Ibid., p. 13.

[332] Ibid., p. 15.

condição de nossa possibilidade de estarmos no mundo. Não nos relacionamos diretamente com os objetos, mas com a linguagem, que é a condição de possibilidade dessa relacionamento: é pela linguagem que os objetos vêm a mão.[333]

Diante dos perigos das verdades absolutas pensadas pela metafísica, que acaba por deixar de lado a temporalidade humana, Grondin refere que, pensada de forma absoluta, a verdade é manifestamente ancorada apenas como in-finito, o não temporal, etc., expressando-se uma autonegação da temporalidade humana. "A caçada por normas, paradigmas ou critérios absolutos dá testemunho da situação metafísica de saída do historicismo, que obedece à lógica de um pensamento que suprime o tempo".[334]

Portanto, o positivismo jurídico não representa uma "garantia da objetividade" no direito, mas, ao contrário representa aquilo que o atira para o âmbito do relativismo porque esconde o fator fragmentário e subjetivista que lhe dá origem. O positivismo jurídico de matriz analítica não consegue posicionar o fenômeno jurídico no contexto maior, da própria cultura, no modo como faz a hermenêutica. Não faz sentido, para a hermenêutica, procurar determinar o sentido das palavras, dos conceitos, etc., da forma como realizado pelas posturas analíticas de aspecto semântico. É necessário "se colocar na condição concreta daquele que compreende o ser humano, para que o compreendido possa ser devidamente explicado".[335]

Outra questão a ser abordada é referente à discricionariedade judicial, cuja noção, vinculada à jurisdição, aparece no contexto de teorias positivistas e pós-positivistas a partir do momento da descoberta da indeterminação do direito, o que ocorre, segundo Losano, porque no século XX "a razão é substituída pela vontade, a relação entre a norma e a sentença assume um aspecto completamente diverso. A decisão do caso concreto já não depende das racionais leis da lógica, mas da vontade do juiz".[336] Assim, há um elemento comum desde a Escola do Direito Livre, passando pela Jurisprudência dos Interesses, pelo normativismo kelsiano, pelo positivismo moderado de Hart, até chegar aos argumentativistas como Alexy: no momento da decisão, sempre acaba sobrando um

---

[333] STRECK, Lenio Luiz. *O que é isto – decido conforme minha consciência?*. 2. ed., rev. e ampl. Porto Alegre: Liv. do Advogado, 2010. p. 16.

[334] GRONDIN, Jean. *Introdução à hermenêutica filosófica*. São Leopoldo: UNISINOS, 1999. p. 39.

[335] STRECK, Lenio Luiz. Neoconstitucionalismo, positivismo e pós-positivismo. In: FERRAJOLI, Luigi; STRECK, Lenio Luiz; TRINDADE, André Karam (Orgs.). *Garantismo, hermenêutica e (neo)constitucionalismo*: um debate com Luigi Ferrajoli. Porto Alegre: Livraria do Advogado, 2012. p. 89-90.

[336] LOSANO, Mario G. *Sistemas e estrutura no direito*, apud STRECK, Lenio. *Verdade e consenso*: constituição, hermenêutica e teorias discursivas. 4. ed. São Paulo: Saraiva, 2011. p. 38.

espaço não tomado pela razão; um espaço que será tomado pela vontade discricionária do juiz.[337]

As teorias do século XX nada mais fazem do que superar o positivismo exegético. Mas não há novidade em afirmar que, no momento da decisão o juiz possui um discricionário espaço de manobra. Por isso Streck adverte que "é preciso estar alerta para certas posturas típicas do *pós-positivismo à brasileira*, que pretende colocar o rótulo de novo em questões velhas, já bastante desgastadas nessa quadra da história, quando se vivencia um tempo de constitucionalismo democrático".[338]

Nesse sentido, pode-se dizer que o que se chama de discricionariedade judicial nada mais é do uma abertura criada no sistema para legitimar, de forma velada, uma arbitrariedade cometida pelo Judiciário, sendo que, no Brasil, em qualquer espaço, "o imaginário dos juristas vê um infindável terreno para o exercício da subjetividade do intérprete. Quando o espaço é menor, o intérprete apela para os princípios que funcionam como axiomas de lei ou enunciados performativos". Assim, no Brasil, discricionariedade quer dizer duas coisas: a) primeiro, um modo de superar o modelo de direito formal-exegético; b) segundo: uma aposta no protagonismo judicial. Streck aponta para o seguinte perigo no caso da discricionariedade:

> [...] a força normativa da Constituição – que se manifesta pelo elevado grau autonomia conquistado pelo direito a partir do segundo pós-guerra – pode, dependendo do *modus* compreensivo-interpretativo utilizado pelos juristas, vir a ser fragilizado ou até mesmo anulado pelo crescente aumento das posturas pragmatistas (nos seus mais variados matizes) que, a pretexto de superar o "ultrapassado" silogismo dedutivista do paradigma liberal-formal-burguês, vêm deslocando o *lócus* do sentido do texto – que representa a produção democrático do direito – na direção do protagonismo (acionalista-indutivista) do intérprete.[339]

Após a transformação representada pelo grau de autonomia do direito conquistado no Estado Democrático de Direito, está-se diante de uma crescente perda dessa característica nesses tempos de pós-positivismo, a partir das teses que apostam na análise econômica do direito, por exemplo, donde regras e princípios possuem apenas sentido funcional, devendo servir apenas para satisfazer, de forma utilitarista, as necessidades dos grupos sociais hegemônicos.[340]

Diante dos problemas expostos, é que Streck sustenta a importância da hermenêutica no novo direito que se ergueu no Estado Democrático

---

[337] STRECK, Lenio. *Verdade e consenso*: constituição, hermenêutica e teorias discursivas. 4. ed. São Paulo: Saraiva, 2011. p. 38.

[338] Ibid., loc. cit.

[339] Ibid., p. 38 e 42-43.

[340] Ibid., p. 44.

de Direito, no qual "há uma aposta na Constituição (direito produzido democraticamente) como instância da autonomia do direito para delimitar a transformação das relações jurídico-institucionais, protegendo-as do constante perigo de exceção".[341]

É pelo motivo alinhavado no parágrafo precedente, portanto, que a abordagem primeira nesse capítulo esteve dirigida à busca de aportes hermenêuticos, posto que é imprescindível revolver o *chão linguístico* e estabelecer *pré-juízos* legítimos frente à tradição instaurada pelo paradigma instituído pelo Estado Democrático de Direito. Pelo mesmo motivo, continua-se a análise da Crítica Hermenêutica do Direito, passando-se a demonstrar que, no Brasil, ainda se está longe de conceber a hermenêutica como hermenêutica fundamental.

2.2.2. Da hermenêutica jurídica clássica à hermenêutica fundamental

Conforme se destacou anteriormente, a hermenêutica passou por três estágios: inicialmente, como *hermenêutica especial*, referia-se a uma disciplina especial para interpretação de textos (sacros, profanos e jurídicos); num segundo momento, passou a tratar-se de uma teoria geral da interpretação, com Dilthey; por último, passou a ser hermenêutica fundamental, a partir da viragem ontológico-linguística de Heidegger e Gadamer, que direcionaram a reflexão às estruturas existências concretas do ser humano.[342]

A partir da revolução proporcionada por Heidegger, através de suas estruturas fundamentais, a hermenêutica passa a se referir às estruturas fundamentais do ser humano. Haja vista que, para interpretar um texto ou uma ação, o homem deve pressupor uma compreensão existencial de si mesmo, a interpretação sede lugar à compreensão, por isso, não se interpreta para compreender, mas se compreende para interpretar. Assim, desaparece o necessário ideal de transparência que fundamentava as posturas hermenêuticas tradicionais, com a ideia de que seria possível encontrar um método rígido e definitivo que evitasse mal entendidos. Isso devido ao fato de que não é possível alcançar a transparência em razão da existência, enquanto ser humano situado historicamente. É inevitável que a *faticidade* humana sempre deixa algo de fora.[343]

---

[341] STRECK, Lenio. *Verdade e consenso*: constituição, hermenêutica e teorias discursivas. 4. ed. São Paulo: Saraiva, 2011. p. 45.

[342] Id. *Hermenêutica jurídica e(m) crise*: uma exploração hermenêutica da construção do direito. 11. ed., rev., atual. e ampl. Porto Alegre: Liv. do Advogado, 2014. p. 265.

[343] Ibid., p. 264.

Entretanto, no Brasil, os operadores jurídicos, em grande parte, continuam refratários à viragem ontológico-linguística proporcionada, entre outros, por Heidegger e Gadamer, desprezando a evolução pela qual passou a hermenêutica. Veja-se a diferenciação efetuada por Carlos Maximiliano entre Hermenêutica Jurídica e Interpretação Jurídica na edição original de 1924 da obra *Hermenêutica e Aplicação do Direito*, que inspirou e (ainda) inspira gerações:

> A Hermenêutica Jurídica tem por objeto o estudo e a sistematização dos processos aplicáveis para determinar o sentido e o alcance das expressões do Direito.
> Do exposto ressalta o erro dos que pretendem substituir uma palavra pela outra; almejam, ao invés de Hermenêutica, – Interpretação. Esta é a aplicação daquela; a primeira descobre e fixa os princípios que regem a segunda. A Hermenêutica é a teoria científica da arte de interpretar.
> Não basta conhecer as regras aplicáveis para determinar o sentido e o alcance dos textos. Aprece necessário reuni-las e, num todo harmônico, oferecê-las ao estudo, em um encadeamento lógico.
> Descobertos os métodos de interpretação, examinados em separado, um por um; nada resultaria de orgânico, de construtor, se os não enfeixássemos em um todo lógico, em um complexo harmônico. À análise suceda a síntese. Intervenha a Hermenêutica, a fim de proceder à *sistematização* dos processos aplicáveis para determinar o sentido e o alcance das expressões do Direito.[344]

No momento em que referido autor discute a finalidade da "interpretação jurídica", a marca cientificista de sua concepção de hermenêutica fica mais clara ainda. Segundo ele, "o executor extrai da norma tudo o que na mesma se contém: é o que se chama interpretar, isto é, *determinar o sentido e o alcance das expressões do Direito*".[345]

Ao criticar Carlos Maximiliano, Streck aponta a existência de outros juristas no Brasil que são tributários da clássica corrente, como Paulo Nader, que "entende que interpretar a lei é fixar o sentido de uma norma e descobrir a sua finalidade, pondo a descoberto os valores consagrados pelo legislador", ou Maria Helena Diniz, para quem "interpretar é descobrir o sentido e o alcance da norma, procurando a significação dos conceitos jurídicos, [...] é explicar, esclarecer; dar o verdadeiro significado do vocábulo".[346]

Tais entendimentos impregnam o *imaginário jurídico* do *senso comum teórico dos juristas*, que possuem quatro funções, segundo Warat: a função *normativa*, pela qual atribuem significados aos textos legais, estabelecendo critérios e disciplinando a ação institucional dos próprios juristas; a função *ideológica*, consistente na tarefa de socialização, unificando va-

---
[344] MAXIMILIANO, Carlos. *Hermenêutica e aplicação do Direito*. 14. Ed. Forense, 1994. p. 1 e 19.
[345] Ibid., p. 1.
[346] STRECK, Lenio Luiz. *Hermenêutica jurídica e(m) crise*: uma exploração hermenêutica da construção do direito. 11. ed., rev., atual. e ampl. Porto Alegre: Liv. do Advogado, 2014. p. 120-121.

lores sociais e jurídicos, além de silenciar o papel social e histórico do Direito; a função *retórica*, proporcionando um complexo de argumentos com o objetivo de efetivar a função ideológica; por fim, a função *política*, como derivativa das demais, que se expressa pela tendência do saber acumulado em reassegurar as relações de poder, como um conjunto unívoco e bem ordenado aos fins propostos.[347]

Verifica-se, a partir das palavras de Carlos Maximiliano e dos demais adeptos à sua teoria, a associação da tarefa interpretativa à clássica separação das correntes de interpretação *objetivistas* e *subjetivistas*, amparadas nas ultrapassadas metafísicas clássica e moderna, que se rendiam ao método.[348] Mais uma vez, destaca-se as importantes críticas de Warat sobre as principais fórmulas de significação elaboradas pelos distintos métodos ou técnicas, que seriam: a) remissão aos usos acadêmicos da linguagem (método gramatical); b) apelo ao espírito do legislador (método exegético); c) apelo ao espírito do povo; apelo à necessidade (método histórico); d) explicitação dos componentes sistemáticos e lógicos do direito positivo (método dogmático); e) análise de outros sistemas jurídicos (método comparativo); f) idealização sistêmica do real em busca da adaptabilidade social (método da escola científica francesa); g) análise sistêmica dos fatos (método do positivismo sociológico); h) interpretação a partir da busca da certeza decisória (método da escola do direito livre); i) interpretação a partir dos fins (método teleológico); j) análise linguística a partir dos contextos de uso (método do positivismo fático); k) compreensão valorativa da conduta através da análise empírico-dialética (egologia); l) produção de conclusões dialéticas a partir de lugares (método tópico-retórico).[349]

Os denominados métodos de interpretação estão impregnados pela ilusão iluminista, uma vez que, na maioria das vezes, são concebidos como uma "carta na manga" à disposição do intérprete com o objetivo de conduzir a "tarefa interpretativa" à suposta conclusão perfeita, de forma a evitar que seja contaminada pelo subjetivismo do intérprete. Entretanto, falham, porque o *Dasein* há muito se pronunciou. Em função da *existencialidade* que marca a estrutura da *compreensão* humana, o método sempre chega tarde. Nesse sentido, Prieto Sanchís, em ampla crítica, demonstra que a escolha metodológica não está a salvo de valorações:

---

[347] WARAT, Luis Alberto, *apud* STRECK, Lenio Luiz. *Hermenêutica jurídica e(m) crise:* uma exploração hermenêutica da construção do direito. 11. ed., rev., atual. e ampl. Porto Alegre: Liv. do Advogado, 2014. p. 86.

[348] Ver item 2.2.1 supra.

[349] WARAT, Luis Alberto. *Introdução geral ao direito I.* Porto Alegre: Fabris, 1994, p. 89.

Ahora bien, dada La libertad para elegir entre unas u otras técnicas, en la decisión que adopte el juez es evidente que pesará su opinión sobre aspectos tales como la legitimidad del legislador, la oportunidad o justicia de la norma, la importancia o sentido axiológico de las transformaciones sociales operadas desde la promulgación de la ley, etc.

Petro tras la valoración y elección del método o directiva de interpretación no se abre paso tampoco una operación lógica que dé como resultado una decisión cierta o completamente previsible. Para empezar, y pese a una terminología extendida entre los juristas, ninguno de tales métodos se ajustas a reglas de estricta lógica; como vimos al tratar de la analogía, se trata de esquemas de persuasión y justificación, no de inferencia lógica.

De ahí que los métodos de interpretación, elegidos ya sobre la base de una valoración, no conduzcan tampoco a resultados siempre iguales y seguros; entre otros motivos ya indicados, un repaso a la literatura teórica y dogmática, así como a la jurisprudencia, pone de relieve que una misma directiva pude ser entendida de diferente manera y que, en último término, su procedencia en el caso examinado resulta siempre susceptible de ser debatida. Además, en ocasiones su aplicación obedece a una cierta ambigüedad y representa una especie de cobertura técnica de decisiones más o menos plausibles pero que difícilmente pueden someterse a un control de racionalidad.[350]

Além do mais, a maioria dos tradicionais métodos, princípios e regras de interpretação apenas representam obviedades, como, por exemplo, o método sistemático, que significa algo que deriva da própria estrutura da *compreensão*, mormente do conceito do *círculo hermenêutico*. Por outro lado, quando se apreende a Constituição com base nas intenções dos constituintes, há uma apropriação do *método histórico* como caminho para descoberta da vontade original, que foi devidamente rechaçado por Gadamer ao criticar a consciência histórica, tendo em vista que a compreensão possível não pode se situar fora da história, apenas nela própria.

O que acaba acontecendo, de fato, é a utilização dos referidos métodos propalados pela hermenêutica jurídica clássica, conforme a concepção prévia que o intérprete possui do Direito, da Constituição. Portanto, ainda que pretendam estar a salvo do subjetivismo, nele acabam "se afogando". Afirmar o contrário, da forma como a doutrina afim coloca a questão tradicionalmente, nada mais é do que fechar os olhos para as relevantes contribuições da filosofia contemporânea, desconhecendo tanto o *ontological turn* de Heidegger, como o *linguistic turn* operado por Gadamer. No âmbito do Constitucionalismo Contemporâneo, a classificação tradicional encontra-se ultrapassada, posto que, "na grande maioria das vezes a adesão a uma corrente ou a outra é feita de maneira *ad hoc*, ocorrendo, frequentemente, uma imbricação entre ambas".[351]

---

[350] SANCHÍS, Luis Prieto. *Ideología e interpretación jurídica*. Madrid: Tecnos, 1993. p. 103-104.

[351] STRECK, Lenio Luiz. *Hermenêutica jurídica e(m) crise:* uma exploração hermenêutica da construção do direito. 11. ed., rev., atual. e ampl. Porto Alegre: Liv. do Advogado, 2014. p. 125.

O objetivo da interpretação apenas de forma limitada pode estar na verificação de uma vontade objetiva ou subjetiva determinada na Constituição. Tal ponto de partida significa um encobrimento da situação de fato real, assentado sob o dogma da vontade do direito, formado na Ciência das Pandectas do século XIX, que não mais possibilita uma compreensão apropriada da Constituição moderna; querer assimilar algo que não é preexistente, desacertando, já no início, a problemática da interpretação constitucional.[352] Isso porque, conforme adverte Streck, "a significação dada ou construída via *sentido comum teórico* contém um conhecimento axiológico que reproduz os valores sem, porém, explicá-los", que conduz ao que ele chama de *habitus dogmaticus*, uma espécie de conformismo dos operadores jurídicos decorrente de uma reprodução *inautêntica dos pré-juízos*, no sentido gadameriano.[353]

Após a consagração de efetivos sistemas de controle da constitucionalidade, nascidos a partir dos influxos do constitucionalismo americano, foi possível garantir a supremacia da Constituição sobre os atos infraconstitucionais. Como consequência disso, a Constituição vai refundar todo o Direito, passando a representar uma espécie de *locus* hermenêutico, não havendo possibilidade de interpretar/compreender o Direito sem compreender o significado da Constituição. É preciso, assim, suspender o *pré-juízos* e permitir que a Constituição diga algo, que se manifeste em seu *ser*. Nesse sentido, Streck afirma que a Constituição passa a ser o *"topos hermenêutico que conformará a interpretação jurídica do restante do sistema jurídico"*. Ela é "a materialização da ordem jurídica do contrato social".[354] Assim:

> [...] fazer hermenêutica jurídica é realizar um processo de compreensão do Direito. Fazer hermenêutica é desconfiar do mundo e de suas certezas, é olhar o texto de soslaio, rompendo-se tanto com (um)a *hermé(nêu)tica* jurídica tradicional-objetifivante como de um subjetivismo advindo do (idealista) paradigma epistemológico da filosofia da consciência. *Com (ess)a (nova) compreensão hermenêutica do Direito recupera-se o sentido-possível--de-um-determinado-texto, e não a re-construção do texto advindo de um significante-primordial-fundante*. Assim, por exemplo, não há um dispositivo constitucional que seja, em si e por si mesmo, de eficácia contida, de eficácia limitada ou de eficácia plena. A eficácia do texto do dispositivo advirá de um trabalho de adjudicação de sentido, que será feito pelo hermeneuta/intérprete (evidentemente, a partir de sua inserção mo mundo através da intersubjetividade, isto é, "intérprete", aqui, não significa solipsismo, pelo contrário).[355]

---

[352] HESSE, Konrad. *Elementos de direito constitucional da República Federal da Alemanha*. Trad. Luís Afonso Heck. Porto Alegre: Fabris, 1998. p. 57-58.

[353] STRECK, op. cit., p. 86.

[354] Ibid., p. 311-312.

[355] Id. *Hermenêutica jurídica e(m) crise*: uma exploração hermenêutica da construção do direito. 11. ed., rev., atual. e ampl. Porto Alegre: Liv. do Advogado, 2014. p. 325.

O grande problema é que, no contexto dessa dogmática jurídica ultrapassada, os fenômenos sociais que aportam no Judiciário são analisados como meras *abstrações jurídicas*, e as pessoas acabam sendo transformadas em autor e réu. Isto significa que, em virtude das barreiras criadas pelo discurso da dogmática jurídica dominante, os conflitos sociais não entram nos fóruns e nos tribunais, há apenas uma espécie de "coisificação" (*objetificação*) das relações jurídicas.[356] Para além disso, a ausência de uma *tradição*, no sentido gadameriano, que obrigue os juízes a obedecerem à integridade do direito, faz com que os juízos de primeiro grau sejam ritos de passagem para o segundo grau e aos tribunais superiores. Consequentemente, em razão da multiplicação de processos, na ânsia de controlar a situação, "*busca-se construir conceitos abstratos com pretensões de universalização, como se fosse possível uma norma jurídica abarcar todas as hipóteses (futuras) de aplicação*".[357]

Assim, em sua grande maioria, os "operadores jurídicos" acabam prisioneiros das armadilhas e dos grilhões engendrados pelo campo jurídico. Consideram que sua missão é apenas reproduzir os sentidos previamente dados por aqueles que possuem a fala autorizada; não se consideram dignos a atribuir sentidos. "Como órfãos científicos, esperam que o processo hermenêutico lhes aponte o caminho-da-verdade, ou seja, a 'correta interpretação da lei'! Enfim, esperam a fala-falada, a revelação-da-verdade!". Entretanto, essa espécie de "delegação" do direito "à produção de sentido" acontece em favor a uma dogmática jurídica de cunho positivista, que atribui sentidos de forma discricionária, porque os estabelece a partir das diversas concepções subjetivistas axiologistas.[358]

Por isso, Streck alerta para a necessidade de elaborar uma crítica à hermenêutica jurídica tradicional, que se encontra (ainda) ancorada na metafísica clássica e na filosofia da consciência, o que ele realiza ele realiza a partir da fenomenologia hermenêutica de Heidegger, em que o horizonte do sentido é dado pela compreensão, e através de Gadamer, em que *ser* que pode ser compreendido é linguagem, onde ela não é um simples objeto, mas sim condição de possibilidade de construção dos sentidos.[359] Assim, o jusfilósofo destaca quatro pontos que considera indispensáveis para a compreensão do fenômeno jurídico contemporaneamente:

---

[356] STRECK, Lenio Luiz. *Hermenêutica jurídica e(m) crise:* uma exploração hermenêutica da construção do direito. 11. ed., rev., atual. e ampl. Porto Alegre: Liv. do Advogado, 2014. p. 92.
[357] Ibid., p. 424.
[358] Ibid., p. 335-336.
[359] Ibid., p. 19.

Primeiro: no "campo jurídico", o direito público assume um lugar cimeiro, a partir da incorporação dos direitos de terceira dimensão ao rol dos direitos individuais e sociais. Às funções ordenadora do Estado Liberal e promovedora do Estado Social agrega-se a função transformadora do Estado Democrático de Direito, de caráter normativo-qualitativo, pois os textos constitucionais passam a institucionalizar um "ideal de vida boa", a partir do que se pode denominar de co-originariedade entre direito e moral (Habermas);

Segundo: no Estado Democrático de Direito cresce o grau de autonomia do direito, alcançado diante dos fracassos da falta de controle da e sobre a política. Com o objetivo de não ser solapado pela economia, pela política e pela moral, o direito adquire uma autonomia que, antes de tudo, funciona como uma blindagem contra as próprias dimensões que o engendraram, passando a ser a sua própria condição de possibilidade;

Terceiro: no "campo filosófico", houve uma verdadeira invasão da filosofia pela linguagem, que proporcionou uma revolução no modo de compreender o mundo, superando-se o pensamento metafísico que atravessou dois milênios. "Afinal, se no paradigma da metafísica clássica os sentidos "estavam" nas coisas e na metafísica moderna "na mente" (consciência de si do pensamento pensante), nessa verdadeira guinada pós-metafísica *os sentidos passam a se dar na e pela linguagem*";

Quatro: a "revolução copernicana" ocorrida no campo filosófico, utilizada no Brasil, não se trata de uma adaptação de teorias filosóficas ao direito, pois se trata de uma revolução que não foi relevante somente para o direito, mas para a totalidade da estrutura do pensamento da humanidade. Talvez, por se pensar que o direito estaria blindado às influências da viragem ontológico-linguística, é que ele continua até hoje refém, de um lado, do objetivismo e, de outro, do solipsismo próprio da filosofia da consciência.[360]

Portanto, a hermenêutica no direito brasileiro tem ainda um longo caminho pela frente. Apesar de a hermenêutica ter passado por um longo caminho de maturação, de *hermenêutica especial* passar a ser *hermenêutica fundamental*, a doutrina brasileira continua refém de entendimentos ultrapassados (em muito!), que ainda acreditam numa espécie de "hermenêutica jurídica" isolada, que despreza o caráter universalizante da hermenêutica filosófica. Não raro, os "operadores jurídicos" continuam adeptos à velha metódica, como destacado: volta-se aos mesmo problemas, objetivismo e subjetivismos.

---

[360] STRECK, Lenio Luiz. *Hermenêutica jurídica e(m) crise:* uma exploração hermenêutica da construção do direito. 11. ed., rev., atual. e ampl. Porto Alegre: Liv. do Advogado, 2014. p. 401-403.

Faz-se necessário aceitar os influxos do Constitucionalismo Contemporâneo, notadamente em relação à recepção da viragem ontológico-linguística no direito, de modo à compreender os pontos destacados como indispensáveis para a compreensão do fenômeno jurídico, posto que somente compreendendo o novo (a Constituição), poderá o jurista interpretar/compreender a partir de *pré-juízos* legítimos frente à tradição que vigora.

2.2.3. A Constituição e o constituir da sociedade: a necessidade da abertura da clareira

No Brasil, o Estado Social não se concretizou, tendo sido apenas um simulacro. Apesar de, historicamente, o Estado intervir na economia para concentrar riquezas, isso deveria ter se alterado a partir de 1988, considerando-se o caráter dirigente da Constituição. A função intervencionista do Estado, ao invés de contribuir para a redução das desigualdades, serviu apenas para aumentá-las ainda mais;[361] grande parte dos direitos individuais e sociais não é cumprida; o controle concentrado de normas apresenta um *deficit* de eficácia, decorrente de uma "baixa constitucionalidade";[362] no âmbito do parlamento, aprovam-se leis por voto de liderança. Portanto, existe uma dívida social imensa a ser resgatada.[363] A propósito, Streck afirma:

> Estamos, assim, em face de um sério problema: de um lado temos uma sociedade carente de realização de direitos e, de outro, uma Constituição Federal que garante estes direitos da forma mais ampla possível. *Este é o contraponto.* Daí a necessária indagação: *qual é o papel do Direito e da dogmática jurídica neste contexto?*[364]

Compreender o paradigma do Estado Democrático de Direito é fundamental para possibilitar a abertura hermenêutica e filosófica capaz de ultrapassar o pensamento objetificador e metodológico. Para tanto, é preciso ter em conta que Constituição há de ser compreendida como modo-de-ser-no-mundo e a jurisdição constitucional assumir o papel crucial para o acontecer democrático.[365]

---

[361] A propósito, ver item 4.1.

[362] Segundo Streck, *Baixa constitucionalidade* significa *baixa compreensão*, que ocorre porque a doutrina e a jurisprudência continuam assentadas nos postulados da hermenêutica clássica, de cunho reprodutivo. STRECK, Lenio Luiz. *Hermenêutica jurídica e(m) crise*: uma exploração hermenêutica da construção do direito. 11. ed., rev., atual. e ampl. Porto Alegre: Liv. do Advogado, 2014. p. 393.

[363] STRECK, op. cit., p. 62 e 333.

[364] Ibid., p. 47.

[365] OHLWEILER, Leonel. Estado, administração pública e democracia: condições de possibilidade para ultrapassar a objetificação do regime administrativo. In: ROCHA, Leonel Severo; STRECK, Lenio Luiz. (Org.) Universidade do Vale do Rio dos Sinos Centro de Ciências Jurídicas. *Anuário do*

Considerando-se que o Estado Democrático de Direito elege o direito como instrumento para a concretização dos direitos sociais através de um certo deslocamento do foco de decisão dos Poderes Executivo e Legislativo para o Judiciário, é possível afirmar que a dogmática jurídica tem obstaculizado a efetivação/realização desses direitos, notadamente por permanecer adepta, em grande parte, a posturas assentadas na filosofia da consciência e no velho objetivismo. Além disso, encontra-se resistência no paradigma do modo de produção liberal-individualista de direito, preparado apenas para os conflitos individuais.[366]

Contudo é preciso ter cuidado com a afirmativa de que o Estado Democrático de Direito dependeria muito mais de uma ação concreta do Judiciário do que de procedimentos legislativos e administrativos. Apesar de o processo constituinte ter optado por um Estado intervencionista, apontando como objetivos a erradicação da pobreza, alçar o Judiciário como solução mágica para a o problema das insuficiências políticas do Estado Social, corre-se o risco de se produzir "cidadãos de segunda classe", que, em vez de reclamarem seus direitos junto no campo da política, apostam no "paternalismo jurisdiscista".[367]

Falta, pois, compreensão. Sobra "baixa constitucionalidade." É preciso suspender os *pré-juízos* e compreender que "a Constituição é o elo conteudístico que liga política e direito, de onde se pode dizer que o grande salto paradigmático nesta quadra da história está exatamente no fato de que o direito deve servir como garantia da democracia".[368]

Somente a partir da compreensão do sentido da Constituição, é possível romper com a *tradição inautêntica* que povoa o *imaginário dos juristas*, na qual os textos jurídicos constitucionais são hierarquizados e tornados ineficazes. A Constituição deve estar no topo do ordenamento, devendo ser entendida como "*algo que constitui a sociedade, é dizer, a constituição do país é a sua Constituição*".[369]

A Constituição possui, ao mesmo tempo, a função de apontar para o futuro e proteger os direitos já conquistados. Por meio da utilização da principiologia constitucional, explícita ou implícita, há possibilidade

---

Programa de Pós-Graduação em Direito: mestrado e doutorado, 2003. São Leopoldo: UNISINOS, Centro de Ciências Jurídicas, 2003. p. 301.

[366] STRECK, Lenio Luiz. *Hermenêutica jurídica e(m) crise:* uma exploração hermenêutica da construção do direito. 11. ed., rev., atual. e ampl. Porto Alegre: Liv. do Advogado, 2014. p. 333-334.

[367] Ibid., p. 65.

[368] Id. Crítica hermenêutica às recepções teóricas inadequadas feitas pelo constitucionalismo brasileiro pós-1988. In: CALLEGARI, André Luís; STRECK, Lenio Luiz; ROCHA, Leonel Severo (Org.). *Constituição, sistemas sociais e hermenêutica:* anuário do Programa de Pós-graduação em Direito da UNISINOS: mestrado e doutorado. Porto Alegre: Liv. do Advogado; São Leopoldo: UNISINOS, 2011. p. 174.

[369] STRECK, op. cit., p. 379-380.

de combater alterações realizadas por maiorias políticas eventuais que retiram ou tentar retirar as conquistas da sociedade.[370] A principiologia constitucional significa *"um modo de concretizar a Constituição, isto é, modo pelo qual a constituição deve ser efetivamente interpretada"*.[371]

Compreendê-la, não é pensá-la como um documento meramente "político" que conteria um finalismo político-social, do qual o direito seria um instrumento, mas, sim, é o seu conteúdo jurídico que institucionaliza os campos com ela intercambiáveis, como a política, a economia e a moral. Dessa forma, a Constituição é o fundamento normativo. A autonomia do direito passa a ser sua própria condição de possibilidade.[372]

Portanto, à medida que se entende que a Constituição possui características especiais decorrentes do paradigma por ela instituído, o papel da hermenêutica passa a ser o de preservar sua força normativa e o grau de autonomia do direito frente às mazelas provenientes do processo político. "Nesse contexto, a grande engenharia a ser feita é, de um lado, preservar a força normativa da Constituição e, de outro, não colocar a política a reboque do direito".[373]

Entretanto, para que a Constituição seja significada, tornada visível, em um acontecer do Direito, seu sentido não pode continuar *velado/encoberto* como ora ocorre, em função do fato de que grande parte do seu texto continua sem efetividade. Precisa ser des-velado, de forma a ser compreendido e efetivado. Para isso, é preciso interpretá-la. Para interpretá-la, é necessário que o intérprete torne transparente sua própria situação hermenêutica, suspendendo seus pré-juízos e deixando que o estranho ou diferente do texto possa lhe dizer algo e se faça valer diante de seus pré-juízos.[374]

Não obstante, embora já se possua um novo modelo de Direito, desde 1988, o modo-de-fazer-Direito no Brasil continua sendo o mesmo

---

[370] STRECK, Lenio Luiz. *Hermenêutica jurídica e(m) crise:* uma exploração hermenêutica da construção do direito. 11. ed., rev., atual. e ampl. Porto Alegre: Liv. do Advogado, 2014. p. 68.

[371] Id. Crítica hermenêutica às recepções teóricas inadequadas feitas pelo constitucionalismo brasileiro pós-1988. In: CALLEGARI, André Luís; STRECK, Lenio Luiz; ROCHA, Leonel Severo (Org.). *Constituição, sistemas sociais e hermenêutica:* anuário do Programa de Pós-graduação em Direito da UNISINOS: mestrado e doutorado. Porto Alegre: Liv. do Advogado; São Leopoldo: UNISINOS, 2011. p. 174-175.

[372] Id. Hermenêutica e (pos)positivismo: por que o ensino jurídico continua de (sin)formando os alunos? In: CALLEGARI, André Luís; STRECK, Lenio Luiz; ROCHA, Leonel Severo (Org.). *Constituição, sistemas sociais e hermenêutica:* anuário do Programa de Pós-graduação em Direito da UNISINOS: mestrado e doutorado. Porto Alegre: Liv. do Advogado; São Leopoldo: UNISINOS, 2010. p. 185.

[373] Id. Crítica hermenêutica às recepções teóricas inadequadas feitas pelo constitucionalismo brasileiro pós-1988. In: CALLEGARI, André Luís; STRECK, Lenio Luiz; ROCHA, Leonel Severo (Org.). *Constituição, sistemas sociais e hermenêutica:* anuário do Programa de Pós-graduação em Direito da UNISINOS: mestrado e doutorado. Porto Alegre: Liv. do Advogado; São Leopoldo: UNISINOS, 2011. p. 174.

[374] Id. *Hermenêutica jurídica e(m) crise:* uma exploração hermenêutica da construção do direito. 11. ed., rev., atual. e ampl. Porto Alegre: Liv. do Advogado, 2014. p. 383-384.

de antes, isto é, "*olhamos o novo com os olhos do velho, com a agravante de que o novo (ainda) não foi tornado visível*". Tal situação ocorre porque, inserido na crise de paradigmas, o jurista (ainda) trabalha com os conceitos advindos da velha hermenêutica clássica, vista como pura técnica de interpretação, sendo a linguagem entendida como terceira coisa que se interpõe entre o sujeito cognoscente e o objeto a ser conhecido. "Há, pois, sustentando essa crise, *uma interpretação que opera o encobrimento do acontecer* propriamente dito do agir humano, objetificando-o na linguagem e impedindo que se dê na sua originariedade!".[375] Volta-se, assim, ao (velho) debate positivista: entre objetivismo e subjetivismo.

Um fator relacionado a essa crise de paradigmas é o ensino jurídico no Brasil, que continua privilegiando o indevidamente denominado "direito privado", "ao ponto de, na expressiva maioria dos cursos jurídicos, o direito civil 'merecer' o triplo ou o quádruplo da carga horária destinada ao direito constitucional". O problema na obstinação pelo ensino do Direito, da forma como vem ocorrendo, é que a pré-compreensão dos estudantes se forma à margem da compreensão do novo paradigma instituído pelo Estado Democrático de Direito, fazendo com que seus os pré-juízos não sejam legítimos, o que faz com que tenham um horizonte (de sentido) consubstanciado numa espécie de "teto hermenêutico" para o jurista. Entretanto, ter horizonte, no sentido gadameriano, significa poder ver além, e não estar limitado ao que está mais próximo. Portanto, o jurista não está vendo além, o que se constata a partir da inefetividade da Constituição e da crise do Direito.[376]

Em razão do novo modelo de Estado que nasce do novo paradigma constitucional, Streck chama atenção para a necessidade de o intérprete do Direito ter a angústia do estranhamento. Não obstante, a partir da constatação da inefetividade do texto constitucional ou por seu desrespeito, pode-se verificar que a angústia do estranhamento não está ocorrendo. Cabe aos juristas, assim, suspender os *pré-juízos* que os cegam, de modo a abrir uma clareira no campo da tradição. "*Afinal, compreender significa poder-estar-apto-a-abrir-clareiras! Compreender é estabelecer espaços para poder e deixar ver.* [...] Compreender é poder-ver-o-clarear-da-clareira, e é o ato de interpretação que elabora essa compreensão".[377] E para abrir a clareira, é necessário também de uma compreensão autêntica do Direito, que:

> [...] deve ser entendido como uma prática dos homens que se expressa em um discurso que é mais que palavras, é também comportamentos, símbolos, conhecimentos, expres-

---

[375] STRECK, Lenio Luiz. *Hermenêutica jurídica e(m) crise:* uma exploração hermenêutica da construção do direito. 11. ed., rev., atual. e ampl. Porto Alegre: Liv. do Advogado, 2014. p. 381.

[376] Ibid., p. 383.

[377] Ibid., p. 382.

sados (sempre) *na e pela linguagem*. É o que a lei manda, mas também o que os juízes interpretam, os advogados argumentam, as partes declaram, os teóricos produzem, os legisladores sancionam e os doutrinadores criticam. É, enfim, um discurso constitutivo, uma vez que designa/atribui significados a fatos e palavras.[378]

O desafio, portanto, é "abrir uma clareira no Direito, des-ocultar caminhos, des-cobrir as sendas encobertas". Apenas a partir da abertura de uma clareira que o significado da Constituição, do Estado Democrático de Direito, da "surgência constitucionalizante" em toda a sua principiologia, poderá emergir. A "resistência constitucional" apenas pode ser construída a partir da abertura de uma clareira (um espaço livre devidamente desbastado), em que fique demonstrado/denunciando aquilo que está encoberto pelo *senso comum teórico dos juristas*.[379] Em suas palavras:

> A abertura dessa clareira no Direito tem como condição de possibilidade *a suspensão dos pré-juízos* (pré-compreensão dos juristas), isto porque, no campo jurídico, *esses pré-juízos estabelecem o limite do sentido e o sentido do limite de o jurista dizer o Direito*, impedindo, consequentemente, a manifestação do ser (do Direito). Nesse sentido, é preciso denunciar que a dogmática jurídica, entendida a partir do sentido comum teórico, *é metafísica, porque provoca o esquecimento* do ser do Direito.[380]

A necessidade de abertura da clareira decorre do fato de que o encobrimento é o esquecimento do *ser* da Constituição, entificando-a, não permitindo que ela seja em seu *ser*; é "um 'não-pensar-na-verdade-do--ser' constitucionalizante/fundante", que, por sua vez, conduz ao mergulho na "inautenticidade do mundo jurídico, representado pelo desvio da reflexão jurídica em favor da cotidianeidade, da trivialização e da estandardização do Direito, *em que o jurista se aliena de sua condição histórica*". A alienar-se, o jurista falará do Direito a partir de "teto hermenêutico", e, portanto, repetira o que foi o que foi "*(pré)estabelecido pelo sentido comum*".[381] Como adverte Streck:

> [...] nada pode ser se não for constitucionalmente legítimo". *O ente só se manifestará se nele for levado a mostrar-se o ser da Constituição*, isto porque o ser se dá sempre e somente enquanto *ser de um ente*, podendo nele ocultar-se. Consequentemente, não há(verá) ente jurídico sem o ser constitucionalizado/constitucionalizante, que nele deve ser mostrado.[382]

Para *des-velar* o novo, entendido como o Estado Democrático de Direito, sua principiologia e a consequente força normativa e substancial do texto constitucional, é preciso *desconstruir/destruir* a tradição jurídica

---

[378] STRECK, Lenio Luiz. *Hermenêutica jurídica e(m) crise:* uma exploração hermenêutica da construção do direito. 11. ed., rev., atual. e ampl. Porto Alegre: Liv. do Advogado, 2014. p. 342-343.
[379] Ibid., p. 393.
[380] Ibid., p. 378.
[381] Ibid., p. 385.
[382] Ibid., p. 380.

inautêntica, mergulhada na crise de paradigmas. A abertura da clareira pressupõe essa *destruição*, no sentido heideggeriano, consistente num acontecimento que origine um espaço "desbastado", livre dos obstáculos que impedem a vinda ao aparecer da *presença*.[383]

Portanto, não mais se sustenta, nos tempos que ora sucedem, que o Legislativo e o Executivo continuem a desprezar os influxos constitucionalistas e filosóficos que permeiam a atividade interpretativa/compreensiva, mormente os juízes. A constituição simplesmente não pode ser aquilo que o legislador e o intérprete pensam ou querem que ela seja. Urge que se permita ao texto constitucional dizer algo; é preciso que a linguagem, dentro do necessário contexto intersubjetivo seja condição de possibilidade, e não mero instrumento entre o sujeito e o objeto, isto é a linguagem não poder ser utilizada como ferramenta para o assujeitamento do objeto por parte do intérprete, assim como este também não pode/deve ser assujeitado pelo objeto a partir de uma linguagem conceitual objetivista.

Em poucas palavras: a Constituição precisa ser levada a sério. Contudo, não é assim que acontece, notadamente quanto se está de frente com a tributação. Aqueles que lidam com ela relegam-na a um segundo plano, em que o sentido é apenas o de angariar recursos aos cofres públicos ou estabelecer limites ao poder de tributar. Não importa quem paga (ou se está adequada ao princípio da capacidade contributiva). Não importa se cumpre seu papel redistributivo. Não importa se, ao deixar de pagar os tributos devidos o cidadão comete um crime. Importa, apenas, o *quantum* arrecadado.

Prova disso, é a crítica diuturnamente feita por Streck em suas obras, que, "de há muito perseguimos com êxito ladrões de galinha e de sabonetes, mas não somos tão bons para 'pegar' sonegadores e lavadores de dinheiro".[384] Isso porque, aquele que sonega tributos, apesar de cometer um crime, pode pagar a extinguir sua punibilidade. O ladrão de galinha e de sabonetes, entretanto, mesmo que devolve o produto do crime ou arranje uma forma de pagar o prejuízo, vai para a cadeia. Outra prova de que, em termos de tributação, importa apenas o total arrecadado, pouco importando os efeitos nocivos disso à sociedade, foi o projeto de anistia que chegou a ser aprovado no Senado, para que aqueles que remeteram valores ilegalmente ao exterior pagassem imposto de 6% para serem anistiados, com a garantia de que o sigilo fosse preservado, tratando-se de uma verdadeira institucionalização da impunidade.[385]

---

[383] STRECK, Lenio Luiz. *Hermenêutica jurídica e(m) crise:* uma exploração hermenêutica da construção do direito. 11. ed., rev., atual. e ampl. Porto Alegre: Liv. do Advogado, 2014. p. 386.
[384] Ibid., p. 41.
[385] Ibid., p. 41.

Verifica-se, portanto, que a Constituição não é levada a séria. Muito menos a tributação. Esta não é vista como um dever decorrente da cidadania sequer por aqueles que se encontram no Congresso Nacional, que há muito são complacentes e induzem à sonegação (através da possibilidade de extinção da punibilidade) e à inadimplência dos tributos (por meio dos diversos programas de parcelamento que reduzem significativamente multas e juros e até o valor principal devidos). O resultado dessa falta de compromisso constitucional é, não raras vezes, motivo para que alguns contribuintes deixem de pagar tributos e utilizem os valores que a eles seriam destinados como capital de giro das empresas (nada mais lógico: os juros dos bancos são maiores que os dos impostos, além da possibilidade de abertura de programas de parcelamento com redução dos encargos).

Eis aí o papel da Crítica Hermenêutica do Direito, que, ao incorporar a viragem ontológico-linguística, dá conta dos inúmeros equívocos que permeiam o *imaginário dos juristas*, permitindo constatar os que os *pré-juízos* da *dogmática jurídica dominante* são inautênticos, pois sustentados à margem da tradição que vigora a partir do novo, posto que *velam* as condições de possibilidade de a Constituição "constituir a sociedade", de ser mais do que mera carta de intenções, de ser dirigente, de determinar a ação do Legislativo e do Executivo.

2.2.4. O direito fundamental a uma resposta constitucionalmente adequada

A noção de constitucionalismo trouxe para o âmbito da Constituição temas que antes eram reservados à esfera privada, fazendo com que ela publicizasse espaços que antes eram reservados aos interesses privados, a partir da elevação de uma materialidade que ocorre pelos princípios. Uma Constituição nova exige novos modos de análise: uma nova teoria das fontes e uma nova teoria da norma, além de uma nova teoria hermenêutica, em termos de teoria da decisão. Ou seja, uma nova constituição, dentro de um novo paradigma, deve ser vista com os olhos do novo.[386] Como refere Streck:

> No campo jurídico, a revolução copernicana do direito público mudou o centro gravitacional do direito: não mais os códigos do direito privado, mas as Constituições é que exercem, agora, a função capitalizadora da ordem jurídica. Essa alteração radical implicou, também, uma revolução metodológica: os *métodos tradicionais do direito privado* – permeados pela filosofia da consciência – *não eram adequados para manipular os novos textos constitucionais*, concebidos para fazer vale uma ordem democrática que,

---
[386] STRECK, Lenio Luiz. *Verdade e consenso*: constituição, hermenêutica e teorias discursivas. 4. ed. São Paulo: Saraiva, 2011. p. 66-67.

para além de qualquer solipsismo, deveria conduzir para uma esfera pública e intersubjetiva de legitimação dos atos do poder do Estado. Assim, outra revolução – igualmente copernicana – entra em cena: cuida-se daquilo que ficou conhecido como *linguistic turn*, que opera uma redefinição do papel da linguagem no processo de conhecimento e abre novos caminhos para a discussão do método no direito.[387]

O direito não é mais ordenador como na fase liberal; tampouco promovedor como no Estado Social, mas sim transformador da realidade na era do Estado Democrático de Direito. E é por isso que se dá o aumento de tensão em direção à jurisdição constitucional, que no modelo de Estado atual vai se transformar em garantidora dos direitos fundamentais-sociais e da democracia, à medida que há uma certa negligência por parte do Legislativo e do Executivo.[388] Entretanto, como ressalta Streck, há de haver uma necessária compreensão sobre o sentido do Direito, da Constituição, a fim de que se possa alcançar respostas corretas/adequadas às questões colocadas à disposição do Judiciário:

> O que deve ser dito é que *o problema do sentido do direito se situa antes do problema do conhecimento*. O jurista não "fabrica" o seu objeto do conhecimento. A compreensão, pela sua "presença antecipada", é algo que não dominamos. O sentido não está à nossa disposição! Por isso é que – e de há muito venho insistindo nisso (e me permito repetir a esta altura destas reflexões) – *não interpretamos para compreender, e, sim, compreendemos para interpretar*. A interpretação, como bem diz Gadamer, é a explicitação do compreendido. Com isso, são colocados em xeque os modos procedimentais de acesso ao conhecimento.[389]

Portanto, a dialética entre texto e atribuição de sentido ao texto não pode ser "afogada" por pressupostos metafísicos como ora se constata, estando o intérprete refém do esquema sujeito-objeto, notadamente sob a tradição erigida pelo paradigma do Estado Democrático de Direito. Daí que a tese de Streck, referente à construção de uma teoria do direito adequada aos postulados do Constitucionalismo Contemporâneo, apresenta-se de maneira completamente ruptural com relação à tradição constituída sob a égide do positivismo exegético/normativista. A hermenêutica possibilita o enfrentamento e a superação do decisivo problema, não enfrentado pelo positivismo, que é da interpretação do direito, e que é, ao mesmo tempo, o problema da aplicação.[390]

---

[387] STRECK, Lenio Luiz. Crítica hermenêutica às recepções teóricas inadequadas feitas pelo constitucionalismo brasileiro pós-1988. In: CALLEGARI, André Luís; STRECK, Lenio Luiz; ROCHA, Leonel Severo (Org.). *Constituição, sistemas sociais e hermenêutica*: anuário do Programa de Pós-graduação em Direito da UNISINOS: mestrado e doutorado. Porto Alegre: Liv. do Advogado; São Leopoldo: UNISINOS, 2011. p. 171-172.

[388] Id. *Verdade e consenso*: constituição, hermenêutica e teorias discursivas. 4. ed. São Paulo: Saraiva, 2011. p. 67.

[389] Id. *O que é isto – decido conforme minha consciência?*. 2. ed., rev. e ampl. Porto Alegre: Liv. do Advogado, 2010. p. 89.

[390] Id. Neoconstitucionalismo, positivismo e pós-positivismo. In: FERRAJOLI, Luigi; STRECK, Lenio Luiz; TRINDADE, André Karam (Orgs.). *Garantismo, hermenêutica e (neo)constitucionalismo*: um debate com Luigi Ferrajoli. Porto Alegre: Livraria do Advogado, 2012. p. 87-88.

Não se pode descurar o fato de que o direito é constituído por textos (dispositivos) compostos por palavras ambíguas e polissêmicas e que possuem caráter abrangente, sendo que não se consegue esgotar todos os casos em que serão aplicados antes de analisar a situação concreta. Entretanto, será o próprio direito, por meio de princípios informados pela Constituição, que resolverá esse problema, posto que:

> [...] interpretar é dar sentido (*Sinngebung*). É fundir horizontes. E o direito é composto por regras e princípios, "comandados" por uma Constituição. Assim, afirmar que os textos jurídicos contém vaguezas e ambiguidades e que os princípios podem ser – e na maior parte das vezes são – mais "abertos" em termos de possibilidade de significado, *não constitui novidade*, uma vez que até mesmo os setores mais atrasados da dogmática jurídica já se aperceberam desse fenômeno.
> O que deve ser entendido é que a realização/concretização desses textos (isto é, a sua transformação em normas) *não depende* – e não pode depender – de uma subjetividade assujeitadora (esquema S-O), como se os sentidos a serem atribuídos fossem fruto da vontade do intérprete. Ora, fosse isso verdadeiro, teríamos que dar razão e Kelsen, para quem *a interpretação a ser feita pelos juízes é um ato de vontade*. Isso para dizer o mínimo.[391]

A partir dessas questões, é que Streck sustenta que se pode falar na possibilidade de respostas hermeneuticamente adequadas à Constituição no direito. Assim, propõe a tese de que, todo o cidadão que vive sob o amparo do Estado Democrático de Direito possui um direito fundamental de uma *resposta constitucionalmente adequada* dos tribunais. Sua Teoria da Decisão não estabelece nenhum método para alcançar essa resposta adequada, mas, propõe, um conjunto mínimo de princípios (hermenêuticos) a serem seguidos pelo intérprete, sustentados na historicidade da compreensão e na sedimentação dessa principiologia.[392] São eles:

Primeiro: princípio da preservação da autonomia do direito. Trata-se de um princípio interpretativo que abarca vários padrões compartilhados pelo direito constitucional a partir do segundo pós-guerra, como o da *correção funcional*, da *rigidez do texto constitucional*, da *força normativa da Constituição* e da *máxima efetividade*. O objetivo é entender a Constituição como norma e que no novo paradigma, o direito deve ser compreendido em seu crescente grau de autonomização, atingido em função "dos fracassos da falta de controle *da e sobre* a política". A manifestação desse grau de autonomia é a Constituição, e ocorre no contexto histórico do século XX, com a elaboração das Constituições do segundo pós-guerra;

---

[391] STRECK, Lenio Luiz. *O que é isto – decido conforme minha consciência?*. 2. ed., rev. e ampl. Porto Alegre: Liv. do Advogado, 2010. p. 93.

[392] Id. Crítica hermenêutica às recepções teóricas inadequadas feitas pelo constitucionalismo brasileiro pós-1988. In: CALLEGARI, André Luís; STRECK, Lenio Luiz; ROCHA, Leonel Severo (Org.). *Constituição, sistemas sociais e hermenêutica*: anuário do Programa de Pós-graduação em Direito da UNISINOS: mestrado e doutorado. Porto Alegre: Liv. do Advogado; São Leopoldo: UNISINOS, 2011. p. 172-175.

Segundo: princípio do controle hermenêutico da interpretação constitucional (como superação da discricionariedade). Refere-se ao papel de "constrangimento epistemológico" destinado à doutrina, que exige da teoria constitucional uma reflexão de cunho hermenêutico, decorrente da autonomia do direito e da sua inseparável ligação com a democracia e o constitucionalismo. Como decorrência do dever fundamental de justificação e do respeito à autonomia do direito, não mais se sustentam decisionismos e atitudes pragmaticistas, nas quais o Judiciário se substitui ao legislador, aumentando-se os protagonismos judiciais. Ao invés de ser mera coadjuvante do protagonismo judicial e transformar "a aplicação do direito em um processo de coagulação de sentidos", a doutrina deve "constranger epistemologicamente a operacionalidade do direito, fazendo com que a teoria do direito seja alçada à condição de possibilidade de qualquer interpretação-aplicação";

Terceiro: princípio do respeito à integridade e à coerência do direito. Referido princípio engloba princípios construídos ao longo dos anos pela teoria constitucional, como o da *unidade da Constituição,* da *concordância prática entre as normas ou da harmonização,* da *eficácia integradora ou do efeito integrador,* e até mesmo o *princípio da proporcionalidade*. A integridade encontra-se indissociavelmente ligada à democracia, e exige que os juízes construam argumentos de forma integrada ao conjunto do direito;

Quarto: princípio do dever fundamental de justificar as decisões (a fundamentação da fundamentação). Em consequência do art. 93, inc. IX, da Constituição, que determina *que o juiz explicite as condições pelas quais compreendeu,* há uma intensa responsabilidade política dos juízes e tribunais, o que Streck chama de "espaço epistemológico da decisão";

Quinto: princípio do direito fundamental a uma resposta constitucionalmente adequada. Consiste numa relação de dependência do dever fundamental de justificar as decisões e dos princípios anteriores. "A obrigação de fundamentar visa a preservar a força normativa da Constituição e o caráter deontológico dos princípios. Representa uma blindagem contra interpretações deslegitimadoras do conteúdo que sustenta o domínio normativo dos textos constitucionais".[393]

Na busca pelo cumprimento ao direito fundamental a uma resposta adequada à Constituição, Streck salienta a necessidade de investigar se a norma é aplicável ao caso, à luz dos princípios e dos preceitos constitucionais, a antes de qualquer outra análise; de se questionar para qual sentido a pré-compreensão, que constitui em condição para a

---

[393] STRECK, Lenio Luiz. Crítica hermenêutica às recepções teóricas inadequadas feitas pelo constitucionalismo brasileiro pós-1988. In: CALLEGARI, André Luís; STRECK, Lenio Luiz; ROCHA, Leonel Severo (Org.). *Constituição, sistemas sociais e hermenêutica:* anuário do Programa de Pós-graduação em Direito da UNISINOS: mestrado e doutorado. Porto Alegre: Liv. do Advogado; São Leopoldo: UNISINOS, 2011. p. 175-181.

compreensão do fenômeno. Isso porque, "para interpretar, é necessário compreender o que se quer interpretar".[394] Nesse sentido, aduz Hesse que "la concretización presupone le 'comprensión' del contenido de la norma a 'concretizar'. La cual no cabe desvincular ni de la 'precomprensión' del intérprete ni del problema concreto a resolver".[395] Assim, Streck assevera:

> O direito fundamental a uma resposta adequada à Constituição, mais do que o assentamento de uma perspectiva democrática (portanto, de tratamento equânime, respeito ao contraditório e à produção democrática legislativa), é um "produto" filosófico, porque caudatário de um novo paradigma que ultrapassa o esquema sujeito-objeto predominante nas duas metafísicas (clássica e moderna).[396]

Por outro lado, anota que "o direito fundamental a uma resposta constitucionalmente adequada não implica a elaboração sistêmica de repostas definitivas", uma vez que a aspiração pela busca de respostas definitivas é anti-hermenêutica, por propiciar o "congelamento de sentidos". Reporta-se, assim, "ao que Gadamer considera como sendo o conteúdo da verdade, que é sempre provisória, a ser confirmada a partir da distância temporal".[397] Nesse sentido, cabem as considerações de Hesse, segundo as quais:

> La interpretación constitucional es "concretización". [...] precisamente lo que no aparece de forma clara como contenido de la Constitución es lo que debe ser determinado mediante la incorporación de la "realidad" de cuya ordenación se trata. [...] la interpretación constitucional tiene carácter creativo? El contenido de la norma interpretada sólo queda completo con su interpretación, ahora bien, sólo en ese sentido posee carácter creativo: la actividad interpretativa queda vinculada a la norma.[398]

A Constituição é condicionada pela realidade histórica. Ela não pode ignorar as circunstâncias concretas de uma época, sendo que sua pretensão de vigência somente pode se realizar a medida que leve em consideração tais circunstâncias. Deve permanecer incompleta e inacabada, porque pretende regrar vida histórica e, como tal, ser submetida a mudanças históricas. "Si la Constitución quiere hacer posible la resolución de las múltiples situaciones críticas históricamente cambiantes su contenido habrá de permanecer necesariamente *abierto al tiempo*".[399]

---

[394] STRECK, Lenio Luiz. Crítica hermenêutica às recepções teóricas inadequadas feitas pelo constitucionalismo brasileiro pós-1988. In: CALLEGARI, André Luís; STRECK, Lenio Luiz; ROCHA, Leonel Severo (Org.). *Constituição, sistemas sociais e hermenêutica*: anuário do Programa de Pós-graduação em Direito da UNISINOS: mestrado e doutorado. Porto Alegre: Liv. do Advogado; São Leopoldo: UNISINOS, 2011. p. 175-181. p. 181.

[395] HESSE, Konrad. *Escritos de derecho constitucional*. 2. ed. Madrid: Centro Estud. Constitucionales, 1992. p. 41.

[396] STRECK, op. cit., loc. cit.

[397] Ibid., loc. cit.

[398] HESSE, op. cit., p. 40-41.

[399] Ibid., p. 18 e 70.

Portanto, na busca de respostas constitucionalmente adequadas, é preciso ter presente, além de todos os influxos hermenêutico-filosóficos acima apontados, a noção de *applicatio* de Gadamer. A máxima justificação/fundamentação que Streck exige é entendida no plano da *applicatio* de Gadamer, porque interpretar é sempre um aplicar, evitando assim a arbitrariedade na atribuição de sentido. "Aquilo que é condição de possibilidade não pode vir a se transformar em um 'simples resultado' manipulável pelo intérprete".[400] Como observa o jusfilósofo:

> O caráter da interpretação de Gadamer é sempre produtivo. É impossível reproduzir um sentido. O *aporte produtivo do intérprete forma inexoravelmente parte do sentido da compreensão*. Como já se viu, é impossível o intérprete se colocar em lugar do outro. O acontecer da interpretação ocorre *a partir de uma fusão de horizontes, porque compreender é sempre o processo de fusão dos supostos horizontes para si mesmos*, acentua. Compreender uma tradição requer um horizonte histórico. Um texto histórico somente é interpretável desde a historicidade *(consciência histórico-efetual)* do intérprete.[401]

A importância da *applicatio* para o Direito, portanto, não decorre apenas da situação de que "o operador do Direito está sempre às voltas com a concretude do problema a ser solucionado juridicamente", mas, também, do fato de que norma e caso estão imersos no mundo da vida. A particularidade da *applicatio*, no Direito, é que não implica em uma visão da norma jurídica que a considere pronta e acabada na projeção do texto normativo. Este realiza um papel importante, mas fica alheio à necessária atualização diante do problema concreto, "da esfera fática que circunda a espécie de situação a ser solucionada e da pré-compreensão que envolve o texto da norma".[402]

Dentro do contexto da *applicatio*, adquire importância, também, a diferença ontológica entre *ser* e *ente*, que no Direito pode ser visualizada a partir da diferente entre *norma* e *texto*, com Müller. Referido autor advogada a ausência de identidade entre *norma* e *texto da norma*, a partir de sua conhecida distinção entre *âmbito da norma* e *programa da norma*. Enquanto o *programa da norma* se refere ao teor literal da norma (ou ao texto da norma), o *âmbito da norma* é o "recorte da realidade social na sua estrutura básica, que o programa da norma 'escolheu' para si como seu âmbito de regulamentação".[403]

---

[400] STRECK, Lenio Luiz. Uma Visão Hermenêutica do Papel da Constituição em Países Periféricos. In: CALLEGARI, André Luis. *Política criminal, estado e democracia:* homenagem aos 40 anos do Curso de Direito e aos 10 anos do Curso de Pós-Graduação em Direito da Unisinos. Rio de Janeiro: Lumen Juris, 2007. p. 141-142.

[401] Id. *Hermenêutica jurídica e(m) crise:* uma exploração hermenêutica da construção do direito. 11. ed., rev., atual. e ampl. Porto Alegre: Liv. do Advogado, 2014. p. 299.

[402] SILVA FILHO, José Carlos Moreira da. *Hermenêutica filosófica e direito:* o exemplo privilegiado da boa-fé objetiva no direito contratual. Rio de Janeiro: Lumen Juris, 2003. p. 153 e 162.

[403] MÜLLER, Friedrich. *Métodos de trabalho do direito constitucional.* 2.ed. São Paulo: Max Limonad, 2000. p. 57.

Aponta que uma norma necessita de interpretação não somente pelo fato de que suas palavras são unívocas, mas também porque deve ser aplicada ao caso concreto. Assim, afirma que "a norma jurídica não está pronta nem substancialmente concluída", pois não raras vezes, apesar de ser unívoca no papel, acaba sendo pouco clara na aplicação. Assim, são falsas as correntes objetivistas e subjetivistas, pois pressupõem a existência prévia de um sentido a ser reproduzido pelo intérprete, pois a "simples futuridade dos casos" faz ruir tal concepção voluntarista.[404]

A partir dos elementos acima apontados, será possível o atendimento da garantia constitucional a uma resposta constitucionalmente adequada, que deverá estar fundada nos princípios hermenêutico-interpretativos sustentados pela Crítica Hermenêutica do Direito, e ao largo das ultrapassadas metafísicas, em que o intérprete se faz refém do esquema sujeito-objeto.

Enfim, a partir do rompimento com o paradigma metafísico, a linguagem abandona sua condição de mero instrumento, que traduz a essência das coisas ou os conceitos, e passa a ser *a morada do ser*. A linguagem se torna a condição de possibilidade do próprio *ser*, e não mais uma terceira coisa na relação entre sujeito e objeto. A interpretação deixa de ser uma mera reprodução do sentido preexistente e passa a ser uma constante construção de sentido. Dessa maneira, o mundo que se encontra na linguagem é que se revela para o homem no processo de compreensão, sendo a tarefa da hermenêutica perguntar pelas condições de realização do compreender, buscando o encontro com o *ser* que é transmitido ao homem linguisticamente.

Tendo em vista que o direito deve servir para resolver problemas e concretizar as promessas da modernidade contempladas nos textos constitucionais, Streck afirma que superar os obstáculos que impedem o acontecer do constitucionalismo transformador do Estado Democrático de Direito pressupõe a construção das bases que permitam compreender a forma pela qual se opera o direito, a partir de um texto constitucional compromissório e dirigente.[405]

Foi a partir das considerações acima que se buscou, nessa pesquisa, descrever a evolução do constitucionalismo, compreender o sentido da força normativa das Constituições do segundo pós-guerra, do ganho de normatividade dos princípios, da supremacia da Constituição, do Esta-

---

[404] MÜLLER, Friedrich. *Métodos de trabalho do direito constitucional.* 2.ed. São Paulo: Max Limonad, 2000. p. 62.

[405] STRECK, Lenio Luiz. Uma Visão Hermenêutica do Papel da Constituição em Países Periféricos. In: CALLEGARI, André Luis. *Política criminal, estado e democracia:* homenagem aos 40 anos do Curso de Direito e aos 10 anos do Curso de Pós-Graduação em Direito da Unisinos. Rio de Janeiro: Lumen Juris, 2007. p. 142.

do Democrático de Direito, bem como do Constitucionalismo Contemporâneo – que rompe com os positivismos jurídicos.

Ocorre que os influxos do constitucionalismo provocaram uma verdadeira revolução na Teoria do Direito em nível de interpretação (compreensão). Assim, da mesma forma, tratou-se de estabelecer os marcos essenciais do fenômeno hermenêutico, com Heidegger e Gadamer, no contexto da Crítica Hermenêutica do Direito, que representa uma revolução copernicana no Direito.

Estabelecidos os elementos que devem conformação a pré-compreensão do fenômeno jurídico, parte-se, assim, para a segunda parte da pesquisa, na qual se busca *des-velar* a tributação no Brasil. Isso será realizado a partir de uma compreensão *autêntica* da tributação, bem como pela demonstração dos pré-juízes inautênticos que permeiam o exercício da *função tributária*.

Parte 2

O des-velamento da tributação em *terrae brasilis*

3. Uma compreensão *autêntica* da tributação no Brasil

Neste capítulo, busca-se definir os contornos de uma compreensão *autêntica* (legítima) do fenômeno tributário no Brasil, ou seja, uma compreensão que esteja ancorada na tradição que se sustenta no modelo de Estado adotado pela Constituição, em que a conclusão adequada advém da principiologia constitucional, a partir dos elementos que conformam a pré-compreensão do fenômeno jurídico neste trabalho. Para atingir tal intento, inicialmente, será definido qual o sentido da tributação, ou seja, qual objetivo deve ser visado pelos entes da federação ao instituírem os tributos que lhes competem, frente os fundamentos, objetivos e garantias esculpidos na Constituição.

Num segundo momento, examina-se o princípio da capacidade contributiva, tomado como vetor de uma justa exigência dos tributos, buscando verificar seus fundamentos, seus contornos conceituais, assim como criticar concepções que restringem sua aplicação por considerar que está fundamentada na regra contida no art. 145, § 1°, da Constituição.

Por fim, partindo de uma concepção autêntica do referido princípio, que procure atendê-lo em sua plenitude e de forma a alcançar a máxima proteção e eficácia dos mandamentos constitucionais, analisa-se as condições de possibilidade de aplicação do princípio da capacidade contributiva às diversas espécies tributárias existentes no sistema tributário nacional.

3.1. *A função da tributação no Estado Democrático de Direito*

Como já analisado anteriormente, o Estado Democrático de Direito, instituído em 1988 no Brasil, constitui-se em um aprofundamento do

Estado Social que agregou, em seu seio, o *plus* democrático, dando, em tese, o poder ao povo de participar das decisões, de modo indireto, via representantes escolhidos por votação. Nesse tipo de Estado, há uma evolução na busca da igualdade, na medida em que não se pretende apenas uma isonomia formal, relativa aos direitos civis e políticos do clássico Estado Liberal Burguês, mas sim a concretização da igualdade substancial, aquela que almeja, no limite de suas possibilidades, o mesmo direito à saúde, à educação e às rendas, estes, direitos-meio para consecução da efetiva liberdade – direito-fim.

Apesar de sua natureza controversa, essa fórmula do Estado Social e Democrático de Direito tem um indubitável caráter de compromisso constitucional baseado em alguns valores básicos, sendo precisamente esses valores (liberdade, igualdade, justiça e participação democrática na formação da ordem social e econômica), entendidos em sentido material, e não apenas formal, que constituem o conteúdo mínimo dessa fórmula.[406]

O mais relevante dessa concepção é que esse tipo de Estado não se apresenta como uma mera ideia explicativa ou descritiva, ou como uma opção de política legislativa, mas lhe é atribuído uma valor e eficácia jurídico-constitucionais que de maneira alguma podem ser depreciados. Por isso é de particular interesse analisar os fundamentos jurídicos constitucionais dos quais se extraem tais consequências.

A Carta Magna traz, entre seus fundamentos, a busca pela efetivação da cidadania, da dignidade da pessoa humana e dos valores sociais do trabalho, em paralelo com a livre iniciativa (art. 1º). Também adota, como objetivos fundamentais, a construção de uma sociedade livre, justa e solidária, a garantia do desenvolvimento social, a erradicação da pobreza e a redução das desigualdades sociais e regionais, bem como a promoção do bem de todos (art. 3º).

Com relação aos Direitos Econômicos e Sociais, restou positivado o direito à educação, à saúde, ao trabalho, à moradia, ao lazer, à segurança, além da assistência aos desamparados, entre outros (art. 6º). Deve-se referir, ainda, que a saúde é direito de todos e dever do Estado (art. 196), assim como a educação (art. 205), a cultura (art. 215) e o desporto (art. 217). Sob a perspectiva da ordem econômica, está esculpido que a república tem por fim assegurar a todos a existência digna, de acordo com os ditames da justiça social e, entre vários princípios, a redução das desigualdades regionais e sociais, como balizamentos da livre iniciativa (art. 170).

---

[406] ESTEVAN, Juan Manuel Barquero. *La función del tributo en el estado social y democrático de derecho*. Madrid: Centro de estudios políticos e constitucionales, 2002. p. 52.

Dentro desse contexto, o Sistema Tributário Constitucional prevê, no art. 150 da Constituição Federal, as limitações ao poder de tributar, positivando importantes princípios relacionados à atividade da tributação, como o da legalidade, da igualdade, da anterioridade, da vedação ao confisco, à limitação ao tráfego de pessoas ou bens.[407] Além disso, o referido artigo descreve as hipóteses de imunidade, que preveem a não incidência de impostos sobre a renda, o patrimônio ou os serviços de determinadas entidades que buscam os fins perseguidos pela Constituição.

Ainda consta no § 1º do art. 145 da Constituição, o princípio da capacidade contributiva, o qual corresponde a um desdobramento da ideia de igualdade e constitui um instrumento que deve ser utilizado na busca de uma tributação adequada por meio de seus aliados: a progressividade e a seletividade. Desde já, é importante deixar consignado que, para os fins deste trabalho, este princípio decorre do próprio modelo de Estado instituído pela Constituição, e, portanto, não está fundamentado no art. 145, § 1º, que se trata apenas de uma regra que faz menção expressa ao referido princípio.

Como se percebe, o Estado Democrático de Direito experimenta uma série de transformações que afetam suas funções e os instrumentos que utiliza para realizá-las. Entre os instrumentos que sofrem com as modificações, está aquele que constitui sua pedra basilar, o sistema tributário.[408] Vive-se um novo paradigma, em que o fenômeno do constitucionalismo proporciona o surgimento de ordenamentos jurídicos constitucionalizados, a partir de uma norma maior *"extremamente embebedora" (pervasiva)*, com condições de condicionar legislação, jurisprudência e doutrina e a ação de agentes públicos.[409]

É preciso levar em conta "que os princípios são dotados de um conteúdo deontológico",[410] e devem, por isso, estar por detrás de todas as normas, ou seja, os princípios são a base de sustentação do sistema normativo. Portanto, não se pode concordar com normas no âmbito do direito tributário, que estejam em desacordo com princípios como o da

---

[407] Em verdade, tais princípios já encontram-se positivados na Constituição como garantias individuais e até mesmo sociais, tratando-se de uma reiteração com o condão de expressar a necessidade de máximo respeito aos direitos dos cidadãos contra eventuais arbítrios por parte do Estado.

[408] ESTEVAN, Juan Manuel Barquero. *La función del tributo en el estado social y democrático de derecho*. Madrid: Centro de estudios políticos e constitucionales, 2002. p. 21.

[409] STRECK, Lenio Luiz. Uma Visão Hermenêutica do Papel da Constituição em Países Periféricos. In: CALLEGARI, André Luis. *Política criminal, estado e democracia*: homenagem aos 40 anos do Curso de Direito e aos 10 anos do Curso de Pós-Graduação em Direito da Unisinos. Rio de Janeiro: Lumen Juris, 2007. p. 131.

[410] Id. Neoconstitucionalismo, positivismo e pós-positivismo. In: FERRAJOLI, Luigi; STRECK, Lenio Luiz; TRINDADE, André Karam (Orgs.). *Garantismo, hermenêutica e (neo)constitucionalismo*: um debate com Luigi Ferrajoli. Porto Alegre: Livraria do Advogado, 2012. p. 70.

igualdade, da capacidade contributiva, etc. Isso ocorre justamente pelo fato de que, em estando de acordo com tais postuladas, invariavelmente a tributação contribuirá, a seu modo, para a máxima proteção e eficácia das garantias constitucionais, corroborando a concretização dos objetivos fundamentais do Estado Democrático de Direito.

Se a Constituição estabelece a forma de criação das regras que venham a integrar o sistema jurídico – assim como as balizas/contornos de referidas regras – não pode o legislador, no processo de criação das normas jurídicas, mormente aquelas referentes à tributação, pensar ser possível partir de uma espécie de "grau zero" de sentido, de onde solipsisticamente poderá estabelecer o que entende melhor para sociedade. É preciso partir do paradigma instituído pela Constituição! É preciso entender que a Constituição "constitui a ação", na linha sustentada por Streck, nos termos expostos no capítulo anterior.

Os princípios constitucionais instituem o *mundo prático* no direito e essa institucionalização representa um ganho qualitativo para o direito, na medida em que o juiz tem um dever de decidir de forma correta. Desse modo, tem-se o seguinte: não há regra sem um princípio instituidor. Sem um princípio instituinte, a regra não pode ser aplicada, posto que não será portadora do caráter de legitimidade democrática. Portanto, não é correto falar em uma axiologia principiológica, mas sim em uma deontologia dos princípios, visto que são os princípios que instituem as bases para a normatividade do direito, pois as regras não acontecem sem os princípios. Os princípios sempre atuam como determinantes para a concretização do direito, enquanto as regras constituem modalidades objetivas de solução de conflitos.[411]

Nessa linha, Streck sustenta que a normatividade assumida pelos princípios possibilita um "fechamento interpretativo" próprio da blindagem hermenêutica contra discricionariedades, porque retira seu conteúdo normativo de uma convivência intersubjetiva que emana dos vínculos existentes na moralidade política da comunidade. Acresça-se, ainda, que a regra só se aplica em face do caráter antecipatório do princípio. O princípio está antes da regra. Somente se compreende a regra através do princípio. Os princípios não são princípios porque a Constituição assim diz, mas a Constituição é principiológica porque há um conjunto de princípios que conformam o paradigma constitucional, de onde exsurge o Estado Democrático de Direito.[412]

---

[411] STRECK, Lenio Luiz. Neoconstitucionalismo, positivismo e pós-positivismo. In: FERRAJOLI, Luigi; STRECK, Lenio Luiz; TRINDADE, André Karam (Orgs.). *Garantismo, hermenêutica e (neo)constitucionalismo*: um debate com Luigi Ferrajoli. Porto Alegre: Livraria do Advogado, 2012. p. 68-69.

[412] Ibid., p. 69-70.

Uma vez que consta como fundamento do Estado instituído pela Constituição de 1988 a dignidade da pessoa humana, princípio sobreposto em autoridade; se possui a Constituição, entre os seus objetivos, a erradicação da pobreza e a redução das desigualdades sociais, o sistema tributário, instrumento de redistribuição de renda (em tese), deve estar sob as amarras dos *mandamentos da democracia e da justiça*.[413] Oportunas as palavras de Carrazza:

> Do mesmo modo, a Constituição, ao estatuir que as pessoa políticas devem (*i*) promover "a dignidade da pessoa humana" (art. 1º, III), "o bem de todos" (art. 3º, IV), "a saúde" (arts. 6º, *caput*, e 196, *caput*), "a assistência aos desamparados" (art. 6º, *caput*) e "programas de assistência integral à saúde da criança e do adolescente" (art. 227, § 1º); (*ii*) "assegurar a todos a existência digna" (art. 170, *caput*); (*iii*) proporcionar seguridade social, mediante também ações que garantam "os direitos relativos à saúde" (art. 194, *caput*); (*iv*) prestar assistência social, tendo por objetivos, dentro outros, "a habilitação e reabilitação das pessoas portadoras de deficiência e a promoção de sua integração à vida comunitária" (art. 203, IV); e (*v*) "amparar as pessoas idosas, (...) defendendo a sua dignidade bem-estar e garantindo-lhes o direito à vida", *implicitamente exige que os tributos venham ajustados a estes louváveis objetivos, que interessam à presente e às futuras gerações*.[414]

Em vista das constatações referentes à carga principiológica do Estado Democrático de Direito, Marco Aurélio Grecco aduz que a Constituição não foi apenas rearranjo de dispositivos, ela trouxe alterações no próprio fundamento constitucional da tributação, passando a ser a ideia de solidariedade, pois o Estado surge como criatura da sociedade civil para atuar na direção do atendimento às prioridades e objetivos por ela definidos no próprio texto, nos arts. 1º e 3º. Criar os tributos já não é mais mero poder do Estado, mas um dever social ou cívico, amparado na solidariedade, que se atende pelo ato de contribuir para as despesas de acordo com a capacidade contributiva. Em razão disso, Marco Aurélio Grecco assinala que o Estado está investido na *função* de tributar ao invés do poder de fazê-lo, como antigamente.[415]

No mesmo sentido do que fora afirmado por Marco Aurélio Grecco, são as palavras de Ricardo Lobo Torres, para quem "a construção de sistema tributário em bases constitucionais tem como fim precípuo promover o ordenamento de intensa efetividade e segurança jurídica aos direitos fundamentais, diante da função tributária do Estado",[416] e

---

[413] A expressão "mandamentos da democracia e da justiça" é de Paulo Bonavides. BONAVIDES, Paulo. *Do estado liberal ao estado social*. 9 ed. São Paulo: Malheiros, 2009. p 11.

[414] CARRAZZA, Roque Antonio. *ICMS*. 16º ed. rev. e. ampl. até a EC 67/2011, e de acordo com a Lei Complementar 87/1996, com suas ulteriores modificações. São Paulo: Malheiros, 2012. p. 509.

[415] GRECCO, Marco Aurélio. *Do poder à função tributária*. In: FERRAZ, Roberto (Coord.). Princípios e limites da tributação 2. São Paulo: Quartier Latin, 2009. p. 173-174.

[416] TORRES, Heleno Taveira. *Direito constitucional tributário e segurança jurídica*. 2. ed. São Paulo: Revista dos Tribunais, 2012. p. 338.

de Heleno Torres, de que "nesse contexto, todo o ordenamento jurídico 'constitucionaliza-se', em submissão ao plexo de competências e de princípios que passam a definir o conteúdo do sistema Constitucional Tributário".[417]

Os apontamentos acima demonstram a importância e o lugar central que ao tributo outorga a Constituição. O tributo constitui um pressuposto funcional do Estado Democrático de Direito, ou seja, para que possa desenvolver suas funções, está inevitavelmente chamado a retirar uma parte importante dos rendimentos dos cidadãos por meio dos tributos.[418] Portanto, o Estado contemporâneo tem na tributação seu principal meio de financiamento, e por isso passa a ser chamado de Estado fiscal. Sem a arrecadação de recursos, não há como realizar políticas públicas que sirvam à concretização das promessas constitucionais, nem como manter a própria estrutura estatal em funcionamento.

O Estado fiscal se constitui em vínculo indispensável de união entre o Estado de Direito e o Estado Social, porque apenas mediante a ingerência dele é possível garantir o desenvolvimento do Estado Social. Tem seu antecedente mais remoto na metade do século XIX, no *Manual da Fazenda Pública*, de Lorenz von Stein, um dos precursores do Estado Social, que destacava a importância que a prática do imposto havia adquirido para o financiamento das despesas públicas.[419]

O Estado contemporâneo tem na figura dos impostos o seu principal suporte financeiro, e, tendo em vista a sua razão de ser, que é a realização da pessoa humana em respeito à sua eminente dignidade, o Estado fiscal[420] não pode deixar de se configurar como um instrumento dessa realização.[421]

---

[417] TORRES, Heleno Taveira. *Direito constitucional tributário e segurança jurídica*. 2. ed. São Paulo: Revista dos Tribunais, 2012. p. 361

[418] ESTEVAN, Juan Manuel Barquero. *La función del tributo en el estado social y democrático de derecho*. Madrid: Centro de estudios políticos e constitucionales, 2002. p. 37.

[419] ESTEVAN, Juan Manuel Barquero. *La función del tributo en el estado social y democrático de derecho*. Madrid: Centro de estudios políticos e constitucionales, 2002. p. 31-33. O autor ressalta que também Carl Schmitt fez alusão ao conceito de Estado Fiscal ao sublinhar a estreita relação entre um Estado de Bem-Estado e Assistencial e em enorme medida um Estado de impostos e taxas. ESTEVAN, op. cit., p. 37

[420] Cabe ressaltar que, quando se fala em Estado Fiscal, o que se pretende é pôr em destaque a forma pela qual tal organização política providencia os recursos financeiros necessários à sua manutenção e funcionamento, ou, em outras palavras, é a projeção financeira do Estado de Direito, no qual a receita pública passa a se fundar principalmente nos tributos. Nesse sentido: SIQUEIRA, Marcelo Rodrigues de. Os desafios do estado fiscal contemporâneo e a transparência fiscal. In: NABAIS, José Casalta; SILVA, Suzana Tavares da. *Sustentabilidade fiscal em tempos de crise*. Coimbra: Almedina, 2011. p. 131; TORRES, Ricardo Lobo. *Curso de direito financeiro e tributário*. 15. ed. Rio de Janeiro: Renovar, 2008. p. 8.

[421] NABAIS, José Casalta. Da sustentabilidade do Estado Fiscal. In: NABAIS, José Casalta; SILVA, Suzana Tavares da. *Sustentabilidade fiscal em tempos de crise*. Coimbra: Almedina, 2011. p. 17.

O Estado necessita essencialmente de receitas derivadas para cumprir os seus objetivos, notadamente para a redução das desigualdades sociais e erradicação da pobreza, as quais são obtidas via tributação. Nesse sentido, o sistema fiscal existe porque, nas palavras de Casalta Nabais:

> Os direitos, todos os direitos, porque não são dádiva divina nem frutos da natureza, porque não são auto-realizáveis nem podem ser realisticamente protegidos num estado ou incapacitado, implicam a cooperação social e a responsabilidade individual. Daí decorre que a melhor abordagem para os direitos seja vê-los como liberdades privadas com custos públicos.[422]

Afirmar que o contemporâneo formato do Estado não prescinde da arrecadação de tributos, significa reconhecer que um dos principais deveres inerentes à cidadania consiste em pagar tributos, uma vez que, com isso, o Estado assegura os recursos necessários para garantir a realização de programas e políticas direcionadas à obtenção do denominado bem comum – razão da própria existência do Estado.

Apesar de todos os Estados atuais se apresentarem como Estados fiscais, do ponto de vista do seu financiamento, é preciso ter presente que, ao longo do século XX, há uma evolução para o Estado fiscal social, o qual permitiu a maior prosperidade e bem-estar alcançado pela Humanidade, pois foi nele que se construiu e consolidou o Estado social, tendo criado e desenvolvido sistemas fiscais que continuam a ser o paradigma do progresso do Estado.[423]

Frente aos fins do Estado Democrático de Direito, em conjunto com as diretrizes do sistema tributário constitucional, e nas trilhas do Estado fiscal social, a tributação constitui-se num forte instrumento na busca pela concretização dos direitos dos cidadãos, na medida em que pode exigir de cada cidadão aquilo que ele tem condições de entregar para colaborar com os demais, exercendo assim seu dever/direito de cidadania e fortalecendo a questão ideológica que permeia esse tipo de Estado: a solidariedade.[424]

---

[422] NABAIS, José Casalta. *Por um estado fiscal suportável* – Estudos de Direito Fiscal. Coimbra: Almedina, 2011. p. 21.

[423] Id. Da sustentabilidade do Estado Fiscal. In: NABAIS, José Casalta; SILVA, Suzana Tavares da. *Sustentabilidade fiscal em tempos de crise.* Coimbra: Almedina, 2011. p. 12 e 18-19.

[424] Não obstante as pretensões igualitárias, Bolzan aponta que a transição do liberalismo clássico para o liberalismo social, vem forjada sobre bases liberais individualistas e de uma economia capitalista que não consegue ser postas de lado, o que limita as possibilidades deste Estado que, apesar de se comprometer com a realização da dignidade humana em um viés de transformação social, vê-se constantemente constrangido pelos limites impostos por uma estrutura econômica fundada na lógica capitalista, que passa de um capitalismo de produção para um capitalismo financeiro. MORAIS, Jose Luis Bolzan de. Estado, Função Social e (os Obstáculos da) Violência. Ou: do "mal-estar" na civilização à síndrome do medo na barbárie! In: CALLEGARI, André Luis. *Política criminal, estado e democracia:* homenagem aos 40 anos do Curso de Direito e aos 10 anos do Curso de Pós-Graduação em Direito da Unisinos. Rio de Janeiro: Lumen Juris, 2007. p. 71.

Além do mais, no âmbito deste modelo de Estado, a tributação adquire nítida função redistributiva, à medida que se fundamenta na solidariedade e na capacidade contributiva. A função de criar e cobrar impostos está relacionada com o Estado social, no seio do qual os direitos fundamentais de liberdade e a economia de mercado possibilitam e provocam desigualdades materiais. O Estado de Bem-Estar, por sua vez, exige a redução dessas desigualdades, e isso só é possível mediante a redistribuição, tarefa para a qual o imposto é uma ferramenta fundamental.[425]

A importância do tributo neste modelo de Estado, é bastante clara, a partir de pelo menos duas perspectivas. Por um lado, por sua capacidade produtiva e flexibilidade, permitindo-lhe adaptar-se às necessidades financeiras de cada momento, e convertendo-o em um instrumento fundamental para atender às crescentes necessidades financeiras do Estado Social. Por outro lado, pela sua capacidade de produzir um efeito de redistribuição de renda, compatível com os direitos e liberdades constitucionais, permitindo retirar maiores recursos financeiros dos mais favorecidos e menores, ou inclusive nenhum, dos menos favorecidos.[426]

A compreensão conjunta dos *mandamentos da Democracia e da Justiça*, que na Constituição referem-se à função social do Estado, nas palavras de Manuel Barquero, faz com que o Estado e as autoridades públicas em geral comprometam-se com a realização de uma ordem social mais justa e igualitária, o que afeta de uma forma muito especial a Fazenda Pública, que se torna, em sua dupla dimensão – receitas e despesas – uma chave para alcançar estes objetivos, através da função redistributiva para a qual sem dúvida lhe aponta a Constituição.[427]

A redistribuição se cumpre de uma forma muito mais eficaz por meio das despesas do que por meio dos ingressos. Entretanto, é claro que, de maneira alguma, a Constituição renuncia à função redistributiva pela via dos ingressos e concretamente dos tributos, não apenas de forma indireta (a servir para financiar os gastos sociais) mas também diretamente, através da progressividade tributária. E isso exige, para que essa redistribuição através dos tributos seja real e não uma mera declaração retórica, devendo o sistema tributário ser progressivo não é apenas na sua configuração estrutural, mas também na sua aplicação prática.[428]

---

[425] ESTEVAN, Juan Manuel Barquero. *La función del tributo en el estado social y democrático de derecho*. Madrid: Centro de estudios políticos e constitucionales, 2002. p. 42.
[426] Ibid., p. 54.
[427] Ibid., p. 53-54.
[428] Ibid., p. 56-58.

Dessa forma, o tributo tem lugar central no Estado Democrático de Direito e se constitui como pressuposto funcional. Para desenvolver suas funções, precisa de recursos, que são retirados dos cidadãos pelos tributos. Assim, constitui-se em ferramenta para a concretização dos direitos fundamentais. Além do mais, por estar atrelada ao pilar da solidariedade, possui função redistributiva, através da efetivação do princípio da capacidade contributiva.

Enfim, é inegável que o movimento constitucionalista que se consolida no pós-guerra, relativamente à força normativa da Constituição, ao seu dirigismo, etc., dentro do contexto do Constitucionalismo Contemporâneo, produz efeitos sobre as regras de direito tributário – assim como no restante do Ordenamento Jurídico. Cabe àqueles que lidam com a tributação perceber os reflexos do constitucionalismo sobre os direitos e garantias dos contribuintes, e abandonar os velhos preceitos do Código Tributário Nacional, que determinam como se deve interpretar as regras de direito tributário, de forma a atribuir máxima proteção e eficácia às garantias constitucionais.

Uma compreensão autêntica da tributação, frente ao Constitucionalismo Contemporâneo e a Crítica Hermenêutica do Direito, tem como fundamento a noção de que a tributação não pode ter como sentido apenas angariar recursos para suprir despesas públicas e colaborar na promoção de políticas públicas, mas sim cumprir com o caráter solidário e redistributivo via arrecadação. Para isso, deve ser exigida de forma justa dos cidadãos, o que somente pode ocorrer a partir da observância do princípio da capacidade contributiva, como se passa a verifica na sequência.

3.2. A adequada compreensão do princípio da capacidade contributiva

Neste momento do trabalho, aborda-se adequadamente princípio da capacidade contributiva, após ter sido analisada a função dos tributos no modelo de Estado vigente. Inicialmente, estabelece-se referido princípio como base para uma exigência justos dos tributos. Depois, analisam-se seus alicerces, assim entendidos o princípio da igualdade, as concepções de cidadania e solidariedade, bem como a necessária garantia ao mínimo existencial.

Também serão verificados os contornos conceituais do princípio da capacidade contributiva, relativamente aos seus marcos aplicatórios, além da condição de regra do disposto no § 1º do art. 145 da Constituição, no sentido de que referido princípio não se aplica aos tributos em decorrência dessa previsão, mas em função do modelo de Estado adotado pela Constituição e dos seus fundamentos.

3.2.1. O princípio da capacidade contributiva com critério para uma exigência justa dos tributos

Na definição de um modelo tributário justo, pode-se afirmar que, dentro de uma variável, os doutrinadores buscam introduzir o princípio da igualdade em suas teorias como ponto de partida para as suas justificações ou, propriamente, o princípio da capacidade contributiva, que se constitui em desdobramento da própria igualdade e da solidariedade, esta entendida como pilar do Estado Social, tanto em relação ao direito comparado, quanto ao direito local.

Bouvier, ao explicar "A Questão do Imposto Ideal", entende que o tributo legítimo é aquele que parece justo e necessário e bem aceito pelos contribuintes, a não ser pelas correntes de pensamento ultraliberais (neoliberalismo). Com relação à justiça fiscal – que compreende dever estar associada à igualdade frente ao tributo –, ele expõe que se trata de um tema particularmente difícil de resolver sem recorrer à Filosofia ou à Ética Geral, mas refere que foi em nome da justiça fiscal que o princípio da igualdade foi proclamado frente ao tributo e à universalidade da exigência.[429]

O autor francês alerta que a dificuldade de se estabelecer uma noção de justiça fiscal é que não pode ser definido um padrão objetivo. Contudo, aponta três maneiras diferentes de se representar a justiça fiscal:

a) a primeira diz respeito à forma de *justiça comutativa*, que consiste em estimar que cada um pague a mesma quota sob a forma de tributo de captação, sendo dispensável a situação particular do contribuinte. Neste sentido, representa uma forma aritmética baseada na ideia de que justiça identifica-se com igualdade estrita entre contribuintes com relação ao sacrifício a consentir, sem levar em conta as desigualdades econômicas ou sociais existentes entre contribuintes;

b) a segunda baseia-se em uma concepção de *justiça distributiva* e fundamenta-se em uma proporcionalidade apoiada na ideia de que as riquezas devem ser repartidas em função do mérito de cada um, significando que os indivíduos devem receber da sociedade proporcionalmente aquilo que ofereceram, devendo ser os contribuintes taxados segundo aproveitem mais ou menos a riqueza produzida;

---

[429] BOUVIER, Michel. *A questão do imposto ideal*. In: FERRAZ, Roberto (Coord.). Princípios e limites da tributação 2. São Paulo: Quartier Latin, 2009. p. 184.

c) a última concepção relaciona a justiça fiscal e a justiça social, convergindo no que se chama de *justiça redistributiva*, a qual visa, através de uma redistribuição das riquezas pela via do tributo, à redução das desigualdades de ganhos. "Segundo essa visão, o tributo deve ser progressivo, personalizado e levar em conta a capacidade contributiva do contribuinte".[430]

Verifica-se, assim, na doutrina francesa representada por Bouvier, que o critério mais adequado de justiça fiscal, frente ao ideário de igualdade perseguido pelos Estados Sociais, encontra-se na terceira concepção de justiça – a redistributiva –, a qual busca a redistribuição de riquezas por meio da tributação, o que pode ser alcançado pelo princípio da capacidade contributiva.

O espanhol Ernesto Lejeune Valcárcel, por sua vez, critica o princípio da capacidade contributiva como único critério de uma tributação justa, pelo fato de a capacidade contributiva não se compatibilizar com os fins extrafiscais que, muitas vezes, fundamentam certas imposições tributárias.[431]

Neste sentido, ele propõe que a capacidade contributiva se mantenha como um princípio capital, mas que não seja único, abrindo espaço ao princípio da igualdade, pelo fato de, muitas vezes, o legislador pretender alcançar determinados objetivos utilizando o sistema tributário, sem que o tributo seja um instrumento de arrecadação, pois, hoje em dia, não se presta apenas para esse fim.[432]

Já na doutrina italiana, Moschetti elege como critério de justiça fiscal, o princípio da capacidade contributiva, entendido como desdobramento da solidariedade. Refere o autor: "Estreitamente unida se acha a eleição do princípio da capacidade contributiva como principal critério de justiça na criação e repartição dos tributos", e avalia que a capacidade contributiva não pode ser reduzida ao princípio da igualdade.[433]

Moschetti manifesta que o dever de todos contribuírem com as despesas públicas na proporção de sua capacidade contributiva é a expressão do dever de solidariedade no campo econômico, político e social, eis que a solidariedade requer, de um lado, o critério de repartição em razão da capacidade contributiva e, de outro, indica uma visão de relação entre cidadãos e sociedade que já não se baseia no individualismo, mas

---

[430] BOUVIER, Michel. *A questão do imposto ideal*. In: FERRAZ, Roberto (Coord.). Princípios e limites da tributação 2. São Paulo: Quartier Latin, 2009. p. 185-186.
[431] VALCÁRCEL, Ernesto Lejeune. *O princípio de igualdade*. In: FERRAZ, Roberto (Coord.). Princípios e limites da tributação 2. São Paulo: Quartier Latin, 2009. p. 253-254.
[432] Ibid., p. 256-257.
[433] MOSCHETTI, Francesco. *O princípio da capacidade contributiva*. In: FERRAZ, Roberto (Coord.). Princípios e limites da tributação 2. São Paulo: Quartier Latin, 2009. p. 284.

em um resumo dos ideais de liberdade e de sociabilidade próprios do solidarismo.[434]

Em Portugal, também se defende o princípio da capacidade contributiva como elemento de justiça fiscal. Vitor Faveiro considera que os componentes da sociedade são iguais como pessoas, mas desiguais como indivíduos no que concerne à disponibilidade de bens ou valores econômicos destinados à satisfação das necessidades individuais. Para ele, a capacidade contributiva deve ser analisada como princípio determinante e delimitador do dever pessoal de contribuir, pois a transferência individual dos valores ao Estado deve ser diferente de indivíduo para indivíduo, em termos de justiça distributiva, na proporcionalidade das respectivas disponibilidades.[435]

Entre os doutrinadores relacionados ao Direito Tributário no Brasil, Bernardo Ribeiro de Moraes também considera que o tributo justo é aquele que está adequado à capacidade econômica da pessoa que irá suportá-lo. Ele expressa: "[...] não basta que o imposto seja legal, pois mister se faz que, acima de tudo, o tributo seja justo, tendo por causa jurídica uma situação fática representativa de capacidade contributiva".[436]

No Brasil, inclusive, observa-se uma preocupação com a ética no Poder Legislativo. O projeto de Lei Complementar nº 646 de 1999,[437] de autoria do ex-senador Jorge Bornhausen, atualmente arquivado, pretendia estabelecer o Código de Defesa do Contribuinte e, de acordo com o parágrafo único do art. 2º do referido projeto, "considera-se justa a tributação que atenda aos princípios da isonomia, da capacidade contributiva, da equitativa (*sic*) distribuição da carga tributária, da generalidade, da progressividade e da não confiscatoriedade."

Em que pese parecer brilhante a proposta, deve ser vista com olhar crítico, como refere Geraldo Ataliba, "não cabe ao legislador formular definições. Isto cabe à doutrina. É perigoso toda definição legislativa de conceitos constitucionalmente pressupostos. O legislador não é mais lúcido que a doutrina".[438]

Com aplausos, comunga-se a opinião de Geraldo Ataliba. No mais das vezes, propostas como esta acabam retirando da doutrina o papel de "doutrinar", o que causa, inegavelmente, a tentativa – ainda que não

---

[434] MOSCHETTI, Francesco. *O princípio da capacidade contributiva*. In: FERRAZ, Roberto (Coord.). Princípios e limites da tributação 2. São Paulo: Quartier Latin, 2009. p. 283-285.

[435] FAVEIRO, Vítor António Duarte. *O estatuto do contribuinte*: a pessoa do contribuinte no Estado Social de Direito. Coimbra: Coimbra Editora, 2002. p. 147-148.

[436] MORAES, Bernardo R. de. *Compêndio de direito tributário*. 3. ed. Rio de Janeiro: Forense, 1999. v. 2. p. 118.

[437] Disponível em: <http://www.senado.gov.br/atividade/materia/detalhes.asp?p_cod_mate=42572>. Acesso em 02 jan. 2014.

[438] ATALIBA, Geraldo. *Hipótese de incidência tributária*. 6. ed. São Paulo: Malheiros, 2009. p. 134-135.

intuitiva – de entificar o *ser*. Prova disso foi a intenção de positivar o princípio da capacidade contributiva no art. 145, § 1º, da Constituição, o que acabou por deixar brechas para que a doutrina clássica de direito tributário, baseada em pressupostos metafísicos, reduzisse a eficácia do referido princípio à mera tradução do enunciado linguístico – tema que será aprofundado adiante.

O que importa, porém, é que uma exigência justa dos tributos deve nortear a atividade tributária não só no âmbito do Poder Legislativo, mas no Poder Executivo, através da administração fiscal, tendo em vista que os Tribunais do País, ainda impregnados pelo positivismo jurídico, dificilmente decidem com base em critérios de justiça manifestados pelos princípios positivados na Constituição.

Para o sucesso de uma federação, é imprescindível uma distribuição tributária equânime – que vise à concretização dos objetivos do Estado contemporâneo – e a Justiça Tributária – que busque a concretização dos objetivos fundamentais, notadamente a redução das desigualdades sociais e o estímulo ao desenvolvimento.[439] Assim, para que o Brasil trilhe um caminho na construção de um sistema tributário que possa ser qualificado como justo, primordialmente, há de se reconhecer, no princípio da capacidade contributiva, o seu norte e a sua razão de ser. Para tanto, este princípio deve ser compreendido e interpretado de forma a garantir a máxima proteção e eficácia que lhe são devidas. Isso se impõe não apenas em face ao relativo consenso doutrinário antes referido.

A observância do princípio da capacidade contributiva corresponde a uma condição de possibilidade de reconhecimento – num plano concreto – que a promessa de construção de um Estado Democrático de Direito representa um passo factível e não uma mera utopia ideológica, uma vez que, entre os objetivos fundamentais expressos na Constituição, constam a construção de uma ordem justa e solidária, a justiça fiscal deve ser definida em paralelo à terceira concepção descrita por Bouvier, de Justiça Redistributiva, a qual visa a reduzir as desigualdades de ganhos pela redistribuição de riquezas, via tributos, segundo os critérios da capacidade contributiva.

Conforme Bouvier, além do princípio em questão, há outro critério para um sistema de tributos justo: que eles sejam bem aceitos pelos contribuintes. Nesse sentido, Manuel Barquero aduz que o problema da preferência a ser adotada para a arrecadação não é o único a ser enfrentado na opção por um Estado Fiscal: "tiene que ver con la exigencia de que ese sistema impositivo sea justo, lo que más allá de su diseño

---

[439] WEISS, Fernando Leme. *Justiça tributária:* as renúncias, o código de defesa dos contribuintes e a reforma tributária. Rio de Janeiro: Lumen Juris, 2003. p. 2.

estructural requiere esencialmente de una eficaz aplicación práctica, y que se perciba como tal por los contribuyentes".[440] Parece que é essencial trabalhar tal questão no Brasil, tendo em vista é fato notório que a comunidade brasileira, de um modo geral, tem repúdio ao recolhimento dos tributos. Valem aqui as palavras de Tipke e Lang: "o cidadão sente o Estado Tributário não como Estado de Direito, mas como insaciável Leviatã".[441]

Para ampliar a aceitação social dos tributos é fundamental que eles percam o seu caráter de invisibilidade, fortemente existente em relação aos tributos incidentes sobre o consumo, cuja representatividade do efetivo ônus é tarefa quase impossível de se apurar. Uma alternativa muito útil para isso seria a regulamentação do disposto no § 5º do art. 150 da Constituição,[442] pois a ausência da transparência traduz-se num elemento indutor da inaceitabilidade. Conforme Weiss, "a falta de transparência tanto na arrecadação, para que todos saibam quem verdadeiramente paga, como nos dispêndios públicos, põe a sociedade e o Estado em lados opostos".[443]

Quanto ao tema, oportuno destacar a Lei nº 12.741, de 8 de dezembro de 2012, promulgado com o objetivo de regulamentar o disposto no § 5º do art. 150 da Constituição, passando a exigir que conste no documento fiscal a informação aproximada dos tributos que influenciam nos preços de vendas de mercadorias e serviços.

Dessa forma, para que os tributos possam ser exigidos de uma forma justa, a repartição dos tributos não vinculados, em especial, deve ser feita de acordo com a capacidade econômica dos cidadãos, independente do grau de satisfação que cada um possa retirar da fruição dos bens e serviços públicos – o que gera a noção de imposto como dever social –, bem como deve haver transparência na arrecadação dos tributos, na tentativa de aceitação por parte dos contribuintes, com o objetivo de afastá-los da posição de indivíduos meros espectadores.

Apesar de ser critério para uma exigência justa dos tributos, Manuel Barquero dá conta que, acompanhando os acontecimentos ocorridos desde os anos 70, pode-se falar, em certo sentido, de "reabilitação e enfraquecimento" do princípio da capacidade contributiva. Por um lado, com o desenvolvimento do Estado Social, e a generalização na

---

[440] ESTEVAN, Juan Manuel Barquero. *La función del tributo en el estado social y democrático de derecho.* Madrid: Centro de estudios políticos e constitucionales, 2002. p. 148.

[441] TIPKE, Klaus; LANG, Joachim. *Direito tributário (Steuerrecht)*, Vol. I. Tradução da 18. ed. alemã, de Luiz Dória Furquim. Porto Alegre: Sergio Antonio Fabris Ed, 2008. p. 166.

[442] § 5º A lei determinará medidas para que os consumidores sejam esclarecidos acerca dos impostos que incidam sobre mercadorias e serviços.

[443] WEISS, Fernando Leme. *Justiça tributária:* as renúncias, o código de defesa dos contribuintes e a reforma tributária. Rio de Janeiro: Lumen Juris, 2003. p. 5.

consciência coletiva da natureza indiscutível de determinados serviços públicos, os sistemas tributários experimentaram uma mudança acentuada para o financiamento de tais serviços por meio dos impostos, que substituíram gradualmente as taxas. E o princípio da capacidade econômica continuou e continua a ocupar um lugar central nas construções teóricas como princípio da justiça tributária – sendo que na Espanha isso é propiciado em boa parte pelo seu reconhecimento constitucional não apenas como princípio meramente formal, mas dotado de conteúdo material.[444]

Mas, por outro lado, parece que se testemunha um enfraquecimento significativo deste princípio quanto ao aspecto de sua realização prática, que se mostra paradigmaticamente, na figura de imposto pessoal sobre o rendimento das pessoas físicas, cuja adequação a este princípio e em geral a princípios de justiça tributária, se vê desafiado por vários fatores, entre eles: a alta taxa de fraude ou evasão, em grande parte a relacionada com a transferência da renda permitida pelo regime de liberdade de movimento de capital, com a consequente perda da generalidade do imposto.[445]

A relativa perda de importância dos impostos pessoais sobre a renda, acontece em um contexto mais amplo e complexo, de fundo evidentemente ideológico, que dá origem a um debate sobre argumentos de diversas ordens: postula-se a redução dos impostos pessoais sobre a renda pelos efeitos nocivos que produzem na economia, desincentivando a atividade econômica e a de poupança; retoma-se a ideia de um imposto sobre a renda com uma alíquota única, sustentando-se que isso não implica em perda de progressividade, por que esta seria limitada em função da faixa de isenção. Contra tais argumentos, opõe-se outros relativos a igualdade de oportunidades, a solidariedade, etc. O cenário descrito, por outro lado, não pode ser entendido como exclusivo da Espanha, parecendo constituir uma tendência compartilhada por pelo menos alguns dos países que dependem de sistemas da chamada economia de bem-estar, que se encontra intimamente relacionada, em particular, com a "crise fiscal do Estado" e, de modo geral, coma "crise do Estado de Bem-Estar".[446]

Uma vez examinada a importância do princípio da capacidade contributiva como critério balizador de uma exigência justa dos tributos, parte-se para a análise das suas bases de sustentação e fundamentação, ou seja, do seu embasamento deontológico.

---

[444] ESTEVAN, Juan Manuel Barquero. *La función del tributo en el estado social y democrático de derecho.* Madrid: Centro de estudios políticos e constitucionales, 2002. p. 80.
[445] Ibid., p. 80-81.
[446] Ibid., p. 82-83.

3.2.2. Os alicerces do princípio da capacidade contributiva

Da análise precedente, constatou-se que o princípio da capacidade contributiva representa o elemento condicionador de um modelo de tributação que esteja em consonância com a ideia exigência justa. Tal assertiva decorre do modelo de Estado adotado pela Constituição, que tem, na busca da igualdade material, uma de suas razões principais, na concepção plena da cidadania, a sua roupagem e, no princípio da solidariedade social, o pilar de sustentação do *Welfare State*. Sem isso, não há como assegurar uma vida minimamente digna para todos, nos termos preconizados pela Carta Brasileira.

Em vista disso, faz-se necessário examinar, num primeiro momento, o significado e o alcance do princípio da igualdade no âmbito de um Estado Democrático de Direito e a sua íntima conexão com o princípio da capacidade contributiva.

3.2.2.1. A aplicação do princípio da capacidade contributiva como decorrência lógica do princípio da igualdade

No Estado Democrático de Direito, há atenção especial ao princípio da igualdade em sua vertente substancial, na medida em que este modelo estatal busca oportunizar para todos os mesmos direitos de acesso à saúde, à educação, à cultura. As ações do Estado, portanto, devem ser penetradas pela ideia de isonomia, a qual deve ser um comando para todo o Ordenamento Jurídico e vincular os poderes executivo, legislativo e judiciário.

Conforme já afirmava Rui Barbosa, "a regra da igualdade não consiste senão em aquinhoar desigualmente aos desiguais, na medida em que se desigualam. Nesta desigualdade social, proporcionada à desigualdade natural, é que se acha a verdadeira lei da igualdade".[447] Em vista disso, Bonavides qualifica o Estado Social como construtor da igualdade.[448] Em uma singela analogia, pode-se ponderar que, se cada cidadão estivesse numa pista de corrida, o Estado não seria responsável por colocá-lo em vantagem na linha de chegada, mas, certamente, teria o dever de colocar todos no mesmo ponto de partida.

Esta, pois, é a razão principal da existência deste modelo de Estado. Precisa intervir na sociedade – ao contrário do que prega a ideologia liberal – com o objetivo de reduzir as desigualdades sociais e permitir

---

[447] BARBOSA, Rui. *Oração aos moços*. Rio de Janeiro: Organizações Simões, 1951. p. 31.
[448] BONAVIDES, Paulo. *Curso de direito constitucional*. 11. ed. São Paulo: Malheiros, 2001. p. 343.

que todos tenham um padrão mínimo de existência. Esta tarefa é mais importante quando se constata que, neste privilegiado espaço da terra, a desigualdade foi, historicamente, justificada em prol de uma fausta existência de poucos.

Dessa forma, admite-se um tratamento desigual quando este busca a realização de um objetivo juridicamente aceito.[449] A isonomia, também inspiradora da generalidade (todos sem exceção devem contribuir), é o princípio fundamental da tributação, sendo que, no seu sentido mais amplo, deve abranger a igualdade de meios e oportunidades, e não somente de direitos, sendo que, por tal razão, deve dirigir a interpretação de todas as normas relacionadas ao direito tributário, sob pena de afastá-las da justiça e tirar de alguns o dever que é de todos.[450]

Por sua vez, Jorge Miranda aponta quatro pontos atinentes ao princípio da igualdade que devem ser alcançados:

> a) Tratamento igual de situações iguais (ou tratamento semelhante de situações semelhantes);
>
> b) Tratamento desigual de situações desiguais, mas substancial e objectivamente desiguais – "impostas pela diversidade das circunstâncias ou pela natureza das coisas" – e não criadas ou mantidas artificialmente pelo legislador;
>
> c) Tratamento em moldes de proporcionalidade das situações relativamente iguais ou desiguais e que, consoante os casos, se converte para o legislador ora em mera faculdade, ora em obrigações;
>
> d) Tratamento das situações não apenas como existem mas também como devem existir, de harmonia com os padrões da Constituição material (acrescentado-se, assim, uma componente activa ao princípio e fazendo da igualdade perante a lei uma verdadeira igualdade através da Lei).[451]

O princípio da igualdade obriga o legislador sob dois aspectos: de um lado, obriga a não fazer discriminações ou equalizações arbitrárias ou destituídas de fundamentos, ou ainda, a não fazer discriminações baseadas em critérios subjetivos ou objetivos, mas aplicados em termos subjetivos e a respeitar os direitos subjetivos de igualdade.[452] De outro lado, obriga o legislador a fazer discriminações ou adotar critérios desiguais a fim de um mínimo de igualdade como ponto de partida ou de oportunidades ou chances, que dependa da satisfação das necessidades

---

[449] ROSA, André Vicente Pires. Igualdade. In: BARRETTO, Vicente de Paulo (Coord.). *Dicionário de filosofia do direito*. São Leopoldo: UNISINOS, 2006. p. 459-460.

[450] WEISS, Fernando Leme. *Justiça tributária:* as renúncias, o código de defesa dos contribuintes e a reforma tributária. Rio de Janeiro: Lumen Juris, 2003. p. 24.

[451] MIRANDA, Jorge. *Manual de direito constitucional*. 3. ed. Lisboa: Coimbra, 2000. v. 4: Direitos fundamentais. p. 239-240.

[452] NABAIS, José Casalta. *O dever fundamental de pagar impostos:* contributo para a compreensão constitucional do estado fiscal contemporâneo. Coimbra: Almedina, 2004. p. 436.

primárias dos indivíduos (alimentação, vestuário, habitação, saúde, segurança social, educação).[453]

A igualdade também é um dos corolários fundamentais do princípio da dignidade da pessoa humana – na medida em que é constitucionalmente avocado e incorporado na ordem jurídica positiva –, uma vez que, como iguais, todos devem ser tratados igualmente, sob pena de ser desrespeitado o princípio da dignidade, o qual é qualidade inerente ao ser humano.[454]

Dentro desse contexto, o princípio da capacidade contributiva desponta como ator destinado ao papel principal com vistas à implementação da igualdade, especificamente na área tributária. Isso ocorre porque ele corresponde ao primordial critério autorizador do tratamento desigual no campo tributário.[455]

De acordo com o português Faveiro, "um dos elementos ou pressupostos fundamentais da instituição do *Estado de Direito Democrático* unanimemente invocado e reconhecido como princípio essencial da ordem jurídica – e designadamente da ordem tributária – é também o da *igualdade*".[456] O autor também refere que, "embora a justiça do tratamento igual se reporte às *pessoas* ou aos *indivíduos*, deve abranger também *as coisas*, *os actos* e os *factos* quando sejam *estas realidades* que revelem ou constituam a essência da *capacidade contributiva*".[457]

Devido a essa importância, o princípio da capacidade contributiva vem sendo desenvolvido como um corolário do princípio da igualdade e como um instrumento imprescindível do legislador fiscal no Estado Social de Direito.[458] Conforme Moris Lehner:

> Impondo uma diferenciação *humanamente justa*, o princípio da igualdade, na sua forma relevante para o direito tributário da capacidade contributiva não se volta apenas ao legislador, mas também ao aplicador da lei, o qual encontra nos "fundamentos de peso" as premissas que devem guiar sua interpretação das normas com finalidades arrecadatórias.[459]

---

[453] NABAIS, José Casalta. *O dever fundamental de pagar impostos*: contributo para a compreensão constitucional do estado fiscal contemporâneo. Coimbra: Almedina, 2004. p. 436.

[454] FAVEIRO, Vítor António Duarte. *O estatuto do contribuinte*: a pessoa do contribuinte no Estado Social de Direito. Coimbra: Coimbra Editora, 2002. p. 241.

[455] TIPKE, Klaus; LANG, Joachim. *Direito tributário (Steuerrecht)*, Vol. I. Tradução da 18. ed. Alemã, de Luiz Dória Furquim. Porto Alegre: Sérgio Antônio Fabris Ed, 2008. p. 172.

[456] FAVEIRO, op. cit., p. 245-246.

[457] Ibid., loc. cit.

[458] ZILVETI, Fernando Aurelio. Capacidade contributiva e mínimo existencial. In: SCHOUERI, Luís Eduardo; ZILVETI, Fernando Aurelio (Coord.). *Direito tributário*: estudos em homenagem a Brandão Machado. São Paulo: Dialética, 1998. p. 39.

[459] LEHNER, Moris. Consideração Econômica e Tributação conforme a Capacidade Contributiva. Sobre a Possibilidade de uma Interpretação Teleológica de Normas com Finalidades Arrecadatórias. In: SCHOUERI, Luís Eduardo; ZILVETI, Fernando Aurelio (Coord.). *Direito tributário*: estudos em homenagem a Brandão Machado. São Paulo: Dialética, 1998. p. 152.

De acordo com Casalta Nabais, o princípio da igualdade tributária, concretizado mediante a observância da capacidade contributiva, significa que, de um lado, ficarão excluídas da tributação aquelas pessoas que não tenham capacidade para contribuir e, de outro lado, que os detentores da capacidade contributiva que possuam a mesma aptidão pagarão os mesmos impostos, o que se denomina de igualdade horizontal. Já os contribuintes que possuam condições diferenciadas pagarão impostos diferentes em termos quantitativos, chamada de igualdade vertical.[460]

Nesse contexto, Alejandro Altamirano defende que o respeito ao princípio da igualdade e equidade entre contribuintes – como mandamento constitucional – baseia-se em que todos devem contribuir para o sustento do Estado, na medida das respectivas capacidades de contribuir, adequadamente avaliadas pelo ordenamento jurídico.[461]

Portanto, o princípio da igualdade concretiza-se na seara tributária por meio do princípio da capacidade contributiva, pois, ao mesmo tempo, tratará igualmente quem possui igual capacidade contributiva, e desigualmente aqueles que estiverem com desigual capacidade econômica. Expresso de outra forma, no campo tributário, o princípio da igualdade concretiza-se quando, efetivamente, implementado o princípio da capacidade contributiva.

Como observa Luciano Amaro, a capacidade contributiva entrelaça-se com o enunciado constitucional da igualdade. E refere: "Hão de ser tratados, pois, com igualdade aqueles que tiverem igual *capacidade contributiva*, e com desigualdade os que revelem riquezas diferentes e, portanto, diferentes capacidades de contribuir".[462] Neste sentido, escreve:

> O postulado em exame avizinha-se do princípio da igualdade, na medida em que, ao adequar-se o tributo à capacidade contributiva dos contribuintes, deve-se buscar um modelo de incidência que não ignore as diferenças (de riqueza) evidenciadas nas diversas situações eleitas como suporte de imposição. E isso corresponde a um dos aspectos da igualdade, que é o tratamento desigual para os desiguais.[463]

A concepção da capacidade contributiva, dessa forma, encontra-se fortemente alicerçada no princípio da igualdade como se depreende do modelo de Estado atual e da doutrina autorizada que sustenta tal argumento.

Além do mais, outro raciocínio não se poderia alcançar, pois se o Estado pretende dar oportunidades iguais para todos, a fim de buscar

---

[460] NABAIS, José Casalta. *O dever fundamental de pagar impostos:* contributo para a compreensão constitucional do estado fiscal contemporâneo. Coimbra: Almedina, 2004. p. 443.

[461] ALTAMIRANO, Alejandro. As garantias constitucionais no processo penal tributário. In: FERRAZ, Roberto (Coord.). *Princípios e limites da tributação*. São Paulo: Quartier Latin, 2005. p. 179.

[462] AMARO, Luciano. *Direito tributário brasileiro*. 16. ed. São Paulo: Saraiva, 2010. p. 159.

[463] Ibid., p. 163.

reduzir as desigualdades sociais, não poderiam as pessoas ser tributadas de outra forma, porque, inegavelmente, aquelas pessoas mais abastadas podem (e devem!) contribuir de maneira mais acentuada com as despesas em prol dos demais cidadãos sem capacidade para fazê-lo.

Analisado o alicerce do princípio que deve balizar o sistema tributário brasileiro sob a ótica do postulado da igualdade, passa-se a verificar o seu embasamento sob a perspectiva da cidadania e da solidariedade.

3.2.2.2. A íntima conexão do princípio da capacidade contributiva com a cidadania e a solidariedade

Um dos fundamentos da República Federativa do Brasil é a cidadania, conforme art. 1º, inc. II, da Constituição Federal de 1988, que também se constitui em um dos fundamentos do princípio basilar da tributação.

A cidadania passou por três etapas. Em uma primeira etapa, correspondente ao Estado Liberal, traduzia-se em uma cidadania passiva, adequada a uma liberdade comum no sentido de proteção à vida, à liberdade e à propriedade. Na segunda fase, concretizou-se como uma cidadania ativa ou participativa, ligada ao sufrágio universal, ao direito de voto. Por fim, a cidadania solidária, na qual o cidadão assume um novo papel quando deve tomar consciência de sua função na sociedade.[464]

Conforme Lobo Torres, a cidadania significa o "pertencer à comunidade, que assegura ao homem a sua constelação de direitos e o seu quadro de deveres", compreendendo os direitos fundamentais, políticos, sociais, econômicos e difusos, em consonância com os ideais de liberdade, justiça política, social e econômica, igualdade e solidariedade.[465] O autor também salienta que, "a cidadania, em sua expressão moderna tem, entre os seus desdobramentos, a de ser *cidadania fiscal*. O dever/direito de pagar impostos se coloca no vértice da multiplicidade de enfoques que a ideia de cidadania exibe".[466] Nesse diapasão, Crouy Chanel anota que a cidadania constituiu-se em um princípio de justificação do imposto moderno.[467]

---

[464] NABAIS, José Casalta. *Estudos de direito fiscal:* por um Estado Fiscal suportável. Coimbra: Almedina, 2005. p. 99.

[465] TORRES, Ricardo Lobo. Cidadania. In: BARRETTO, Vicente de Paulo (Coord.). *Dicionário de filosofia do direito.* São Leopoldo: UNISINOS, 2006. p. 126-127.

[466] Id. *Tratado de direito constitucional financeiro e tributário.* Rio de Janeiro: Renovar, 1999. v. 3: os direitos humanos e a tributação. p. 32.

[467] CHANEL, Emmanuel de Crouy. A cidadania fiscal. In: FERRAZ, Roberto (Coord.). *Princípios e limites da tributação 2.* São Paulo: Quartier Latin, 2009. p. 27.

O principal dever de cidadania é o de pagar tributos, eis que, caso esse dever não seja cumprido, o Estado não possui possibilidades de cumprir os direitos inerentes ao cidadão, em especial aqueles de cunho prestacional. Contudo, deve ser exercido dentro dos limites previstos pela Constituição, observados os direitos de defesa que originaram o liberalismo clássico, assim como o princípio da capacidade contributiva.

Casalta Nabais denomina-a de cidadania fiscal/solidariedade, haja vista que ela implica que todos suportem o Estado como destinatários do dever de pagar impostos nos limites da sua capacidade de contribuir, consolidando-se em um conjunto de direitos e deveres, eis que não se pode ter o entendimento dos direitos fundamentais por completo sem a consideração dos respectivos deveres fundamentais.[468]

Por decorrência, no Estado Democrático de Direito, a exigência da tributação de acordo com a capacidade contributiva significa, ao mesmo tempo, um dever e um direito de cidadania, pois se exige do Estado uma efetiva ação para que seja assegurado um conjunto mínimo de direitos fundamentais capaz de propiciar uma existência digna e reduzir as desigualdades sociais e econômicas.

Uma concepção contemporânea de cidadania, que seja compatível com Estado Democrático de Direito, passa pelo adequado cumprimento do dever fundamental de pagar tributos, que ocorre sob dois enfoques: a) o dever fundamental de contribuir de acordo com a capacidade contributiva, para que o Estado tenha os recursos necessários para realizar os direitos fundamentais; b) o direito de não ser obrigado a contribuir acima das possibilidades, ou seja, desproporcionalmente à capacidade contributiva, pois isso se constituiria afronta direta ao princípio da dignidade da pessoa humana, por restar afetado o mínimo vital a uma existência digna.

Perfunctoriamente, parece estranho examinar a questão da cidadania sob o enfoque que ora se pretende, porquanto a sua concepção mais visível corresponde à ideia de "direito a ter direitos numa sociedade". Não obstante, a concepção contemporânea de cidadania não pode determinar a existência de cidadãos que, de uma forma pouco altruísta, reclamem para si o máximo de direitos e, em contrapartida, neguem-se a contribuir com a sua parcela de esforços para que tais direitos viabilizem-se num plano fático.

Não há fórmula viável, nem caminhos factíveis, se o conceito de cidadania restringir-se à ideia de "direito a ter direitos", pois, como já examinado, a efetivação de direitos, especialmente os de cunho social, econômico e cultural, exige uma gama de recursos por parte do Estado

---

[468] NABAIS, José Casalta. *Estudos de direito fiscal:* por um Estado Fiscal suportável. Coimbra: Almedina, 2005. p. 33-37.

e tais recursos são obtidos, quase que exclusivamente, mediante a tributação. Assim sendo, Casalta Nabais conclui que "[...] no actual estado fiscal, para o qual não se vislumbra qualquer alternativa viável, pelo menos nos tempos mais próximos, os impostos constituem um indeclinável dever de cidadania, cujo cumprimento a todos nos deve honrar".[469]

Em vista disso, é possível afirmar que o dever de pagar tributos é o principal dever de cidadania, justamente porque, caso tal dever seja sonegado por parte dos componentes de uma sociedade, restarão inviabilizadas as possibilidades de realização dos próprios direitos, especialmente aqueles de cunho prestacional.

De acordo com Casalta Nabais, "os impostos são um preço: o preço que todos, enquanto integrantes de uma dada comunidade organizada em Estado, pagamos por termos a sociedade que temos". Mas não podem ser um preço qualquer, especialmente um preço elevado, porque não poderia ser preservada a liberdade a que tal preço visa servir; não pode ser um preço equivalente ao dos serviços públicos que cada contribuinte usufrui, pois isso implicaria deixar de lado a ideia de solidariedade que está na base da instituição e funcionamento deste modelo de Estado, pois apesar de todos se beneficiarem dos serviços públicos, apenas contribuem os que revelem capacidade de contribuir.[470]

Portanto, se, por um lado, a concepção contemporânea de cidadania fiscal implica o dever de pagar tributos, por outro lado, impõe que esse dever seja exercido nos estritos limites previstos na Constituição, observados os tradicionais direitos de defesa que deram ensejo ao liberalismo clássico, demonstrando-se, assim, a dupla face da cidadania fiscal.

A solidariedade, por sua vez, consta no art. 3º, inc. I, da Constituição Federal de 1988, que elenca, como um dos objetivos fundamentais da República Federativa do Brasil, a construção de uma sociedade livre, justa e solidária. Nos incs. II a IV da mesma regra, positivaram-se também, como objetivos, a garantia do desenvolvimento nacional, a erradicação da pobreza e das desigualdades sociais e a promoção do bem de todos.

De acordo com a Constituição da República italiana, o pagamento do tributo é um dever cívico de solidariedade, consistente em contribuir para as despesas públicas com base na capacidade contributiva.[471]

O substantivo *solidum*, em latim, significa a totalidade de uma soma, enquanto o termo *solidus* tem o sentido de inteiro ou completo,

---

[469] NABAIS, José Casalta. *Estudos de direito fiscal*: por um estado fiscal suportável. Coimbra: Almedina, 2005. p. 44.

[470] Id. Da sustentabilidade do estado fiscal. In: NABAIS, José Casalta; SILVA, Suzana Tavares da. *Sustentabilidade fiscal em tempos de crise*. Coimbra: Almedina, 2011. p. 12-13.

[471] DE MITA, Enrico. *Principi di diritto tributario*. Sesta Edizione Milano: Giuffrè, 2011. p. 6.

razão pela qual Konder Comparato afirma que "a solidariedade não diz respeito, portanto, a uma unidade isolada, nem a uma proporção entre duas ou mais unidades, mas à relação de todas as partes de um todo, entre si e cada um perante o conjunto de todas elas".[472]

A ideia original de solidariedade estava vinculada à existência de mais de um responsável para a solvência da obrigação. Em vista disso, segundo Duvignaud, tratava-se de "uma questão de números, de reembolso de dívidas, que, através do velho código de Justiniano, retomado pelas universidades medievais, sugere a origem rigorosamente individual do direito e da propriedade".[473]

Ao longo da história, a noção de solidariedade teve concepções diversas. A "solidariedade dos antigos" correspondia à virtude indispensável na relação com os outros, dentro de grupos primários (família especialmente); já a denominada "solidariedade dos modernos" corresponde a um princípio de caráter jurídico ou político e sua realização passa pela comunidade estadual, pela sociedade civil ou comunidade cívica. Cabe ainda referir a denominada "solidariedade mutualista", isto é, uma solidariedade cuja intenção é gerar riqueza em comum, relativamente à infraestrutura, aos bens e aos serviços, considerados indispensáveis ao bom funcionamento da sociedade.[474]

É um fenômeno típico da modernidade, surgido no fim do século XIX com o denominado Estado Social na Alemanha, conectando-se com a ideia de comunidade, do sentimento de pertencer a um grupo social e partilhar das obrigações dos demais, complementando a liberdade, a igualdade e a segurança.

Em seu sentido objetivo, a solidariedade está ligada à relação de pertencer à comunidade, de partilha e de corresponsabilidade que une os cidadãos à sorte e tropeços uns dos outros, e em seu sentido subjetivo e de ética social, em que exprime o sentimento, a consciência de pertencer à comunidade.

Tendo em vista ser o homem naturalmente social, ou seja, um ser que não pode viver e realizar-se como tal a não ser em sociedade – tanto no universo antropológico, no universo econômico ou social, como no universo ético das relações humanas –, a solidariedade implica o reconhecimento da condição e do dever de cada um dos homens contribuir

---

[472] COMPARATO. Fábio Konder. *Ética*: direito moral e religião no mundo moderno. São Paulo: Companhia das Letras, 2006. p. 577.

[473] DUVIGNAUD, Jean. *A solidariedade*: laços de sangue, laços de razão. Trad.: Vasco Casimiro. Lisboa: Instituto Piaget, 1986. p. 12.

[474] NABAIS, José Casalta. *Estudos de direito fiscal*: por um estado fiscal suportável. Coimbra: Almedina, 2005. p. 85-86.

aos fins da coletividade com uma parte dos elementos, bens ou valores de que dispõe.[475] Assim posto, Moschetti refere:

> O "dever da república" de criar situações de igualdade, em sentido substancial, implica impor deveres de solidariedade "a quem mais tem", e ditos deveres de solidariedade influem sobre o conceito de capacidade contributiva, tanto – como se tem visto – desde a perspectiva do benefício como desde o ponto de vista redistributivo.[476]

A ideia de solidariedade, dessa maneira, projeta-se com muita força no direito fiscal, porque o tributo é um dever fundamental, estabelecido pela Constituição no espaço aberto pela reserva de liberdade e pela declaração dos direitos fundamentais.[477]

Portanto, positivado como um dos objetivos do Estado Democrático de Direito, por ser consequência do Estado de Bem-Estar Social, a solidariedade é um valor que serve de fonte para vários ramos do direito, dentre os quais o Direito Tributário, inspirando-o por meio do princípio da capacidade contributiva, que inspira a progressividade, a seletividade e a salvaguarda do mínimo existencial.

Frente à consagração de que o Estado tem, como objetivo, a construção de uma sociedade livre, justa e solidária, que traduz a necessidade da redução das desigualdades sociais, o sistema tributário deve ser utilizado como um instrumento para a busca desses objetivos, não o sendo como método de afastamento de tais parâmetros como ora se percebe, de modo que devem ser cobrados mais impostos de quem possuir capacidade contributiva e não ser cobrado daqueles que não a possuem.

Atingir tais fins requer uma ação estatal efetiva no sentido de reduzir as desigualdades econômicas e sociais, através da realização daqueles direitos fundamentais que adequadamente servem a esse fim. Para isso, o Estado dispõe de poderosos instrumentos, entre os quais, a imposição de uma carga tributária de acordo com a efetiva capacidade contributiva, entendida como tal, aquela que seja adequadamente progressiva, seletiva, não atinja o mínimo existencial e não seja confiscatória. Além disso, pode ser utilizada a extrafiscalidade, hipótese em que o Estado busca atingir os fins de sua existência através da tributação, e não apenas obter receitas derivadas.

No Estado fiscal, a ideia de solidariedade social acarreta um dever solidário de contribuir para a manutenção e o desenvolvimento da

---

[475] FAVEIRO, Vítor António Duarte. *O estatuto do contribuinte:* a pessoa do contribuinte no Estado Social de Direito. Coimbra: Coimbra Editora, 2002. p. 225.

[476] MOSCHETTI, Francesco. O princípio da capacidade contributiva. In: FERRAZ, Roberto (Coord.). *Princípios e limites da tributação 2*. São Paulo: Quartier Latin, 2009. p. 327.

[477] TORRES, Ricardo Lobo. *Tratado de direito constitucional financeiro e tributário*. Rio de Janeiro: Renovar, 2005. v. 2: Valores e princípios constitucionais tributários. p. 181.

sociedade, tendo em vista que ele é financiado basicamente pelo pagamento de tributos não vinculados a uma atuação específica do Estado, e exigidos do cidadão por pertencer à comunidade.

Cumpre referir que a ideia de solidariedade pode ser vista sob dois enfoques: a) a solidariedade pela fiscalidade, que demanda a exigência de tributos de acordo com a capacidade contributiva do cidadão, havendo um direito/dever de contribuir na medida das suas possibilidades; b) a solidariedade pela extrafiscalidade, que pode ser utilizada como instrumento de concretização dos objetivos e direitos fundamentais.

A solidariedade social, portanto, fundamenta o dever de pagar tributos, na medida em que esse dever corresponde a uma decorrência lógica de pertencer à sociedade. Dessa forma, há nítida ligação da solidariedade com a cidadania, pois, se, de um lado, o cidadão tem direitos, por outro, também deve cumprir os seus deveres com a sociedade.

Da análise dos dispositivos constitucionais (arts. 1º e 3º da CF/88), percebe-se que é uma utopia querer concretizar todos os objetivos fundamentais apenas de uma vez. Por conseguinte, esse deve ser desmembrado da seguinte forma: justiça e solidariedade de um lado; liberdade, desenvolvimento nacional, diminuição das desigualdades sociais e promoção do bem de todos do outro.

Tal afirmação parte do pressuposto de que, no Brasil, se convive com uma desigualdade social imensa, em que a menor fração da população concentra o maior pedaço da riqueza. O que se sustenta é que deve ser induzida a solidariedade na arrecadação por meio de critérios justos para que, *a posteriori*, se venham a concretizar os demais objetivos fundamentais da República Brasileira cuja Constituição – pelo menos – define-a como Estado Democrático de Direito.

Reconhecida a existência do dever social de contribuir, em face de o homem ser naturalmente social e incapaz de atingir a sua plena realização sem a ação integrada da sociedade de que faz parte, impõe-se a necessidade de haver uma justa repartição dos rendimentos e da riqueza por meio da tributação, segundo princípio da capacidade contributiva.[478]

Diante disso, deve-se examinar um dos aspectos que ocupa especial relevância em relação ao princípio em questão. Trata-se, pois, da necessidade que a tributação, por decorrência lógica do princípio da dignidade da pessoa humana, não atinja o mínimo vital à sobrevivência do cidadão.

---

[478] FAVEIRO, Vítor António Duarte. *O estatuto do contribuinte:* a pessoa do contribuinte no Estado Social de Direito. Coimbra: Coimbra Editora, 2002. p. 147.

3.2.2.3. A exigência da tributação segundo o princípio da capacidade como meio de garantir o mínimo existencial

Ao analisar-se a temática da capacidade contributiva, nota-se o pilar sobre o qual está alicerçado este princípio: a ideia de que todos os cidadãos devem ser tratados com igual dignidade. Tal ocorre porque se, por um lado, o princípio da capacidade contributiva exige que o dever fundamental de pagar tributos seja absorvido, de uma forma mais expressiva por parte daqueles que estão no topo da pirâmide social e econômica, por outro lado, acarreta a impossibilidade de se tributar o mínimo vital à existência humana, sendo que essa talvez seja a sua face mais expressiva.

Num Estado que existe em razão do homem, é imperiosa a necessidade que as condições de sobrevivência da pessoa não estejam aquém de um patamar mínimo, em que o mínimo existencial significa que há bens de primeira necessidade que devem ser preservados – como a moradia, a alimentação, a saúde, a educação –, a fim de se garantir uma sobrevivência digna para todos os cidadãos. Portanto, é defeso ao Estado exigir tributos que possam atingir aquele mínimo essencial a uma existência digna.

Tendo em vista que a Constituição garante condições mínimas de existência digna às pessoas, a partir do disposto no art. 3º, inc. IV, que define como objetivos da República Federativa do Brasil "promover o bem de todos, sem preconceitos de origem, raça, sexo, cor, idade e quaisquer outras formas de discriminação", Carrazza afirma ser exigido do Estado não apenas uma ação positiva para garantir aos cidadãos um padrão aceitável de subsistência, mas também a não tributação do mínimo existencial/vital, "a fim de que as pessoas tenham condições de desfrutar, quando pouco, dos progressos básicos da Humanidade".[479] A respeito do mínimo existencial, Carrazza afirma:

> [...] É tarefa sobremodo difícil precisar o que vem a ser *mínimo vital*. É certo, porém, que ele gravita em torno dos bens mais preciosos do ser humano: a vida, a saúde, a alimentação, a cultura, a moradia, o lazer, o bem-estar, etc., quer próprios, quer dos familiares e dependentes. Minudenciando a asserção, os valores monetários ou operações jurídicas que garantem tais direitos devem, o mais possível, passar ao largo da tributação.[480]

Em qualquer modelo estatal – e no Estado Social principalmente –, é inadmissível que o cidadão desprovido de capacidade para prover o seu próprio sustento seja compelido a contribuir para o Estado, especialmente quando este sonega-lhe aquilo de mais básico que prometeu prover.

---

[479] CARRAZZA, Roque Antonio. *ICMS*. 16º ed. rev. e. ampl. até a EC 67/2011, e de acordo com a Lei Complementar 87/1996, com suas ulteriores modificações. São Paulo: Malheiros, 2012. p. 514.

[480] Ibid., p. 515.

Tal desiderato assume especial feição dentro do contexto atual, porque sem o mínimo necessário para a sua manutenção, cessa a possibilidade de o homem sobreviver e desaparecem as condições primeiras da liberdade. Conforme Ricardo Lobo Torres, "há um direito às *condições mínimas de existência humana digna* que não pode ser objeto de intervenção do Estado e que ainda exige prestações estatais positivas".[481]

Historicamente, a preocupação com a preservação do mínimo existencial nasceu, de forma tímida, com a Revolução Francesa, adquirindo um perfil mais intervencionista a partir da segunda metade do século XIX, quando foi um dos parâmetros fixados na busca pela diminuição das desigualdades sociais. Inicialmente, na Alemanha – seguida por vários Estados europeus –, determinou-se que quem não tivesse as mínimas condições necessárias a uma vida digna deveria, além de receber do Estado a garantia do direito a um auxílio social econômico, estar desonerado do dever de pagar tributos.[482]

Sob o enfoque da obrigatoriedade do Estado de prover um mínimo vital à existência, Sarlet reconhece que, entre os estudiosos alemães, um dos precursores foi Otto Bachof, que já sustentava, no início da década de 1950, que o princípio da dignidade da pessoa humana não reclama apenas a garantia da liberdade, mas também um mínimo de segurança social, visto que restaria impedido de efetivação, se o indivíduo não tivesse os recursos materiais básicos para uma existência digna.[483]

Nessa mesma linha, logo em seguida, o recém-criado Tribunal Federal Administrativo da Alemanha reconheceu a existência de um mínimo existencial a ser preservado pelo Estado. Duas décadas adiante, isso também foi consagrado pelo Tribunal Constitucional Federal, em decisão histórica referida por Ingo Sarlet:

> [...] certamente a assistência aos necessitados integra as obrigações essenciais de um Estado Social. [...] Isto inclui, necessariamente, a assistência social aos concidadãos, que, em virtude de sua precária condição física e mental, se encontram limitados nas suas atividades sociais, não apresentando condições de prover a sua própria subsistência. A comunidade estatal deve assegurar-lhes pelo menos as condições mínimas para uma existência digna e envidar os esforços necessários para integrar estas pessoas na comunidade, fomentando seu acompanhamento e apoio na família ou por terceiros, bem como criando as indispensáveis instituições assistenciais (BVerfGE 40, 121:133).[484]

---

[481] TORRES, Ricardo Lobo. *Tratado de direito constitucional financeiro e tributário*. Rio de Janeiro: Renovar, 1999. v. 3: os direitos humanos e a tributação. p. 141-146.

[482] ZILVETI, Fernando Aurélio. *Princípios de direito tributário e a capacidade contributiva*. São Paulo: Quartier Latin, 2004. p. 204.

[483] SARLET, Ingo Wolfgang. *A eficácia dos direitos fundamentais*. 3. ed. rev. e ampl. Porto Alegre: Livraria do Advogado, 2003. p. 296.

[484] Ibid., p. 297.

Na Itália, após a Segunda Guerra Mundial, uma corrente doutrinária passou a repudiar a então vigente teoria da utilidade, difundida pela "Escola de Pavia", pela qual o cidadão deveria contribuir para as despesas públicas na proporção dos serviços públicos indivisíveis postos à sua disposição. Esse novo pensamento, que teve em Emilio Giardina um de seus expoentes, sustentava que a tributação deveria sempre seguir a máxima latina *primum vivere, deinde tributum solvere*, podendo incidir apenas a partir do limite mínimo necessário para a sobrevivência individual, num claro sinal de respeito ao mínimo existencial.[485]

Conforme explica Becker, esse mínimo indispensável seria uma das deformações que o princípio da capacidade contributiva precisa sofrer para ingressar no mundo jurídico, recaindo apenas a partir da renda ou capital essenciais para a sobrevivência.[486] Nessa linha, exemplifica:

> Constitui renda e capital abaixo do mínimo indispensável: o salário que as leis trabalhistas definirem como salário-mínimo; o consumo de bens indispensáveis à sobrevivência, exemplo: água, sal, açúcar, leite, pão, carne, verduras, a utilização de bens indispensáveis, exemplo: casa de moradia e vestuário.[487]

Outro país em que o desenvolvimento do princípio do mínimo existencial merece destaque é a Espanha, onde foi relacionado diretamente com a justiça tributária. A Corte Constitucional espanhola, neste caso, decidiu:

> Es incompatible con la dignidad de la persona el que la efectividad de los derechos patrimoniales se leve al extremo de sacrificar el mínimo vital del deudor, privándole de los medios indispensables para la realización de sus fines personales. Se justifica, así, junto a otras consideraciones, la inembargabilidad de bienes y derechos como límite del derecho a la ejecución de las sentencias firmes (Sentença nº 113-1989).[488]

Um aspecto do mínimo existencial desenvolvido pelos espanhóis refere-se à questão da tributação da família, no sentido de se perceber que a igualdade horizontal exige afastar a renda indisponível em função das necessidades familiares da incidência de tributos. Esse aspecto foi incorporado na lei do imposto de renda das pessoas físicas, de nove de dezembro de 1998, artigo 2.2, que trouxe o conceito da *renta disponible* como resultado da subtração do *mínimo personal y familiar*.[489]

---

[485] ZILVETI, Fernando Aurélio. *Princípios de direito tributário e a capacidade contributiva*. São Paulo: Quartier Latin, 2004. p. 210.

[486] BECKER, Alfredo Augusto. *Teoria geral do direito tributário*. 3. ed. São Paulo: Lejus, 1998. p. 497.

[487] Ibid., p. 498.

[488] SARLET, Ingo Wolfgang. *A eficácia dos direitos fundamentais*. 3. ed. rev. e ampl. Porto Alegre: Livraria do Advogado, 2003. p. 299.

[489] ZILVETI, Fernando Aurélio. *Princípios de direito tributário e a capacidade contributiva*. São Paulo: Quartier Latin, 2004. p. 212-213.

Apesar de o direito ao mínimo existencial não estar expresso na Constituição Federal de 1988, ele está implícito, porque a Carta de Direitos estabelece, como objetivo fundamental da República Federativa do Brasil, "erradicar a pobreza e a marginalização e reduzir as desigualdades sociais e regionais", por meio do inc. III do art. 3°. Além do mais, a primeira parte do art. XXV da Declaração Universal dos Direitos Humanos de 1948 refere:

> Todo ser humano tem direito a um padrão de vida capaz de assegurar-lhe, e a sua família, saúde e bem-estar, inclusive alimentação, vestuário, habitação, cuidados médicos e os serviços sociais indispensáveis, e direito à segurança em caso de desemprego, doença, invalidez, viuvez, velhice ou outros casos de perda dos meios de subsistência em circunstâncias fora de seu controle.[490]

A Constituição Federal do Brasil de 1946, por outro lado, trazia importante referência para os mínimos necessários, conforme o § 1° do art. 15: "São isentos do imposto de consumo os artigos que a lei classificar como o mínimo indispensável à habitação, vestuário, alimentação e tratamento médico das pessoas de restrita capacidade econômica".

Não tendo dicção normativa própria, atualmente, o mínimo existencial está compreendido em diversos princípios constitucionais, dentre os quais o princípio da igualdade, que assegura a proteção contra a pobreza absoluta por resultar na desigualdade social, e também no princípio da dignidade humana, no próprio Estado Social de Direito.[491]

O direito ao mínimo existencial carrega uma carga negativa e positiva. No sentido positivo, revela-se através de prestações gerais e igualitárias do Estado, tendentes a assegurar condições básicas para o cidadão sobreviver em respeito à dignidade. Na forma negativa, mostra-se de forma a impedir que o Estado intervenha sobre parcela de recursos necessários para a população sobreviver dignamente, entendida a satisfação das necessidades básicas, como alimentação, vestuário, moradia, educação e saúde.

Para que ocorra a incidência de imposto é necessária uma manifestação de capacidade contributiva, por essa razão, o imposto somente pode ser cobrado em relação a uma situação relevante do ponto de vista econômico, que revele uma possibilidade presumível de que o sujeito escolhido possa contribuir para a manutenção dos gastos públicos. Se o princípio da capacidade contributiva constitui o norte que alumia o sistema tributário e a sua adequada compreensão requer o direito/dever de contribuir conforme efetiva possibilidade, nada parece mais lógico,

---

[490] Declaração dos Direitos Humanos. Disponível em: <http://www.onubrasil.org.br/documentos_direitos humanos.php>. Acesso em: 26 mar. 2011.

[491] TORRES, Ricardo Lobo. *Tratado de direito constitucional financeiro e tributário*. Rio de Janeiro: Renovar, 1999. v. 3: os direitos humanos e a tributação. p. 149-150.

óbvio e natural, do que não se admitir a exigência de tributos nos casos em que capacidade contributiva não existe, preservando-se, assim, o mínimo existencial.

O princípio da capacidade contributiva, por um lado, exige que o dever fundamental de pagar tributos seja cumprido de forma mais expressiva daqueles que se encontram nas classes econômicas e sociais mais altas, e, de outro, resulta ser impraticável a tributação sobre o mínimo existencial ao ser humano. Por isso, em qualquer modelo de Estado, e em especial no Estado Social, não pode ser admitido que o cidadão desprovido de capacidade financeira para sustentar a si e a sua família seja obrigado a contribuir para o Estado, ainda mais quando este não alcança as promessas mais básicas, como saúde, educação, segurança, etc. Dessa forma:

a) não pode haver incidência tributária do imposto de renda sobre salários insuficientes para fazer frente às necessidades básicas dos cidadãos, bem como deve ser possibilitada a dedução integral de despesas com saúde, educação e moradia da sua base de cálculo;

b) não pode haver incidência de imposto sobre o patrimônio relativo a imóveis urbanos ou rurais, veículos automotores, transmissão de propriedade por meio de compra e venda, doação ou *causa mortis*, correspondentes a valores irrisórios, por demonstrarem, em tese, a inexistência de capacidade contributiva;

c) é inadmissível a cobrança de taxas e contribuições de melhorias dos cidadãos que possuem renda mensal insuficiente para o próprio sustento, ainda que a capacidade contributiva não possua aplicabilidade aos tributos vinculados idêntica a dos não vinculados;

d) não se harmoniza, com a capacidade contributiva, a exigência de contribuição previdenciária sobre o salário mínimo, ainda que se trate de tributo sinalagmático.

Nesse contorno, o mínimo existencial também dá base de sustentação à capacidade contributiva, impondo que a aquisição dos bens de primeira necessidade esteja, por óbvio, protegida da tributação. Por isso, assinalam Tipke e Lang que "o princípio da capacidade contributiva não é somente princípio de intervenção, mas também de proteção".[492]

Assim, adequando-se a tributação à capacidade contributiva, pela via da proteção, deixa-se de tributar o mínimo existencial à existência dos cidadãos, pois, nada mais diametralmente oposto à concepção de dignidade humana do que dispor do indisponível à própria sobrevivência, com vistas a fazer frente à exigência fiscal.

---

[492] TIPKE, Klaus; LANG, Joachim. *Direito tributário (Steuerrecht)*, Vol. I. Tradução da 18. ed. Alemã, de Luiz Dória Furquim. Porto Alegre: Sérgio Antônio Fabris Ed, 2008. p. 202.

Para definir o que seja mínimo existencial, como meio de apuração da capacidade contributiva do cidadão para concurso com as despesas do Estado, é preciso elaborar critérios que delimitem o que vem a ser o mínimo existencial, como argumenta Zilveti. Uma das maneiras de ordenar tais critérios dá-se a partir da análise de quadros de um censo demográfico e social para que o legislador obtenha os custos necessários para a sobrevivência de um cidadão ou de sua família (como alimentação, vestuário, higiene, saúde, educação e lazer) regionalmente, para ter diversos mínimos sociais, apontando a capacidade contributiva básica média da população de cada uma das regiões, tributando-se a partir do suprimento das necessidades para a sobrevivência.[493]

Na medida em que um dos objetivos fundamentais dispostos na Constituição é a redução das desigualdades regionais (art. 3º, inc. III, da CF/88) e na medida em que o Estado brasileiro está alicerçado no princípio da dignidade da pessoa humana, é inescapável que a tributação não atinja o mínimo vital à sobrevivência do cidadão.

A partir do exposto, passa-se a examinar os contornos conceituais do princípio da capacidade contributiva.

3.2.3. Os contornos conceituais do princípio da capacidade contributiva

Como verificado acima, o princípio da capacidade contributiva tem uma forte fundamentação deontológica nos objetivos e princípios que norteiam o Estado Social e Democrático como a igualdade, a cidadania, a solidariedade, o mínimo existencial, decorrendo do seu próprio conteúdo ideológico. Casalta Nabais ressalta que é princípio base do Estado fiscal quando se transforma em Estado social, constituindo-se em expressão do critério da igualdade entendida em seu aspecto material, pelo qual todos os cidadãos (generalidade) devem contribuir na medida da sua capacidade de colaborar revelada pelo rendimento e pelo patrimônio, ou quando rendimento ou patrimônio são utilizados em consumo ou na aquisição de bens.[494] Sendo a capacidade contributiva critério de justificativa da exigência dos tributos, fica claro que a noção de tributo é, portanto, dependente da capacidade contributiva.

---
[493] ZILVETI, Fernando Aurelio. *Capacidade contributiva e mínimo existencial*. In: SCHOUERI, Luís Eduardo; ZILVETI, Fernando Aurelio (Coord.). Direito tributário: estudos em homenagem a Brandão Machado. São Paulo: Dialética, 1998. p. 46-47.
[494] NABAIS, José Casalta. *Estudos de direito fiscal:* por um Estado Fiscal suportável. Coimbra: Almedina, 2005. p. 464-465.

Enrico de Mita enfatiza que, na elaboração feita pela jurisprudência constitucional italiana, a capacidade contributiva deve ser entendida como uma manifestação de certa riqueza (renda, consumo, patrimônio, transferência), que constitua a justificativa, a causa da exigência do tributo e contenha a medida, no sentido de que aquele que exige o tributo deva ficar com uma parte da manifestação de riqueza.[495]

A capacidade contributiva é uma forma de entender a generalidade e a igualdade tributária, constituindo-se em um modo de aplicá-las, pois todos devem pagar tributos, desde que tenham capacidade para suportar o ônus que representam, e quanto maior a riqueza de um indivíduo, maior deverá ser a quantidade com a qual terá que contribuir para os ônus públicos.[496]

Ela preenche integralmente os reclamos da igualdade em matéria fiscal, sento aplicado adequadamente, conforme conquista histórica, pois, através de sua aplicação, todos são chamados a contribuir com o Estado na medida de suas possibilidades, a fim de que este tenha recursos suficientes para cumprir os seus fins.[497]

A busca pela justiça tributária, mediante da tributação de acordo com a capacidade contributiva, deve respeitar dois critérios cumulativos: o da igualdade horizontal, que obriga as pessoas com idêntica capacidade contributiva a pagar o mesmo imposto; e o da igualdade vertical, o qual exige que pessoas com diferentes capacidades contributivas devam pagar imposto distintos.[498]

Para aplicá-lo, inicialmente, deve ser definido quem tem e quem não tem capacidade para contribuir, chamada de *capacidade contributiva absoluta*. Em segundo lugar, é preciso fixar em que medida cada um deve ser tributado, traduzindo-se na *capacidade contributiva relativa*, que será apurada pelo montante de renda, e quanto maior ela for, maior deve ser o valor a pagar de tributo.[499]

No sentido da capacidade contributiva objetiva, refere Luciano Amaro: "O princípio da capacidade contributiva inspira-se da ordem natural das coisas: onde não houver riqueza é inútil instituir imposto,

---

[495] DE MITA, Enrico. *Principi de diritto tributario*. Sesta Edizione Milano: Giuffrè, 2011. p. 6-7.
[496] LAPATZA, José Juan Ferreiro. *Direito tributário*: teoria geral do tributo. São Paulo: Manole, 2007. p. 22-23.
[497] FERRAZ, Roberto. Igualdade na tributação – Qual o critério que legitima discriminações em matéria fiscal?. In: FERRAZ, Roberto (Coord.). *Princípios e limites da tributação*. São Paulo: Quartier Latin, 2005. p. 507.
[498] SANTOS, J. Albano. *Teoria fiscal*. Lisboa: Instituto Superior de Ciências Sociais e Políticas, 2003. p. 412.
[499] LAPATZA, op. cit., p. 24.

do mesmo modo que em terra seca não adianta abrir poço à busca de água".[500]

A capacidade contributiva do indivíduo, portanto, representa sua legitimidade econômica para suportar uma fração do custo total dos serviços públicos sem sacrifício do indispensável à vida em respeito à dignidade humana.[501] De acordo de Bernardo Ribeiro de Moraes:

> Essa capacidade pressupõe um sujeito passivo tributário como titular de um patrimônio ou renda, suficientes para fazer frente ao pagamento do imposto. A capacidade contributiva, acima de tudo, representa uma aptidão ou faculdade de *meios* ou de *haveres*, ou melhor, representa a disponibilidade de meios econômicos para enfrentar o pagamento de imposto.[502]

Para conhecer a capacidade de contribuir de um sujeito, devem ser considerados os ônus pessoais e familiares que o contribuinte necessitou para dar a si e a sua família uma existência livre e digna. Levando em conta o caráter necessário e inevitável de tais despesas, certo é que diminuem a disponibilidade econômica do sujeito para o concurso aos gastos públicos.[503]

Dessa forma, deve ser determinada uma carga tributária proporcionalmente maior para aqueles que auferem rendimentos mais elevados, possuem maior patrimônio e consomem produtos não essenciais, tendo em vista o princípio da capacidade contributiva, instalado na ordem constitucional brasileira como expressão dos próprios objetivos constitucionais e da solidariedade, entendida esta como pilar do Estado Social.

Para que a capacidade contributiva oriente essa divisão, há a utilização das técnicas que o concretizam: progressividade e a seletividade, sendo a progressividade em regra utilizada para imposto sobre a renda e o patrimônio, e a seletividade empregada, usualmente, nos impostos indiretos, em que deve ser aplicada uma espécie de capacidade contributiva objetiva.

De forma mais abrangente, Luciano Amaro refere que o princípio da capacidade contributiva se aproxima dos postulados que, sobre outros ângulos, buscam os mesmos objetivos, tais como a personalização, a proporcionalidade, a progressividade e a seletividade.[504]

---

[500] AMARO, Luciano. *Direito tributário brasileiro*. 16. ed. São Paulo: Saraiva, 2010. p. 162.

[501] BALEEIRO, Aliomar. *Uma introdução às ciências das finanças*. 15. ed. rev. e atual. por Djalma de Campos. Rio de Janeiro: Forense, 1998. p. 276.

[502] MORAES, Bernardo Ribeiro de. *Compêndio de direito tributário*. 3. ed. Rio de Janeiro: Forense, 1999. 2 v. p. 121.

[503] MOSCHETTI, Francesco. O princípio da capacidade contributiva. In: FERRAZ, Roberto (Coord.). *Princípios e limites da tributação 2*. São Paulo: Quartier Latin, 2009. p. 320.

[504] Tais postulados são expostos em: AMARO, Luciano. *Direito tributário brasileiro*. 16. ed. São Paulo: Saraiva, 2010. p. 163-166.

A personalização se traduz na adequação do gravame fiscal às condições pessoais do sujeito passivo, implicando que em um modelo de incidência seja estruturado de tal forma que, na sua aplicação concreta, as características dos indivíduos como número de dependentes, despesas médicas, despesas com educação, etc., sejam levadas em consideração na apuração do valor devido, constituindo-se em uma das faces do princípio da capacidade contributiva.

A proporcionalidade impõe que o gravame fiscal deve ser proporcional à riqueza do contribuinte, representada pela relação matemática entre a ampliação da base de cálculo e do imposto. Já a progressividade é um refinamento do imposto que estabelece alíquotas maiores para as mais altas fatias de riqueza, ao contrário da proporcionalidade que define que riquezas maiores gerem impostos maiores em razão do aumento da riqueza.

Há duas espécies de progressividade: a fiscal e a extrafiscal. A primeira implica o aumento da exigência fiscal na medida em que cresce a capacidade de cooperar com a sociedade, por meio de alíquotas maiores quanto maior for a base de cálculo. A segunda é representada pelo aumento de alíquotas independentemente da capacidade contributiva, com o sentido de estimular ou desestimular certa situação, forte nos fins da existência do próprio Estado.

A progressividade fiscal, que tem importância no texto, serve para reforçar o conteúdo do princípio da capacidade contributiva e se justifica diante das possibilidades que podem ser exploradas para fins de redistribuição de renda. Tendo sido adotada, fez com que fosse superada a regra da proporcionalidade, pela qual as alíquotas são iguais independentemente da base de cálculo, que se tornou incompatível com a busca pela justiça fiscal.

Diz Misabel Derzi em relação à progressividade fiscal, que ela "[...] visa apenas a implantar os objetivos de justiça e igualdade, de modo que paguem os economicamente mais fortes proporcionalmente mais do que aqueles menos favorecidos".[505] Albano Santos, nessa linha, entende que a progressividade é um modo de elevação de alíquotas na medida em que aumenta a base de cálculo do tributo, demonstrando que o contribuinte tem maior riqueza.[506] Conforme Ricardo Lobo Torres:

> O princípio da progressividade aponta no sentido de que os impostos devem ser cobrados por alíquotas ascendentes na proporção em que se avolume a base de cálculo. Quanto

---

[505] BALEEIRO, Aliomar. *Direito tributário brasileiro*. 11. ed. Atual. Misabel Abreu Machado Derzi. Rio de Janeiro: Forense, 2003. p. 253-254.

[506] SANTOS, J. Albano. *Teoria fiscal*. Lisboa: Instituto Superior de Ciências Sociais e Políticas, 2003. p. 266.

maior for a base de cálculo, tanto maior deverá ser também a alíquota, produzindo resultado crescente.[507]

Assim, implica redistribuição de renda, pois tributa mais de quem possui melhores condições, e menos, ou até mesmo nada, daqueles que poucas ou nenhumas condições possuem, tendo conotação importantíssima com relação à solidariedade e aos objetivos que norteiam o Estado Democrático de Direito. Por essa razão, José Lapatza fala que a progressividade do sistema tributário "é básica em qualquer política decente de distribuição constitucionalmente mais justa da renda nacional".[508]

Portanto, a progressividade se traduz em um critério econômico pelo qual se aplica maior carga tributária àquele que possui melhores condições econômicas para suportar os custos do Estado, distribuindo sua riqueza no sentido de atender os direitos sociais das pessoas menos favorecidas.[509]

Em decorrência, estabelece uma efetiva justiça fiscal, estando de acordo com os objetivos do Estado Democrático de Direito, em razão da sua adequação ao princípio da igualdade, à medida que trata desigualmente os desiguais na busca pela diminuição das desigualdades. Por isso, a tributação progressiva deve ser aplicada a todas as espécies tributárias em relação às quais não existe um óbice intransponível para tanto.

Manuel Barquero alinha razões que indicam que não se pode renunciar a um sistema tributário progressivo como pilar fundamental de financiamento das atividades estatais, sem que ocorram sérias consequências para a realização dos fins do Estado Social, sendo que, todas elas levam a conclusão de que esta substituição não é possível sem que isto resulte em uma diminuição dos benefícios sociais ou, pelo menos, uma perda do poder redistributivo do Estado social:

a) o artigo 31.1 da Constituição Espanhola[510] favorece o financiamento estatal principalmente por meio de tributos, e dentro desse sistema tributário, o imposto ocupa um lugar especial, pois somente desta maneira pode cumprir-se a exigência de que a contribuição para a

---

[507] TORRES, Ricardo Lobo. *Tratado de direito constitucional financeiro e tributário*. Rio de Janeiro: Renovar, 2005. v. 2: Valores e princípios constitucionais tributários. p. 314.

[508] LAPATZA, José Juan Ferreiro. *Direito tributário:* teoria geral do tributo. São Paulo: Manole, 2007. p. 27.

[509] ZILVETI, Fernando Aurelio. Capacidade contributiva e mínimo existencial. In: SCHOUERI, Luís Eduardo; ZILVETI, Fernando Aurelio (Coord.). *Direito tributário*: estudos em homenagem a Brandão Machado. São Paulo: Dialética, 1998. p. 41.

[510] De acordo com o artigo 31.1 da Constituição Espanhola: "Todos contribuirán al sostenimiento de los gastos públicos de acuerdo con su capacidad económica mediante un sistema tributario justo inspirado en los principios de igualdad y progresividad que, en ningún caso, tendrá alcance confiscatorio". Disponível em: <http://www.congreso.es/consti/constitucion/indice/titulos/articulos.jsp?ini=30&fin=38&tipo=2>. Acesso em: 09 jan. 2014.

manutenção da despesa pública seja feita de acordo com a capacidade contributiva, através da conjunção de ideias como a igualdade (e não apenas formalmente, mas também material), generalidade e progressividade, com a ideia de fundo da solidariedade, que dá sentido ao conjunto e que está na base do dever de contribuir;

b) a Constituição opta por um sistema de financiamento das despesas públicas com base em um sistema tributário justo, articulado decisivamente através da ideia de partilha com base na capacidade contributiva. Não há dúvida que a Constituição pretende que a contribuição dos cidadãos para a arrecadação das receitas públicas de acordo com a capacidade contributiva, através de um sistema tributários que tem de seguir série de padrões de justiça. O princípio da capacidade contributiva não é apenas um deles, mas ocupa lugar central, seja como critério de igualdade ou como concreta manifestação da igualdades no campo tributário, constituindo-se numa referência fundamental para compreender o restante dos princípios que na Constituição definem a ideia de justiça tributária, no que diz respeito aos princípios da generalidade, da igualdade e progressividade;

c) no sistema espanhol, o legislador pode definir taxas claramente guiadas pelo princípio da capacidade contributiva, claramente desligadas da ideia de equivalência em relação à quantidade. Não há limites constitucionais que o impeçam;

d) a Constituição concede ao sistema tributário um papel importante para a consecução do objetivo inerente ao Estado Social, da redistribuição de renda e a riqueza. Por um lado, os ingressos públicos constituem um pressuposta para poder articular a redistribuição através de gastos. Mas, além disso, a Constituição também atribui diretamente ao sistema tributário uma função redistributiva; a ideia de um sistema tributário justo ou da justa distribuição da carga tributária, na Constituição espanhola, se encontra inseparável da ideia de redistribuição, manifestando-se pela exigência da progressividade do sistema tributário;

e) as figuras que compõem a ideia de equivalência não que seriam úteis para articular a redistribuição que exige o Estado Social, com o objetivo de redução das desigualdades de renda e riqueza ou para garantir aos cidadãos uma série de benefícios básicos, independentemente da sua capacidade de gasto. Deixariam de lado, portanto, aquelas necessidade redistributivas, exigidas em função do valor supremo da dignidade humana e da ideia de solidariedade social que permeia o Estado Social;

f) a Constituição, optando por dar preferência ao princípio da capacidade contributiva contra o critério do benefício para a repartição das despesas públicas, responde a uma concepção de profundo caráter ideológico, sobre a função redistributiva e de procura existencial que compete ao Estado, em sua condição de Estado social.[511]

A adoção da progressividade das alíquotas em razão da ampliação da base de cálculo do fato tributável é um dos meios mais importantes para a tributação de acordo com a capacidade contributiva. Outro meio é a utilização da seletividade, que impõe a elevação da alíquota dos tributos quanto menor for a essencialidade do bem.

A seletividade serve para atenuar a regressividade dos impostos indiretos em razão da essencialidade dos bens, apresentando-se como técnica para o alcance de justiça fiscal. Como diz Baleeiro, a seletividade determina ao legislador que estabeleça alíquotas diferentes "[...] em razão da imprescindibilidade das mercadorias de consumo generalizado. Quanto mais sejam elas necessárias à alimentação, vestuário, à moradia, ao tratamento médico e higiênico das classes mais numerosas, tanto menores devem ser".[512]

Constitui-se, assim, em outra vertente do princípio da capacidade contributiva, que consiste na variação do nível de intensidade da incidência do tributo em razão do grau de dependência do ser humano do produto tributado, ou seja, da essencialidade do bem para a existência digna.[513]

Portanto, a observância e a concretização do princípio da capacidade contributiva devem ser buscadas pela tributação, em razão de sua eminente carga de justiça fiscal e possibilidade de diminuição das desigualdades sociais. Sendo abordado e aplicado dentro do campo adequado de sua compreensão, que se faz na análise do Estado Democrático de Direito, sob os auspícios dos seus mandamentos da democracia e da justiça, pode-se trilhar em direção a um horizonte menos injusto e desigual, oposto ao ora observado.

Tendo estabelecido o princípio da capacidade contributiva como critério para uma exigência justa dos tributos seus embasamentos deontológicos, assim como seus contornos conceituais, ruma-se à análise do referido princípio a partir do disposto no art. 145, § 1º, da Constituição, com vistas a concluir a construção de um sentido que esteja em consonância com as grandes promessas ainda não cumpridas pela revolucionária Carta de 1988.

---

[511] ESTEVAN, Juan Manuel Barquero. *La función del tributo en el estado social y democrático de derecho.* Madrid: Centro de estudios políticos e constitucionales, 2002. p. 120-142.

[512] BALEEIRO, Aliomar. *Direito tributário brasileiro.* 11. ed. Atual. Misabel Abreu Machado Derzi. Rio de Janeiro: Forense, 2003. p. 347.

[513] WEISS, Fernando Leme. *Justiça tributária:* as renúncias, o código de defesa dos contribuintes e a reforma tributária. Rio de Janeiro: Lumen Juris, 2003. p. 52.

3.2.4. O princípio da capacidade contributiva na Constituição Federal de 1988 e a condição de regra do disposto no § 1º do art. 145 da Constituição

Para falar no princípio da capacidade contributiva no Brasil, de início, é preciso destacar que está mencionado na regra contida no § 1º do art. 145 da Constituição, segundo a qual, "sempre que possível, os impostos terão caráter pessoal e serão graduados segundo a capacidade econômica do contribuinte [...]". Importante deixar claro, para os fins deste trabalho, que se entende que a aplicação do princípio da capacidade contributiva decorre do modelo de Estado adotado na Constituição, do princípio da igualdade, das concepções de cidadania e solidariedade e da necessária garantia ao mínimo existencial, e não do fato de estar mencionado no § 1º do art. 145 da Magna Carta.

Além do mais, o § 2º do art. 5º da Constituição, demonstra seu caráter aberto, ao estabelecer que os direitos e garantias nela expressos não excluem outros decorrentes do regime e dos princípios por ela adotados. Por isso, afirma-se que o disposto no art. 145, § 1º, da Constituição se trata de uma regra, e não do fundamento de aplicação do princípio da capacidade contributiva. Pensar o contrário, há tempos restringe a máxima eficácia que deve ser conferida ao referido princípio,[514] pois faz com que não seja aplicado na plenitude de suas possibilidades, mas sim a partir de critérios baseados na velha metódica interpretativa, que extrai seus fundamentos de uma tradição que não se sustenta no interior do novo paradigma instituído pela Constituição de 1988.

Mostra-se hermeneuticamente inadequado centrar e restringir a discussão acerca da interpretação do disposto no § 1º do art. 145 da Constituição à análise dos termos contidos no referido dispositivo: a) sempre que possível; b) impostos; e c) pessoais. Isso implicaria reduzir o processo interpretativo à mera tradução (do "juridiquez" para o "português") dos termos contidos no texto (interpretação através do método literal). Ou seja, todas as possibilidades interpretativas ficariam restritas à análise do enunciado linguístico, o que é incompatível com o modelo hermenêutico.

A partir da função redistributiva que a tributação assume no Estado fiscal social, verifica-se que ela pode ser um instrumento eficaz para

---

[514] Ver: BARRETO, Aires Ferdinando. Imposto Predial e Territorial Urbano – IPTU. In: MARTINS, Ives Gandra da Silva (coord.). *Curso de direito tributário*. 8. ed. São Paulo: Saraiva, 2001. p. 719. Também: posicionamento do Supremo Tribunal Federal antes da entrada em vigor da Emenda Constitucional nº 29/2000, instituindo a progressividade em relação ao IPTU, por meio da Súmula 668: "É inconstitucional a Lei Municipal que tenha estabelecido, antes da Emenda Constitucional 29/2000, alíquotas progressivas para o IPTU, salvo se destinada a assegurar o cumprimento da função social de propriedade urbana". Fonte completa nas referências.

o desenvolvimento dos objetivos do Estado Democrático de Direito, desde que adequada à efetiva capacidade contributiva, que, como visto, possui condições de cumprir com o papel de redução das desigualdades sociais. Para tanto, é necessário superar a anacrônica e restritiva interpretação no sentido de que a previsão contida no § 1° do art. 145 da Constituição, aplica-se apenas aos impostos ditos pessoais ao alvitre do legislador, por constarem, na regra constitucional, as expressões "impostos", "pessoais" e "sempre que possível". Isso implica o desprezo da diferença ontológica e o mergulho na metafísica.

O mergulho na metafísica se percebe, claramente, quando a própria Suprema Corte diz que determinados tributos, pelo fato de serem classificados e conceituados como "impostos reais", não poderiam ser graduados segundo a capacidade econômica do sujeito passivo, pois o disposto no § 1° do art. 145 da Constituição menciona apenas o termo "pessoal".

Também pode ser percebida a total desconsideração da diferença ontológica, bem como um radical apego ao positivismo, quando parte da doutrina diz que só os "impostos" poderiam ser graduados segundo a capacidade econômica do sujeito passivo, haja vista que apenas essa espécie tributária consta no enunciado linguístico do referido dispositivo constitucional.

Já quando a discussão se restringe a examinar o significado do enunciado "sempre que possível", tal inautenticidade fica claramente exposta, mesmo porque essa discussão sequer poderia existir, pois seria absurdo imaginar que a Constituição contivesse um dispositivo determinando o absolutamente impossível.

Enfim, a expressão contida na primeira parte do § 1° do art. 145 da Constituição: "sempre que possível os impostos terão caráter pessoal e serão graduados segundo a capacidade econômica do sujeito passível", em absoluto pode ser entendida no sentido de que, apenas ocasionalmente, os impostos, ditos pessoais (tão somente esses!), poderiam estar adstritos à efetiva capacidade econômica do sujeito passivo. Isso praticamente restringiria a possibilidade de aplicação do referido dispositivo ao Imposto de Renda das Pessoas Físicas!

Portanto, há de se considerar que o princípio da capacidade contributiva não tem fundamento no § 1° do art. 145 da Carta brasileira, mas decorre do Estado Democrático de Direito, que, por sua vez, tem como pedra angular o princípio da dignidade da pessoa humana, da igualdade material, da cidadania e da solidariedade.

Para chegar à conclusão pretendida, é necessário compreender e interpretar adequadamente os dispositivos constitucionais que estejam aptos a concretizar os objetivos e fundamentos da Constituição, dentre os quais, o princípio da capacidade contributiva, que também colabora com a "densificação do princípio da dignidade da pessoa humana na área tributária".

É preciso romper com o modo de pensar comprometido com pressupostos metafísicos. Para isso, inegável a contribuição da Crítica Hermenêutica do Direito (Streck), que recepciona a filosofia hermenêutica (Heidegger) e a hermenêutica filosófica (Gadamer), possibilitando ao intérprete construir uma adequada interpretação dos dispositivos constitucionais.

Conforme examinado anteriormente, o sentido de um texto divorcia-se do sentido pensado por seu autor em todas as situações, e não ocasionalmente, sendo a linguagem – que deixa de ser uma terceira coisa que se põe entre o intérprete e o texto – o *medium* universal em que se realiza a própria compreensão, sendo a forma de realização desta, a interpretação,[515] posto que não mais há cisão entre compreensão e interpretação. Portanto, a interpretação deixa de ser uma mera reprodução do sentido preexistente e passa a ser uma constante construção de sentido.

Esse processo de compreensão/interpretação, ocorre sempre a partir de uma fusão de horizontes presumivelmente dados por si mesmos, eis que o horizonte do presente está num processo de constante formação, pois constantemente o homem está obrigado a colocar à prova seus preconceitos. Parte dessa prova é o encontro com o passado e a compreensão da tradição na qual está inserido, uma vez que o horizonte do presente não se forma à margem do passado, nem mesmo existe um horizonte do presente por si mesmo.[516]

Por isso, Heidegger vai dizer que "o mensageiro já deve vir com a mensagem, mas ele também já deve ter ido em direção a ela". No *dasein* (*ente* privilegiado que atribui sentido aos outros *entes*), a compreensão é o *ser* existencial do seu próprio saber-ser-inalienável, o que demonstra que no *dasein* reside uma pré-compreensão, motivo pelo qual toda interpretação se funda na compreensão.[517]

Portanto, compreender não é um modo de conhecer, mas um modo de *ser*, sendo possível afirmar que a filosofia é hermenêutica. A interpretação necessita da compreensão, que é elaborada a partir de uma pré-compreensão. Há um mundo já posto, cujo sentido passa a ser dado

---

[515] GADAMER, Hans-Georg. *Verdade e método*: traços fundamentais de uma hermenêutica filosófica. Trad.: Flávio Paulo Meurer. Petrópolis: Vozes, 1997. p. 566.

[516] Ibid., p. 457.

[517] STRECK, Lenio Luiz. *Jurisdição constitucional e hermenêutica*: uma nova crítica do direito. 2. ed. Rio de Janeiro: Forense, 2004. p. 201-202.

pelo *dasein*. Existem, pois, sentidos prévios construídos ao longo da história e consolidados pela tradição.

A pré-compreensão pressupõe a compreensão e a própria interpretação, que sempre corresponderá a um processo de construção de sentidos a partir de uma tradição existente. Não é, portanto, o uso metódico e disciplinado da razão que evitará o cometimento de erros no processo interpretativo,[518] mas sim a suficiente e adequada legitimidade dos preconceitos, os quais apenas serão válidos caso estejam fundados na autoridade da tradição.

Por isso, ao se negar a possibilidade de graduação dos tributos segundo a capacidade contributiva do contribuinte, descortina-se o evidente equívoco de pré-compreensão do texto da Constituição. Ao se sustentar que a capacidade contributiva possa ser desprezada para fins de divisão da carga tributária, obviamente se revela a existência de preconceitos ilegítimos ou prejuízos inautênticos, acerca do próprio modelo de Estado vigente no Brasil.

Embora se afirme que a interpretação é sempre um processo de construção de sentidos, e não uma reprodução do sentido original, isso não significa que o intérprete esteja liberado para agir arbitrariamente. A compreensão, assim como todo o processo de interpretação, somente poderá ser perfectibilizada adequadamente se as opiniões prévias estiverem destituídas de arbitrariedade, isto é, se os preconceitos[519] forem legítimos e, portanto, válidos. Se assim não fosse, seria negada a possibilidade de que o próprio texto pudesse se apresentar na sua condição de texto.

Dessa maneira, o processo de interpretação tem como condição de possibilidade a compreensão, e esta está indissociavelmente ligada a uma pré-compreensão, por sua vez incompatível com a ideia da busca da verdade mediante a utilização de um pensar metódico.

O enunciado, no caso o disposto no § 1º do art. 145 da Constituição, representa o ente a que se refere, devendo comportar-se como tal, sem perder sua própria individualidade. Ele (o enunciado) deve estar aberto ao *ente* que está representando, sem perder as características que o individualizam. Porém, a verdade não estará nem no enunciado, nem no *ente*, assim como não estará na relação entre eles. A verdade não poderá

---

[518] GADAMER, Hans-Georg. *Verdade e método*: traços fundamentais de uma hermenêutica filosófica. Trad.: Flávio Paulo Meurer. Petrópolis: Vozes, 1997. p. 457.

[519] Como ensina Gadamer: "Preconceito" não significa, pois, de modo algum, falso juízo, pois está em seu conceito que ele possa ser valorizado positivamente ou negativamente. É claro que o parentesco com o *praejudicium* latino torna-se operante nesse fato, de tal modo que na palavra, junto ao matiz negativo, pode haver também um matiz positivo. GADAMER, Hans-Georg. *Verdade e método*: traços fundamentais de uma hermenêutica filosófica. Trad.: Flávio Paulo Meurer. Petrópolis: Vozes, 1997. p. 407.

ser obtida, também, com o emprego de um método, por isso, no plano jurídico, não se pode falar na utilização dos consagrados métodos gramatical, sistemático, teleológico, histórico, etc., a fim de interpretar um certo texto jurídico. A verdade estará no *Dasein*, no estar aberto, que possibilita que cada *ente* possa mostrar-se, ou seja, permitindo que cada *ente* seja o que de fato é (deixar o *ente ser*), ou ainda, permite que as coisas se mostrem como elas de fato o são.

Uma interpretação hermeneuticamente adequada requer que se tenha presente a diferença ontológica e, por consequência, significa divorciar-se das concepções metafísicas que não percebem a diferença entre *ser* e *ente* e que acreditam ser possível que, a partir de um método, se obtenha a verdade. Assim, a interpretação realizada por parte da doutrina e jurisprudência acerca do disposto no § 1º do art. 145 da Constituição, mostra-se hermeneuticamente inadequada, pois não considera a diferença ontológica entre *ente*/texto e *ser*/norma. Além do mais, boa parte dos preconceitos que embasam o entendimento a respeito do enunciado contido no referido dispositivo, foi construída a partir de uma realidade e de um contexto histórico superado, tendo sido gerados, portanto, com amparo num modelo de Estado liberal-individualista que, ao menos formalmente, não mais está vigente.

De outra banda, é preciso levar em consideração a existência da distinção entre regras e princípios, notadamente denominada *função normogenética* dos princípios, que estabelece que "os princípios são fundamentos de regras, ou, noutras palavras, são normas que estão na base ou constituem a razão de ser das regras jurídicas".[520] Levando em conta que referido disposto contempla uma regra, e que o sentido deverá ser construído de acordo com os princípios que a fundamentam (seu embasamento deontológico), chega-se novamente à conclusão de que a utilização dos métodos não se prestam a atribuir-lhe sentido, especialmente o método gramatical, pelo que se analisam as expressões contidas no texto constitucional.

Por fim, apenas se compreende o porquê da impossibilidade de interpretar a Constituição a partir da aplicação de um método, quando se compreende e se considera a existência da diferença ontológica entre *ente*/texto e *ser*/norma, pois assim não for, a interpretação corresponderá a uma inútil e ineficaz "tradução de texto", contaminada pela metafísica. A norma será sempre fruto da interpretação de um texto e, com ele, não poderá se confundir, da mesma forma como o *ente* não se confunde com o seu *ser*. Isso já representa um importantíssimo avanço na compre-

---

[520] CANOTILHO, José Joaquim Gomes. *Direito constitucional e teoria da Constituição*. 4. ed. Coimbra: Almedina, 2000. p. 1124-1125.

ensão da própria constituição, à medida que há o desprendimento das ultrapassadas concepções metafísicas.

Dessa forma, resta evidente que o disposto no § 1º do art. 145 da Constituição ampara uma regra, assim como é impossível de interpretá-la literalmente, uma vez que isso implicaria negar eficácia jurídica aos princípios que a fundamentam, em especial o princípio da capacidade contributiva, ao mesmo tempo em que se desconsideraria a diferença ontológica.

Além do mais, para que sejam alcançados os objetivos e fundamentos da Constituição, não basta a criação de políticas públicas, faz-se necessário que a carga tributária seja dividida de uma forma proporcional à efetiva capacidade contributiva do cidadão, para que atinja sua função redistributiva. Caso assim não seja, as desigualdades sociais, ao invés de serem reduzidas, serão ampliadas, a miséria continuará aviltando a dignidade humana, e a meta da solidariedade social permanecerá como mera utopia acadêmica.

A partir de todo o embasamento atribuído ao princípio da capacidade contributiva, bem como definido que sua aplicação aos tributos exigidos no Brasil não deve estar fundamentada no disposto no art. 145, § 1º, da Constituição, no próximo momento, examinam-se as possibilidades de aplicação do referido princípio às bases tributárias.

3.3. As realidades tributáveis e a adequação à capacidade contributiva

Para se falar em Estado Democrático de Direito, necessariamente é preciso que os objetivos de ser do Estado estejam ligados à redução das desigualdades sociais, a construção de uma sociedade solidária, que esteja apta a assegurar igual dignidade a todos os seus membros. De acordo com Fernando Facury Scaff:

> O ideal seria que todos contribuíssem com recursos suficientes para fazer frente às necessidades públicas, na medida de suas disponibilidades de patrimônio, renda e consumo, de modo a fazer implementar a verdadeira *função social da propriedade*, casando-a com a efetivação do *Princípio da Isonomia*, fertilizando o *Princípio da Capacidade Contributiva*. Teríamos então uma sociedade com maior grau de *democracia*, o que, de forma plena, infelizmente, é um eterno devir.[521]

---

[521] SCAFF, Fernando Facury. Quando as medidas provisórias se transformam em decretos-lei ou notas sobre a reserva legal tributária no Brasil. In: FERRAZ, Roberto (Coord.). *Princípios e limites da tributação*. São Paulo: Quartier Latin, 2005. p. 562.

Na Alemanha, apesar de o princípio da capacidade contributiva não estar previsto na Constituição, a Corte Constitucional entende ser perfeitamente aplicável, como consequência dos direitos fundamentais, em especial o princípio da igualdade, ou como decorrência lógica do Estado Social. Já no Brasil, a discussão ainda está sob as amarras de ranços ideológicos, ou melhor, está fundada em prejuízos inautênticos, pois a capacidade contributiva não é dimensionada conforme a capacidade de contribuir do cidadão, pelo fato de se entender que as palavras mencionadas acima, previstas no art. 145, § 1º, da CF/88, restringiriam a aplicabilidade do postulado.

Contudo, tal posicionamento não se sustenta, pois o princípio da capacidade contributiva ocupa um espaço de proeminência no Estado Democrático de Direito, uma vez que está intimamente ligado aos princípios que o fundamentam. Na medida em que a sua aplicabilidade implica que a carga tributária seja repartida conforme a possibilidade econômica que cada indivíduo possui para suportar o ônus fiscal, se manifesta como corolário da justiça fiscal, sempre que não houver nenhum óbice para tanto. Luciano Amaro também concorda que apesar de o art. 145, § 1º, da Constituição Federal de 1988 se referir apenas a impostos, a capacidade contributiva também pode ser aplicadas às demais espécies tributárias.[522]

Do mesmo modo, Hugo de Brito Machado sustenta que o princípio da capacidade contributiva não se aplica apenas aos impostos, mas a todos os tributos, embora só estejam expressos no dispositivo constitucional apenas aqueles, tanto que tal princípio sustenta a isenção de certas taxas e da contribuição de melhoria em situações de inexistência evidente da capacidade contributiva. O autor cearense ainda argumenta que a expressão "sempre que possível", não atribui ao legislador a faculdade de decidir quando será utilizado tal princípio, devendo ser encarada a capacidade de contribuir com os princípios jurídicos em geral, pois interpretação diversa, além de não ser razoável, reduz o princípio ao nível das leis ordinárias.[523] A respeito da questão oportuno posicionamento de Douglas Yamashita:

> Se o princípio da igualdade, constante dos arts. 5º, *caput*, ou 150, II, da Constituição Federal-1988 não tem qualquer cláusula restritiva de sua eficácia e se o princípio da capacidade contributiva consiste no próprio princípio da igualdade aplicado em matéria tributária, logo, o princípio da capacidade contributiva sempre será aplicável, salvo se impossível.[524]

---

[522] AMARO, Luciano. *Direito tributário brasileiro*. 16. ed. São Paulo: Saraiva, 2010. p. 166.

[523] MACHADO, Hugo de Brito. *Curso de direito tributário*. 30. ed. rev., atual. e ampl. São Paulo: Malheiros, 2009. p. 40.

[524] TIPKE, Klaus e YAMASHITA, Douglas. *Justiça fiscal e princípio da capacidade contributiva*. São Paulo: Malheiros, 2002. p. 55.

Casalta Nabais ressalta que a doutrina em geral faz a distinção entre os impostos sobre o rendimento e o patrimônio, de um lado, e os impostos sobre o consumo, de outro, ou seja, entre impostos diretos e indiretos, principalmente entre os economistas, que fazem a distinção entre os impostos que tecnicamente integram o preço de bens e serviços e os que não integram.[525]

Em razão da inexistência de uma expressão uniforme sobre todos os impostos, o autor lusitano vislumbra uma concretização do princípio da capacidade contributiva de 1º grau nos impostos sobre o a renda, de 2º grau nos impostos sobre o patrimônio, e uma expressão de 3º grau nos impostos sobre o consumo.[526]

Nos impostos sobre o rendimento ou o patrimônio, a tributação é medida consoante a capacidade contributiva real e individualmente considerada de quem integra a relação jurídica do imposto. Já nos impostos sobre o consumo, em que o onerado é deixado no anonimato do mercado em razão da repercussão econômica, a tributação é medida através de uma capacidade de pagar objetiva e típica, por assentar em um critério lógico entre a capacidade de adquirir bens e serviços e a capacidade de contribuir. Por isso, ele afirma que o princípio da capacidade contributiva não é incompatível com os impostos indiretos, pois enquanto dirigidos à capacidade dos consumidores, são expressão do referido princípio, ainda que seja menor do que nos impostos diretos.[527]

Sobre o tema, Tipke e Lang entendem que "o princípio da capacidade contributiva é essencialmente concretizado mediante a *seleção e constituição das bases de dimensionamento do tributo*". Apesar de os autores alemães considerarem perfeitamente aplicável o princípio da capacidade contributiva aos impostos indiretos, consideram que entre os tributos o imposto de renda é o que possui integridade da mais alta qualidade, por ser o mais apropriado para considerar a capacidade contributiva objetivamente, mas também subjetivamente.[528]

Tem-se hoje um consenso sobre ser a renda a melhor forma de expressão indicativa da capacidade contributiva. Porém, isso não significa que a renda seja a única fonte de arrecadação que indique a capacidade contributiva, podendo existir outros fatores indicativos como o padrão

---

[525] NABAIS, José Casalta. *O dever fundamental de pagar impostos:* contributo para a compreensão constitucional do estado fiscal contemporâneo. Coimbra: Almedina, 2004. p. 480-481.
[526] Ibid., loc. cit.
[527] Ibid., p. 481.
[528] TIPKE, Klaus; LANG, Joachim. *Direito tributário (Steuerrecht)*, Vol. I. Tradução da 18. ed. Alemã, de Luiz Dória Furquim. Porto Alegre: Sérgio Antônio Fabris Ed, 2008. p. 208 e 448-449.

de vida da família ou outros sinais exteriores de riqueza, diz Fernando Aurelio Zilveti.[529]

Portanto, ainda que se sustente que os impostos conceituados como pessoais "são os mais idôneos para a realização da justiça fiscal",[530] deve ser ressaltado que a capacidade contributiva e outras manifestações: igualdade, cidadania e solidariedade, devem ser somadas na busca da plena aplicabilidade do princípio da capacidade, também fundamentado no postulado fundamental de igualdade.

No Brasil, entretanto, deve-se falar em dever fundamental de pagar tributos não vinculados ou desprovidos de bilateralidade, ao contrário de Casalta Nabais que fala em dever fundamental de pagar impostos, eis que aqui as espécies tributárias não tem um rigor terminológico bem definido, em especial as contribuições sociais não sinalagmáticas.

Dessa forma, ao se analisar a aplicação do princípio da capacidade contributiva às bases de incidência, não se examinará apenas os impostos, mas também os demais tributos, especialmente os desprovidos de bilateralidade, ainda que revestidos do caráter de contribuições. No primeiro momento, trabalha-se com os impostos sobre o rendimento.

3.3.1. Imposto incidente sobre a renda e progressividade

O imposto sobre a renda, de competência da União, está previsto no art. 153, inc. III, da Constituição Federal. De acordo com o inc. I do § 1º do art. 153, ele deve ser exigido respeitando-se a generalidade, a universalidade e a progressividade. O que importa agora é a previsão da progressividade, que significa a obrigação de que a alíquota seja maior quanto maior for a base de cálculo.

O Código Tributário Nacional, com caráter de norma geral de direito tributário, em seu art. 43 adota como fato gerador do imposto de renda a aquisição de disponibilidade econômica ou jurídica de renda entendidos como acréscimos patrimoniais.

Faz-se necessário a busca pela real capacidade de contribuir do sujeito passivo da obrigação tributária, de forma que reste devidamente demonstrado a renda disponível para pagamento do imposto em análise.

---

[529] ZILVETI, Fernando Aurelio. *Capacidade contributiva e mínimo existencial*. In: SCHOUERI, Luís Eduardo; ZILVETI, Fernando Aurelio (Coord.).Direito tributário: estudos em homenagem a Brandão Machado. São Paulo: Dialética, 1998. p. 43.

[530] BALEEIRO, Aliomar. *Uma introdução à ciência das finanças*. 15. ed. Rio de Janeiro: Forense, 1998. p. 285.

A obtenção de renda é uma das mais tradicionais manifestações de capacidade contributiva, assim entendida como um acréscimo patrimonial alcançado em um determinado período de tempo por uma pessoa jurídica ou natural. Em razão de suas características, pode ser considerado como o imposto mais compatível com o princípio da capacidade contributiva, em especial pela carga de pessoalidade que carrega. Dessa forma, deve servir ao modelo de Estado atual como agente de redistribuição de renda, eis que se mostra supostamente fácil aferir a capacidade de econômica de cada contribuinte para exigir, de forma mais acentuada, o imposto de quem possui uma renda maior, revelando maior capacidade de contribuir para com os demais integrantes da sociedade. Assim é que se manifesta com nítido propósito de redistribuição de renda, como busca pela justiça fiscal, pois pode ser utilizado para a concretização da solidariedade, pilar do Estado Social, e, por meio dele, busca-se a concretização dos objetivos fundamentais do Estado Democrático de Direito, dentre os quais a redução das desigualdades sociais.

Por outro lado, o imposto em análise deve ser exigido com menor intensidade, ou até não ser exigido, daqueles que possuem uma capacidade de contribuir diminuta ou não a possuam por ter renda que não seja suficiente para o próprio sustento ou de sua família, manifestando inexistente capacidade contributiva, a fim de preservar o denominado mínimo existencial. Para que isso possa ser realizado, mostra-se imprescindível que a legislação possibilite ao contribuinte a dedução integral, da renda tributável do contribuinte, de despesas indispensáveis para a subsistência digna da pessoa tributada ou de sua família, como saúde, educação, moradia, etc.

De outra banda, a progressividade deve ser harmonizada com as políticas extrafiscais, no sentido de ser respeitados outros direitos fundamentais, como a proteção ao meio ambiente, à família, e em especial aos idosos, que na maioria das vezes empregam a maior parte de seus rendimentos em tratamentos médicos. Tal pode ocorrer por meio de deduções integrais de despesas consideradas como essenciais à subsistência própria, com saúde, com materiais escolares, com a moradia, etc.

Faz-se necessário também a elevação do limite de isenção do imposto de renda das pessoas físicas, pois o limite atual é insuficiente para que não ocorra a incidência de tributação sobre parcela destinada às necessidades básicas. Assim sendo, o baixo limite de isenção acaba fazendo com que o contribuinte de baixa renda seja privado de uma vida digna.

Como refere Misabel Derzi, ao contrário do que se afiança, o Sistema Tributário Nacional continua muito objetivo e pouco progressivo, tendo em vista que mesmo, após a promulgação da Constituição Federal de 1988, permaneceu sem grandes alterações voltadas aos objetivos constitucionais. O anúncio dos mais ricos tem propagado a ideia de que as alíquotas maiores são ruins e excessivas, quando, em verdade, existem apenas para favorecer os menos favorecidos. Isso acaba por fazer com que a grande maioria (cidadãos de baixa renda) pague desproporcionalmente os encargos tributários.[531]

Outro ponto pertinente é a igualdade de tributação da renda do trabalho e do capital, fazendo-se com que as pessoas físicas paguem mais imposto do que as pessoas jurídicas.

Enfim, o imposto de renda é um importante aliado das políticas de redistribuição de renda e um instrumento à disposição da justiça fiscal. É preciso, entretanto, que o governo conscientize-se disso e utilize-o para tanto, passando a tributar a renda do capital e do trabalho da mesma forma, e proporcionando que despesas necessárias sejam dedutíveis da base de cálculo do tributo em questão.

3.3.2. Impostos sobre o patrimônio: progressividade e seletividade

A aplicabilidade da progressividade em relação aos impostos sobre o patrimônio, como IPTU, ITBI, IPVA, ITCD e ITR, cuja base de cálculo é o valor venal dos respectivos bens, é uma das discussões mais polêmicas na seara tributária.

Tal discussão centra-se em uma classificação dos impostos sobre o patrimônio como reais, o que faz com que não possa ser aplicado o princípio da capacidade contributiva devido à ideia de que o § 1º do art. 145 da Constituição menciona que a capacidade contributiva aplica-se apenas aos impostos de caráter pessoal, quando possível.

Impostos reais são aqueles cujo aspecto material da hipótese de incidência descreve um fato independentemente do aspecto pessoal, desprezando-se as condições jurídicas do eventual sujeito passivo. Os pessoais, diferentemente, são aqueles em que o aspecto material da hipótese de incidência leva em consideração as qualidades do sujeito passivo, que estabelecem diferenciações de tratamento entre contribuintes.[532]

Em virtude dessa classificação, muitos entendem que o princípio da capacidade contributiva não se aplica aos impostos ditos de natureza real, pois, na apuração e na quantificação, devem ser levados em conta

---

[531] BALEEIRO, Aliomar. *Direito tributário brasileiro.* 11. ed. Atual. Misabel Abreu Machado Derzi. Rio de Janeiro: Forense, 2003. p. 300.

[532] ATALIBA, Geraldo. *Hipótese de incidência tributária.* 6. ed. São Paulo: Malheiros, 2009, p. 141-142.

apenas os aspectos objetivos da matéria tributável, e, portanto, desprezados os aspectos pessoas do contribuinte.

No entanto, essa posição não se sustenta, uma vez que é difícil encontrar um imposto que seja destituído de qualquer fator relativo às qualidades jurídicas do contribuinte, de modo a considerá-lo de natureza puramente real. Neste sentido, Luciano Amaro aponta que, por ser postulado universal de justiça fiscal, o princípio da capacidade contributiva deve ser aplicado aos impostos reais, não podendo ser criados critérios que ofendam a presumível capacidade de contribuir na sua criação.[533]

Claro que há impostos que se coadunam de melhor forma com a capacidade contributiva, como é o caso do imposto de renda das pessoas físicas, mas é possível analisar outros critérios para aferir a possibilidade de o cidadão contribuir com os demais, como manifestações de riquezas que, em tese, externam certa capacidade contributiva, como a titularidade de um patrimônio ou o consumo de produtos não essenciais de altos valores.

Deve-se ter em mente, ainda, que há necessidade de harmonia entre a progressividade e a extrafiscalidade, no sentido de evitar uma tributação exacerbada aos cidadãos que, embora sejam titulares de bens de elevado valor, não possuam renda suficiente para suportar tal ônus, como idosos, portadores de doenças graves, etc.

Dessa forma, é possível sustentar que os impostos sobre o patrimônio, classicamente chamados reais, podem ser adequados ao princípio da capacidade contributiva, conforme as peculiaridades do contribuinte, por meio de alíquotas progressivas em razão da elevação da base de cálculo, em harmonia com critérios extrafiscais.

3.3.3. Impostos sobre o consumo e seletividade

Como já ressaltado anteriormente, é certo que, nos impostos sobre a renda e o patrimônio, há maiores possibilidades de se aferir a capacidade contributiva do cidadão, mas isso não significa que ela não possa ser mensurada, de forma alguma, com relação aos impostos sobre o consumo, até porque a aquisição de determinados produtos, considerados supérfluos, caracterizam uma presumível capacidade contributiva, na medida em que aqueles que precisam de alimentos necessários para sobreviver não irão adquiri-los. Neste sentido, manifestam-se Tipke e Lang:

---
[533] AMARO, Luciano. *Direito tributário brasileiro*. 16. ed. São Paulo: Saraiva, 2010. p. 164.

[...]. Em nossa opinião vale o princípio da capacidade contributiva para todos os impostos, inclusive os *impostos indiretos* sobre o consumo, que também [...] é indício de capacidade contributiva econômica. [...] O princípio da capacidade contributiva deve como princípio tutelar ser tornado eficaz: também impostos indiretos não devem violar o mínimo para a sobrevivência.[534]

Também não há razão alguma para não ser aplicado o princípio da capacidade contributiva e o seu postulado de personalização aos impostos indiretos, sob o fundamento de que a capacidade para arcar com o ônus deve ser do contribuinte de direito, ignorando-se o contribuinte de fato, pois, ao contrário, poderia ser abandonado referido princípio com relação a alimentos básicos e remédios, haja vista o alto poder econômico do contribuinte de direito em tais casos.[535]

A capacidade contributiva possui como aliada, em especial, a tais tributos, a seletividade, que impõe uma alíquota maior quanto menor for a essencialidade do produto disponibilizado para consumo.

Quanto ao IPI, consta no inc. I do § 3º do art. 153 da Constituição Federal de 1988, que "será seletivo, em função da essencialidade do produto". Em razão de estar escrito na Constituição a palavra "será", não há controvérsias sobre a sua aplicabilidade e o referido imposto, com relação a certos produtos, possui alíquotas baixas ou até mesmo fixadas em 0%.

No que se refere ao ICMS é que nasce o problema, pois, conforme o inc. III do § 2º do art. 155, "poderá ser seletivo, em função da essencialidade das mercadorias e dos serviços". Devido à palavra "poderá", passou-se a sustentar que os Estados e o Distrito Federal não estariam obrigados a respeitar a seletividade. Entretanto, parafraseando Carrazza, "vamos logo consignando que este singelo 'poderá' equivale juridicamente a um peremptório 'deverá'. Não se está, aqui, diante de mera faculdade do legislador, mas de norma cogente – de observância, pois, obrigatória."[536]

A seletividade, como manifestação do princípio da capacidade contributiva, não pode ser restringida devido a uma palavra constante na regra constitucional, até porque não seria necessária a expressa possibilidade de utilização da seletividade, eis que a capacidade contributiva decorre do próprio modelo de Estado. A conclusão de que a Constituição faculta ao legislador estadual a aplicação da seletividade ao ICMS é ilegítima, haja vista que, como ensina Misabel Derzi, "[...] nos sistemas

---

[534] TIPKE, Klaus; LANG, Joachim. *Direito tributário (Steuerrecht)*, Vol. I. Tradução da 18. ed. alemã, de Luiz Dória Furquim. Porto Alegre: Sérgio Antônio Fabris Ed, 2008. p. 203.

[535] AMARO, Luciano. *Direito tributário brasileiro*. 16. ed. São Paulo: Saraiva, 2010. p. 164.

[536] CARRAZZA, Roque Antonio. *ICMS*. 16º ed. rev. e. ampl. até a EC 67/2011, e de acordo com a Lei Complementar 87/1996, com suas ulteriores modificações. São Paulo: Malheiros, 2012. p. 507.

jurídicos em que se consagra o princípio da igualdade e da capacidade econômica, a seletividade se impõe".[537]

Os tributos extrafiscais, assim como os fiscais, estão submetidos aos princípios da igualdade, legalidade, generalidade, proporcionalidade, não confiscatoriedade, etc., que informam a tributação. Além disso, ao interferem nas condutas das pessoas, necessitam encontrar respaldo num valor constitucionalmente consagrado, e não em concepções ideológicas ou morais que não sejam compatíveis com a liberdade na atuação da vida privada das pessoas, que deve imperar num Estado Democrático de Direito como o instituído pela Constituição. Dessa maneira, o ICMS pode e deve ser utilizado como instrumento de ordenação político-econômica, para estimular operações ou prestações úteis ou convenientes à sociedade e, em contrapartida, onerando aquelas que não atendam ao interesse nacional.[538]

A seletividade em função da essencialidade exige que o ônus financeiro relativo ao ICMS recaia sobre as mercadorias ou serviços, "na razão direta de sua superfluidade e na razão inversa de sua necessidade", tomando-se como parâmetro a utilização por parte da população. Tendo em vista que, em relação às operações com gêneros de primeira necessidade e as prestações de serviços de transporte intermunicipal ou de comunicação, o contribuinte não tem liberdade de escolha, estes deveriam ser completamente desoneradas deste tributo.[539]

Portanto, é preciso que as legislações dos Estados estejam adequadas à Constituição, relativamente à cobrança de ICMS, de forma a respeitar o princípio da capacidade contributiva, via seletividade.

3.3.4. Tributos vinculados e capacidade contributiva

Até o momento foi analisada a aplicabilidade do princípio da capacidade contributiva em relação aos impostos, também conhecidos como tributos não vinculados. Neste ponto, passa-se a examinar a aplicabilidade do referido princípio com relação aos tributos vinculados.

A doutrina tradicionalmente adota esta distinção que possui forte fundamentação na obra de Geraldo Ataliba. Conforme o autor, ao analisar a hipótese de incidência dos tributos, constata-se, em todos os casos, que o seu aspecto material consiste em uma atividade do poder público;

---

[537] BALEEIRO, Aliomar. *Direito tributário brasileiro*. 11. ed. Atual. Misabel Abreu Machado Derzi. Rio de Janeiro: Forense, 2003. p. 408.
[538] CARRAZZA, Roque Antonio. *ICMS*. 16º ed. rev. e. ampl. até a EC 67/2011, e de acordo com a Lei Complementar 87/1996, com suas ulteriores modificações. São Paulo: Malheiros, 2012. p. 507-508.
[539] Ibid., p. 508.

ou consiste num fato indiferente a qualquer atividade estatal. A partir dessa verificação, ele classificou os tributos em vinculados e não vinculados.[540]

Partindo da análise do art. 145 da Constituição Federal de 1988, o autor considera, como tributos vinculados, as taxas e as contribuições especiais, e, como não vinculados, os impostos.[541] No entanto, as espécies tributárias no Brasil não guardam uma precisão terminológica bem definida, o que se constata, particularmente, nas contribuições sociais. Neste aspecto, Ataliba consigna:

> No Brasil, há impostos com as mais variadas designações. Ora recebem nomes de outras espécies tributárias (taxa, contribuição), ora são batizados pelo legislador com outros nomes, tais como depósitos, direitos, tarifas, parcelas. Há entre nós, inclusive, um imposto que recebeu a aberrante designação de "salário educação". Algumas destas designações seriam curiosidades num museu de teratologia jurídica ou no "manicômio tributário" a que se refere Alfredo Becker.[542]

Por tal razão, não pode o intérprete guiar-se pelas designações dadas pelo legislador, conforme Ataliba: "Dê-se o nome que quiser a um tributo, ele será imposto e, ao regime jurídico dos impostos, deverá submeter-se, desde que se reconheça, do exame de sua h.i., tratar-se de tributo não vinculado".[543]

Assim, as taxas, as contribuições de melhoria e as contribuições sociais às quais estejam conectadas a uma contraprestação do Estado ou de entidade não estatal de fins de interesse público, como as contribuições de interesse das categorias profissionais e as contribuições pagas pelos trabalhadores para fins de aposentadoria podem ser classificados como tributos vinculados.

3.3.4.1. Aplicabilidade às taxas e contribuições de melhorias

As taxas e as contribuições de melhoria constituem tributos vinculados puros na denominação de Ataliba, por implicarem uma ação estatal devido à imposição fiscal. As taxas, de acordo com o art. 145, inc. II, da Carta de Direitos, decorrem do exercício do poder de polícia ou pela utilização (efetiva ou potencial) de serviços públicos colocados à disposição do contribuinte, desde que sejam específicos ou divisíveis.

---

[540] ATALIBA, Geraldo. *Hipótese de incidência tributária*. 6. ed. 10. tir. São Paulo: Malheiros, 2009. p. 130.
[541] Ibid., p. 132.
[542] Ibid., p. 141.
[543] Ibid., p. 141.

Pelo fato de estar claramente vinculado a um agir por parte do Estado, o princípio da capacidade contributiva sofre limitações com relação a essa espécie tributária. Na medida em que é realizado um benefício em proveito do cidadão, é possível exigir, em contrapartida, um ressarcimento do beneficiário da atuação.

Essa limitação, porém, não é absoluta. O Supremo Tribunal Federal admite a possibilidade de progressividade em relação à taxa judiciária: "A taxa judiciária deve, pois, ser proporcional ao custo da atividade do Estado a que se vincula. E há de ter um limite, sob pena de inviabilizar, à vista do valor cobrado, o acesso de muitos à Justiça".[544]

O STF também entende possível a aplicabilidade da capacidade contributiva em relação à taxa de polícia, por ser mais adequada ao princípio, conforme julgamento da ADI nº 453/DF:

> 1. Ação Direta de Inconstitucionalidade. 2. Art. 3º da Lei nº 7.940, de 20.12.1989, que considerou os auditores independentes como contribuintes da taxa de fiscalização dos mercados de títulos e valores mobiliários. 3. Ausência de violação ao princípio da isonomia, haja vista o diploma legal em tela ter estabelecido valores específicos para cada faixa de contribuintes, sendo estes fixados segundo a capacidade contributiva de cada profissional. 4. Taxa que corresponde ao poder de polícia exercido pela Comissão de Valores Mobiliários, nos termos da Lei no 5.172, de 1966 – Código Tributário Nacional. 5. Ação Direta de Inconstitucionalidade que se julga improcedente.[545]

As contribuições de melhoria, por outro lado, decorrem de uma obra realizada pelo poder público, da qual decorra uma valorização do imóvel do contribuinte (art. 145, inc. III da CF/88). Pela identidade que tais contribuições possuem com as taxas em relação a um agir por parte do Estado, aplica-se o mesmo raciocínio de que o princípio da capacidade contributiva sofre limitações em relação a tal tributo.

Contudo, há casos em que deverão ser considerados os objetivos fundamentais do Estado Democrático de Direito. Ainda que a obra realizada pelo Estado gere valorização imobiliária para determinados contribuintes, se eles forem invariavelmente pobres, não lhes pode ser cobrado referida contribuição, haja vista que se estaria retirando-lhes valores utilizados para o mínimo existencial.

---

[544] BRASIL. Supremo Tribunal Federal. *Ação Direta de Inconstitucionalidade nº 948*. Requerente: Conselho Federal da Ordem dos Advogados do Brasil. Requeridos: Assembleia Legislativa do estado de Goiás e Governador do Estado de Goiás. Relator: Min. Francisco Rezek. Brasília, 09 de novembro de 2000. Disponível em: <http://redir.stf.jus.br/paginadorpub/paginador.jsp?docTP=AC&docID =266593>. Acesso em: 2 abr. 2011.

[545] BRASIL. Supremo Tribunal Federal. *Ação Direta de Inconstitucionalidade nº 453*. Requerente: Confederação Nacional das Profissões Liberais. Requeridos: Comissão de Valores Mobiliários – CVM, Congresso Nacional e Presidente da República. Relator: Min. Gilmar Mendes. Brasília, 30 de agosto de 2006. Disponível em: <http://redir.stf.jus.br/paginadorpub/paginador.jsp?docTP=AC&docID =409732>. Acesso em: 2 abr. 2011.

Expresso, pois, de outra forma, em relação às taxas e à contribuição de melhoria, o vértice mais visível do princípio da capacidade contributiva reside em seu aspecto protetivo em relação aos deserdados de expectativas. Com isso, não há de se exigir taxas de qualquer natureza, ou contribuição de melhoria, em relação aqueles cujo pagamento implica afronta ao mínimo necessário a sua sobrevivência.

3.3.4.2. Aplicabilidade às contribuições especiais e aos empréstimos compulsórios

Entre as contribuições especiais encontram-se as de intervenção no domínio econômico, as de interesse das categorias profissionais ou econômicas e as contribuições sociais, como se dessume dos arts. 149 e 195 da Constituição Federal de 1988.

Assim, a União pode instituir contribuições sociais, às quais a exigência não impõe uma atuação estatal específica, e o produto da arrecadação serve para financiar a seguridade social.

As contribuições que não implicam uma ação estatal específica são chamadas impostos finalísticos, justamente porque a única diferenciação da espécie de tributo imposto é uma destinação preestabelecida para os valores arrecadados pelo Estado com tal contribuição. Já as que implicam uma ação específica são chamadas contribuições propriamente ditas.[546] Neste sentido, Geraldo Ataliba agrega:

> Dificilmente surgem contribuições cuja hipótese de incidência corresponde ao exato conceito técnico-jurídico da espécie. Salvo a 'de melhoria', no Brasil, todas as contribuições têm tido hipótese de incidência de imposto, na configuração que o imaginoso – mas sem técnica – legislador lhes tem dado.[547]

Desse modo, a único fator que distingue essas contribuições (impostos finalísticos) dos impostos é a destinação que o produto da arrecadação sofre, pois, em relação aos impostos, não pode haver determinação da receita obtida para fins específicos. Entre os impostos finalísticos, pode-se tratar de contribuição para o PIS, a COFINS, a CSLL e a Contribuição Previdenciária Patronal para o INSS – a qual está sendo gradualmente substituída pela contribuição sobre a receita bruta em virtude do Plano Brasil Maior.

Em razão do caráter não sinalagmático dessas contribuições sociais, por não provocarem nenhuma atuação específica do Estado e serem

---

[546] COELHO, Sacha Calmon Navarro. *Curso de direito tributário brasileiro*. 6. ed. Rio de Janeiro: Saraiva, 2003. p. 402-411.

[547] ATALIBA, Geraldo. *Hipótese de incidência tributária*. 6. ed. 10. tir. São Paulo: Malheiros, 2009. p. 208.

usadas para financiar a sua ação no campo social, as referidas contribuições guardam grandes semelhanças com os impostos, distinguindo-se apenas com relação à destinação específica. Por isso, pode e deve ser-lhes aplicado o princípio da capacidade contributiva. Neste sentido, também segue a posição de Geraldo Ataliba, para o qual a contribuição previdenciária a cargo do empregador tem como hipótese de incidência alguém remunerar pessoa filiada à previdência social, não sendo os contribuintes beneficiários da despesa. Por isso, considera que o critério da base imponível somente pode ser a capacidade contributiva.[548]

Dessa forma, é plenamente sustentável a aplicação do princípio da capacidade contributiva com relação a essas contribuições, via progressividade, tendo em vista que, apesar de serem denominadas de contribuições, através de sua hipótese de incidência, se verifica que se tratam de verdadeiros impostos transvestidos pelo nome contribuição.

Com relação às contribuições sociais propriamente ditas, em que se enquadram as contribuições sinalagmáticas, nas quais há referibilidade direta ao contribuinte, estaria afastada a aplicabilidade do princípio em estudo, pois ele financia o sistema para si próprio, tendo uma retribuição conforme sua contribuição.

No que se refere aos empréstimos compulsórios, que podem ser instituídos para atender despesas extraordinárias ou investimento público de caráter urgente e de relevante interesse nacional, não se vislumbra óbice para que, caso sejam instituídos, cada qual contribua em conformidade com as suas possibilidades econômicas, em virtude da similitude da sua natureza com os denominados impostos finalísticos.

Portanto, com relação às contribuições sociais não vinculadas a uma atividade estatal e aos empréstimos compulsórios, é possível a aplicação do princípio da capacidade contributiva. O mesmo entendimento, no entanto, não pode ser aplicado para as contribuições sociais propriamente ditas, eis que se caracterizam pela retribuição tida pelo contribuinte.

Até então, estudou-se a possibilidade de que a tributação seja regida pelo princípio da capacidade contributiva, tendo nele o norte a ser seguido pelo legislador, bem como pelo executivo e o poder judiciário.

No entanto, há situações em que a finalidade da arrecadação não é o custeio do Estado, mas estimular ou desestimular condutas, via tributação, para o cumprimento de objetivos determinados na Constituição. Em tais hipóteses, a capacidade contributiva cede espaço, justificadamente, para a extrafiscalidade entrar em ação e modificar a forma de agir dos contribuintes, como será verificado no item a seguir.

---

[548] ATALIBA, Geraldo. *Hipótese de incidência tributária*. 6. ed. 10. tir. São Paulo: Malheiros, 2009. p. 204.

3.4. Extrafiscalidade e capacidade contributiva

A arrecadação de tributos tem como objetivo principal sustentar os gastos da máquina pública e as políticas públicas implementadas para a concretização das garantias constitucionais conferidas aos cidadãos, o que, comumente, se caracteriza como fiscalidade, ou seja, mediante a arrecadação de tributos, o Estado tem meios para garantir o seu custeio e buscar a concretização do "bem comum", sendo essa busca constitui a razão de existir do próprio Estado.

Num Estado Democrático de Direito, a ideia de bem comum está constitucionalmente prevista, e corresponde à concretização dos objetivos e princípios constitucionalmente postos, especialmente, mediante a realização dos direitos fundamentais. Assim, existe uma vinculação e um comprometimento de todos os Poderes e em todas as esferas com a sua realização. À medida que os direitos fundamentais alcançam um grau satisfatório de realização, automaticamente, pode-se afirmar que se trilha o caminho da realização do bem comum.

Pelo fato de a arrecadação estar direcionada a esses fins, deve ser graduada segundo a capacidade contributiva, porque, caso assim não fosse, o objetivo seria a promoção das desigualdades sociais ao invés da redução, arrecadando-se valores daqueles que não possuem sequer o mínimo necessário para sobreviver. Nesse sentido, refere Misabel Derzi, "a capacidade contributiva é, de fato, a espinha dorsal da Justiça Tributária. É o critério de comparação que inspira, em substância, o princípio da igualdade, mas não é o único, sendo, em muitos casos substituído por outros".[549]

No caso, o critério contrário à capacidade contributiva, a ser abordado, refere-se à possibilidade de que o Estado utilize a tributação como instrumento de intervenção na sociedade, notadamente no campo econômico e social, com vistas a concretizar as suas diretrizes constitucionalmente previstas, utilizando-se a tributação como instrumento direto na realização dos direitos fundamentais.

Trata-se da denominada extrafiscalidade, que é a utilização do sistema tributário para estimular ou desestimular determinadas condutas para atingir os fins que seriam alcançados pela fiscalidade, ou seja, o Estado utiliza a tributação para intervir na sociedade, especialmente no campo econômico ou social, visando à concretização dos objetivos constitucionais.[550] Nesse sentido, leciona Aliomar Baleeiro:

---

[549] BALEEIRO, Aliomar. *Direito tributário brasileiro*. 11. ed. Atual. Misabel Abreu Machado Derzi. Rio de Janeiro: Forense, 2003. p. 233.

[550] Ibid., p. 218.

Quando os impostos são empregados como instrumento de intervenção ou regulação pública, a função fiscal propriamente dita, ou "puramente fiscal", é sobrepujada pelas funções "extrafiscais". A sua técnica é, então, adaptada ao desenvolvimento de determinada política, ou diretriz.[551]

Traduz-se em um conjunto de normas que, embora façam parte do direito fiscal, tem como finalidade dominante a consecução de certos resultados econômicos ou sociais por meio do instrumento fiscal, e não obter receitas para custear as despesas públicas.[552] Para Lobo Torres, pode ser caracterizada como a "utilização do tributo para obter certos efeitos na área econômica e social, que transcendem a mera finalidade de fornecer recursos para atender às necessidades do tesouro".[553]

A extrafiscalidade não significa que o Estado deixe de arrecadar tributo, e sim que a finalidade visada com ela não é meramente arrecadatória, ainda que ingressem recursos aos cofres públicos. O objetivo transcende, pois, o arrecadar e direciona-se a estímulos comportamentais que tenham, como fim, objetivos constitucionalmente positivados. Lapatza explica:

> Entendido assim, o "sustento da despesa pública" permite que o legislador estabeleça tributos com fins distintos da simples arrecadação, isto é, com fins neste exato sentido, "extrafiscais", sempre que, como já dissemos, se respeitem as exigências mínimas do princípio de capacidade; que os fins desejados pelo legislador sejam também desejados e protegidos pela constituição; que sua consecução esteja encomendada por ela ao Estado e aos demais entes públicos; e que consecução influa ou se reflita, direta ou indiretamente, no nível de despesa publica ou em sua distribuição.
>
> Penso que neste âmbito devem ser inseridos os chamados fins extrafiscais dos tributos. Com eles o Estado pode, por exemplo, buscar uma redução dos gastos (na conservação do meio ambiente através dos chamados tributos meioambientais; em saúde, através de impostos sobre o álcool ou o tabaco) ou um aumento do nível de renda ou uma melhor distribuição dela (através, por exemplo, de tributos que estimulam a utilização de terras ou outros elementos improdutivos).[554]

Enrico De Mita diz que na extrafiscalidade "[...] a estrutura ordinária do imposto é modificada em vista do objetivo político que se quer perseguir. Existe assim a função desincentivadora e incentivadora da tributação".[555] Dessa forma, compreende-se referido mecanismo pela via de

---

[551] Id. *Uma introdução às ciências das finanças*. 15. ed. rev. e atual. por Djalma de Campos. Rio de Janeiro: Forense, 1998. p. 189.

[552] NABAIS, José Casalta. *O dever fundamental de pagar impostos*: contributo para a compreensão constitucional do estado fiscal contemporâneo. Coimbra: Almedina, 2004. p. 629.

[553] TORRES, Ricardo Lobo. *Tratado de direito constitucional financeiro e tributário*. Rio de Janeiro: Renovar, 1999. v. 3: os direitos humanos e a tributação. p. 135.

[554] LAPATZA, José Juan Ferreiro. *Direito tributário*: teoria geral do tributo. Trad.: Roberto Barbosa Alves. Barueri: Manole; Madrid: Marcial Pons, 2007. p. 25.

[555] DE MITA, Enrico. *O princípio da capacidade contributiva*. In: FERRAZ, Roberto (Coord.). Princípios e limites da tributação. São Paulo: Quartier Latin, 2005. p. 247.

exclusão, gravitando no espaço em torno da fiscalidade, por ocupar um espaço alternativo à ideia de arrecadar tributos para realizar seus fins.

Obviamente, não seria possível sustentar que a extrafiscalidade viesse a substituir a tradicional fórmula da fiscalidade, mas é sustentável e necessário a existência de políticas tributárias extrafiscais norteadas ao cumprimento da realização dos objetivos constitucionalmente postos, em especial, os direitos fundamentais.

Além de possuir alicerce constitucional, ela também serve como meio de concretização da própria Magna Carta, uma vez que a discriminação objetivada pela extrafiscalidade tenha como fim uma meta que a própria Constituição exige que seja atingida, motivo pelo qual Murphy e Nagel sustentam que a questão da justiça de determinado tratamento tributário não poderá ser considerada isoladamente:

> Temos de saber: (a) se ela distorce o padrão mais amplo de redistribuição e financiamento da ação pública exigido pela nossa concepção geral de justiça, ou seja, se ela redireciona alguns custos e aumenta ou diminui sub-repticiamente a quantidade de redistribuição; e (b) se serve a outras finalidades, legítimas para a política fiscal, que sejam importantes o suficiente para neutralizar uma possível desvantagem do primeiro tipo.[556]

Desse modo, uma vez observados determinados limites, as discriminações perpetradas pela extrafiscalidade não afrontam ao princípio da igualdade, tendo em vista que elas devem ter como objetivo efetivar e concretizar objetivos e princípios consagrados no próprio texto constitucional.

Uma das mais antigas formas de uso do imposto com conotação extrafiscal para proteger a produção nacional é a existência de direitos alfandegários altamente onerosos para encarecer as mercadorias estrangeiras, tirá-las da concorrência ou permitir que as nacionais possam ser vendidas por melhores preços.[557] Por isso Casalta Nabais fala que na extrafiscalidade a fiscalidade está "ao serviço da realização imediata ou directa de objectivos de natureza econômica ou social".[558]

Exemplo de tributos utilizados para equilibrar a balança comercial e proteger a indústria nacional são os Impostos de Importação, Exportação, de Produtos Industrializados e sobre Operações Financeiras, que possuem nítido caráter extrafiscal, aos quais é permitido, inclusive, ter alíquotas alteradas por ato do Poder Executivo, atendidos os limites da lei, conforme art. 153, § 1°, da Constituição Federal de 1988.

---

[556] MURPHY, Liam; NAGEL, Thomas. *O Mito da propriedade*: os impostos e a justiça. Trad.: Marcelo Brandão Cipolla. São Paulo: Martins Fontes, 2005. p. 236.

[557] BALEEIRO, Aliomar. *Uma introdução às ciências das finanças*. 15. ed. rev. e atual. por Djalma de Campos. Rio de Janeiro: Forense, 1998. p. 190.

[558] NABAIS, José Casalta. *Estudos de direito fiscal*: por um Estado Fiscal suportável. Coimbra: Almedina, 2005. p. 108.

Contudo, salienta-se que mesmo na tributação extrafiscal deve ser respeitado o princípio da capacidade contributiva, pois ainda que preordenada a fins extrafiscais, a tributação deve ter como pressuposto um fato relevante do ponto de vista econômico, que se constitua em manifestação de riqueza, conforme De Mita.[559]

Para Casalta Nabais, a extrafiscalidade se expande em dois grandes grupos, cada um traduzindo uma técnica de intervenção ou conformação social pela via fiscal. Um grupo constitui os impostos extrafiscais, que são orientados para a indução ou desestímulo de certos comportamentos. O outro diz respeito aos benefícios fiscais que são dirigidos ao fomento, ao incentivo de certos comportamentos para o desenvolvimento.[560]

Como exemplos de possibilidades de progressividade extrafiscal, pode-se citar a utilização em relação ao ITR (art. 153, § 4º, inc. I da CF/88) a fim de desestimular as propriedades improdutivas, e ao IPTU (art. 182, § 4º, inc. II da CF/88) a fim de estimular o adequado aproveitamento do solo urbano. Nesse sentido, refere Misabel Derzi:

> Na progressividade extrafiscal não se almeja, prioritariamente, prover o Estado dos meios financeiros adequados a seu custeio segundo a capacidade econômica de cada um (art. 145, § 1º), mas, antes, se visa ordenar a propriedade de acordo com a sua função social. Para isso, o legislador tributário tem a faculdade de estimular ou desestimular comportamentos, de acordo com os interesses prevalecentes da coletividade, que por meio de agravações, que de concessões de benefícios e incentivos fiscais.[561]

A extrafiscalidade também está presente em relação ao IPI e ao ICMS, os quais a Constituição determina que as alíquotas sejam seletivas em função da essencialidade do produto, conforme art. 153, § 3º, inc. I, e art. 155, § 2º, inc. III. Conforme Carrazza, o antigo ICM era um tributo uniforme, possuía as mesmas alíquotas para todas as mercadorias. Apenas podia ser utilizado como instrumento de fiscalidade, objetivando arrecadar recursos aos cofres públicos para o Estado fazer frente as suas necessidades básicas. O atual ICMS, por outro lado, deve ser um instrumento de extrafiscalidade.[562] Do mesmo modo, a extrafiscalidade também está presente no IPTU, em que é possível a instituição de alíquotas diversas de acordo com a localização e o uso do imóvel. Com relação à extrafiscalidade, Carrazza refere:

---

[559] DE MITA, Enrico. *O princípio da capacidade contributiva*. In: FERRAZ, Roberto (Coord.). Princípios e limites da tributação. São Paulo: Quartier Latin, 2005. p. 248.
[560] NABAIS, José Casalta. *O dever fundamental de pagar impostos:* contributo para a compreensão constitucional do estado fiscal contemporâneo. Coimbra: Almedina, 2004. p. 630.
[561] BALEEIRO, Aliomar. *Direito tributário brasileiro*. 11. ed. Atual. Misabel Abreu Machado Derzi. Rio de Janeiro: Forense, 2003. p. 255.
[562] CARRAZZA, Roque Antonio. *ICMS*. 16º ed. rev. e. ampl. até a EC 67/2011, e de acordo com a Lei Complementar 87/1996, com suas ulteriores modificações. São Paulo: Malheiros, 2012. p. 506.

Os tributos, no mais das vezes, são instituídos com o fito de prover de dinheiro os cofres públicos, para que o Estado tenha os meios necessários à consecução dos fins que lhe são assinalados pela Constituição e pelas leis. A tributação, pois, quase sempre se desenvolve com finalidade arrecadatórias (fiscais).

Não raro, porém, a tributação é utilizada para estimular ou desestimular condutas havidas, respectivamente, por *convenientes* ou *nocivas* ao interesse público. Este fenômeno leva nome de "extrafiscalidade".

Extrafiscalidade é, portanto, o emprego dos meios tributários para fins não fiscais, mas *ordinatórios*, isto é, para disciplinar comportamentos de virtuais contribuintes, induzindo-os a fazer ou a deixar de fazer alguma coisa. A fazer, bem entendido, o que atende ao interesse público; a não fazer o que, mesmo sem tipificar um ilícito, não é útil ao progresso do País. [563]

Note-se que nesses casos se está induzindo certas condutas para alcançar demais objetivos legitimamente constitucionais. Assim, não há ofensa à capacidade contributiva, que pode conviver tranquilamente com os postulados extrafiscais. É de se dizer, ainda, que esses não são os únicos casos de extrafiscalidade possíveis, podendo haver outras modalidade voltadas a atingir outros fins postos na Constituição.

Com relação ao segundo grupo da extrafiscalidade, esse se configura mediante desonerações fiscais, consubstanciando-se na concessão de isenções ou benefícios fiscais, com o objetivo de concretizar direitos fundamentais, estimular o desenvolvimento econômico de certa região ou incentivar atividades de interesse de toda a sociedade. Contudo, a concessão de benefícios e incentivos fiscais não pode ficar à mercê de interesses políticos e econômicos, fortemente defendidos por *lobbies*, no mais das vezes, obscuros. Tais desonerações deverão submeter-se a mecanismos efetivamente democráticos de aprovação, apenas sendo legítimos à medida que os objetivos visados forem constitucionalmente fundamentados.

Portanto, a matéria relativa à concessão de incentivos e benefícios fiscais merece receber certa atenção, devendo ser observados se os benefícios instituídos pelo Estado estão efetivamente voltados aos objetivos constitucionalmente postos, eis que se trata de uma transferência de recursos de toda a sociedade para determinado setor.

Enfim, não se pretende esgotar o estudo da matéria referente à extrafiscalidade e sua legitimidade. Quer-se, apenas, deixar claro que, apesar de o princípio da capacidade contributiva ser o cerne de um sistema tributário justo, há hipóteses em que ele pode ser limitado (extrafiscalidade), desde que seja constitucionalmente posto o objetivo para que tal fato ocorra.

---

[563] Ibid., loc. cit.

Uma vez examinado o que seria uma autêntica compreensão da tributação no Brasil, a partir da sua inegável função redistributiva, da compreensão adequada do princípio da capacidade contributiva, a partir de sua fundamentação deontológica e das suas diversas possibilidades de aplicação, ruma-se, pois, para a verificação da maneira como a função tributária vem sendo tratada no Brasil, buscando situar alguns exemplos que demonstram como o novo – Estado Democrático de Direito – continua velado aos olhos dos que trabalham com o fenômeno tributário.

4. Os pré-juízos inautênticos que permeiam o modo de lidar com a tributação

Conforme abordado anteriormente, no Estado Democrático de Direito – também chamado de Estado fiscal social – o tributo assume notória importância. De um lado, diante da redução das receitas originárias, principalmente em função das privatizações; de outro, em razão das possibilidades que possui para favorecer o cumprimento dos objetivos e fundamentos do Estado, seja pela via dos ingressos (caráter redistributivo), seja pela via das despesas (instituição de políticas públicas).

Entretanto, apesar de todas suas possibilidades, a tributação, como instituição de importante relevo, não vem sendo utilizada de forma adequada. O legislador e o executivo fazem de conta que não se encontram vinculados aos princípios constitucionais; a doutrina, especialmente no âmbito do direito tributário, em grande parte, ou trata o Estado como o insaciável Leviatã hobbesiano, ou continua doutrinando sem criticar a legislação que trata da matéria, obstinada com os conceitos e termos do Código Tributário Nacional (verdadeira obra prima para os adoradores do positivismo exegético); e a jurisprudência, que deveria investir-se na justiça constitucional para obstar as arbitrariedades cometidas, utiliza métodos de interpretação metafísicos, ou, muitas vezes, utiliza-se da doutrina nascida sobre outro paradigma constitucional, sobre outra tradição, e, portanto, interpreta a partir de pré-juízos inautênticos.

A dialética entre texto e atribuição de sentido ao texto não pode ser "afogada" por pressupostos metafísicos como ora se constata, estando o intérprete refém do esquema sujeito-objeto, notadamente sob a tradição erigida pelo paradigma do Estado Democrático de Direito. Daí que a tese de Streck, referente à construção de uma teoria do direito adequada aos postulados do Constitucionalismo Contemporâneo, se apresenta de maneira completamente ruptural com relação à tradição constituída sob a égide do positivismo exegético/normativista. A hermenêutica possibilita o enfrentamento e a superação do decisivo problema, não enfrentado pelo positivismo, que é da interpretação do direito, e que é, ao mesmo tempo, o problema da aplicação.[564] Vale a percuciente crítica de Streck, no sentido do ora exposto:

> Independentemente disso, a Constituição não pode ser aquilo que queremos que ela seja. Nem tampouco a história (tradição) consegue eliminar a possibilidade de formulação de novos argumentos teóricos fora do texto da Constituição. Ou seja, a concepção hermenêutica do sentido da Constituição implica uma dialética constante entre texto (que não deve estar assujeitado ao interprete) e a atribuição de sentido a esse texto. Consequentemente, não é mais possível falar em deduções ou induções (ou, acrescento, subsunções): pensar assim seria admitir um retorno ao esquema sujeito-objeto, considerado superado na elaboração de qualquer perspectiva hermenêutica de uma Constituição cujo texto é atravessado pelo rio da história.[565]

Como já foi abordado, interpretar é dar sentido, é fundir horizontes. O direito é composto por regras e princípios comandados por uma Constituição. E a realização/concretização dos textos da Norma Maior não pode depender de uma subjetividade assujeitadora, como se os sentidos a serem atribuídos pudessem decorrer da vontade do intérprete, pois se tal entendimento fosse verdadeiro, teria razão Kelsen em infirmar que a interpretação feita pelos juízes é um ato de vontade.[566]

É sabido que, atualmente, ao falar-se em políticas públicas perante o Poder Judiciário, surgem diversas teorias que sustentam a máxima proteção e eficácia dos direitos fundamentais, e os cuidados precisam ser tomados em razão dos possíveis exageros cometidos pelo intérprete. Por outro lado, ao lidar com a tributação, os cuidados necessitam ser redobrados em razão da possibilidade das faltas que podem ser cometidas, mormente pelo fato de que, na maioria das vezes, os intérpretes utilizam-se do Código Tributário Nacional ou dos Regulamentos dos impostos (Decretos) como ponto de partida para suas decisões.

Despontam atitudes conservadoras e inautênticas ao se enfrentar a matéria tributária, sem se perceber a importância da arrecadação dos tributos para custear as despesas do Estado, no sentido de não tributar aqueles desprovidos de capacidade contributiva. Falta percepção de que, pela tributação é possível atingir redistribuição de renda sem que se façam necessários diversos programas sociais.[567]

---

[564] STRECK, Lenio Luiz. Neoconstitucionalismo, positivismo e pós-positivismo. In: FERRAJOLI, Luigi; STRECK, Lenio Luiz; TRINDADE, André Karam (Orgs.). *Garantismo, hermenêutica e (neo)constitucionalismo*: um debate com Luigi Ferrajoli. Porto Alegre: Livraria do Advogado, 2012. p. 87-88.

[565] STRECK, Lenio Luiz. Apresentação. TRIBE, Laurence; DORF, Michael. *Hermenêutica constitucional*. Belo Horizonte: Del Rey, 2007. p. XXI.

[566] Id. *O que é isto – decido conforme minha consciência?*. 2. ed., rev. e ampl. Porto Alegre: Liv. do Advogado, 2010. p. 93.

[567] Não que os programas sociais sejam ruins. De fato, pesquisas mostram que, comparando-se os valores gastos em relação ao total arrecadado sobre o PIB, os valores são irrisórios. Entretanto, com uma tributação média de 40% sobre os principais produtos de alimentação, é o mesmo que o governo "dar com uma mão e tirar com a outra". Portanto, faria muito mais sentido gerar redistribuição

As dificuldades sociais não permitem mais que se produza uma espécie de Direito meramente descritivo, ainda que o espaço de manipulação retórica do discurso democrático seja imenso, refletindo no ensino e as estruturas subjetivas, nas pessoas que se formam. É preciso formar gente com capacidade transformadora, crítica, capaz de colocar em crise o que está dado, buscando promover uma transformação para melhor.[568]

Faz-se necessário aos criadores e intérpretes das regras tributárias compreenderem que, nos dias atuais, não mais se sustenta a ideia de supremacia da lei, mormente em relação a matéria tributária, diante da nova realidade jurídica constitucional inaugurada com a revolucionária Carta de 1988. Nas palavras de Jacinto Coutinho, "o avanço democrático do Direito reclama um sotaque constitucional e, mais uma vez, a dogmática crítica pede o seu lugar. Transformar, no caso, é se ter um parâmetro, porque a insegurança de que se tem tanto medo é, sobretudo, a falta dele".[569]

A partir dos apontamentos iniciais é que, neste capítulo, pretende-se abordar a forma de compreender e interpretar a tributação no Brasil, que se encontra contaminada por pré-juízos inautênticos, sustentada pela onipotência legislativa em detrimento da supremacia da Constituição e contaminada pelo positivismo jurídico, em seus vários matizes. Isso se demonstra, em um primeiro momento, a partir da exposição do cenário tributário brasileiro, consistente na abordagem da denominada neotributação e na exposição da composição da carga tributária brasileira.

Num segundo momento, a partir da amostragem quanto ao objeto de crítica, expõe-se exemplos privilegiados de uma tributação inautêntica, conduzida sob os auspícios de um paradigma liberal-individualista, ultrapassada frente à tradição que deve conformar a atividade tributária.

4.1. O estado d'arte da tributação no Brasil

Relativamente à primeira parte deste capítulo, inicialmente se destaca a influência do receituário neoliberal sobre a atividade arrecadatória,

---

de renda via não incidência sobre pessoas desprovidas de capacidade contributiva, do que dar-lhes dinheiro e tomar de volta 40%.

[568] COUTINHO, Jacinto Nelson de Miranda. Dogmática crítica e limites linguísticos da lei: ainda! In: CALLEGARI, André Luis. *Política criminal, estado e democracia*: homenagem aos 40 anos do Curso de Direito e aos 10 anos do Curso de Pós-Graduação em Direito da Unisinos. Rio de Janeiro: Lumen Juris, 2007. p. 60.

[569] Ibid., p. 67.

o que se faz importante para entender como a tributação, atualmente, ao invés de instrumento de redistribuição de renda, passa a ser um aparelho de concentração de renda e ampliação das desigualdades sociais.

Posteriormente, coloca-se a composição da carga tributária, isto é, qual o percentual de participação na arrecadação dos tributos sobre a renda, o patrimônio e o consumo, para, *a posteriori*, apresentar os denominados exemplos privilegiados de uma tributação inautêntica.

4.1.1. A influência do neoliberalismo sobre a arrecadação dos tributos

Não há dúvidas de que, frente aos fins do modelo de Estado adotado no Brasil, em conjunto com os princípios que alicerçam a *função* de arrecadar, a tributação é um forte instrumento na busca da concretização dos direitos dos cidadãos. Entretanto, a forma como é exercida referida *função*, demonstra que ela está caminhando em sentido inverso, pois a carga tributária não está sendo suportada de forma justa pela população, ou seja, a composição da carga tributária não está distribuída adequadamente, na medida em que se desrespeita o princípio da capacidade contributiva e, com isso, a própria ideia de igualdade ora vigente. Além disso, uma vez que onera bens e mercadorias essenciais à sobrevivência do povo brasileiro (notadamente, camadas menos abastadas), afronta a concepção de dignidade humana adotada, haja vista a indevida agressão ao mínimo existencial. A tributação torna-se uma espécie de face visível do novo liberalismo, porque se desdobra em um eficaz mecanismo indutor das desigualdades, motivo pelo qual é denominada *neotributação*.

A denominada *neotributação* foi gerada a partir dos paradigmas neoliberais que propuseram a redução de tributos e a consequente retirada do Estado dos campos protetores sociais, deixando que o mercado regulasse a organização social e a redistribuição de riqueza. No entanto, a diminuição da arrecadação passa a ser visível apenas àqueles com maior capacidade econômica, o que amplia a distância entre as classes sociais e torna a tributação injusta.

Pode-se dizer, enfim, que o modelo tributário ora vigente não se coaduna com os critérios mais elementares de justiça, representando um instrumento de concentração de renda e colaborando significativamente para a ampliação do fosso da desigualdade social.

Isso se dá, especialmente, pela fragilização dos princípios que devem estar associados ao direito tributário dentro de um Estado Democrático de Direito, que começam a ser questionados, sob óticas destituídas do pilar da solidariedade encarnado nesse modelo de Estado. Nesse sentido valem as colocações de Roberto Ferraz:

> Apesar de reiterado o princípio da igualdade em matéria tributária, explicitado com eloquência na Constituição de 1988, o sistema tributário brasileiro vem adotando fortíssima tendência a tratar diferentemente os contribuintes, gerando regimes específicos, alíquotas diferenciadas, reduções de base de cálculo, diferimentos, isenções e incentivos, sem que haja explicitação de critérios constitucionalmente eleitos para tais distinções.[570]

Também se associa a isso a crise do Estado, na medida em que a soberania enfraquece frente às intervenções de organismos internacionais e ainda nacionais (sindicatos patronais), que passam a intervir nas decisões fiscais, além de reivindicar e obter privilégios fiscais de toda a sorte.

Por isso, a tributação passa a ser um instrumento de *redistribuição de renda às avessas*, à medida que cidadãos com menor capacidade contributiva arcam com maior parcela da carga tributária, sem que haja o incremento dos direitos sociais que lhe são de direito, em detrimento daqueles que estão no topo da pirâmide social. É aí que reside um dos mais desafiadores *paradoxos da realidade jurídica nacional*: na constatação de que a apesar de a República Federativa do Brasil possuir uma Constituição democrática e socializante – com um conjunto normativo nobre entre princípios, regras, procedimentos e meios – mantém uma distribuição da renda injusta, além de uma grande massa de miseráveis, agressivamente marginalizados.[571]

Também por esta razão, o Brasil compõe a lista das dez economias mais ricas do mundo, mas também está alocado na lista das dez economias com as piores distribuições de renda, equiparando-se a países da região do continente africano ao sul do Deserto do Saara, que foi apontada em relatório desenvolvido pelo Programa das Nações Unidas para o Desenvolvimento como umas das regiões mais miseráveis do mundo.[572] Esta incrível contradição pode ser facilmente constatada na tabela a seguir, baseada nos dados fornecidos em estudo realizado pelo Sindicato dos Auditores-Fiscais da Receita Federal do Brasil:

---

[570] FERRAZ, Roberto. Igualdade na tributação – Qual o critério que legitima discriminações em matéria fiscal?. In: FERRAZ, Roberto (Coord.). *Princípios e limites da tributação*. São Paulo: Quartier Latin, 2005. p. 472.
[571] DERZI, Misabel Abreu Machado. Pós-modernismo e tributos: complexidade, descrença e corporativismo. In: *Revista Dialética de Direito Tributário*. São Paulo: Oliveira Rocha, n. 100, jan. 2004. p. 65.
[572] *Sistema Tributário:* diagnóstico e elementos para mudanças. Brasília: Sindicato Nacional dos Auditores-Fiscais da Receita Federal do Brasil, 2010. p. 12.

MAIORES ECONOMIAS DO MUNDO	PIORES DISTRIBUIÇÕES DE RENDA
1. Estados Unidos da América	1. Namíbia
2. China	2. Comores
3. Japão	3. Botsuana
4. Índia	4. Haiti
5. Alemanha	5. Colômbia
6. Federação Russa	6. Angola
7. Reino Unido	7. Bolívia
8. França	8. África do Sul
9. Brasil	9. Honduras
10. Itália	10. Brasil

Fonte: SINDIFISCO NACIONAL

Enquanto os 10% mais ricos vivem com mais de 40% da renda, aos mais pobres cabem 10% da renda nacional. A renda apropriada pelo 1% mais rico é igual à dos 45% mais pobres. Quase 50 milhões de pessoas ainda vivem em famílias com renda abaixo de R$ 190 ao mês.[573]

De um lado, aumenta-se a arrecadação dos impostos incidentes sobre o consumo (indiretos), sustentando-se inaplicável a capacidade contributiva, nesse caso, por serem impostos cuja natureza não é pessoal. Por outro lado, diminui-se a arrecadação sobre a renda das camadas mais abastadas, além de manter as bases de cálculo baixas, de forma a atingir o maior número de contribuintes possíveis e neutralizar os efeitos da diminuição da cobrança sobre aqueles com maior capacidade contributiva. De acordo com Márcio Pochmann:

> Ao se considerar o período de 1980 a 2000, observa-se uma elevação do percentual de famílias ricas no Brasil, de 1,8% para 2,4%. Em segundo lugar, a distância entre a renda média das famílias ricas e a renda média do total das famílias brasileiras passou de 10 para 14 vezes. A cidade de São Paulo, que possuía 23,4% das famílias ricas do país em 1980, saltou para uma participação na "riqueza" total do país de 40%. Finalmente, no ano 2000, verifica-se que as 10 cidades com maior número de famílias ricas concentravam 60% da massa de renda das famílias abastadas do país.[574]

---

[573] RIBEIRO, Fabiana. *Ricos gastam em 3 dias o que pobres consomem em um ano, afirma Ipea*. 25 de setembro de 2009. Disponível em: <http://desafios2.ipea.gov.br/003/00301009.jsp?ttCD_CHAVE=12248>. Acesso: 23 mar. 2014.

[574] POCHMANN, Márcio. *A exclusão social no Brasil e no mundo*. Rede Social de Justiça e Direitos Humanos. Disponível em: <http://www.social.org.br/relatorio2004/relatorio016.htm>. Acesso: 22 mar. 2014.

Apesar da concentração de riqueza mencionada, é importante ressaltar que pesquisas do Instituto Brasileiro de Geografia e Estatística – IBGE – e da Fundação Getúlio Vargas apontam que, na última década, há uma significativa redução da desigualdade social. No entanto, isso ocorreu "apesar da tributação", pois a melhora das condições está relacionada às políticas públicas voltadas para as classes "c" e "d", tais como: aumento real do salário mínimo, programas de renda mínima (bolsa-família), etc.[575]

Deve-se destacar que a influência do neoliberalismo sobre a maneira de lidar com a tributação não se dá apenas no Brasil. Ao analisar a transformação do Estado, Vítor Faveiro ressalta que, em Portugal, entre os anos 50 e 60, houve uma reforma no sistema tributário que foi caracterizada como "estrutura humanista da fiscalidade". Porém, anota que a evolução de tal concepção cedo foi interrompida através de recuos por parte do legislador, no fim da década de 60 e na década de 70, em razão da mutação política que se posicionava contra a evolução.[576] Em outros termos, no âmago da evolução do sistema tributário lusitano, em que se estava buscando implantar a dignidade da pessoa humana no interesse arrecadatório, a influência das ideias caracterizadas como neoliberais fizeram com que esse importante progresso fosse interrompido, tornando o aparelho tributário insuportável para o contribuinte.

---

[575] Nesse sentido, destaca-se que o Centro de Políticas Sociais do IBRE/FGV realizou um estudo aprofundado sobre a estatística da pobreza no país chamado *Miséria em Queda*, desenvolvendo um panorama da miséria, no qual demonstra uma queda substancial ocorrida nas últimas duas décadas, movida fundamentalmente pelo crescimento econômico e, especialmente, pela política de redistribuição (e desconcentração) de renda, mormente desenvolvida a partir de 2004. A Pesquisa Nacional por Amostra de Domicílios (PNAD/IBGE), realizada em 1992, revelava que 35,87% da população brasileira estava abaixo da linha da miséria. Em 2004, esse número havia reduzido profundamente, chegando a 25,08%, nível mais baixo desde o lançamento da nova PNAD (1992). Em 2010, esse número já chegava a 15%. No governo Lula, o número de pobres caiu de 30,4 milhões em 2003 para 17 milhões em 2009. Como avalia Ricardo Paes de Barros, especialista em pobreza, técnico do Instituto de Pesquisa Econômica Aplicada (IPEA): "a pobreza foi reduzida a mais da metade em cinco anos". Ele ainda afirma que o *Bolsa Família* contribuiu em 20% para essa queda nos níveis de pobreza. Marcelo Neri, economista-chefe do Centro de Políticas Sociais da FGV, destaca que o *Bolsa Família* atinge a parcela mais pobre da população e é eficaz no combate à desigualdade de renda, gastando menos de 0,5% do PIB, o que é considerado baixo em termos de políticas públicas dessa magnitude. Miséria em queda. Disponível em: http://www3.fgv.br/ibrecps/queda_da_miseria/CPSdaFGV_IBRE_MiseriaEmQuedaFim2.pdf. Acesso: 04 mar. 2014; INSTITUTO BRASILEIRO DE GEOGRAFIA E ESTATÍSTICA. *Síntese dos Indicadores* Sociais: Uma análise das condições de vida da população brasileira. Estudos e Pesquisas, Informação Demográfica e Socioeconômica, n.23. Rio de Janeiro, 2008. Disponível em: http://www.ibge.gov.br/home/estatistica/populacao/condicaodevida/indicadoresminimos/sinteseindicsociais2008/indic_sociais2008.pdf. Acesso: 04 mar. 2014; Fome zero virou bolsa, sem porta de saída. *O Globo*, 19 dez. 2010, Rio de Janeiro. Disponível em: http://www.ipea.gov.br/portal/index.php?option=com_content& view=article&id=6636:o-globo-rj-fome-zero-virou-bolsa-sem-porta-de-saida&catid=159:clipping&Itemid =75. Acesso: 04 mar. 2014; FUNDAÇÃO GETÚLIO VARGAS. Instituto Brasileiro de Economia. Centro de Políticas Sociais. *Miséria em Queda*: Mensuração, Monitoramento e Metas. Coordenado por Marcelo Neri. Novembro/2005. Disponível em: http://www.ipea.gov.br/portal/index.php?option=com_content&view=article&id=6622:valor-economico-sp-ainda-ha-muita-desigualdade-a-reduzir-&catid=159:clipping&Itemid =75). Acesso em 04 mar. 2014.

[576] FAVEIRO, Vítor António Duarte. *O estatuto do contribuinte:* a pessoa do contribuinte no Estado Social de Direito. Coimbra: Coimbra Editora, 2002. p. 12.

Ao encontro das alegações de Faveiro, Casalta Nabais aponta que a linha evolutiva dos sistemas fiscais estava no seguinte sentido: a) dos impostos indiretos (sobre o consumo) para os diretos (sobre rendimentos); b) dentro dos impostos diretos, dos impostos reais e proporcionais para os impostos pessoais e progressivos; c) dentro dos impostos indiretos, dos impostos especiais sobre o consumo para os impostos gerais sobre o consumo. Entretanto, aduz ter este quadro evolutivo sido colocado em dúvida de uma forma tênue a partir dos anos 80, deixando de assim prosseguir de maneira mais aprofundada a partir dos anos 90, de modo que não só deixou de evoluir, mas começou a inverter a marcha, fazendo com que impostos indiretos começassem a ganhar novamente a simpatia do legislador.[577]

Ao se manifestar a respeito da tributação atual – ainda que em relação à França, o raciocínio aplica-se ao Brasil –, Michel Bouvier define-o como um "retorno à Idade Média", porque a "concepção fortemente individualista dos anos oitenta e a tese de um fiscalidade mínima favorecem o retorno da lógica do imposto-troca". O pesquisador, assim se posiciona pelo fato de que princípios como o da segurança jurídica, da capacidade contributiva, da progressividade, da igualdade e, inclusive, da legalidade, os quais, até então, eram sólidos e bem fundamentados, são colocados em dúvida em razão do corporativismo, que faz instalar-se, junto ao pluralismo e à complexidade, a ausência de regras, a incerteza, a indecisão, a descrença geral e a permissividade.[578]

Bouvier também salienta que, na França, no quadro do Estado Providência dos anos 1950 a 1970, o tributo tinha o papel de uma legitimidade econômica e sociológica pouco contestada. Porém, a partir dos anos 70, verifica-se o desenvolvimento de um antifiscalismo vigoroso e, às vezes, radical, enraizado nas renovações das teorias liberais clássicas, passando os contribuintes a terem uma impressão desagradável dos recolhimentos.[579]

Outro sistema fiscal que sofre com a implementação dos ideais neoliberais é o espanhol. De acordo com Vinceç Navarro, a tributação sobre as rendas superiores reduziu 13 pontos e, com esse beneficiamento, as rendas do capital, no cômputo das rendas nacionais dispararam, aumentando a desigualdade de renda de uma forma muito acentuada nos últimos 15 anos.[580]

---

[577] NABAIS, José Casalta. *Estudos de direito fiscal:* por um Estado Fiscal suportável. Coimbra: Almedina, 2005. p. 116.

[578] BOUVIER, Michel. *Introduction au droit fiscal general et à la théorie de l'impot.* 4. ed., Paris: LGDJ, 2001. p. 225-226.

[579] Id. *A questão do imposto ideal.* In: FERRAZ, Roberto (Coord.). Princípios e limites da tributação 2. São Paulo: Quartier Latin, 2009. p. 180-181.

[580] NAVARRO, Vicenç. *As políticas fiscais neoliberais.* Jornal Público. 08 de setembro de 2010. Disponível em: <http://justicafiscal.wordpress.com/2010/09/11/as-politicas-fiscais-neoliberais/>. Acesso em: 31 mar. 2011.

A internacionalização, a integração regional e a globalização econômica questionam a evolução do Estado e, consequentemente, trazem problemas aos sistemas fiscais. O fenômeno da globalização, que vem engendrando a nível mundial uma liberdade de circulação dos capitais, acaba por limitar a soberania fiscal dos Estados, que não podem, no contexto de uma economia aberta, instituir ou manter os impostos que entenderem. Tem-se uma competitividade, uma concorrência entre sistemas fiscais, que leva os Estados a reduzir a tributação das empresas, assim como permitir utilizem instrumentos para reduzir a base de cálculo dos tributos.[581] Assim, o Estado fiscal contemporâneo, além do expressivo volume das despesas, também presencia o estreitamento de suas bases tributárias, o que é causado pela intensificação da circulação de pessoas, produtos, serviços e capitais ao redor do mundo.[582]

Dessa forma, o ideário neoliberal tem grande influência na forma como são arrecadados os tributos a partir da década de 80, transformando a evolução da composição das cargas tributárias que tendiam para um caminho de melhoras, para uma involução, ou seja, uma regressão da maneira como o Estado utiliza a tributação na busca da concretização dos objetivos da *Lex Mater*, notadamente pela via dos ingressos.

Entretanto, como acentua Franco Gallo, essa espécie de liberalismo fiscal, que prega Estados mínimos, até pode ser possível em um mundo ideal sustentado por uma visão ética na qual se imagine uma igualdade absoluta de tratamento em que os rendimentos individuais elevados são equitativamente redistribuídos. Porém, causam efeitos negativos onde existe desequilíbrio econômico e social e disparidades acentuadas, e, por isso, revela-se essencial o *Welfare State*[583] – como no caso do Brasil.

Ademais, é preciso ficar claro que, a opção por um determinado liberalismo fiscal não está ao alvitre do legislador. Este não pode – em tempos de Constitucionalismo Contemporâneo, de supremacia da Constituição, de existência de princípios dotados de caráter normativa e deontológicos – imaginar poder optar por tributar de forma mais gravosa aqueles com menor capacidade contributiva.

Houve uma clara opção constitucional por um formato estatal que estivesse apto, em suas ações, a reduzir desigualdades sociais e construir uma sociedade mais justa e solidária. Por isso, é constitucionalmente inaceitável que o "modo de tributar" atualmente praticado no Brasil

---

[581] NABAIS, José Casalta. Da sustentabilidade do Estado Fiscal. In: NABAIS, José Casalta; SILVA, Suzana Tavares da. *Sustentabilidade fiscal em tempos de crise*. Coimbra: Almedina, 2011. p. 20-22.

[582] SIQUEIRA, Marcelo Rodrigues de. Os desafios do estado fiscal contemporâneo e a transparência fiscal. In: NABAIS, José Casalta; SILVA, Suzana Tavares da. *Sustentabilidade fiscal em tempos de crise*. Coimbra: Almedina, 2011. p. 130.

[583] GALLO, Franco. *Justiça social e justiça fiscal*. In: FERRAZ, Roberto (Coord.). Princípios e limites da tributação 2. São Paulo: Quartier Latin, 2009. p. 120-121.

perpetue-se como se houvesse, neste país, uma Constituição que não só autorizasse, mas que determinasse a adoção de políticas públicas direcionadas à concentração de renda e à manutenção da pobreza.

O desrespeito cometido na tarefa de criação do direito, mormente das regras que tratam da tributação, que implica contrariedade à supremacia da Constituição, e às inspirações do Constitucionalismo Contemporâneo, passa, necessariamente, pela verificação da composição da carga tributária brasileira, que vai analisada no subitem a seguir, justamente para identificar a incompatibilidade existente entre a forma pela qual os tributos vêm sendo exigidos e a nova concepção constitucional instalada a partir da Carta de 1988, especialmente pela evolução proporcionada pelo constitucionalismo.

4.1.2. A composição da carga tributária brasileira

O Brasil ainda ocupa uma posição vexatória no índice que mede a desigualdade social. Historicamente, a renda esteve concentrada nas mãos de uma minoria que soube muito bem traçar os contornos de uma conveniente carga fiscal. Muito embora, na última década, tenha se constatado um quadro de melhora no processo de distribuição de renda, pode-se facilmente perceber que isso deu-se "apesar da tributação", pois em relação a esta, poucas mudanças ocorreram no sentido de utilizar a sua potencialidade redistributiva de renda, pela via dos ingressos.

Apesar de toda sua potencialidade, a tributação está sendo utilizada de forma diversa, acabando por ir de encontro com todo o arquétipo constitucional que delimita o Sistema Tributário e contra os objetivos da República Federativa do Brasil, os quais acabam por ocupar, assim, a insignificante posição de meros adornos jurídicos.[584]

A carga tributária é um índice obtido mediante a comparação entre a totalidade da riqueza produzida em um país (Produto Interno Bruto – PIB) e o valor arrecadado a título de tributos. Como se pode analisar na tabela que segue, a carga tributária subiu de 27,26% no de 1995 para 35,80% em 2008. Com a com a crise econômica veio a baixar em 2009 para 33,08%, e em 2012 totalizou 35,85% PIB.[585]

Pode-se afirmar que a carga tributária brasileira, com relação ao Produto Interno Bruto, não é baixa. Contudo, há países em que a carga

---

[584] Tal situação é comprovada a partir de dados extraídos de estudo realizado pelo Sindicato Nacional dos Auditores-Fiscais da Receita Federal do Brasil, chamado "Sistema Tributário: diagnóstico e elementos para mudanças".

[585] Carga Tributário no Brasil 2012. Disponível em: http://www.receita.fazenda.gov.br/publico/estudo Tributarios/estatisticas/CTB2012.pdf. Acesso em 25 fev. 2014.

tributária é significativamente maior que no Brasil, como no caso da Dinamarca (48,2%), da Suécia (46,4%), da Itália (43,5%) e da Bélgica (43,2%).[586]

É claro que é incontestável que os referidos países – ao contrário do Brasil – são desenvolvidos e possuem serviços públicos de qualidade para a população, sem a necessidade da procura de serviços privados entre diversos outros critérios. No entanto, como o Brasil compõe a lista de países subdesenvolvidos e não houve efetiva implementação do Estado Social, considera-se de maior importância a análise sobre como estão sendo cobrados os tributos, porque, muito pior do que ter uma carga tributária elevada, é ter uma carga irracional e injusta, como indiscutivelmente aqui se constata.

Dessa forma, torna-se necessário averiguar de qual setor provém a maior parte da receita derivada do Estado; quem contribui de forma mais elevada para esse percentual de arrecadação em relação ao PIB; e sobre quais as bases tributárias está incidindo essa tributação.

Segundo dados da Secretaria da Receita Federal, apontados no estudo realizado pelo SINDIFISCO NACIONAL, mais de 50% do total arrecadado, em 2009 (isso pouco muda nos anos subsequentes), incidiu sobre o consumo; um percentual pouco relevante, diante das possibilidades da graduação segundo a capacidade contributiva, sobre a renda; uma parte irrisória sobre o patrimônio; e o restante, sobre outros tributos da União, Estados, Distrito Federal e Municípios, conforme se verifica na tabela a seguir, que vem acompanhada por um gráfico, justamente para ter-se noção do tamanho do "pedaço" dos tributos sobre o consumo em relação ao total arrecado.

Composição da Carga Tributária – 2009			
Tipo de Base	R$ milhões	% PIB	% Participação
Total da Receita Tributária	1.038.168	33,03	100
Tributos sobre o Consumo	569.927,46	18,13	54,90
Tributos sobre a Renda	279.679,61	8,90	26,94
Tributos sobre o Patrimônio	38.639,32	1,23	3,72
Outros Tributos	149.921,80	4,77	14,44

Fonte: SINDIFISCO NACIONAL

---

[586]Estudo mostra que Brasil tem a 14ª maior carga tributária do mundo. *Correio do Povo*. 22 de março de 2011. Disponível em: <http://www.correiodoestado.com.br/noticias/estudo-mostra-que-brasil-tem-a-14-maior-carga-tributaria-do_102661/>. Acesso em: 23 mar. 2014.

Vale ressaltar que estão incluídos, entre os Tributos sobre o consumo, o Imposto sobre Importação – II, sobre Produtos Industrializados – IPI, sobre Operações Financeiras – IOF, sobre Circulação de Mercadorias e Serviços – ICMS, sobre Serviços – ISS, Contribuições para o Financiamento da Seguridade Social – COFINS, para o Programa de Integração Social – PIS, das empresas – CPP, e de Intervenção no Domínio Econômico sobre combustíveis – CIDE.

No bolo do consumo, o II, o IPI e o IOF, de competência da União, integram o percentual 6,36% do total arrecado, a COFINS, o PIS e a CPP somam 24,03% do valor arrecadado, o ICMS corresponde a 21,83% da arrecadação e o ISS 2,21% do que foi angariado, além de mais 0,47% do total arrecadado a título de CIDE-Combustíveis, totalizando os 54,90% de participação na arrecadação.

Com relação à renda, os tributos incidentes sobre a renda do trabalho somam 10,68% do que foi arrecadado e sobre a renda do capital 12,40%, sendo composta com mais 3,86% por tributos incidentes sobre outras rendas, totalizando a participação de 26,94% na arrecadação.

No tocante ao patrimônio, que participa com os míseros 3,72% do valor angariado aos cofres públicos, o ITR participa com 0,05% do total arrecadado, o IPVA com 1,94%, o ITCD com 0,16%, o IPTU com 1,27% e o ITBI com 0,30%.

No que se refere ao percentual de 14,44% da arrecadação, consta outros tributos federais, estaduais e municipais, bem como taxas e outras contribuições previdenciárias, como entidades filantrópicas, segurados domésticos e contribuição patronal para a previdência dos servidores.

Já em países mais desenvolvidos, ao contrário do Brasil, a tributação sobre a renda e o patrimônio constitui o cerne da incidência dos tributos. Nos países membros da Organização para a Cooperação e Desenvolvimento Econômico – OCDE –,[587] por exemplo, os impostos sobre o consumo representam, em média, 31,90% da tributação total; o imposto sobre a renda, em torno de 34,90% do total tributado; e sobre o patrimônio, giram na média de 5,6%. Há outros países em que a tributação sobre o patrimônio ultrapassa 10%, como no Canadá, na Coreia do Sul, na Grã-Bretanha e nos Estados Unidos da América.[588]

Assim, demonstra-se o porquê está se criticando a forma como é composta a carga tributária, e não o valor que ela representa. Não que isso não seja importante, mas, ao que parece, mostra-se mais significante contestar essa enorme incidência de tributos sobre o consumo, em desfa-

---

[587] Entre outros: Áustria, Bélgica, França, Itália, Reino Unido, Suécia, Suíça etc.

[588] *Sistema Tributário:* diagnóstico e elementos para mudanças. Brasília: Sindicato Nacional dos Auditores-Fiscais da Receita Federal do Brasil, 2010. p. 14.

vor da tributação sobre a renda e o patrimônio, do que a carga tributária em si, tendo em vista a possibilidade de agravamento das desigualdades sociais decorrentes da dificuldade de aquisição de bens de primeira necessidade pelas pessoas carentes.

Realizadas as abordagens iniciais, consistentes na verificação da influência neoliberal sobre a forma de tributar e na composição da carga tributária, passa-se, em continuidade, à análise de algumas das incoerências que conformam o modo como se encara a tributação no Brasil, as quais demonstram que aqueles que criam/interpretam as normas tributárias continuam refratários aos influxos do Constitucionalismo Contemporâneo e da Crítica Hermenêutica do Direito. Em outras palavras, examina-se de que forma se manifesta a inautenticidade da maneira como se compreende e se aplica as normas concernentes ao tributos, o que as torna verdadeiros mecanismos de negativa de eficácia do texto constitucional.

4.2. Exemplos privilegiados de uma tributação inautêntica: a desconstrução e o (des)velamento do sentido da tributação

Nessa segunda parte do capítulo final, pretende-se destacar alguns exemplos considerados importantes para demonstrar a forma equivocada com que vem sendo exercida a *função* tributária. Inicialmente, a partir da verificação de que a tributação incide fortemente sobre o consumo e de forma tênue sobre a renda e, principalmente, sobre o patrimônio, as críticas se voltam às bases de incidência dos tributos.

Depois, passa-se a apontar problemas específicos quanto à criação/interpretação das regras que tratam da tributação. Os exemplos, claro, não esgotam a temática, apenas foram considerados, aleatoriamente, como privilegiados, e, por isso, aportam o trabalho.

4.2.1. A inadequada composição da carga tributária brasileira

A composição da carga tributária brasileira, nos termos acima expostos, revela um compromisso que historicamente vem sendo mantido no Brasil, no sentido de se tributar fortemente o consumo, em que pese a notória regressividade desta escolha. Não bastasse isso, há um tratamento privilegiado ao capital, em detrimento do trabalho, no que tange à tributação da renda, o que visivelmente representa uma concepção antítese ao texto constitucional e seus princípios explicitamente consagrados. Para fechar o círculo da iniquidade fiscal Pátria, basta examinar como o patrimônio tem sido preservado da tributação pela legislação respectiva ao longo dos anos.

4.2.1.1. A excessiva carga de tributos sobre o consumo

No Brasil, como visto, a tributação incide de forma voraz sobre o consumo – em algumas vezes de forma cumulativa/incidência em cascata – em decorrência de opções políticas que destoam dos ditames constitucionais, a fim de satisfazer exigências de empresas e atrair o capital estrangeiro, encarecendo os produtos consumidos pela população, principalmente àqueles que o pouco que têm é destinado à alimentação.

Apesar de se encontrar entre os dez países com piores índices de redistribuição de renda do mundo, a carga de tributos sobre o consumo atingiu 54,90% do total arrecadado em 2009 e manteve-se nesse patamar nos anos subsequentes, o que qualifica a carga tributária brasileira como altamente regressiva, por impossibilitar às pessoas mais carentes a aquisição de artigos de primeira necessidade.

O Brasil não tem observado a igualdade e o princípio da capacidade contributiva na tributação. Os efeitos dessa enorme incidência da carga tributária sobre o consumo desdobram-se na imensa desigualdade no pagamento de tributos entre as famílias brasileiras. O Observatório da Equidade, mantido pelo Instituto Brasileiro de Geografia e Estatística – IBGE –, demonstra que a carga tributária é injusta, porque, ao analisar a carga tributária por faixa de salário mínimo, utilizando o ano de 2005 como base, identifica que as pessoas que ganhavam até dois salários mínimos pagavam 48,8% da renda em tributos, ao contrário daquelas que ganhavam acima de 30 salários mínimos, que despendiam um total de 26,3% da renda em tributos.[589] Em outras palavras, aqueles que recebiam até dois salários mínimos pagavam 85% de tributos a mais do que aqueles que ganhavam acima de trinta salários mínimos, sendo essa realidade contrária aos ditames do Estado Social e aos objetivos da República Federativa Brasileira, gravando proporcionalmente mais aqueles que possuem menor capacidade contributiva, quadro que se manteve nos anos seguintes.

Percebe-se que, apesar de estar positivado o princípio da igualdade na Constituição, a carga tributária atinge igualmente as diferentes

---

[589] Indicadores de equidade do sistema tributário nacional. *Observatório da equidade*. Disponível em: <http://www.ibge.gov.br/observatoriodaequidade/relatoriotributario.htm>. Acesso em: 23 mar. 2011.

classes sociais pelo fato de incidir altamente sobre o consumo, sendo suportado do mesmo modo por todos os cidadãos. Tal ocorre porque os impostos sobre o consumo são pagos no preço final dos produtos e, por isso, são suportados em particular pelos trabalhadores e pelos mais pobres, que correspondem à maioria dos consumidores. Assim, a classe dos trabalhadores paga mais (por ser a maior parte da população) e o mesmo que a pequena parte rica da população.

Essa situação é formalmente sustentada por entendimento doutrinário clássico, segundo o qual seria impossível a aplicação do princípio da capacidade contributiva e seus vetores em relação aos tributos indiretos, sob o falho argumento de que se aplicaria apenas a impostos pessoais, como se não fosse possível verificar pessoalidade a quem adquire arroz e feijão, e àqueles que adquirem uísque; como se não fosse possível concluir que a energia é essencial e deveria ser reduzido o imposto (ICMS na alíquota de 25% no Rio Grande do Sul).

Portanto, a tributação retira dos pobres um percentual maior de tributos do que dos ricos, porque os artigos de alimentação absorvem quase a totalidade dos salários dos trabalhadores da classe baixa e apenas pequena parte dos altos rendimentos das classes mais altas, constituindo-se uma tributação regressiva ou inversamente progressiva, nas palavras do mestre Baleeiro.[590] Nesse sentido, em 1955, o autor já referia:

> Um exame das receitas brasileiras mostra que, a despeito dos princípios pragmáticos da Constituição, o legislador ordinário tem mantido a tendência regressiva. O impôsto de consumo e o de vendas sôbre a quase totalidade das mercadorias de uso geral são parcelas fundamentais e, por isso, operam ação regressiva ainda não satisfatòriamente contrabalançada pelos impostos pessoais e progressivos.[591]

Tal situação ocorre porque, nos tributos indiretos incidentes sobre a produção e o consumo, pelo fenômeno da repercussão financeira, quem arca com o custo dos tributos é o consumidor, ou seja, apesar de a indústria ser o contribuinte de direito, o contribuinte de fato – aquele que realmente assume o ônus tributário – é o povo.

Por isso, a tributação indireta contribui significativamente para o agravamento das desigualdades e das exclusões, porque ela é custeada pela maioria da população (cidadãos de baixa renda) que, a cada ano que passa, vê reduzido o seu poder aquisitivo diante da repercussão econômica significativa nos bens e serviços essenciais à população. Com relação a esses produtos, há um grande problema. Quando da elaboração da Constituição, o poder constituinte resolveu atender a pressão dos Estados membros, mencionando expressamente que o IPI seria seletivo,

---

[590] BALEEIRO, Aliomar. *Uma introdução às ciências das finanças*. Rio de Janeiro: Forense, 1955. p. 241.
[591] Ibid., p. 276.

enquanto que o ICMS poderia ser seletivo, o que fez com que a doutrina concordasse com isso, com grande ausência de espírito crítico.[592]

No entanto, apesar de haver controvérsia sobre a aplicabilidade do princípio da capacidade contributiva com relação ao consumo e ao patrimônio, isso é potencialmente possível por meio da seletividade e da progressividade, que são desdobramentos da capacidade contributiva, sendo injusta, ilegal e irracional a incidência sem discriminação sobre gêneros de primeira necessidade, onerando, de forma significativa, a parcela da população mais carente.

Além do mais, os impostos sempre devem ser considerados como pessoais, uma vez que, em certo sentido, a amputação patrimonial acaba sendo suportada por alguém. Em razão disso, Moschetti sublinha: "[...] são, portanto, constitucionalmente ilegítimos também aqueles impostos indiretos que não discriminem a favor de consumos essenciais para a pessoa (e, por conseguinte, por nula indicação de riquezas superiores ao mínimo)".[593]

No Rio Grande do Sul, a Lei nº 8.820/1989, por meio do art. 10, § 10, estabelece que poderá haver redução da base de cálculo do valor da operação nas saídas internas de mercadorias que compõem a Cesta Básica do Estado do Rio Grande do Sul, definida pelo Poder Executivo, levando em conta a essencialidade das mercadorias na alimentação básica do trabalhador. Nesse sentido, o inc. II do art. 23, do Livro I do Regulamento do ICMS do RS (Decreto nº 37.699/1997) prevê que a base de cálculo será reduzida para 41,176% do valor da operação quando a alíquota aplicável for de 17%, e para 58,333% do valor da operação quando a alíquota aplicável for de 12%. Na prática, o benefício reduz a alíquota para 7% sobre os bens definidos no Apêndice IV do RICMS, que são os seguintes:

MERCADORIAS QUE COMPÕEM A CESTA BÁSICA DE ALIMENTOS DO ESTADO DO RIO GRANDE DO SUL	
Item	Mercadoria
I	Açúcar
II	Arroz beneficiado
III	Banha suína
IV	Batata

---

[592] A título de exemplo: TORRES, Ricardo Lobo. *Tratado de direito constitucional financeiro e tributário*. Rio de Janeiro: Renovar, 2005. v. 2: Valores e princípios constitucionais tributários. p. 320 e ss.

[593] MOSCHETTI, Francesco. *O princípio da capacidade contributiva*. In: FERRAZ, Roberto (Coord.). Princípios e limites da tributação 2. São Paulo: Quartier Latin, 2009. p. 319.

V	Café torrado e moído
VI	Carne e produtos comestíveis, exceto javalis, e de gado vacum, ovino e bufalino
VII	Cebola
VIII	Conservas de frutas frescas, exceto de amêndoas, avelãs, castanhas e nozes
IX	Erva-mate, inclusive com adição de açúcar, espécies vegetais ou naturais
X	Farinhas de mandioca, de milho e de trigo
XI	Feijão de qualquer classe ou variedade, exceto o soja
XII	Hortaliças, verduras e frutas frescas, exceto amêndoas, avelãs, castanhas e nozes
XIII	Leite fluído
XIV	Margarina e cremes vegetais
XV	Massas alimentícias classificadas, exceto as que devam ser mantidas sob refrigeração
XVI	Óleos vegetais comestíveis refinados, exceto de oliva
XVII	Ovos frescos
XVIIII	Pão
XIX	Peixe, exceto adoque, bacalhau, merluza, pirarucu e salmão, em estado natural, congelado ou resfriado, desde que não enlatado nem cozido
XX	Sal
XXI	Misturas e pastas para a preparação de produtos de padaria

FONTE: Apêndice IV do RICMS/RS

Contudo, diante da essencialidade que cerca os bens de primeira necessidade – os quais não se resumem apenas aos constantes na tabela apresentada – não deve apenas haver a redução da base de cálculo e a incidência resultante num percentual menor de 7%. Tais bens devem ser exonerados da tributação via ICMS, levando em consideração a nula capacidade de contribuir dos cidadãos de baixa renda que adquirem os produtos essenciais para sobreviver, pois ainda que a tributação seja menor, ela acaba agravando a situação de muitas famílias.

O resultado disso é que pessoas que recebem até dois salários mínimos pagam quase o dobro de tributos do que aquelas que recebem acima de trinta salários mínimos, em razão de a tributação incidir pouco sobre o patrimônio e o rendimento, mas muito sobre o consumo, sobretudo, nos bens de primeira necessidade, como feijão, farinha, arroz, carne, leite, etc., conforme tabela a seguir, que leva em consideração apenas o ICMS, o PIS e a COFINS (em relação a esses produtos, o IPI tem alíquota de 0%):

Tabela de Preços e Tributos Sobre Alguns Bens Essenciais								
Item	Preço de Varejo R$	% ICMS	% PIS	% COFINS	% Tributos Sobre o Preço	Valores Tributos	Valores Líquido
Açúcar 1kg	2,15	7,00	1,65	7,60	16,25	0,35	1,80
Arroz 5kg	7,75	7,00	0,00	0,00	7,00	0,54	7,21
Café 500gr.	4,90	7,00	1,65	7,60	16,25	0,80	4,10
Carne Bovina kg	15,90	7,00	1,65	7,60	16,25	2,58	13,32
Carne de Frango kg	3,80	7,00	1,65	7,60	16,25	0,62	3,18
Farinha de Trigo kg	1,85	7,00	1,65	7,60	16,25	0,30	1,55
Feijão kg	2,65	7,00	0,00	0,00	7,00	0,19	2,46
Leite lt.	1,89	7,00	1,65	7,60	16,25	0,31	1,58
Massa 500gr.	1,95	7,00	1,65	7,60	16,25	0,32	1,63
Óleo lt.	2,60	7,00	1,65	7,60	16,25	0,42	2,18
Ovos dz.	3,20	7,00	0,00	0,00	7,00	0,22	2,98
Pão (un. 70gr.)	0,42	7,00	1,65	7,60	16,25	0,07	0,35
Sal kg	1,10	7,00	1,65	7,60	16,25	0,18	0,92
Energia Elétrica	50,00	30,00	1,65	7,60	39,25	19,63	30,38
Telefone	80,00	30,00	0,65	3,00	33,65	26,92	53,08

Fonte: Secretaria da Receita Federal

Pior do que isso é constatar que a tabela não retrata a significativa carga fiscal incidente sobre os gêneros de primeira necessidade, pois seria ingênuo pensar que é apenas esse percentual de tributos que incide sobre tais itens, tendo em vista que também são repassados ao consumidor outros tributos pagos pelas pessoas jurídicas. De qualquer forma, esta tabela serve para demonstrar o que uma pequena parte de tributos pode fazer com o preço final das mercadorias e serviços.

A *essencialidade* defendida tem por objetivo favorecer os consumidores finais, que são os que suportam a carga econômica do ICMS. Esse é o motivo pelo qual se afirma que quem adquire bem ou serviço luxuoso revela grande capacidade financeira, devendo ser mais tributado através deste imposto do que aqueles que compram bens imprescindíveis à sua vida ou usufruem de serviços essenciais. Em tais hipóteses, em regra, não há liberdade de consumo, apenas necessidade, pois "ninguém pode prescindir de pão, de transporte coletivo, de energia elétrica, de remédios", o que justifica que sobre esses bens haja um tratamento fiscal menos oneroso.[594]

Uma das mais inequívocas demonstrações da iniquidade da carga fiscal diz respeito à tributação da energia elétrica. No Estado do Rio Grande do Sul – e também pela maioria dos Estados do Brasil –, o fornecimento da energia elétrica é tributado, em regra, pela insuportável alíquota de 25%, cuja incidência também sobre o próprio imposto implica um ônus final acima de 30% do valor total da conta. O mesmo raciocínio aplica-se aos serviços de comunicação, que abrangem o sistema de informação global (*internet*), com altíssima alíquota, quando, na verdade, deveria ser isenta para a promoção do desenvolvimento da cultura e circulação de informações sobre educação – ainda que possa ser utilizado para outros fins.

O modo como vem sendo exercida a *função* tributária, hoje em dia, especialmente sobre o consumo, deve ser revisto. De acordo com Zilveti, é essencial o respeito ao mínimo existencial para ser atingida a observância à capacidade contributiva, pois tributar aquele que não tem condições mínimas de subsistência tende a agravar a pobreza, impedindo que pessoas carentes adquiram produtos necessários e façam parte do mercado consumidor.[595]

Observando o ICMS na forma como é exigido pelo Estado de São Paulo – que muito pouco se modifica em relação ao Estado do Rio Grande do Sul –, Carrazza aponta que nem sempre há respeito aos fundamentos de cobrança dos tributos, pois a alíquota do ICMS sobre energia elétrica e serviços de comunicação, chega a 25%, enquanto que para as operações com armas de fogo, é cobrado no percentual de 18%, ferindo o princípio da seletividade.[596]

Além de representar uma condição de justiça, a redução dos tributos sobre o consumo impõe-se como uma meta economicamente também desejável A população de baixa e média renda é contemplada pela melhora do seu poder aquisitivo. A classe média alta e de maior renda, por sua vez, é agraciada indiretamente pelos frutos do desenvolvimento econômico e social, eis que são gerados ganhos econômicos e financeiros, novas oportunidades e expansão da oferta de empregos.[597]

---

[594] CARRAZZA, Roque Antonio. *ICMS*. 16º ed. rev. e. ampl. até a EC 67/2011, e de acordo com a Lei Complementar 87/1996, com suas ulteriores modificações. São Paulo: Malheiros, 2012. p. 509.

[595] ZILVETI, Fernando Aurelio. Capacidade contributiva e mínimo existencial. In: SCHOUERI, Luís Eduardo; ZILVETI, Fernando Aurelio (Coord.). *Direito tributário*: estudos em homenagem a Brandão Machado. São Paulo: Dialética, 1998. p. 45.

[596] CARRAZZA, Roque Antonio. *ICMS*. 16º ed. rev. e. ampl. até a EC 67/2011, e de acordo com a Lei Complementar 87/1996, com suas ulteriores modificações. São Paulo: Malheiros, 2012. p. 511.

[597] KHAIR, Amir. *Prioridade à justiça tributária*. Disponível em: <http://www.ie.ufrj.br/aparte/pdfs/akhair220408.pdf>. Acesso em: 04 abr. 2011. p. 2.

É preciso levar em consideração ainda que a legalidade, a liberdade, a igualdade e a separação dos poderes não são os únicos requisitos para a concretização de um Estado Democrático de Direito. É indispensável, além de assegurar a liberdade política – em tese, dar ao povo condições práticas para exercê-la. Cabe ao Estado prover o cidadão dos pressupostos sociais e econômicos da democracia em termos de oportunidade.[598]

Em vista disso, o trabalho encaminha-se para um novo tópico, relativo ao exercício da função tributária do Estado, a qual vem sendo injustamente exercida pelo governo e que diz respeito à tributação da renda.

4.2.1.2. Imposto sobre a Renda e distorções dos princípios constitucionais

O Imposto sobre Renda e Proventos de Qualquer Natureza é de competência da União, estando previsto no art. 153, inc. III, da Constituição Federal de 1988. De forma específica a esse tributo, a Carta Constitucional determina, no inc. I do § 1º do art. 153, que será informado pela generalidade, universalidade e progressividade.

Os critérios adotados pelo Poder Constituinte significam que o imposto em tela deve incidir sobre quaisquer rendas e proventos (generalidade), adquiridas por quem quer que seja, independente de cargo ou função que exerça (universalidade), bem como deve ser maior a alíquota quanto maior for o acréscimo patrimonial experimentado pelo contribuinte (progressividade).

No plano infraconstitucional, o Código Tributário Nacional delimita-o no art. 43, adotando como fato gerador a aquisição da disponibilidade econômica ou jurídica de renda, entendido, assim, o produto do capital, do trabalho ou da combinação de ambos, ou de proventos de qualquer natureza, em que se enquadram os acréscimos patrimoniais não contemplados no conceito de renda.

A base de cálculo do imposto de renda precisa medir, da maneira mais correta possível, a capacidade contributiva tributária do contribuinte no sentido de indicar, da melhor forma, a renda disponível para o pagamento do imposto. Para tanto, deve ser levado em conta o *"conceito dualístico 'renda de mercado/deduções privadas'"* que realiza as duas

---

[598] O pressuposto social é a cultura, a fim de que os cidadãos possam ter capacitação para entender de forma ampla os fatores em relação aos quais deve opinar de maneira decisiva. O pressuposto econômico é a justiça exercida pela redistribuição de renda, em decorrência do crescimento econômico do Estado, para que os cidadãos tenham condições básicas de sustento. ZILVETI, Fernando Aurelio. Capacidade contributiva e mínimo existencial. In: SCHOUERI, Luís Eduardo; ZILVETI, Fernando Aurelio (Coord.). *Direito tributário*: estudos em homenagem a Brandão Machado. São Paulo: Dialética, 1998. p. 36-37.

tarefas de medir a capacidade contributiva: a objetiva e a subjetiva. A capacidade contributiva objetiva é a soma total dos rendimentos; a subjetiva é a que toma em conta as deduções privadas, as quais o sujeito passivo precisa dispender para a sua própria sobrevivência ou de sua família.[599]

Contudo, a cobrança desse tributo sobre a renda das pessoas físicas e jurídicas não tem observado devidamente os critérios constitucionais. Pessoas físicas com reduzida capacidade contributiva acabam por suportar o ônus tributário de maneira significativa; enquanto pessoas com notável capacidade para contribuir para a sociedade fazem-no com valores que pouco ou nada significam aos seus bolsos. No que tange às pessoas jurídicas, além de haver mínima progressividade, há diversos mecanismos de redução dos lucros (deduções) para atingir o mínimo de tributação possível, além de isenções que favorecem a renda do capital em detrimento da renda do trabalho.

Cabe ressaltar, em amparo à crítica ora produzida, aquilo que Casalta Nabais chama de *apartheid* fiscal. Segundo o autor, tal fenômeno é cada vez mais visível em relação à distribuição dos diversos encargos tributários entre os contribuintes, decorrente da cada vez mais pesada carga tributária, mormente na tributação do rendimento, e resulta do aumento de benefícios fiscais. Os trabalhadores com vínculo pagam os impostos estabelecidos pelo poder legislativo nos termos constitucionais, com base em uma ideia de igualdade aferida pela capacidade contributiva. Por outro lado, os trabalhadores autônomos e as empresas acabam pagando menos do que os demais contribuintes, em virtude de benefícios fiscais que podem escolher ou, de algum modo, podem modelar através de grupos de pressão ou *lobbies* em que se inserem.[600]

Não obstante, essa situação da parte significativa dos contribuintes é insustentável, posto que desonera os favorecidos e fugitivos fiscais e acaba sobrecarregando os demais contribuintes que, não tendo possibilidade de obter leis de favorecimento ou fugir dos tributos, acabam se tornando reféns do fisco por tributos alheios. Isso porque a capacidade de influenciar a legislação tributária a seu favor ou de fugir com êxito aos impostos não é igual para todos. Apenas possuem tal capacidade as grandes empresas.[601]

Passa-se, no presente estudo, a investigar, primeiramente, a carregada incidência do imposto sobre a renda das pessoas físicas.

---

[599] TIPKE, Klaus; LANG, Joachim. *Direito tributário (Steuerrecht)*, Vol. I. Tradução da 18. ed. Alemã, de Luiz Dória Furquim. Porto Alegre: Sérgio Antônio Fabris Ed, 2008. p. 463-464.

[600] NABAIS, José Casalta. Da sustentabilidade do Estado Fiscal. In: NABAIS, José Casalta; SILVA, Suzana Tavares da. *Sustentabilidade fiscal em tempos de crise*. Coimbra: Almedina, 2011. p. 37.

[601] Ibid., p. 38.

4.2.1.2.1. As iniquidades na tributação das pessoas físicas

O texto constitucional está adequado ao modelo de Estado vigente e aos critérios justos de tributação. Entretanto, apesar de constar expressamente a progressividade como objeto de promoção da busca pela efetiva capacidade contributiva, e o Código Tributário Nacional ter adotado o critério da disponibilidade econômica como renda para fins de incidência do imposto, tais pressupostos vêm sendo solenemente desconsiderados.

A progressividade, atualmente, é mero texto constitucional destituído de eficácia, eis que, ao invés de existir alíquotas bem distribuídas e que estejam de acordo com o princípio da capacidade contributiva – inspirado na solidariedade e sustentado pela busca do desenvolvimento e da redução das desigualdades sociais –, a alíquota máxima está longe do que se poderia considerar ideal.

Enquanto não havia previsão expressa sobre a progressividade no âmbito constitucional (antes de 1988), existia uma efetiva progressividade do imposto de renda das pessoas físicas. Atualmente, apesar de estar positivada, há uma tênue progressividade, valendo lembrar que, até o exercício de 2009, tinham-se apenas duas alíquotas, como demonstra a tabela a seguir:

Alíquotas de IRPF no Brasil		
Período de vigência	Quantidade de classes de renda (faixas)	Alíquotas %
1979 a 1982	12	0% a 55%
1983 a 1985	13	0% a 60%
1986 a 1987	11	0% a 50%
1988	9	0% a 45%
1989 a 1991	2	10% e 25%
1992	2	15% e 25%
1993 e 1994	2	15% e 25%
1995 e 1996	3	15% a 35%
1997 e 1998	2	15% e 25%
1999 a 2008	2	15% e 27,5%
2009 a 2014	4	7,5% a 27,5%

Fonte: Regulamentos do Imposto de Renda

Como se verifica, entre os anos de 1983 a 1985, o imposto de renda contava com 13 faixas de tributação que variavam de 0% a 60%, sem que houvesse menção ao princípio da capacidade contributiva e da progressividade expressos na Constituição. A partir de 1989, houve uma drástica redução de alíquotas, sendo que, a partir do ano calendário 2009, ocorreu uma pequena, mas ainda insignificante melhora, tendo-se apenas quatro alíquotas, espremidas entre 7,5% e 27,5%.

Por isso, consagra-se um arremedo de progressividade tributária, justamente em relação ao imposto que, sob a ótica da arrecadação, é o mais importante e, sob o ponto de vista da justiça fiscal, está mais apto a produzi-la.

Segundo levantamento da Organização de Cooperação para o Desenvolvimento Econômico – OCDE –,[602] a média da alíquota máxima nos países com melhor desenvolvimento é de 50%, ou seja, praticamente o dobro da alíquota máxima do Brasil, conforme tabela na sequência:

Taxação do imposto sobre a renda – Pessoas Físicas	
País	Alíquota Máxima
Bélgica	65,0%
França	54,0%
Alemanha	53,0%
Itália	51,0%
Japão	50,0%
Reino Unido	40,0%
Estados Unidos	39,0%
Brasil	27,5%

Fonte: OCDE

Além do fato de no Brasil, a alíquota máxima do imposto sobre a renda das pessoas físicas – que se traduziria em um importante instrumento de redistribuição das riquezas – ser de apenas 27,5%, ressalta-se que total de imposto de renda pessoas físicas e jurídicas é de 26,94% da arrecadação tributária, enquanto que, em países membros da OCDE, a média é de 34,90% do total arrecadado.[603]

---

[602] Disponível em: <http://www.library.com.br/Reforma/Pg003FundamentacaoProposta.htm>. Acesso em: 29 mar. 2014.

[603] *Sistema Tributário:* diagnóstico e elementos para mudanças. Brasília: Sindicato Nacional dos Auditores-Fiscais da Receita Federal do Brasil, 2010. p. 21.

Outro fato digno de anotação é que as bases de cálculo continuam sendo baixas (limite de isenção de R$ 1.787,77 para o ano-calendário de 2014), fazendo com que parte significativa da população pague tributos sobre a parcela denominada mínimo existencial, pois precisa muito mais do que o valor isento para custear suas despesas básicas.[604]

Portanto, em que pese o Imposto de Renda ter como norte a redistribuição de renda, não está de acordo com critérios justos. Conforme o Departamento Intersindical de Estatística e Estudos Socioeconômicos – DIEESE –, há uma grande distância entre o salário mínimo nacional e o salário mínimo necessário. Enquanto o salário mínimo era R$ 540,00 a partir de janeiro de 2011 até 28 de fevereiro de 2011, o mínimo necessário estava avaliado, nesse período, em R$ 2.194,76.[605]

O DIEESE faz essa conta partindo da premissa do art. 7º, inc. IV, da Constituição, o qual prevê que o salário mínimo deve ser capaz de atender às necessidades vitais básicas do trabalhador e de sua família, como moradia, alimentação, educação, saúde, lazer, vestuário, higiene, transporte e previdência social, de modo a preservar o poder aquisitivo. Ressalte-se que considera, para tal, uma família composta por dois adultos e duas crianças, que consomem o equivalente a três adultos, ponderando o gasto familiar para compô-lo.[606]

Nesse sentido, vale trazer a lição de Moschetti, que sustenta a violação do princípio da capacidade contributiva não somente quando o mínimo isento é eliminado em sua totalidade em um imposto que tipicamente o deveria prever, mas também quando a proporção da grandeza é manifestamente determinada em um âmbito que não permita uma existência livre e digna para si e para a família.[607]

---

[604] O Deputado José Chaves, do Partido Trabalhista Brasileiro de Pernambuco, apresentou, em três de dezembro de 2008, o projeto de Lei nº 4439/2008 que pretendia alterar tal situação, propondo isenção para valores até R$ 1.800,00, 15% acima de R$ 1.800,00 até 3.600,00, 20% acima de R$ 3.600,00 até R$ 5.400,00, 25% acima de R$ 5.400,00 até R$ 7.200,00, 30% acima de 7.200,00 até R$ 9.000,00 e 35% acima de R$ 9.000,00.
Atualmente, o Projeto de Lei do Deputado José Chaves foi apensado ao da Deputada Luciana Genro, do Partido Socialismo e Liberdade – PSOL sob nº 3089/2008 em razão da pertinência, que propõe o seguinte: isenção para até R$ 1.904,85, 5% acima de R$ 1.904,86 até R$ 3.000,00, 10% acima de R$ 3.000,01 até R$ 5.000,00, 15% acima de R$ 5.000,01 até R$ 7.000,00, 20% acima de R$ 7.000,01 até R$ 10.000,00, 30% acima de R$ 10.000,01 até R$ 15.000,00, 40% acima de R$ 15.000,01 até 20.000.00 e 50% acima de 20.000,00.
O projeto de Lei da outrora Deputada gaúcha encontra-se melhor adequado a uma redistribuição de renda via imposto de renda, contando com sete alíquotas entre 5% e 50%, e estando na média das alíquotas máximas dos países desenvolvidos. O que deve ser repensado é a faixa de isenção conforme critérios adotados pelo DIEESE.
[605] Salário mínimo nominal e necessário. *Departamento intersindical de estatística e estudos socioeconômicos.* Disponível em: <http://www.dieese.org.br/rel/rac/salminMenu09-05.xml>. Acesso: 31 mar. 2014.
[606] Ibid.
[607] MOSCHETTI, Francesco. *O princípio da capacidade contributiva.* In: FERRAZ, Roberto (Coord.). Princípios e limites da tributação 2. São Paulo: Quartier Latin, 2009. p. 319.

É certo que não se pode simplesmente aumentar o salário mínimo em razão de implicações no campo econômico. Entretanto, diante desses dados, o governo poderia, ao menos, adequar a faixa de isenção do imposto de renda das pessoas físicas ao valor do mínimo necessário, para que não haja a incidência – como há no momento – sobre valores que não constituem acréscimo patrimonial aos contribuintes, mas custos necessários para viver.

Agregue-se que, no ano base de 2006, exercício de 2007, das 23,5 milhões de declarações de ajuste do imposto de renda apresentadas, apenas 5.292 traziam rendimentos tributários que ultrapassaram R$ 1 milhão, o que ocorre porque, pela legislação em vigor, a renda do capital não é submetida à tabela progressiva do imposto de renda, mas incide direto na fonte com alíquotas inferiores, o que se constitui em discriminação a respeito da origem dos rendimentos.[608] Contrariamente, a *The Boston Consulting Group* – BDG – que considera milionários aqueles que possuem mais de US$ 1 milhão aplicado no mercado financeiro – divulgou que, em 2008, o Brasil tinha 220 mil milionários, e que a fortuna deles somava US$ 1,2 trilhão, equivalente a praticamente metade do PIB brasileiro.[609]

Outro ponto de importância são as deduções permitidas pela legislação para fins de apuração da renda tributada. Como se extrai da doutrina de Casalta Nabais, o princípio da capacidade contributiva exige, com relação ao imposto pessoal sobre o rendimento, o respeito ao princípio da renda disponível, segundo o qual a soma dos rendimentos líquidos deve ser precedida às deduções de despesas privadas, imprescindíveis à própria existência do contribuinte e de sua família.[610]

O imposto sobre a renda líquida, que deve ser entendida como passível de tributação pelo fisco, somente pode incidir sobre o excedente do mínimo existencial, sendo negado tributar as despesas necessárias, como alimentação, saúde, educação, habitação, etc., dispostas no art. 5º da Constituição Federal de 1988.[611]

A legislação do imposto de renda, entretanto, parece subverter o que viria a ser preciso, limitando valores dedutíveis necessários, bem

---

[608] *Sistema Tributário*: diagnóstico e elementos para mudanças. Brasília: Sindicato Nacional dos Auditores-Fiscais da Receita Federal do Brasil, 2010. p. 23.

[609] WIZIACK, Julio. Brasil já possui 220 mil milionários, diz pesquisa. *Folha.com*. 05 de setembro de 2008. Disponível em: <http://www1.folha.uol.com.br/folha/dinheiro/ult91u441681.shtml>. Acesso em: 07 abr. 2011.

[610] NABAIS, José Casalta. *O dever fundamental de pagar impostos*: contributo para a compreensão constitucional do estado fiscal contemporâneo. Coimbra: Almedina, 2004. p. 522.

[611] CARRAZZA, Roque Antonio. *Curso de direito constitucional tributário*. 26. ed. ver. ampl. e atual. até a EC n. 64/2010. São Paulo: Malheiros, 2010. p 129-130.

como restringindo o próprio mínimo existencial sem critério algum, na ânsia de aumentar a tributação sobre as pessoas físicas em detrimento das pessoas jurídicas, afrontando a pessoalidade, a capacidade contributiva e o não confisco, conforme demonstram alguns pontos:

a) incidência sobre o total dos ingressos sem apurar corretamente a quantia do fato gerador do imposto mediante dedutibilidade de despesas e gastos necessários para a manutenção e da fonte pagadora, e para a produção dos rendimentos, como a moradia, os remédios, o aluguel, os impostos obrigatórios como IPVA ou IPTU, entre outros;

b) base de cálculo baixa como fundamentado anteriormente, tendo a incidência do imposto sobre valores necessários ao próprio sustento do contribuinte e de sua família;

c) tributação em bases de cálculo correntes mensais, por meio do imposto de renda retido na fonte, antes da efetiva ocorrência do fato gerador em 31 de dezembro, quando se faz o ajuste e a apuração da base de cálculo do IR, no qual são descontadas as despesas permitidas, que, diga-se de passagem, são muito aquém do necessário;

d) tributação exclusivamente na fonte sem inclusão dos valores na base de cálculo do ajuste anual e com alíquotas fixas em relação a ganho de renda variável, aplicações financeiras, etc.;

e) isenções com relação ao ganho de capital (bens de pequeno valor: isenção até R$ 20.000,00; alienação de um único imóvel no valor de até R$ 440.000,00; ganho de renda variável – bolsas de valores – até R$ 4.143,50) enquanto o trabalhador já submete à tabela progressiva valores acima da faixa isenta que, para o ano calendário de 2010, foi R$ 1.499,15;

f) diferenciação entre pessoas físicas assalariadas e trabalhadores autônomos, pois enquanto estes podem usar livro caixa e deduzir despesas necessárias para perceber os rendimentos, como aluguel, luz, telefone, impostos, etc., aqueles só podem deduzir gastos previstos em lei e com limites;

g) isenção de lucros ou dividendos pagos ou creditados pelas pessoas jurídicas;

h) isenção dos ganhos líquidos auferidos por pessoa física em operações no mercado à vista de ações nas bolsas de valores e em operações com ouro, ativo financeiro, cujo valor das alienações realizadas, em cada mês, seja igual ou inferior até R$ 4.143,50, para o conjunto de ações e para o ouro, ou ativo financeiro, respectivamente;

i) reduzido e limitado valor para dedução por dependente na base de cálculo sujeito à apuração mensal;

j) limitação da dedução anual com educação no valor de R$ 1.700,00, quando se sabe que cursar cinco disciplinas em uma faculdade, hoje, representa aproximadamente R$ 1.000,00 por mês.[612]

Os dados do Sindifisco Nacional estimam que a defasagem na Tabela do Imposto de Renda das pessoas Físicas desde 1995 até 2011 superou 64%, podendo ter ultrapassado 70% caso não fosse reajustada. O Diretor de Estudos Técnicos do Sindicato ainda salienta que, para superar toda a inflação acumulada entre 1995 e 2011, seria preciso reajustar em 71,5% a tabela do IR.[613] O resultado disso é que os contribuintes estão sendo descontados acima da reposição dos salários, diminuindo o efetivo aumento salarial que lhes é repassado em prol do Estado.

Após pressão feita principalmente pela força sindical,[614] o governo acabou cedendo e prometendo o reajuste na tabela. Em 25 de março de 2011, a Presidente Dilma Rousseff adotou Medida Provisória sob o nº 528, publicada no Diário Oficial da União de 28 de março de 2011, alterando os valores da tabela do Imposto de Renda até o ano calendário de 2014, utilizando a meta da inflação (4,5%). Da mesma forma, publicou a Medida Provisória nº 644, de 30 de abril de 2014, reajustando em 4,5%, a partir do ano calendário 2015, a tabela progressiva mensal do imposto de renda, passando o limite de isenção a ser R$ 1.868,22.

O que causa maior indignação é que o governo faz alegações de que a correção em 4,5% traz dificuldades, visto que precisará analisar os cortes do orçamento decorrentes da diminuição que irá ocasionar na arrecadação[615] como se estivesse fazendo um "grande favor" à sociedade que nada mais é do que uma obrigação decorrente do princípio da capacidade contributiva que deve reger o tributo em discussão, o qual sequer é devidamente respeitado com esse índice que não espelha o real aumento dos salários e o custo de vida.

O que se constata com a análise do quadro atual do imposto sobre a renda da pessoa física é que, apesar das suas possibilidades de adequação à capacidade contributiva via progressividade e deduções integrais das despesas necessárias, no sentido de respeito ao mínimo existencial, a maneira como vem sendo exigido fere abertamente os princípios cons-

---

[612] LIMA, MÁRIO SÉRGIO. Defasagem na tabela do IR passa de 70%. *Folha.com*. 06 de janeiro de 2011. Disponível em: <http://www1.folha.uol.com.br/mercado/855670-defasagem-na-tabela-do-ir-passa-de-70.shtml>. Acesso em: 24 mar. 2014.

[613] Ibid.

[614] Mobilização contra o IR. *Estadão.com.br*. 21 de janeiro de 2011. Disponível em: <http://www.estadao.com.br/estadaodehoje/20110121/not_imp669098,0.php >. Acesso em: 24 mar. 2014.

[615] CRUZ, Valdo; NERY, Natuza. Correção do IR pode gerar cortes no Legislativo. *Folha.com*. 19 de março de 2011. Disponível em: <http://www1.folha.uol.com.br/poder/891081-correcao-do-ir-pode-gerar-cortes-no-legislativo.shtml>. Acesso em: 23 mar. 2014.

titucionais que o regem e até o próprio CTN, que adotou como critério de incidência a aquisição de disponibilidade econômica.

O Imposto sobre a Renda das Pessoas Físicas também está descomprometido com os seus fundamentos em razão das baixas bases de cálculo apontadas anteriormente, por não espelhar o que é necessário para sobreviver de maneira digna, e das ínfimas possibilidades de dedução das despesas. Por isso, o reduzido limite de isenção e os restritos itens passíveis de dedução são injustos e irracionais.

Portanto, antes de se discutir propostas de reforma tributária que visem apenas a modificar a repartição de receitas, se poderia repensar a forma como os tributos estão sendo cobrados e adequá-los aos ditames constitucionais, incentivando o desenvolvimento social e desestimulando a evasão tributária.

No atual quadro, nota-se pouca adesão social ao pagamento de tributos não só em razão da alta carga assumida, da complexidade do sistema, dos gastos públicos em excesso e de má qualidade dos serviços essenciais, dos desvios, da sonegação e de serviços ineficientes, mas, em especial, pela sensação de injustiça na tributação decorrente do conjunto de fatores que distorcem o sistema tributário.[616]

Assim sendo, deve-se adequar o imposto e buscar cobrá-lo de uma forma justa e, caso entenda-se difícil estabelecer o que é justo, pois se sabe que nem os filósofos conseguem chegar a uma conclusão a respeito, que busque, ao menos, diminuir a injustiça evidente que paira sobre a cobrança do imposto de renda. Analisa-se, na sequência, alguns dos pontos de maior perversidade com relação ao imposto de renda das pessoas jurídicas.

4.2.1.2.2. O favorecimento às pessoas jurídicas via imposto de renda

Os critérios já apontados anteriormente, de um modo geral, também devem balizar o imposto de renda cobrado das pessoas jurídicas, mas não o delimitam. No que diz respeito à progressividade, atualmente, está prevista a alíquota de 15% para a parcela do lucro real, presumido ou arbitrado, mais o adicional de alíquota de 10% sobre o valor resultante da multiplicação de vinte mil reais pelo número de meses do respectivo período de apuração.

---

[616] QUEIROZ, Mary Elbe. O Imposto sobre a renda das pessoas físicas e as distorções na sua incidência – Injustiça fiscal? In: MARTINS, Ives Gandra da Silva (Coord.). *O Tributo*: reflexão multidisciplinar sobre sua natureza. Rio de Janeiro: Forense, 2007. p. 238.

No IRPJ, portanto, além de não existir progressividade, ainda há uma tributação menor sobre a renda, o que resulta em discriminação da incidência de imposto não permitida pela Constituição. Em outras palavras, enquanto o trabalhador submete determinados valores à incidência do IRPF pela alíquota de 27,5%, as empresas oferecem valores muito superiores pela alíquota de 15% e, ainda, somente pagam mais 10% quando o valor de lucro anual ultrapassar duzentos e quarenta mil reais.

Aliada a esta baixa tributação, estão as renúncias em favorecimento das empresas, instituídas pela Lei nº 9.249/95. Pela legislação atual, a distribuição de lucros e dividendos aos acionistas e sócios das pessoas jurídicas não é submetida à tabela do Imposto de Renda, pois é isenta.

Na prática, há empregados que acabam se constituindo como pessoas jurídicas, prestadoras de serviços, para diminuir o valor dos tributos a pagar, e isso acaba gerando uma renúncia fiscal estimada em R$ 8.504.524,45, decorrente da isenção da distribuição de lucros. Com relação à própria isenção sobre os Lucros e Dividendos, estima-se que, só em 2009, os lucros e dividendos distribuídos alcançaram R$ 111,30 bilhões, totalizando uma renúncia estimada em R$ 16,7 bilhões.[617]

Há favorecimento às pessoas jurídicas pelo fato de não existir submissão à tabela do Imposto de Renda da distribuição de lucros e dividendos aos acionistas e sócios de pessoas jurídicas. Com relação a tais rendimentos, o sócio ou acionista é isento, não pagando imposto de renda.

A partir de 1995, com a Lei nº 9.249/95, também passaram a serem dedutíveis os juros sobre o capital próprio das empresas em relação ao lucro tributável do Imposto de Renda e da Contribuição Social sobre o Lucro Líquido. Assim, as pessoas jurídicas podem remunerar as pessoas físicas ou jurídicas, a tal título, e ainda considerar tais valores como despesas para fins de apuração da base de cálculo do IRPJ e da CSLL.

Essa possibilidade constitui-se em ótimo mecanismo de redução na arrecadação dos tributos mencionados anteriormente. Conforme artigo publicado no Jornal Valor Econômico, em agosto de 2005, no ano de 2002 o resultado de 216 empresas de capital aberto era de R$ 3,99 bilhões; em 2004, saltou para R$ 49,72 bilhões, tendo crescido 12 vezes. Por outro lado, as provisões de IRPJ e de CSLL cresceram apenas seis vezes: de R$ 2,19 milhões para R$ 12,28 milhões. O Jornal menciona que o motivo mais comum para essa redução decorre da possibilidade de

---

[617] *Sistema Tributário:* diagnóstico e elementos para mudanças. Brasília: Sindicato Nacional dos Auditores-Fiscais da Receita Federal do Brasil, 2010. p. 24-25 e 43.

pagamento de juros sobre capital próprio, que se tornou uma alternativa para as empresas distribuírem lucros.[618]

Estima-se que, no período de 2004 a 2009, as empresas distribuíram a título de juros sobre capital próprio aos seus acionistas um total de R$ 116.867 bilhões, o que permitiu a redução nas despesas com encargos tributários dessas empresas, com relação ao IRPJ e a CSLL, de R$ 39,7 bilhões. Desse valor, cerca de 27% seria destinado à seguridade social por meio da CSLL, mas ficou nos caixas das empresas.[619]

Outra mudança na legislação (Lei nº 9.249/95) que favorece o capital é a isenção do imposto de renda sobre a remessa de lucros e dividendos para o exterior. Dados do Banco Central dão conta de que foi remetido ao exterior, apenas em 2009, um total de US$ 26,5 bilhões, mas como as remessas são isentas, o Brasil abriu mão de receitas tributárias de grande monta. Quando a isenção foi concedida, em 1995, a alíquota era de 15%. Convertendo o valor para reais pela taxa de câmbio de R$ 1,60, vigente à época, chega-se ao valor de R$ 42,4 bilhões que, se fossem tributados, totalizariam uma arrecadação de 6,36 bilhões, apenas em 2009. Contudo, se fosse analisado o impacto da renúncia desde 1996, quando foi instituída, constatar-se-ia que o Estado brasileiro deixou de arrecadar R$ 52,7 bilhões até 2009, levando-se em consideração que, de 1996 a 2009, foram remetidos ao exterior R$ 169.670,93 bilhões.[620]

Há de se referir, ainda, que enquanto ocorreu aumento na arrecadação e direcionamento aos tributos indiretos sobre o consumo, onerando significativamente a maior parte população, com poucas possibilidades de contribuir para o custeio das atividades do Estado, as instituições financeiras, que possuem grande capacidade contributiva, contribuíram muito pouco para isso. De 1994 a 2001, os 10 maiores bancos privados aumentaram os seus lucros em 180%, mas pagaram 50% a menos de impostos.[621]

O problema que ocorre, como observam Tipke e Lang, é que "o Direito Tributário não é manejado como matéria de Direito, mas transformado em veículo de propostas político-partidárias e interesses de grupos, que na Democracia pluralística suplantam o Bem Comum".[622]

---

[618] *Sistema Tributário:* diagnóstico e elementos para mudanças. Brasília: Sindicato Nacional dos Auditores-Fiscais da Receita Federal do Brasil, 2010. p. 40.

[619] Ibid., loc. cit.

[620] Ibid., p. 41.

[621] FATTORELLI, Maria Lucia, *A proposta da reforma tributária.* Disponível em: <http://www.sindifisconacional.org.br/mod_download.php?id=L2ltYWdlcy9lc3R1ZG9zL291dHJvcy9BUHJvcG9zdGFEZVJlZm9ybWFUcmlidXRhcmlhLnBkZnww>. Acesso em: 23 mar. 2014.

[622] TIPKE, Klaus; LANG, Joachim. *Direito tributário (Steuerrecht),* Vol. I. Tradução da 18. ed. Alemã, de Luiz Dória Furquim. Porto Alegre: Sérgio Antônio Fabris Ed, 2008. p. 165-166.

O que se poderia esperar é que o Projeto de Lei nº 3007 de 2008,[623] de autoria do Deputado Chico Alencar, do Partido Socialismo e Liberdade do Rio de Janeiro, que objetiva modificar a redação do art. 10 da Lei nº 9.249/95, revogando a isenção de lucros e dividendos distribuídos por pessoa jurídica a beneficiários estabelecidos no Brasil, e determina a incidência da alíquota de 15% sobre os lucros e dividendos enviados ao exterior – que, infelizmente, caminha devagar – venha a ser aprovado.

Da justificativa para a apresentação do projeto extrai-se que, de acordo com dados do Banco Central, em 2007, as empresas estrangeiras enviaram US$ 21,236 bilhões aos seus países, valor 29,85% maior do que o enviado em 2006, no total de U$ 16,4 bilhões. Ainda, em 2007, as montadoras enviaram US$ 2,702 bilhões às sedes, e os bancos estrangeiros remeteram US$ 1,4 bilhão ao exterior. Além disso, no ano de 2007, as remessas representaram 87% de todo o investimento direto que entrou no Brasil, ou seja, quase todo o investimento que ingressou no país no ano de 2006 retornou à origem na forma de lucros.

Por conseguinte, a isenção combatida, longe de beneficiar o Brasil, apenas favorece o país de origem, o qual não somente tem o dinheiro produzido aqui investido lá, mas também recolhe os tributos sobre o dinheiro sem compensar o tributo que deve incidir no Brasil, tratando-se de um benefício injustificado, logo para aqueles que possuem maior capacidade contributiva.

Deve haver consciência de que o Estado, quando abre mão dessas receitas tributárias em favor das pessoas jurídicas, não pode diminuir o total arrecadado, essencialmente quando se está de frente com um país prestacionista nas áreas sociais, da saúde, da educação, da previdência, etc. Os tributos que renuncia em favor dessas empresas, devem ser retirados de algum lugar, e o Governo acaba retirando do povo. O resultado é que mais da metade do total arrecado foi sobre o consumo.

Por isso, constituem-se de suma importância as revogações das isenções ora analisadas e a diminuição dos tributos sobre o consumo, a fim de aumentar a capacidade dos cidadãos de adquirir alimentos e, ao mesmo tempo, não diminuir o total arrecadado pelo Estado.

Em continuidade, será verificado como a base de incidência "patrimônio" tem sido mal aproveitada pelos Governos com relação a alguns tributos.

---

[623] Disponível em: <http://www.camara.gov.br/sileg/integras/544302.pdf>. Acesso em: 05 abr. 2014.

4.2.1.3. A necessidade de ampliação da incidência dos impostos sobre o patrimônio

Os impostos sobre o patrimônio podem ser utilizados como motrizes da redistribuição de renda, seja mediante a progressividade de suas alíquotas, seja pela técnica da seletividade, na busca pela igualdade substancial. Apesar disso, em sua maioria, não estão sendo cobrados de acordo com os princípios que os fundamentam, tratando contribuintes desiguais de formas iguais. Assim sendo, apontam-se algumas críticas a essa base de incidência, consideradas de maior relevo.

4.2.1.3.1. O esquecimento dos objetivos do Imposto Territorial Rural e a baixa incidência

O Imposto Territorial Rural – ITR –, de competência da União Federal, foi instituído pela Lei nº 4.504, de 30 de novembro de 1964, que dispõe sobre o Estatuto da Terra. Em seu art. 47, estabelece que o Poder Público, entre outros objetivos, utilizar-se-á da tributação progressiva para incentivar a política de desenvolvimento rural e para desestimular o exercício do direito de propriedade sem observância da função social e econômica da terra.

Entretanto, apesar de conter recursos administrativos e jurídicos para a transformação social da ocupação da terra, na prática, o ITR ainda não foi implementado. Conforme o Censo Agropecuário do IBGE de 2006,[624] estima-se que 47,86% dos imóveis rurais possuem menos do que 10 hectares e ocupam 2,36% das terras; já 0,91% dos estabelecimentos rurais com mais de 1000 hectares encontram-se dentro do percentual de 44,42% das terras, conforme tabela a seguir:

Grupo de área total	Número de estabelecimentos (unidades)	%	Área dos estabelecimentos (hectares)	%
Menos de 10 ha	2.477.071	47,86	7.798.607	2,36
10 a 100 ha	1.971.577	38,09	62.893.091	19,06
Menos de 100 ha	4.448.648	85,96	70.691.698	21,43
100 a 1000 ha	424.906	8,21	112.696.478	34,16
Acima de 1000 ha	46.911	0,91	146.553.218	44,42
Totais	5.175.489	100,00	329.941.393	100,00

---

[624] Disponível em: <http://www.ibge.gov.br/servidor_arquivos_est/>. Acesso em: 06 abr. 2014.

Desse modo, na área rural, há uma enorme concentração de propriedade e o Imposto Territorial Rural, criado em 1964 para tentar reverter tal situação, é utilizado de forma inversa, colaborando com o latifúndio, participando com apenas 0,05% do total arrecadado em 2009. Como referem os Auditores-Fiscais da Receita Federal, "o ITR na Receita Federal nunca passou de um cadastro onde o contribuinte esperto informa os dados, e não há quase nenhuma verificação e/ou comprovação dos dados informados, servindo como um instrumento valoroso para grilagem".[625]

A Constituição apenas tem tido sua força normativa assegurada para garantir os interesses de proprietários, uma das faces visíveis do capitalismo financeiro. No entanto, o mesmo empenho não se verifica quando se pretende efetivar o princípio – também constitucional – da função social da propriedade. Vale lembrar que apesar do fato de que os proprietários de mais de cinquenta por cento das terras de agricultura corresponderem a dois por cento da população, pagam-se mais impostos sobre alimentos do que sobre a terra produtiva e os direitos hereditários respectivos. Por isso, Streck aduz: "A constituição é dirigente quando se trata de discutir os interesses das camadas dominantes; e é apenas uma 'carta de intenções' quando se discutem os interesses dos excluídos sociais...!".[626]

A tributação sobre a propriedade rural, portanto, destoa dos ditames constitucionais e incentiva a concentração de terra e sua utilização para especulação, pois a incidência do imposto é baixa e não conta com uma efetiva fiscalização.

Outro fato que merece crítica é que, até hoje, não houve a criação do Imposto sobre Grandes Fortunas, como se analisará a seguir.

4.2.1.3.2. A taxação da riqueza concentrada

Na perspectiva defendida por este trabalho, há de se tributar de uma forma acentuada a riqueza que ao longo do tempo vem se concentrando nas camadas privilegiadas da população brasileira. Se, por um lado, é inequívoco que o princípio da capacidade contributiva aponta

---

[625] DUARTE, Efigenia Maria Nolasco et al. O imposto territorial rural (ITR) como instrumento de justiça fiscal e social. In: *Teses Temáticas*. Florianópolis: Sindicato Nacional dos Auditores-Fiscais da Receita Federal do Brasil, 2010. p. 327.

[626] STRECK, Lenio Luiz. Uma visão hermenêutica do papel da Constituição em países periféricos. In: CALLEGARI, André Luis. *Política criminal, estado e democracia:* homenagem aos 40 anos do Curso de Direito e aos 10 anos do Curso de Pós-Graduação em Direito da Unisinos. Rio de Janeiro: Lumen Juris, 2007. p. 130.

diretamente neste sentido, por outro, há de se reconhecer que em poucos países isso foi tão necessário.

A forma pensada para tributar adequadamente a riqueza acumulada foi a instituição do Imposto sobre Grandes Fortunas. O referido imposto foi previsto na Constituição brasileira de 1988 como de competência da União, necessitando de edição de Lei Complementar para ser instituído. Decorridos mais de vinte anos da promulgação da Constituição Federal de 1988, a competência atribuída à União para instituir Imposto sobre Grandes Fortunas, no art. 153, inc. VII, continua sem ser exercida.

Em que pese possa servir de auxílio para os objetivos da Carta Cidadã e tenha como propósito a redistribuição de renda, há diversos projetos de lei complementar que não conseguem trilhar o imenso caminho burocrático político. Expresso de outra forma, a pouca vontade política existente para isso não é suficiente para que a lei complementar, exigida para sua regulamentação, vença os trâmites exigidos para a criação.[627]

Na atualidade, tramita o Projeto de Lei Complementar nº 277/2008, de autoria da Deputada Luciana Genro, do Partido Socialismo e Liberdade – PSOL –, que visa a regulamentar o IGF. O projeto já foi aprovado pela Comissão de Constituição e Justiça e de Cidadania em nove de junho de 2010 e, depois de ter sido arquivado, houve o desarquivamento por insistência do PSOL, devendo ser encaminhado para apreciação do Plenário.[628]

A Deputada gaúcha propõe que quem tem patrimônio de até R$ 2 milhões fica isento; de R$ 2 milhões a R$ 5 milhões, alíquota de 1%; de R$ 5 milhões a R$ 10 milhões, de 2%; de R$ 10 milhões a R$ 20 milhões, de 3%; de R$ 20 milhões a R$ 50 milhões, de 4%; e de 5% para patrimônio superior a R$ 50 milhões. Entre as justificativas para a elaboração da proposta, aponta-se que, segundo o Atlas da Exclusão Social, organizado pelo economista Márcio Pochmann, as cinco mil famílias mais ricas do Brasil, que correspondem a um percentual de 0,001%, têm patrimônio correspondente a 42% do Produto Interno Bruto e dispõem, em média, cada uma delas, de R$ 138 milhões.[629]

É claro que tratar da criação do Imposto sobre Grandes Fortunas demanda ampla cautela. Além de ser subjetiva a noção do que vem a ser uma grande fortuna, o que já demonstra a dificuldade de implantação

---

[627] CORSATTO, Olavo Nery. *Imposto sobre grandes fortunas*. Revista de Informação Legislativa. a. 37, n. 146, abr./jun. 2000. p. 93 a 108.

[628] Disponível em: <http://www.camara.gov.br/sileg/prop_detalhe.asp?id=388149>. Acesso em: 04 abr. 2014.

[629] Disponível em: <http://www.camara.gov.br/sileg/integras/547712.pdf>. Acesso em: 04 abr. 2014.

de um imposto desta natureza, há de se reconhecer os riscos de elisão/evasão fiscal.[630]

É certo que, se houvesse uma adequada e progressiva tributação da renda, bem como uma adequada e também progressiva tributação incidente sobre o patrimônio, não haveria sentido a instituição de um imposto sobre as grandes fortunas, pois estas já seriam devidamente taxadas pelos tributos respectivos.

Aliás, pode-se sustentar inclusive que, sob ponto de vista do necessário pragmatismo fiscal, o imposto sobre as grandes fortunas tende a produzir tímidos resultados, no que tange à concentração de renda ora existente, sendo forçoso reconhecer que uma inversão da pirâmide fiscal – que ora se sustenta sobre o consumo – em direção à renda e ao patrimônio, provavelmente obteria efeitos bem mais concretos no referido intento (pelo menos no Brasil).

4.2.1.3.3. A inadequada interpretação acerca do Imposto sobre a Propriedade de Veículos Automotores

A Constituição Federal de 1988 atribui competência aos Estados e ao Distrito Federal para instituição de imposto sobre a propriedade de veículos automotores, conforme art. 155, inc. III. Roberto Casolato, assim, explica o que significa veículo automotor:

> Por veículo automotor haveremos de entender aquele que é dotado de motor próprio, e, portanto, capaz de se locomover em virtude do impulso (propulsão) ali produzido. Serão os carros, caminhonetes, ônibus, caminhões, tratores, motocicletas (e assemelhados) mas também as embarcações e aeronaves, em uma perspectiva de menor incidência prática.[631]

Veículo automotor não são apenas os carros e as motos, mas todos aqueles que se movem por impulso produzido pelo próprio veículo, aí, incluídos também os aviões e os navios. Entretanto, o Supremo Tribunal Federal decidiu que não incide Imposto de Propriedade de Veículos Automotores (IPVA) sobre embarcações, e que isso também se estende às aeronaves, restringindo-se tão somente sobre veículos de circulação terrestre, como se verifica, a título de exemplo, por meio do Recurso Extraordinário nº 379.572.[632]

---

[630] Inúmeros poderiam ser os artifícios dos contribuintes no sentido de evitar o pagamento do tributo, como a constituição de *holdings*, transferências dos imóveis à familiares/terceiros etc.

[631] CASOLATO, Roberto Wagner Battochio. *O Furto desde a Lei 9426/96*. Boletim IBCCrim. 55/5-6, jun. 1997. p. 55.

[632] BRASIL. Supremo Tribunal Federal. *Recurso Extraordinário nº 379572*. Recorrente: Conrado Van Erven Neto e Outro (a/s). Recorrido: Estado do Rio de Janeiro. Relator: Min. Gilmar Mendes. Brasília, 11 de abril de 2007. Disponível em: <http://redir.stf.jus.br/pagin adorpub/paginador.jsp?do cTP=AC&docID=506713> Acesso em: 2 abr. 2014.

Como fundamento, a Corte Suprema assegura que o IPVA substituiu a antiga Taxa Rodoviária Única, que era cobrada para a manutenção das rodovias e que não é necessária a mesma manutenção com relação ao céu (para os aviões) e às águas (para os navios). Ora, equivocada a decisão do STF. Como se sabe, o imposto tem como característica a não vinculação, destinando-se ao custeio geral do Estado e, assim sendo, o argumento torna-se falho, mormente levando-se em consideração a função dos tributos no Estado Democrático de Direito e a necessária observância do princípio da capacidade contributiva para a exigências destes.

O que se percebe, com facilidade, é a distorção da Constituição e a confirmação de um privilégio odioso em prol das grandes empresas, prejudicando, como sempre, os cidadãos de baixa renda. Um cidadão que possui um automóvel no valor de R$ 10.000,00, paga IPVA; já uma companhia área ou marítima, que possui patrimônio de elevado valor, não paga imposto sobre essa propriedade, isso sem referir os donos de jatinhos particulares e de lanchas de luxo.

De outra banda, há de se afirmar que o governo investe consideráveis quantias na construção de aeroportos e portos para a transitoriedade dos bens de propriedade desses setores, que é um argumento a mais contra esse posicionamento perverso da Corte Constitucional.

Nesta linha, Vladimir Safatle desnuda o verdadeiro déficit democrático fiscal, ao afirmar que , "helicópteros, jatos particulares e iates não pagam IPVA porque, no Brasil, os ricos definem as leis que protegerão seus rendimentos e desejos de ostentação". Ele refere que, se as 20 mil aeronaves que voam livremente no Brasil pagassem IPVA, seria arrecadado algo em torno de R$ 8 bilhões. Tal valor é equivalente, por exemplo, a dois orçamentos da USP. Assim, se aqueles que têm mais capacidade de contribuição pagassem para ter seu helicóptero ou jato particular o mesmo que os cidadãos de baixa renda pagam para ter seu carro, poderiam ser financiadas mais duas universidades com 90 mil alunos estudando gratuitamente.[633]

Já que a Suprema Corte entendeu que é preciso um movimento dos Estados-Membros no sentido de ser editada uma Emenda Constitucional que autorize, expressamente, a extensão do IPVA às embarcações e às aeronaves. O que não pode prevalecer é esse horrendo privilégio em desfavor dos contribuintes que detêm pouca capacidade contributiva.

---

[633] SAFATLE, Vladimir. Como não pagar IPVA. *A folha de São Paulo*. 22 de setembro de 2014. Disponível em: <http://www1.folha.uol.com.br/colunas/vladimirsafatle/2014/04/1443523-como-nao-pagar-ipva.shtml>. Acesso: 25 mai. 2014.

4.2.1.3.4. A alteração legislativa da incidência de ITCD no Rio Grande do Sul

O Imposto sobre Transmissão *Causa Mortis* e Doação – ITCD – é de competência dos Estados e do Distrito Federal, conforme o art. 155, inc. I, da Constituição Federal de 1988. No exercício de sua competência, e seguindo disposições relativas no Código Tributário Nacional, lei competente para tratar sobre normas gerais em matéria tributária, o Estado do Rio Grande do Sul, através da Lei n° 8.821, de 27 de janeiro de 1989, instituiu a cobrança do ITCD, pelo art. 18, de acordo com a progressividade por alíquotas variáveis de 1% a 8%.

A progressividade do ITCD, criada pela lei gaúcha, foi contestada no Tribunal de Justiça, o qual acolheu incidente de inconstitucionalidade e, usando como argumento de autoridade o posicionamento do Supremo Tribunal Federal, declarou inconstitucional a progressividade instituída pela Lei Estadual n° 8.821/89, ao argumento de que a progressividade, como derivação do princípio da capacidade contributiva, não se aplica aos impostos ditos reais.[634]

Com o devido respeito, o entendimento que vigorava no Supremo Tribunal Federal e foi seguido pelo Tribunal de Justiça gaúcho mostra-se impregnado pelo positivismo jurídico, sendo, portanto, hermeneuticamente inadequado. Asseverar que o § 1° do art. 145 da CRFB veda a progressividade aos impostos reais significa afirmar que norma e texto se confundem e, desse modo, significa mergulhar no fosso da metafísica e esquecer a diferença ontológica entre ser e ente. Especificamente no campo jurídico, tal posição implica negar que a norma será fruto da interpretação de um texto.

Sob tal perspectiva, o entendimento adotado pelo TJRS foge à melhor técnica interpretativa e aos próprios objetivos fundamentais adotados pela *Lex Mater*, pois desconsidera que se está diante de um Estado Democrático de Direito, cujo pilar de sustentação é a solidariedade. Decisões como essa trilham o caminho do aumento da desigualdade social, por não saber devidamente construir a norma a partir do texto constitucional.

---

[634] RIO GRANDE DO SUL. Tribunal de Justiça do Rio Grande do Sul. *Incidente de Inconstitucionalidade n° 70013242508*. Proponente: Colenda 21. Camará Cível. Interessado: Heitor Fernando Muccillo. Relator: Araken de Assis. Porto Alegre, 10 de abril de 2006. Disponível em: <http://www1.tjrs.jus.br/busca/index.jsp?pesq =ementario&as_q=&as_epq=&as_oq=&as_eq=&sort=date%3AD%3AS%3Ad1&btnG=Buscar&tb=jurisnova&partialfields=tribunal%3ATribunal%2520de%2520Justi%25C3%25A7a%2520do%2520RS.NumProcesso%3A70013242508.%28TipoDecisao%3Aac%25C3%25B3rd%25C3%25A3o|TipoDecisao%3Amonocr%25C3%25A1tica%29&requiredfields=TipoProcesso%3AIncidente%2520de%2520Inconstitucionalidade>. Acesso em: 2 abr. 2014.

A questão em comento foi devolvida à apreciação do Supremo Tribunal Federal em decorrência de Recurso Extraordinário interposto pelo Estado do Rio Grande do Sul, cadastrado sob nº 562.045, em que o STF reconheceu a existência de repercussão geral sobre a matéria, e mudou seu posicionamento para reconhecer a possibilidade de aplicação do princípio da capacidade contributiva, via progressividade, na cobrança do ITCD em função do princípio da capacidade contributiva e da igualdade, em decisão assim ementada:

> RECURSO EXTRAORDINÁRIO. CONSTITUCIONAL. TRIBUTÁRIO. LEI ESTADUAL. Progressividade de alíquota de Imposto sobre Transmissão Causa Mortis e Doação de Bens e Direitos. Constitucionalidade. Art. 145, § 1º, da Constituição da República. Princípio da igualdade material tributária. Observância da capacidade contributiva. RECURSO Extraordinário provido.[635]

Entretanto, em 30 de dezembro de 2009, foi promulgada a Lei Estadual nº 13.337, dando nova redação ao artigo 18 da Lei nº 8.821/1989 e fixando alíquota única de 4%, extinguindo a progressividade do ITCD no Estado, mantendo, ao menos, a quota de isenção do referido imposto já existente, conforme tabela a seguir:

\multicolumn{2}{c	}{Antes}	\multicolumn{2}{c}{Agora}
Alíquotas	Valores Venais	Alíquotas	Valores Venais
Isento	Até R$ 121.106,76	Isento	Até R$ 121.106,76
1%	De R$ 121.106,76 até R$ 161.475,69	4%	Acima de R$ 121.106,76
2%	De R$ 161.475,69 até R$ 201.844,61		
3%	De R$ 201.844,61 até R$ 242.213,53		
4%	De R$ 242.213,53 até R$ 262.392,23		
5%	De R$ 262.392,23 até R$ 282.582,45		
6%	De R$ 282.582,45 até R$ 302.761,15		
7%	De R$ 302.761,15 até R$ 322.951,37		
8%	Acima de R$ 322.951,37		

Antes da modificação legislativa, somente incidiria a alíquota de ITCD de 4% a partir de um quinhão correspondente a uma base de cálculo no valor de R$ 242.213,53. Porém, com a nova lei, já há a incidência

---

[635] BRASIL. Supremo Tribunal Federal. *Recurso Extraordinário nº 562.045*. Recorrente: Estado do Rio Grande do Sul. Recorrido: Espólio de Emília Lopes de Leon. Relator: Min. Ricardo Lewandowski. Brasília, 27 de novembro de 2013. Disponível em: <http://redir.stf.jus.br/paginadorpub/paginador.jsp?docTP=AC&docID=630039 >. Acesso em: 10 jan. 2014.

da alíquota de 4% a partir de uma base de cálculo de R$ 121.106,76.[636] Assim, quem deveria recolher 1% sobre uma base de cálculo variável entre R$ 121.106,76 e R$ 161.475,69, com a nova lei aplicará a alíquota de 4%, pagando uma quantia 300% mais elevada do que antes. Já aqueles contribuintes que estavam submetidos à alíquota de 8% quando a base de cálculo fosse superior a R$ 322.951,37, justamente com maior capacidade contributiva, com a nova lei, pagam a metade do que recolheriam anteriormente.

Por isso, o poder de tributar está sendo exercido de forma diametralmente oposta, pois a parcela da população que está na base da pirâmide econômica arcará com o ônus da desoneração fiscal que beneficia a parcela que está no polo oposto.

Não é por acaso, inclusive, que a Secretaria da Fazenda do Estado do Rio Grande do Sul noticiou que a alteração legislativa resultou em aumento de 487% na arrecadação do ITCD em comparação com o primeiro semestre do ano de 2010, em que foram arrecadados R$ 195 milhões, e o primeiro semestre de 2009, quando se arrecadou R$ 33,2 milhões.[637]

O que está ocorrendo é que a parcela da população que deveria estar pagando menos impostos está pagando muito mais como verificado anteriormente (300%). O Estado, para aumentar suas receitas derivadas, está tributando quem possui uma capacidade contributiva diminuída ou quase nula, ao revés do Estado Social que exige a solidariedade e a erradicação da pobreza e da desigualdade social, desrespeitados o princípio da capacidade contributiva e da igualdade.

4.2.1.3.5. A falta de implementação da progressividade do IPTU e do ITBI

O Imposto sobre a Propriedade Predial e Territorial Urbana – IPTU – e o Imposto sobre Transmissão de Bens Móveis por ato entre vivos a qualquer título por ato oneroso – ITBI – são de competência dos municípios, estando previstos no art. 156, incs. I e II, da Constituição Federal de 1988.

Com relação ao IPTU, no § 1º do art. 156 da CF/88, consta que pode ser progressivo em razão do valor do imóvel ou ter alíquotas diferenciadas conforme a localização e o uso do imóvel (acréscimos da EC nº 29/2000), sem prejuízo da progressividade no tempo prevista no

---

[636] Cabe referir que os valores da tabela foram obtidos a partir do valor da UPF-RS vigente no ano de 2010. Pela UPF vigente (2012), o limite de isenção é de R$ 136.523,47.

[637] Alteração em imposto sobre doações e herança resulta em aumento de 487% na arrecadação. *Secretaria da Fazenda do Rio Grande do Sul*. 03 de março de 2010. Disponível em: <http://www.sefaz.rs.gov.br/Site/NoticiaDetalhes.aspx?NoticiaId=4387> Acesso: 31 mar. 2014.

art. 182, § 4º, inciso II, da Carta Magna, que visa a estimular a observância da função social da propriedade. No tocante ao ITBI, não consta nenhum balizamento nesse sentido, apenas a imunidade aos bens incorporados ao patrimônio das pessoas jurídicas.

Entretanto, levando-se em consideração que o modelo de Estado adotado pela Constituição é o Democrático de Direito, cujo pilar é a solidariedade e está previsto no § 1º do art. 145 da Lei Maior, o princípio da capacidade contributiva, desnecessário qualquer balizamento nesse sentido, até porque esses impostos constituem excelente instrumento de distribuição de renda.

Do valor total arrecadado em 2009 (R$ 1,04 trilhão), o IPTU corresponde a apenas 1,27%, e o ITBI, somente 0,30%, contra um total de 54,90% sobre o consumo. Isso vem ocorrendo, em parte, por responsabilidade do Supremo Tribunal Federal, que considerando serem impostos reais, argumenta que não podem ser gravados com alíquotas progressivas. Fernando Weiss explica:

> A conclusão alcançada pelo STF importa em negação expressa da orientação de graduação, estabelecida no § 1º do art. 145, cuja aplicação se faz exatamente através da variação progressiva dos graus de alíquotas em razão dos valores envolvidos no fato gerador.[638]

Com relação ao IPTU, a EC nº 29/2000 tentou resolver o problema, mas os municípios, depois de terem suas leis declaradas inconstitucionais pelo STF, hoje, demonstram timidez para tentar novamente implementar o princípio da capacidade contributiva, via progressividade ao IPTU.

No que diz respeito ao ITBI, a questão coloca-se com maior importância, pois ainda não foi acrescentada a possibilidade de cobrança de acordo com critérios de progressividade, o que se faz vital frente a uma Corte Constitucional que não respeita os objetivos da própria Constituição e mostra-se extremamente positivista na maioria dos casos que lhe são devolvidos para julgamento.

O que é certo é que são tributos de grande importância para a redistribuição de riquezas, em que se pode aferir presumível capacidade contributiva, devendo ser mais bem aproveitados pelos municípios.

4.2.2. Por que a constituição (ainda) não constitui-a-ação (fiscal)?

Analisar como o direito tributário é tratado pelo legislador pressupõe, de antemão, verificar a Lei nº 5.172, de 25 de outubro de 1966, que

---

[638] WEISS, Fernando Leme. *Justiça tributária:* as renúncias, o código de defesa dos contribuintes e a reforma tributária. Rio de Janeiro: Lumen Juris, 2003. p. 105.

institui o Código Tributário Nacional – CTN. Embora tenha sido instituído na vigência da Constituição Federal de 1946, isso ocorreu depois do golpe militar de 1964, sendo, portanto, produto de um regime autoritário precedente à Constituição Federal de 1967, outorgado pelos militares. Mesmo assim, foi recepcionado com *status* de lei complementar pela Constituição de 1988, pelo art. 34, § 5º, do ADCT.

O CTN se trata de uma pérola do positivismo exegético. Já no início, no seu art. 3º, busca definir o conceito do que se denomina tributo; no seu art. 16 define o que é imposto; na sequência, define o que compõe a legislação tributária (art. 96), obrigação tributária (art. 113), fato gerador (art. 114), entre tantos outros conceitos que podem ser encontrados. Não bastasse a inadequação de transformar um texto normativo em um amontoado de conceitos, há erros crassos de língua portuguesa como, por exemplo, quando na definição de tributo encontra-se a afirmação de que este seria uma "obrigação pecuniária compulsória em moeda".

Mais interessante ainda no CTN, é que o legislador definiu a forma de integração e interpretação da legislação tributária! O art. 108, estabelece que "na ausência de disposição expressa, a autoridade competente para aplicar a legislação tributária utilizará sucessivamente, na ordem indicada: I – a analogia; II – os princípios gerais de direito tributário; III – os princípios gerais de direito público; IV – a equidade". Por sua vez, o art. 111, determina: "Interpreta-se literalmente a legislação tributária que disponha sobre: I – suspensão ou exclusão do crédito tributário; II – outorga de isenção; III – dispensa do cumprimento de obrigações tributárias acessórias".

Como se verifica, ao conceituar os institutos do direito tributário, o legislador acabou entificando o ser, pois "colou" os sentidos nos textos, desprezando a viragem ontológico-linguística. Pretendeu também "amarrar" o intérprete à legislação, determinando a maneira de aplicar a legislação tributária em caso de inexistência de disposição expressa, estabelecendo a ordem em que podem ser usados os "recursos" para suprir as lacunas, bem como qual o método de interpretação deve ser utilizado para tratar a legislação referente à suspensão ou exclusão do crédito tributário, isenção e dispensa do cumprimento de obrigações acessórias.

Como adverte Streck, "o conteúdo do art. 111 do Código Tributário Nacional (re)ascende a controvérsia acima, além de, por consequência, dar azo ao velho debate entre objetivistas e subjetivistas", posto que, "na verdade, os juristas em geral costumam se apegar à literalidade quando esta lhes é 'útil'". O jurista apenas pode discutir "literalidades" se estiver consciente da situação hermenêutica que ocupa, qual seja: o constitucionalismo do Estado Democrático de Direito.[639] Nesse contexto o jusfilósofo escrevre:

> *Afinal, o que é interpretar um texto na sua literalidade?* Tércio Ferraz Jr. critica o dispositivo, dizendo que "o método literal, gramatical ou lógico-gramatical é apenas o início do processo interpretativo, que deve partir do texto. Tem por objetivo compatibilizar a letra com o espírito da lei. Depende, por isso mesmo, das próprias concepções linguísticas acerca da adequação entre pensamento e linguagem". Já Paulo de Barros Carvalho assevera que "o desprestígio da chamada interpretação literal, como critério isolado da exegese, é algo que dispensa meditações mais sérias, bastando arguir que, prevalecendo como método interpretativo do Direito, seríamos forçados a admitir que os meramente alfabetizados, quem sabe com o auxílio de um dicionário de tecnologia, estariam credenciados a descobrir as substâncias das ordens legisladas, explicitando as proporções do significado da lei. O reconhecimento de tal possibilidade roubaria à Ciência do Direito todo o teor de suas conquistas, relegando o ensino universitário, ministrado nas faculdades, a um esforço inútil, sem expressão e sentido prático de existência".[640]

Do mesmo modo, Streck adverte que, com o advento do constitucionalismo principiológico, não faz mais sentido falar em "princípios gerais do Direito", posto que, foram introduzidos no Direito como um "critério positivista de fechamento do sistema", "de modo a preservar a 'pureza e a integridade' do mundo de regras". Nesse sentido, questiona: "de que modo é possível continuar a falar em 'princípios gerais do direito'?".[641]

É claro que é preciso levar em consideração que referida legislação foi instituída em outra época, sobre outra tradição, e que a compreensão dos juristas que foram autores do CTN possuíam outros preconceitos. Entretanto, ainda naquela época seus pré-juízos eram inautênticos. De há muito, o paradigma aristotélico-objetivista havia sido superado pela filosofia (Descartes, Kant, Heidegger, Gadamer, entre outros) e inclusive pela teoria do direito (mormente em Kelsen, que definia a interpretação com um ato de vontade). Veja-se: não se permite sequer a recepção da segunda viragem linguística, o subjetivismo (ainda levando-se em conta os efeitos negativos desse paradigma, como: discricionariedade, arbitrariedades, etc.).

No que concerne ao CTN, é preciso levar em consideração que deve ocorrer uma circularidade entre o texto e o sentido do texto, a partir da diferença ontológica, que possibilite uma interpretação, a qual deve ocorrer na aplicação do paradigma vigente, ou seja, o CTN precisa ser visto a partir dos olhos do novo, suspendendo-se os pré-juízos que o alicerçaram. Entretanto, não é isso que acontece: os juristas que trabalham

---

[639] STRECK, Lenio Luiz. *Hermenêutica jurídica e(m) crise:* uma exploração hermenêutica da construção do direito. 11. ed., rev., atual. e ampl. Porto Alegre: Liv. do Advogado, 2014. p. 139-140.

[640] Ibid., p. 139.

[641] Ibid., p. 163-165.

com o direito tributário – assim como em outras áreas do direito – continuam refratários à viragem ontológico-linguística.

A doutrina, em grande parte não doutrina: os cursos e manuais de direito tributário, na maioria das vezes, repetitivos, reproduzem os conceitos definidos pelo CTN, ou buscam definir as questões a partir do que os tribunais "dizem". Os juízes, que em outras matérias assumem posturas ativistas/discricionárias/subjetivistas, rendem-se aos preceitos do CTN (notadamente o art. 111) e buscam interpretar literalmente as leis, pois o CTN "assim diz", sem levar em consideração que a forma objetivista se trata de um pensamento que suprime o tempo. É preciso que ocorra um "dar-se conta" do des-velar do novo (a Constituição), a partir da desconstrução das tradições jurídicas inautênticas. Conforme Streck:

> Basta ver o ensino jurídico ministrado nas Faculdades de Direito, assim como os cursinhos de preparação para concursos públicos, indústria que cresceu de forma espetacular na última década. A produção de apostilas, manuais e compêndios é o sustentáculo dessa reprodução estandardizada do Direito. Para esse tipo de produção literária (e em sala de aula), o Direito não passa de uma mera racionalidade instrumental.[642]

Como critica Streck, "a doutrina – que a cada dia doutrina menos – está dominada por produções que buscam, nos repositórios jurisprudenciais ementas que descrevem, de forma muito breve, o conceito do texto enquanto 'enunciado linguístico'",[643] ou como aduz Jacinto Coutinho, "encastelados em um saber marcado pelo *senso comum teórico*, na feliz expressão do Warat, impressiona a imensa dificuldade de se romper com o erro". Falta, como parece sintomático, humildade. Sabe-se sobre erro, não raro grosseiro, mas se persiste nele sem razão".[644]

A Complexidade aumenta à medida que os estudantes de direito, em sua maioria, enobrecem tais posturas doutrinárias reprodutivas e acríticas, cabendo trazer à tona a aula mágica de Warat, apontada por Leonel Rocha, de que "o sonho de todo estudante de Direito era se tornar o que já são os profissionais da área: 'pinguins'. Todos iguais, sem desejos, sem vontades, uma padronização, além de tudo, estética. E, sobretudo, conformista e comprometida com os valores dos grupos dominantes".[645]

---

[642] STRECK, Lenio Luiz. *Hermenêutica jurídica e(m) crise:* uma exploração hermenêutica da construção do direito. 11. ed., rev., atual. e ampl. Porto Alegre: Liv. do Advogado, 2014. p. 339.

[643] Ibid., p. 110.

[644] COUTINHO, Jacinto Nelson de Miranda. Dogmática crítica e limites linguísticos da lei: ainda! In: CALLEGARI, André Luis. *Política criminal, estado e democracia:* homenagem aos 40 anos do Curso de Direito e aos 10 anos do Curso de Pós-Graduação em Direito da Unisinos. Rio de Janeiro: Lumen Juris, 2007. p. 60.

[645] ROCHA, Leonel Severo. A aula mágica de Luis Alberto Warat: genealogia de uma pedagogia da sedução para o ensino do Direito. In: STRECK, Lenio Luiz; ROCHA, Leonel Severo; ENGELMANN, Wilson (Org.). *Constituição, sistemas sociais e hermenêutica:* anuário do Programa de Pós-graduação em Direito da UNISINOS: mestrado e doutorado. Porto Alegre: Liv. do Advogado; São Leopoldo: UNISINOS, 2012. p. 198.

O apontamento acima decorre do fato de que, passados tantos anos e em pleno paradigma do Estado Democrático de Direito, do giro ontológico-linguístico e constitucionalismo contemporâneo, ainda não se construiu um modelo de ensino que "supere" a leitura de leis e códigos comentados. Esse fenômeno, acompanhado pela proliferação da cultura estandardizada (ementários e comentários simplificados), vem acompanhado pelo que Streck denomina "neopentecostalismo jurídico", que tem como função "vender" facilidades aos estudantes e aos profissionais que pretendem passar em concursos públicos, com publicações que constem no título "esquematizações e simplificações".[646]

Além do CTN, traz-se exemplo de legislação recente que veio a tratar da isenção da distribuição de lucros das empresas para os trabalhadores. Nos termos da Medida Provisória nº 597, de 26 de dezembro de 2012, a qual deu nova redação ao § 5º do art. 3º da Lei nº 10.101/00, que trata sobre a participação dos trabalhadores nos lucros das empresas, no caso de recebimento até R$ 6 mil o contribuinte ficará isento; acima de R$ 6 mil até R$ 9 mil, a incidência de imposto de renda será de 7,5%; acima de R$ 9 mil até R$ 12 mil, a incidência passa a ser de 15%; acima de R$ 12 mil até R$ 15 mil, será de 22,5%; e acima de R$ 15 mil, a incidência será de 27,5%. No caso, trata-se de tributação exclusiva na fonte, ou seja, os valores recebidos não compõem a base de cálculo como rendimentos tributáveis, mas o imposto incidente também não é utilizado como antecipação para fins de dedução do montante a pagar calculado. Anteriormente, a alíquota de 27,5% incidia sobre todas as faixas. Segundo a Ministra da Casa Civil, Gleisi Hoffmann, a desoneração fiscal será de R$ 1,7 bilhão ao ano.[647]

Em um primeiro momento, a medida pode ser digna de festejos. Mas, será que é mesmo digna? Será que houve um significativo benefício em termos de legislação? Para responder ao questionamento, necessário examinar, primeiro, qual é o tratamento tributário dispensado à distribuição de lucros aos sócios das empresas, pessoas jurídicas ou físicas. De acordo com art. 10 da Lei nº 9.245/95, "os lucros ou dividendos calculados com base nos resultados apurados a partir do mês de janeiro de 1996, pagos ou creditados pelas pessoas jurídicas tributadas com base no lucro real, presumido ou arbitrado, não ficarão sujeitos à incidência do imposto de renda na fonte, nem integrarão a base de cálculo do im-

---

[646] STRECK, Lenio Luiz. *Hermenêutica jurídica e(m) crise:* uma exploração hermenêutica da construção do direito. 11. ed., rev., atual. e ampl. Porto Alegre: Liv. do Advogado, 2014. p. 110-111.

[647] GAMA, Júnia. Governo anuncia isenção de Imposto de Renda sobre participação de lucros. *O globo:* economia. 24 dez 2012. Disponível em: <http://oglobo.globo.com/economia/governo-anuncia-isencao-de-imposto-de-renda-sobre-participacao-de-lucros-7130003#ixzz2KMzJ8UKt>. Acesso em: 09 fev. 2014.

posto de renda do beneficiário, pessoa física ou jurídica, domiciliado no País ou no exterior".

Diante disso, a distribuição de lucros aos sócios da empresa está isentos, independentemente do valor distribuído, ao passo que a participação dos lucros da empresa por parte dos trabalhadores, possui uma faixa de isenção de R$ 6 mil, sendo tributada a partir daí nas faixas e percentuais descritas anteriormente.

Em segundo lugar, verifica-se o que a Constituição pode trazer à compreensão, no processo de formação de pré-juízos autênticos no que concerne ao Imposto sobre Renda e Proventos de Qualquer Natureza. Tal tributo é de competência da União, estando previsto no art. 153, inc. III, da Constituição Federal de 1988. De forma específica a esse tributo, a Carta Constitucional determina, no inc. I do § 1º do art. 153, que será informado pela generalidade, universalidade e progressividade. Os critérios adotados pelo Poder Constituinte significam que o imposto em tela deve incidir sobre quaisquer rendas e proventos (generalidade), adquiridas por quem quer que seja, independente de cargo ou função que exerça (universalidade), bem como deve ser maior a alíquota quanto maior for o acréscimo patrimonial experimentado pelo contribuinte (progressividade).

De suma importância na análise também vem à tona o princípio da igualdade que, em matéria tributária, se trata de uma reiteração do art. 5º, inc. I, através do art. 150, inc. II, da Constituição. O princípio da igualdade obriga o legislador sob dois aspectos: de um lado, obriga a não fazer discriminações ou equalizações arbitrárias ou destituídas de fundamentos, ou ainda, a não fazer discriminações baseadas em critérios subjetivos ou objetivos, mas aplicados de forma a respeitar os direitos subjetivos de igualdade.[648] De outro lado, obriga o legislador a fazer discriminações ou adotar critérios desiguais a fim de um mínimo de igualdade como ponto de partida ou de oportunidades ou chances, que dependa da satisfação das necessidades primárias dos indivíduos (alimentação, vestuário, habitação, saúde, segurança social, educação).[649]

Dentro desse contexto, o princípio da capacidade contributiva desponta como ator destinado ao papel principal com vistas à implementação da igualdade, especificamente na área tributária. Isso ocorre porque ele corresponde ao primordial critério autorizador do tratamento desigual no campo tributário.[650]

---

[648] NABAIS, José Casalta. *O Dever fundamental de pagar impostos*: contributo para a compreensão constitucional do estado fiscal contemporâneo. Coimbra: Almedina, 2004. p. 436.

[649] Ibid., loc. cit.

[650] TIPKE, Klaus; LANG, Joachim. *Direito tributário (Steuerrecht)*, Vol. I. Tradução da 18. ed. Alemã, de Luiz Dória Furquim. Porto Alegre: Sérgio Antônio Fabris Ed, 2008. p. 172.

Frente ao que foi exposto, resta nítido que a legislação, ao tributar os lucros repassados aos empregados a partir de R$ 6 mil, enquanto isenta qualquer valor em relação aos sócios, implica em grave afronta à Constituição, notadamente aos princípios da igualdade, à capacidade contributiva e aos critérios que devem balizar o Imposto sobre Renda. Não há critério de discriminação aceitável para tributar (ainda mais) os trabalhadores, e não os empresários.

É preciso ser compreendido que, a partir da positivação dos princípios na Constituição ocorre a institucionalização da moral no direito (o que Habermas chama de co-originariedade entre moral e direito).[651] Ainda, é preciso ver que se está de frente para uma Constituição Dirigente/Compromissória (Canotilho), que constitui-a-ação (Lenio Streck). Assim, o legislador, ou aquele que se investe em sua tarefa (como no caso a função atípica do executivo em legislar pela Medida Provisória) está vinculado à Constituição, não podendo querer que a ela seja o que ele quer que seja.

O princípio da capacidade contributiva, como decorrência do modelo de Estado instituída pela Carta de Direitos atual, justamente incorpora a solidariedade para determinar que cada qual deve contribuir de acordo com a sua capacidade de contribuir. No caso em discussão, o único critério aceitável, seria isentar então os lucros para os trabalhadores e tributar, como limite de isenção, os lucros distribuídos aos sócios. Assim, poder-se-ia falar em respeito à igualdade, à capacidade contributiva, ao critério da universalidade das rendas tributadas. Da forma com a questão vem sendo tratado, não se pode falar em respeito à Constituição.

Streck denuncia que, apesar do avanço representado pelas várias posturas críticas, ainda se faz necessário reafirmar a crise de paradigmas que atravessa o imaginário dos juristas a partir da Constituição, pois Executivo e Legislativo parecem não levar a sério a força normativa da Constituição de 1988, decorrente da "democrática ocorrida nos anos 80, com a tese da Constituição dirigente e compromissória".[652]

---

[651] Nesse sentido, Streck afirma: "A Constituição, nos moldes construídos no interior daquilo que denominamos de constitucionalismo social e compromissório é, assim, a manifestação desse (acentuado) grau de autonomia do direito, devendo ser entendido como a sua dimensão autônoma face às outras dimensões com ele intercambiáveis, como, por exemplo, a política, a economia e a moral (e aqui há que se ter especial atenção, uma vez que a moral tem sido utilizada como a *porta de entrada* dos discursos adjudicadores com pretensões corretivas do direito, levando consigo a política e a *análise econômica do direito*; é nesse contexto em que deve ser vista a 'retomada' da moral pelo direito, a partir daquilo que Habermas tão bem denomina de co-originariedade)". STRECK, Lenio Luiz. Hermenêutica e (pos)positivismo: por que o ensino jurídico continua de(sin)formando os alunos?. *Constituição, sistemas sociais e hermenêutica*, Porto Alegre, n.7 , p. 163-185, 2011. p. 183.

[652] STRECK, Lenio Luiz. Uma Visão Hermenêutica do Papel da Constituição em Países Periféricos. In: CALLEGARI, André Luis. *Política criminal, estado e democracia:* homenagem aos 40 anos do Curso de Direito e aos 10 anos do Curso de Pós-Graduação em Direito da Unisinos. Rio de Janeiro: Lumen Juris, 2007. p. 129.

A respeito, calha trazer à colação o que Manoel Gonçalves Ferreira Filho chama de uma nova espécie de despotismo, o despotismo legal, que se torna ainda mais daninho à que medida que aumenta a frequência com que o Executivo faz a lei, estabelecendo e aplicando a norma, além de mudá-la quando bem entender. Segundo o autor, "a lei, encarada por um prisma apenas formal, ignorando-se a sua vinculação coma Justiça, renega o Estado de Direito".[653]

Cabe registrar ainda a crítica de Carl Schmitt, de que toda a luta do Estado de Direito contra o absolutismo do monarca acabou por introduzir, em lugar do absolutismo monárquico, o absolutismo de mil cabeças dos partidos políticos que em cada momento se encontram em maioria.[654]

Enfim, esse é apenas um dos vários exemplos de desrespeito à Constituição, ou seja, de como a Constituição (ainda) não constituiu a ação, que podem ser apontados sobre a matéria tributária.

4.2.3. A constatação da Baixa Constitucionalidade na execução das leis (tributárias)

Relativamente ao Poder Executivo, verifica-se claramente a presença do que Lenio Streck chama de "Baixa Constitucionalidade", fenômeno pelo qual se respeita menos a Constituição do que qualquer outro veículo normativo. Aliás, em matéria de direito tributário, isso não é novidade: há a Constituição para estabelecer as balizas; as leis para criar os tributos, os decretos para regular as leis, as instruções normativas para "normatizar" os decretos, as portarias de cada órgão, as portarias conjuntas, os atos declaratórios, etc., enfim, diversos meios para o servidor decidir qual o melhor lhe aprouver sem se preocupar com o que a Constituição determina, mas preocupando-se apenas com a sua própria preservação.

Recentemente, houve uma situação na qual se constata claramente isso. Com a entrada em vigor da Lei nº 12.546, de 14 de dezembro de 2011, fruto da conversão da Medida Provisória nº 540/2011, empresas de determinados setores passaram a recolher a contribuição previdenciária à alíquota de 1,5% sobre o valor da receita bruta, em substituição à contribuição de 20% sobre as remunerações pagas aos empregados. A nova forma de recolhimento passou a viger em 1º de dezembro de 2011.

A Secretaria da Receita Federal, usurpando a competência do Poder Legislativo, expediu o Ato Declaratório Interpretativo – ADI – RFB nº 42,

---

[653] FERREIRA FILHO, Manoel Gonçalves. *Estado de direito e constituição*. 2. ed., rev. e ampl. São Paulo: Saraiva, 1999. p. 59.
[654] SCHMITT, Carl. *Teoría de la Constitución*. Madrid: Alianza, 1992. p. 175.

de 15 de dezembro de 2011, estabelecendo que a contribuição previdenciária a cargo da empresa (20% sobre os rendimentos dos empregados) não incidiria apenas sobre o valor correspondente a 1/12 (um doze avos) do décimo terceiro salário dos empregados, referente à competência de dezembro de 2011. Sobre o saldo do valor do décimo terceiro salário relativo às competência anteriores a dezembro de 2011, estabeleceu que incidiriam as contribuições na forma do art. 22 da Lei nº 8.212/91. Dessa forma, ainda que – a partir de 1º de dezembro de 2011 – a Contribuição Previdenciária Patronal sobre a folha tenha sido substituída pela nova contribuição sobre o faturamento, a Receita Federal entendeu que as empresas deveriam contribuir à alíquota de 20% sobre o valor resultante das competências anteriores a dezembro de 2011 do décimo terceiro devido aos segurados empregados.

O Ato Declaratório (supostamente) Interpretativo trata-se de uma verdadeira aberração. Ora, se é necessário lei para estabelecer base de cálculo e fato gerador de tributo, como a Receita Federal pretendeu modificar tais elementos do tributo por ato administrativo? Será que a Constituição não importa para a Receita Federal? Ou melhor: para que serve a Constituição se não há respeito sequer ao princípio da legalidade?

O malfadado ADI/FRB causa espanto também por outras questões: o Plano Brasil Maior foi instituído via Medida Provisória, por meio do chefe do Poder Executivo Federal, como pode a Receita Federal querer contrariá-lo; ainda, a própria Instrução Normativa RFB nº 971/2009, disciplina no artigo 52, inciso III, alínea "h", que se considera ocorrido o fato gerador em relação ao décimo terceiro no mês de pagamento da última parcela, porque é quando a referida gratificação é devida.

Não obstante, tendo a discussão sido levada ao judiciário via Mandado de Segurança, teve juiz denegando a ordem, de forma a acolher o fundamento da Receita Federal de que o fato gerador do 13º salário, na verdade, ocorre a cada mês trabalhado ou fração de 15 dias. O argumento do juiz, no caso, foi de que a interpretação deve ser feita de forma sistemática, analisando todos os dispositivos legais em apreço.[655]

Assim, a partir de uma simbiose entre leis do direito do trabalho e leis de direito tributário, o intérprete acabou por definir via jurisdição fato gerador e base de cálculo novos para o tributo, esquecendo-se de iniciar a sua análise por um corolário básico do Estado de Direito: o princípio da legalidade. Oportuna a crítica de Lenio Streck:

---

[655] Trata-se de sentença proferida nos autos do Mandado de Segurança nº 5005173-64.2012.404.7108, distribuído junto à 2ª Vara Federal de Novo Hamburgo, em que são partes: H. Kuntzler & Cia Ltda. e Delegado da Receita Federal do Brasil em Novo Hamburgo, disponibilizado em 24 jul 2012. Disponível em: <https://eproc.jfrs.jus.br/eprocV2/controlador.php?acao=acessar_documento_publico&doc=711343152900310501120000000006&evento=711343152900310501120000000006&key=da35f5fcea8b517d6ceb36393fc23f15efc0c4df0ba42a86652c02b49a245b6e>. Acesso em 09 fev. 2014.

É espantoso vermos colocados lado a lado os princípios constitucionais e os velhos princípios gerais do direito. É como se não tivéssemos aprendido nada nesses duzentos anos da teoria do direito. Ora, há um sério equívoco neste tipo de incorporação legislativa, visto que, como demonstrei em meu *Verdade e Consenso* – não há como afirmar, simultaneamente, a existência de princípios constitucionais (cujo conteúdo deôntico é fortíssimo) com os princípios gerais do direito, que nada mais são do que instrumentos matematizantes de composição das falhas do sistema. Vale dizer, os princípios gerais do direito não possuem força deôntica, mas são acionados apenas em casos de "lacunas" ou de obscuridade da previsão legislativa (esses dois fatores – lacuna e obscuridade – decorrem muita mais da situação hermenêutica do intérprete do que exatamente da legislação propriamente dita).[656]

O jusfilósofo refere, ainda, que "em diversos âmbitos do direito podem ser constatados os problemas decorrentes da baixa aplicação da Constituição, que no mais das vezes fica relegada a uma segundo plano, porque sua parametricidade acaba ficando sem importância na aferição da validade das leis", que o problema é que não foi compreendido que o novo paradigma do direito instituído pelo Estado Democrático de Direito incompatível com os velhos métodos de interpretação.[657]

Não obstante, em tempos em que ora se sucedem, em que a Constituição "constitui a ação", não pode mais admitir a utilização de velhas técnicas de interpretação em detrimento dos princípios constitucionais que alicerçam o Estado Democrático de Direito, notadamente o princípio da legalidade no caso em apreço. O intérprete deve ter consciência e revolver seus preconceitos, de forma a entender que dentro do novo paradigma formado pelo Estado Democrático de Direito a lei cede espaço à Constituição, os princípios ganham força normativa e é preciso ocorrer um deslocamento dos positivismos para a Nova Crítica do Direito, incorporando a hermenêutica de forma a compreender para interpretar autenticamente do direito.

Analisam-se, então, algumas questões que permeiam a doutrina no direito tributário.

4.2.4. A crise de paradigma instalada na doutrina do equivocadamente denominado "direito tributário"

Como refere Streck, há diversas razões para que os juristas estejam preocupados com o panorama atual, em que se acredita que a *"a Cons-*

---

[656] STRECK, Lenio Luiz. *O que é isto – decido conforme minha consciência?*. 2. ed., rev. e ampl. Porto Alegre: Liv. do Advogado, 2010. p. 94-95.

[657] Id. Uma Visão Hermenêutica do Papel da Constituição em Países Periféricos. In: CALLEGARI, André Luis. *Política criminal, estado e democracia:* homenagem aos 40 anos do Curso de Direito e aos 10 anos do Curso de Pós-Graduação em Direito da Unisinos. Rio de Janeiro: Lumen Juris, 2007. p. 132-135.

tituição é aquilo que o STF diz que é" ou que *"o direito infraconstitucional é o que o STJ diz que é"*, pois por detrás disso está uma forma livre de atribuição de sentido que se aproxima do voluntarismo ou cognitivismo, fazendo necessário discutir o papel da doutrina que além de perder força no direito brasileiro, passa a servir apenas para reproduzir teses judiciárias. Nesse sentido questiona: "Se é verdade que o direito é aquilo que os Tribunais dizem que é e se é verdade que os juízes possuem livre apreciação da prova (*sic*) ou 'livre convencimento' (*sic*), então para que serve a doutrina? Ela só serve para copiar ementas e reproduzir alguns *obter dictum*?".[658]

O problema decorre de uma crise de paradigma denunciada há anos, de que a formação jurídica brasileira encontra-se contaminada por um paradigma filosófico ultrapassado, em que o imaginário jurídico está mergulhado na filosofia da consciência, em que o juiz se torna *proprietário dos sentidos*. "É um equivoco dizer que sentença vem de *sentire*. Essa é uma das grandes falácias construídas no Direito".[659] Oportunas as palavras de Streck:

> Dentro do contexto da crise de paradigmas existente, decorrente da ausência de compreensão do Estado Democrático de Direito, sustenta o modo exegético-positivista de fazer e interpretar o direito. Assim, de um lado, parte dos juristas sustenta posturas objetivistas (em que objetividade do texto sobrepõe-se ao intérprete, ou seja, a lei "vale tudo"), de outro, há um conjunto de posições doutrinário-jurisprudenciais assentadas no subjetivismo (em que intérprete sobrepõe-se ao texto).[660]

A hermenêutica filosófica supera esse problema, uma vez que a carga de pré-conceitos não é um mal em si, mas é uma aliada, a partir do ensinamento de que interpretar não é atribuir sentidos arbitrariamente, mas sim fazê-lo a partir do confronto com a tradição, que depende da suspensão dos pré-conceitos. Nesse sentido, Dworkin sustentará que não importa o que o juiz pensa, ou seja, sua subjetividade, posto que, suas decisões, devem obedecer à integridade e a coerência do Direito.[661]

---

[658] STRECK, Lenio Luiz. Na democracia, decisão não é escolha: os perigos do solipsismo judicial – o velho realismo e outras falas. In: STRECK, Lenio Luiz; ROCHA, Leonel Severo; ENGELMANN, Wilson (Org.). *Constituição, sistemas sociais e hermenêutica:* anuário do Programa de Pós-graduação em Direito da UNISINOS: mestrado e doutorado. Porto Alegre: Liv. do Advogado; São Leopoldo: UNISINOS, 2012. p. 194-196.

[659] Ibid., p. 198.

[660] Id. Uma Visão Hermenêutica do Papel da Constituição em Países Periféricos. In: CALLEGARI, André Luis. *Política criminal, estado e democracia:* homenagem aos 40 anos do Curso de Direito e aos 10 anos do Curso de Pós-Graduação em Direito da Unisinos. Rio de Janeiro: Lumen Juris, 2007. p. 132.

[661] Id. Na democracia, decisão não é escolha: os perigos do solipsismo judicial – o velho realismo e outras falas. In: STRECK, Lenio Luiz; ROCHA, Leonel Severo; ENGELMANN, Wilson (Org.). *Constituição, sistemas sociais e hermenêutica:* anuário do Programa de Pós-graduação em Direito da UNISINOS: mestrado e doutorado. Porto Alegre: Liv. do Advogado; São Leopoldo: UNISINOS, 2012. p. 199.

Entretanto, a doutrina, no âmbito do indevidamente denominado "direito tributário", em sua maioria, acaba sendo refém do esquema sujeito-objeto da metafísica clássica, ou seja, o jurista acaba sendo assujeitado pelo objeto, ou ainda, permitindo a livre atribuição de sentidos aos julgadores.

Relativamente ao princípio da capacidade contributiva, há tempos alguns autores (embora minoritariamente) vêm denunciando os equívocos em restringir sua aplicação apenas a determinados impostos a partir de uma análise sintático-semântico dos signos que compõem o enunciado do art. 145, § 1°, da Constituição e da classificação doutrinário que distingue impostos reais de pessoais.[662] Tal discussão centra-se em uma classificação dos impostos sobre o patrimônio como reais, o que faz com que se acredite que não possa ser aplicado o princípio da capacidade contributiva devido à ideia de que o § 1° do art. 145 da Constituição, menciona que a capacidade contributiva aplica-se apenas aos impostos de caráter pessoal, quando possível.

Conforme a classificação de Geral do Ataliba, impostos reais são aqueles cujo aspecto material da hipótese de incidência descreve um fato independentemente do aspecto pessoal, desprezando-se as condições jurídicas do eventual sujeito passivo. Os pessoais, diferentemente, são aqueles em que o aspecto material da hipótese de incidência leva em consideração as qualidades do sujeito passivo, que estabelecem diferenciações de tratamento entre contribuintes.[663]

É certo que, nos impostos sobre a renda e o patrimônio, há maiores possibilidades de se aferir a capacidade contributiva do cidadão, mas isso não significa que ela não possa ser mensurada, de forma alguma, com relação aos impostos sobre o consumo, até porque a aquisição de determinados produtos, considerados supérfluos, caracterizam uma presumível capacidade contributiva, na medida em que aqueles que precisam de alimentos necessários para sobreviver não irão adquiri-los. Neste sentido, manifestam-se Tipke e Lang:

> [...]. Em nossa opinião vale o princípio da capacidade contributiva para todos os impostos, inclusive os *impostos indiretos* sobre o consumo, que também [...] é indício de capacidade contributiva econômica. [...] O princípio da capacidade contributiva deve como princípio tutelar ser tornado eficaz: também impostos indiretos não devem violar o mínimo para a sobrevivência.[664]

---

[662] Ver: BUFFON, Marciano. *Tributação e dignidade humana:* entre os direitos e deveres fundamentais. Porto Alegre: Livraria do Advogado, 2009.

[663] ATALIBA, Geraldo. *Hipótese de incidência tributária.* 6. ed. São Paulo: Malheiros, 2009, p. 141-142.

[664] TIPKE, Klaus; LANG, Joachim. *Direito tributário (Steuerrecht)*, Vol. I. Tradução da 18. ed. Alemã, de Luiz Dória Furquim. Porto Alegre: Sérgio Antônio Fabris Ed, 2008. p. 203.

A única aplicação que não depende de discussão é o Imposto sobre a Renda, no qual aplica-se a progressividade (ainda que tênue) em observância ao princípio da capacidade contributiva. Quanto ao IPTU, até a Emenda Constitucional nº 29/2000, não havia previsão constitucional para a previsão da progressividade, assim o Supremo Tribunal Federal vinha declarando inconstitucionais as leis que instituíam IPTU progressivo – como se verificará a seguir. A doutrina majoritária, por sua vez, ao invés de criticar o posicionamento, concordava com base na classificação entre impostos reais e pessoais. Cabe aqui a crítica de Lenio Streck quanto à doutrina que reproduz as decisões de Tribunais:

> Sob várias roupagens, as diversas teorias ou correntes fortaleceram o protagonismo judicial, fragilizando sobremodo o papel da doutrina. Em *terrae brasilis*, está problemática é facilmente notada no impressionante crescimento de uma cultura jurídica cuja função é reproduzir as decisões tribunalísticas. *É o império dos enunciados assertóricos que se sobrepõe à reflexão doutrinária*. Assim, os reflexos de uma aposta no protagonismo judicial não demorariam a ser sentidos: *a doutrina se contenta com "migalhas significativas" ou "restos dos sentidos previamente produzidos pelos tribunais"*. Com isso a velha jurisprudência dos conceitos atravessa o rio da história e acaba chegando aos nossos dias *paradoxalmente a partir do lugar que era o seu* destinatário: as decisões judiciais, ou seja, são elas, agora, que produzem a conceitualização. E com uma agravante: o sacrifício do mundo prático.[665]

Tal entendimento é sem sombra de dúvidas equivocado e não parte no novo paradigma instituído pelo Estado Democrático de Direito. A progressividade tributária, no mais das vezes, emana do princípio da capacidade contributiva, razão pela qual tal mecanismo não necessita de expressa previsão no Texto Constitucional, uma vez que corresponde a um dos meios para a efetivação do Estado Democrático de Direito, mediante a concretização de seus princípios basilares.

A tributação pode ser um instrumento eficaz para o desenvolvimento dos objetivos do Estado Democrático de Direito, desde que adequada à efetiva capacidade contributiva. Para tanto, é necessário superar a anacrônica e restritiva interpretação no sentido de que a previsão contida no § 1º do art. 145 da Constituição Federal de 1988, aplica-se apenas aos impostos ditos pessoais ao alvitre do legislador, por constarem, na regra constitucional, as expressões "impostos", "pessoais" e "sempre que possível", como sustentado por Aires Ferdinando Barreto.[666]

---

[665] STRECK, Lenio Luiz. *O que é isto – decido conforme minha consciência?*. 2. ed., rev. e ampl. Porto Alegre: Liv. do Advogado, 2010. p. 96-97.

[666] Ver: BARRETO, Aires Ferdinando. *Imposto predial e territorial urbano – IPTU*. In: MARTINS, Ives Gandra da Silva (coord.). Curso de Direito Tributário. 8. ed. São Paulo: Saraiva, 2001. p. 719. Também: posicionamento do Supremo Tribunal Federal antes da entrada em vigor da Emenda Constitucional nº 29/2000, instituindo a progressividade em relação ao IPTU, por meio da Súmula 668: "É inconstitucional a Lei Municipal que tenha estabelecido, antes da Emenda Constitucional 29/2000, alíquotas progressivas para o IPTU, salvo se destinada a assegurar o cumprimento da função social de propriedade urbana". Fonte completa nas referências.

A utilização da progressividade aos impostos de natureza dita como real é inteiramente factível, correspondendo ao norte desenhado pelo próprio modelo de Estado vigente e por buscar a implementação do princípio da capacidade contributiva, que está extremamente fundamentado nos demais princípios e objetivos esculpidos na Lei Maior.

Quanto ao IPI, consta no inc. I do § 3º do art. 153 da Constituição Federal de 1988, que "será seletivo, em função da essencialidade do produto". Em razão de estar escrito na Constituição a palavra "será", não há controvérsias sobre a sua aplicabilidade e o referido imposto, com relação a certos produtos, possui alíquotas baixas ou até mesmo fixadas em 0%.

No que se refere ao ICMS é que nasce o problema, pois, conforme o inc. III do § 2º do art. 155, "poderá ser seletivo, em função da essencialidade das mercadorias e dos serviços". Devido à palavra "poderá", passou-se a sustentar que os Estados e o Distrito Federal não estariam obrigados a respeitar a seletividade. Tal mudança de palavras, somada com a distinção doutrinária de que há impostos pessoas e reais, e diretos e indiretos; agregada ao entendimento doutrinário de que o princípio da capacidade contributiva não pode ser aplicado aos impostos reais e indiretos, sem enxergar que a progressividade e a seletividade são ferramentas trabalhando em seu favor; aliada com a ganância dos Estados em arrecadar o ICMS para poder sobreviver diante do pouco repasse de recursos por parte da União, resulta em uma forma de tributação incidente sobre hipóteses que, em regra, não poderiam ser alcançadas pela tributação, pois destituídas de manifestação de capacidade econômica.

Contudo, a seletividade, como manifestação do princípio da capacidade contributiva, não pode ser restringida devido a uma palavra constante na regra constitucional, até porque não seria necessária a expressa possibilidade de utilização da seletividade, eis que a capacidade contributiva decorre do próprio modelo de Estado.

Portanto, discorda-se de Hugo de Brito Machado quando argumenta que, em relação ao ICMS, a aplicação da seletividade é facultativa, devendo ser observada apenas quando o legislador entender.[667] As mercadorias e os serviços de primeira necessidade devem ser menos onerados pelo ICMS do que os supérfluos, uma vez que, por trás desta ideia está presente "a louvável diretriz pela qual quem, em termos econômicos, tem mais há de ser mais onerado do que quem tem menos".[668]

---

[667] MACHADO, Hugo de Brito. *Curso de direito tributário*. 30. ed. rev., atual. e ampl. São Paulo: Malheiros, 2009. p. 376.

[668] CARRAZZA, Roque Antonio. *ICMS*. 16º ed. rev. e ampl. até a EC 67/2011, e de acordo com a Lei Complementar 87/1996, com suas ulteriores modificações. São Paulo: Malheiros, 2012. p. 508.

A conclusão de que a Constituição faculta ao legislador estadual a aplicação da seletividade ao ICMS é ilegítima, haja vista que, como ensina Misabel Derzi, "[...] nos sistemas jurídicos em que se consagra o princípio da igualdade e da capacidade econômica, a seletividade se impõe".[669] Dessa maneira, discorda-se de Hugo de Brito Machado quando argumenta que, em relação ao ICMS, a aplicação da seletividade é facultativa, devendo ser observada apenas quando o legislador entender.[670]

Nos impostos indiretos, em razão do fenômeno da translação,[671] exige-se um tratamento especial, que se resolve mediante a seletividade de alíquotas ou na isenção dos gêneros de primeira necessidade. A capacidade contributiva demonstrada por quem possui aptidão para o consumo só estará disponível frente a aquisição de gêneros e produtos de necessidade supérflua, de luxo ou média. Por isso, Misabel Derzi, com amparo na doutrina de Francesco Moschetti, assegura que, tratando-se de mercadorias essenciais para uma existência digna como alimentos, vestuário simples, medicamentos, etc., a isenção por parte do legislador é obrigatória.[672]

Além do mais, apesar de os Estados, em sua maioria, instituírem cestas básicas e aplicarem uma base de cálculo reduzida aos produtos entendidos como essenciais, estes acabam por serem tributados pela alíquota de 7%, o que resulta inarredavelmente em diminuição das possibilidades de sustento de cidadãos de baixa renda.

Outrossim, os impostos sempre devem ser considerados como pessoais, uma vez que, em certo sentido, a amputação patrimonial acaba sendo suportada por alguém. Em razão disso, Francesco Moschetti sublinha: "[...] são, portanto, constitucionalmente ilegítimos também aqueles impostos indiretos que não discriminem a favor de consumos essenciais para a pessoa (e, por conseguinte, por nula indicação de riquezas superiores ao mínimo)".[673]

Importante apontamento, a respeito da seletividade, feito por Carrazza, é de que "o Poder Judiciário está apto a controlar o cumprimento deste princípio constitucional", caso o Poder Legislativo dispense uma tratamento mais gravoso à comercialização de um gênero de primeira necessidade do que a uma mercadoria supérflua. Este autor faz o mes-

---

[669] BALEEIRO, Aliomar. *Direito tributário brasileiro*. 11. ed. Atual. Misabel Abreu Machado Derzi. Rio de Janeiro: Forense, 2003. p. 408.

[670] MACHADO, op. cit., loc. cit.

[671] O que significa que o custo dos tributos será repassado ao consumidor, contribuinte de fato, ou seja, quem realmente arca com o ônus tributário.

[672] BALEEIRO, Aliomar. *Limitações constitucionais ao poder de tributar*. 7. ed. atual. Misabel Abreu Machado Derzi. Rio de Janeiro: Forense, 1997. p. 694.

[673] MOSCHETTI, Francesco. *O princípio da capacidade contributiva*. In: FERRAZ, Roberto (Coord.). Princípios e limites da tributação 2. São Paulo: Quartier Latin, 2009. p. 319.

mo apontamento para os casos em que o Poder Executivo interpreta mal a legislação do ICMS e desconsidera o disposto no art. 155, § 2°, inc. III, da Constituição, afirmando que "o Judiciário, uma vez acionado, tem o poder/dever de corrigir o desvio".[674]

Carrazza deixa claro, entretanto, que não sustenta que o Judiciário deva legislar ou regulamentar as leis, mas averiguar se os critérios adotados pelos referidos poderes foram adequados, mas que o princípio da seletividade autoriza que o Poder Judiciário decida, no caso concreto submetido à sua análise, se determinada mercadoria é essencial e determinar que a operação com ela praticada seja menos onerada do que a levada a efeito com uma mercadoria supérflua.[675] Nesse sentido, o entendimento de Sacha Calmon:

> [...] o conceito de *mercadoria supérflua* não fica ao alvedrio exclusivo do legislador. Adotada que seja a seletividade, tem o contribuinte o direito de provocar o Judiciário para que declare, à luz de critérios técnicos e dos aspectos sociais da Nação, se esta ou aquela mercadoria é supérflua. Assim, o automóvel, em si, não é bem supérfluo, embora um carro Mercedes possa sê-lo. Do mesmo modo, feijão é gênero de primeira necessidade, e caviar é supérfluo.[676]

Portanto, importante que haja iniciativa por parte dos legitimados a propor as medidas judiciais cabíveis de forma a discutir a incidência dos tributos sobre gêneros de primeira necessidade, de forma a instar o Poder Judiciário a fazer Justiça Constitucional, dando eficácia e efetividade aos objetivos e garantias constitucionais, reduzindo o imenso desrespeito à Constituição que, no Brasil do século XXI, ainda não constituiu a ação.

A "coisa" fica pior no "direito tributário" quando a "doutrina" pretende trabalhar com interpretação. Leandro Paulsen, por exemplo, aduz que "não há, pois, como se pretender atribuir à interpretação da legislação tributária um caráter restritivo nem extensivo, mas conforme a *vontade do legislador* e o que se possa *extrair da lei*. Interpreta-se a legislação tributária como se interpreta o ordenamento jurídico em geral". [677](grifo nosso)

Com Hugo de Brito Machado a situação piora. Ele sustenta que *só há interpretação quando há disposição normativa expressa para determinado caso*. Quando há "lacunas", o que o intérprete faz "não é interpretação", mas "integração". Menciona que a doutrina não é capaz de fornecer

---

[674] CARRAZZA, Roque Antonio. *ICMS*. 16° ed. rev. e. ampl. até a EC 67/2011, e de acordo com a Lei Complementar 87/1996, com suas ulteriores modificações. São Paulo: Malheiros, 2012. p. 511.
[675] Ibid., p. 512.
[676] COÊLHO, Sacha Calmon Navarro. *Comentários à Constituição de 1988:* Sistema Tributário, 2° ed. Rio de Janeiro: Forense, 1990. p. 238.
[677] PAULSEN, Leandro. *Curso de direito tributário*. 3. ed. Porto Alegre: Livraria do Advogado, 2010. p. 122

"uma interpretação correta para qualquer caso", devendo, no máximo, "fornecer algumas interpretações razoáveis", cabendo ao "aplicador da norma" escolher uma delas, já que se está tratando de um "ato político". Para o autor cearense, a "interpretação não se confunde com aplicação do Direito", pois, "a rigor, a interpretação é apenas realizada pela Ciência Jurídica, é a interpretação doutrinária".[678]

A doutrina, no caso, Aires Barreto em relação à aplicação restritiva do princípio da capacidade contributiva ao IPTU, Hugo de Brito Machado ao afirmar a facultatividade do legislador estadual em aplicar a seletividade e, Ricardo Lobo Torres ao sustentar a inconstitucionalidade da Emenda Constitucional nº 29/2000, isso para não falar de diversos outros autores de direito tributário, em relação à interpretação do direito material, continua presa aos pressupostos metafísicos.

Em termos de teoria da interpretação a celeuma se agrava. Hugo de Brito Machado chega a sustentar que a interpretação somente ocorrerá quando haja lei permitindo; Leandro Paulsen sustenta a interpretação como uma forma de encontrar a "vontade do legislador" e a possibilidade de "extrair" da lei o que nela esteja contido. Mormente Humberto Ávila, que sustenta a aplicação da lei em detrimento dos princípios e mais além vem trabalhando com a hipótese de ponderação entre regras.

Da mesma forma, Carrazza afirma que "a interpretação é uma atividade puramente cognoscitiva, que tem o escopo de reconstituir o pensamento do legislador", que "quando o aplicador se depara com uma lei tributária que repercute no campo dos direitos fundamentais à vida e à saúde, deve interpretá-la de modo favorável ao contribuinte, ainda que, para isso, precise *ir além* da chamada *interpretação literal*". Referido autor adverte, ainda, que "as leis tributárias – como, de resto, quaisquer leis – devem ser interpretadas sistematicamente", pois "é justamente o elemento sistemático que, desprendendo-se do significado literal das palavras, harmoniza o texto legislativo com o ordenamento jurídico com um todo considerado".[679]

Ocorre que é impossível ser refratário à viragem ontológico-linguística, conforma aduz Lenio Streck:

> Assim, embora o ceticismo de parcela considerável da comunidade jurídica, é impossível negar as consequências da viravolta ontológico-linguística para a interpretação do direito. Está-se a tratar de uma *ruptura paradigmática* que supera séculos de predomínio do es-

---

[678] MACHADO, Hugo de Brito. *Curso de direito tributário*. 31. ed. São Paulo: Malheiros, 2010. p. 127.

[679] CARRAZZA, Roque Antonio. *ICMS*. 16º ed. rev. e. ampl. até a EC 67/2011, e de acordo com a Lei Complementar 87/1996, com suas ulteriores modificações. São Paulo: Malheiros, 2012. p. 520.

quema sujeito-objeto. E, consequentemente, está-se a tratar da superação daquilo que, no direito, representou o lócus privilegiado da relação sujeito-objeto: *o positivismo*.[680]

Dessa forma, verifica-se que a doutrina do direito tributário continua refém do paradigma metafísico, em ambas acepções, o que não condiz com o Estado Democrático de Direito, de caráter transformador e dotado de princípios positivados, que possuem caráter deontológico.

Mas o desrespeito ao ditames constitucionais, em termos de tributação, não se dá apenas no âmbito do poder legislativo, cujos representantes do povo continuam exercendo sua missão de forma discricionária, desvinculada da Constituição. Os prejuízos são verificadas também no Poder Judiciário, que em termos de Jurisdição Constitucional em matéria tributária continua refratário à evolução constitucionalista.

4.2.5. Como o Poder Judiciário continua refratário à evolução do constitucionalismo e à viragem linguística no campo fiscal

Relativamente às decisões judiciais, primeiramente, analisam-se os equívocos em relação à capacidade contributiva com base nos entendimentos doutrinários que, com base em classificações amparadas em critérios metafísicas, e, portanto, a partir de pré-juízos falsos que conformaram uma estrutura-prévia de sentido que levou a resultados equivocados, acabaram por estabelecer entendimentos que influenciaram o posicionamento do Supremo Tribunal Federal.

Quanto ao IPTU, por força da Emenda Constitucional nº 29/2000, está previsto, no art. 156, § 1º, incs. I e II, da Constituição, que ele pode ser progressivo em razão do valor venal do imóvel e ter alíquotas diferentes em virtude da localização e do uso dado ao imóvel.

Entretanto, antes da referida Emenda Constitucional, havia apenas previsão, na Constituição, de que referido tributo poderia ser progressivo a fim de assegurar a função social da propriedade. Assim, face aos diversos municípios que instituíram a progressividade de acordo com a variação da base de cálculo dos imóveis, foram ajuizadas ações discutindo a constitucionalidade. Infelizmente, tendo sido devolvida a *questio iuris* ao Supremo Tribunal Federal, este declarou a inconstitucionalidade de lei municipal instituidora de progressividade relativa ao IPTU que não fosse voltada ao cumprimento da função social da propriedade.[681]

---

[680] STRECK, Lenio Luiz. *O que é isto – decido conforme minha consciência?*. 2. ed., rev. e ampl. Porto Alegre: Liv. do Advogado, 2010. p. 60.

[681] O caso que definiu o posicionamento da Corte Guardiã da Constituição é relativo à Lei do município de Belo Horizonte – MG: BRASIL. Supremo Tribunal Federal. *Recurso Extraordinário nº 153771*. Recorrente: José Tarcizio de Almeida Melo. Recorrido: Município de Belo Horizonte. Relator: Min.

Misabel Derzi, que se posiciona contrária ao entendimento do STF com relação à progressividade do IPTU, assim critica:

> Na verdade, a progressividade (fiscal) em que as alíquotas sobem à medida que se eleva o valor venal do imóvel é a mais simples e justa das progressividades. Trata-se simplesmente de cobrar mais de quem pode pagar mais, para que os economicamente mais pobres paguem menos. Mas ela só interessa, por tais razões, àquela camada da população humilde e desinformada, que nem sempre se faz ouvir.[682]

A Corte Maior entendeu que, como imposto de natureza real, o IPTU não poderia ser progressivo pelo fato de não lhe ser possível levar em conta aspectos subjetivos do contribuinte, mas apenas o aspecto objetivo da hipótese de incidência. Tanto que editou a Súmula n° 668: "É inconstitucional a lei municipal que tenha estabelecido, antes da emenda constitucional 29/2000, alíquotas progressivas para o IPTU, salvo se destinada a assegurar o cumprimento da função social da propriedade urbana".[683]

Porém, a posição do Supremo Tribunal Federal, utilizada como supedâneo pelos demais Tribunais, é inadequada por estar contaminada pelo positivismo jurídico (exegético), porque não considera que a aplicabilidade do princípio da capacidade contributiva decorre do próprio modelo de Estado adotado pela Magna Carta de 1988. A progressividade tributária, no mais das vezes, emana do princípio da capacidade contributiva, razão pela qual tal mecanismo não necessita de expressa previsão no Texto Constitucional, uma vez que corresponde a um dos meios para a efetivação do Estado Democrático de Direito, mediante a concretização de seus princípios basilares.

Portanto, discorda-se de Ricardo Lobo Torres quando alega ser inconstitucional a Emenda Constitucional n° 29/2000 ao instituir a progressividade do IPTU porque o Supremo já havia decidido que não haveria de se tratar de progressividade aos impostos reais.[684] Ora, ao que parece, a Emenda Constitucional veio justamente corrigir o equívoco do Supremo Tribunal Federal, posto que, como refere Misabel Derzi, a progressividade em relação ao IPTU é aplicável, e até mesmo obrigatória.[685]

Carlos Velloso. Brasília, 20 de novembro de 1996. Disponível em: <http://redir.stf.jus.br/paginadorpub/paginador.jsp?docTP=AC&docID=211634>. Acesso em: 2 abr. 2014.

[682] BALEEIRO, Aliomar. *Direito tributário brasileiro*. 11. ed. Atual. Misabel Abreu Machado Derzi. Rio de Janeiro: Forense, 2003. p. 255.

[683] BRASIL. Supremo Tribunal Federal. *Súmula n° 668*. É inconstitucional a lei municipal que tenha estabelecido, antes da emenda constitucional 29/2000, alíquotas progressivas para o IPTU, salvo se destinada a assegurar o cumprimento da função social da propriedade urbana. Disponível em: <http://www.stf.jus.br/portal/jurisprudencia/listarJurisprudencia.asp>. Acesso em: 4 mai. 2014.

[684] TORRES, Ricardo Lobo. *Tratado de direito constitucional financeiro e tributário*. Rio de Janeiro: Renovar, 2005. v. 2: Valores e princípios constitucionais tributários. p. 317.

[685] BALEEIRO, Aliomar. *Direito tributário brasileiro*. 11. ed. Atual. Misabel Abreu Machado Derzi. Rio de Janeiro: Forense, 2003. p. 254.

Ainda, no que diz respeito ao IPTU, concorda-se com Ricardo Lobo Torres que sustenta devem ser excluídas da hipótese de incidência, em homenagem ao mínimo existencial, as moradias de pessoas de baixa renda, de idosos proprietários de um único imóvel que tenham baixa renda e de pessoas em situações semelhantes.[686] Dessa forma, a utilização da progressividade aos impostos de natureza dita como real é inteiramente factível, correspondendo ao norte desenhado pelo próprio modelo de Estado vigente e por buscar a implementação do princípio da capacidade contributiva, que está extremamente fundamentado nos demais princípios e objetivos esculpidos na Lei Maior.

No que concerne ao ITBI, as decisões, até o momento proferidas, vão ao encontro do posicionamento definido com relação ao IPTU anteriormente à Emenda Constitucional nº 29/2000. O STF manifesta-se pela impossibilidade de aplicação da progressividade partindo da ideia de que tal tributo possui natureza real e, por isso, não leva em consideração os aspectos pessoais do contribuinte.[687]

Em relação ao ITCD, o Tribunal de Justiça do Estado do Rio Grande do Sul seguiu o posicionamento do Supremo Tribunal Federal, afirmando que o art. 18 da Lei nº 8.821/89, do Estado do Rio Grande do Sul implicou em inconstitucionalidade ao instituir a progressividade, conforme o Incidente de Inconstitucionalidade nº 70013242508.[688]

A posição do Supremo Tribunal Federal, utilizada como supedâneo pelos demais Tribunais, é inadequada por estar contaminada pelo positivismo jurídico (exegético), porque não considera que a aplicabilidade do princípio da capacidade contributiva decorre do próprio modelo de Estado adotado pela Magna Carta de 1988. Como critica Lenio Streck:

> A Constituição não é o que o Supremo Tribunal Federal diz que é, como acredita certa teoria jurídica. É verdade que o Supremo Tribunal diz a última palavra sobre o sentido da Constituição. Entretanto, o STF somente o faz em face de uma intersubjetividade lingüística que se instaura na sociedade. O Supremo Tribunal ao atribuir sentido a um texto, não o faz a partir da subjetividade de cada um dos julgadores, ou seja, a partir do cogito de cada um dos ministros. Há uma situação hermenêutica em que cada um está inserido. Cada um falará a partir de seu modo de ser no mundo, de sua faticidade , de sua historicidade. Há todo um conjunto de pré-juízos que conformam a pré-compreensão do intérprete. É do

---

[686] TORRES, Ricardo Lobo. *Tratado de direito constitucional financeiro e tributário*. Rio de Janeiro: Renovar, 1999. v. 3: os direitos humanos e a tributação. p. 171.

[687] Nesse sentido, o STF declarou inconstitucional Lei do município de São Paulo – SP: BRASIL. Supremo Tribunal Federal. *Recurso Extraordinário nº 234105*. Recorrente: Adolfo Carlos Canan. Recorrido: Estado de São Paulo. Relator: Min. Carlos Velloso. Brasília, 08 de abril de 1999. Disponível em: <http://redir.stf.jus.br/paginadorpub/paginador.jsp?docTP=AC&docID=254529>. Acesso em: 2 abr. 2014. O STF ainda editou a Súmula nº 656: "É inconstitucional a lei que estabelece alíquotas progressivas para o imposto de transmissão inter vivos de bens imóveis – ITBI com base no valor venal do imóvel".

[688] A respeito, ver item 4.2.1.3.4 supra.

interior dessa tradição que o jurista falará, devendo suspender seus zelosos pré-juízos, para realizar uma fusão de horizontes. Por isso, a Constituição não é (e hermeneuticamente não pode ser) o que o Supremo Tribunal disser que ela é. A Constituição é um todo constituído pela tradição jurídica. Ocorre que, em senda a tradição dominada pro prejuízos inautênticos, o resultado que exsurgirá certamente não será aquele que aponta para uma otimização do texto compromissário e dirigente da Constituição de 1988.[689]

Verifica-se que o próprio STF, que deveria investir-se na função de Guardião da Constituição, acaba decidindo por meio de pressupostos equivocados, que não levam em consideração a viragem ontológico-linguística que requer um redimensionamento na práxis jurídica, muito menos a carga principiológica que sustenta o Estado Democrático de Direito que sustenta a cidadania e objetiva uma sociedade livre, justa e solidária, além de buscar a redução das desigualdades sociais. Mas o que esses objetivos têm a ver com uma tributação adequada ao princípio da capacidade contributiva? Isso se releva, na verdade como consequência, é que se a carga tributária estiver de acordo com os postulados constitucionais, invariavelmente, estar-se-á em busca de tais objetivos, na medida em que as pessoas desprovidas de capacidade contributiva pagaram menos tributos, ou, nem mesmo pagaram. Mas não é isso que ocorre atualmente, quem participa menos para o pagamento da conta é quem tem maiores condições.

O que traz alguma esperança, em termos de justiça tributária – consoante abordado anteriormente –, é que a questão envolvendo a análise da constitucionalidade do ITCD progressivo no Estado do Rio Grande do Sul, ao ser devolvida ao Supremo Tribunal Federal, por meio do Recurso Extraordinário nº 562.045, foi objeto de reconhecimento da existência de repercussão geral, e em decisão final foi reformada a decisão da Corte Gaúcha, reconhecendo a compatibilidade da progressividade do ITCD com a Constituição, em função do princípio da capacidade contributiva e da igualdade, decisão esta, sim, que se mostra adequada ao modelo de Estado instituído e compatível com a hermenêutica jurídica contemporânea.[690]

Conforme Enrico de Mita, O princípio da capacidade contributiva também é interpretativo no sentido de que, na maioria das interpretações permitidas pela letra da lei, o intérprete deve escolher aquela que protege o imposto e sua conexão – a manifestação de riqueza. É correto utilizá-lo como princípio de interpretação, uma vez que os princípios constitucionais também são princípios interpretativos.[691]

---

[689] STRECK, Lenio Luiz. *Jurisdição constitucional e hermenêutica:* uma nova crítica do direito. 2. ed. Rio de Janeiro: Forense, 2004. p. 832.

[690] A respeito, ver item 4.2.1.3.4 supra.

[691] DE MITA, Enrico. *Principi de diritto tributario.* Sesta Edizione Milano: Giuffrè, 2011. p. 14 e 91.

Além do mais, ao analisar a posição tomada pelo Tribunal de Justiça do Rio Grande do Sul, que aplicou o posicionamento que até então era dominante no STF, pode-se trazer ao debate o que Alexandre Morais denomina "mundo da moda no direito". Segundo o autor, "há uma compulsão por admirar, copiar e legitimar quem nos conduz. A decisão judicial, pois, está vestida com as roupas da última coleção garantida pela grife: STF e STJ".[692]

> O produto – verbete – nesta nova economia simbólica do Poder Judiciário decide desde antes e pelo sujeito. Não lhe concede, ademais, espaço para dizer o contrário. O argumento da autoridade toma o lugar da reflexão, impondo o sentido aparentemente estático e paradoxalmente cambiante. O sujeito que não está por dentro dos últimos informativos, pelo que se passa, acredita que está por fora. O consumo de significantes transborda a razão. Buscava-se, até pouco tempo, razões para reflexão. Hoje a razão já é vendida com a aparente reflexão pronta, embalada em papel de presente aparentemente hermenêutico. O excesso faz seu efeito de exceção.[693]

Ocorre que essa a lógica do mundo da moda desfaz a noção da tradição no campo do direito, posto que se vincula à escolha, que é ato de vontade e não ato hermenêutico. Quando gira em torno da moda, o direito não atende a racionalidades. Ao se vincular à moda, o sujeito, ao mesmo tempo em que fica livre das amarras da tradição, transforma-se em presa fácil dos discursos da eficiência, do pragmatismo, os quais podem ser chamados de "discurso do conforto". E para se achar na moda, o sujeito precisa decidir conforme a última tendência.[694]

Mas, em termos de jurisprudência, tem uma questão que traz angústia. Trata-se da isenção de rendimentos percebidos por pessoas físicas, estabelecida pela Lei nº 7.713/88, art. 6º, inc. XIV, sobre: "os proventos de aposentadoria ou reforma motivada por acidente em serviço e os percebidos pelos portadores de moléstia profissional, tuberculose ativa, alienação mental, esclerose múltipla, neoplasia maligna, cegueira, hanseníase, paralisia irreversível e incapacitante, cardiopatia grave, doença de Parkinson, espondiloartrose anquilosante, nefropatia grave, hepatopatia grave, estados avançados da doença de Paget (osteíte deformante), contaminação por radiação, síndrome da imunodeficiência adquirida,

---

[692] Interessante o diálogo descrito pelo autor entre dois magistrados: "– Concordas com a decisão?" "– Sim, se for do Supremo". Responde o juiz que decide conforme a moda. "– Mas e o conteúdo, você concorda?" Pergunta o primeiro magistrado. "– E precisa? A embalagem me satisfaz". ROSA, Alexandre Morais. O hiato entre hermenêutica filosófica e a decisão judicial. In: STEIN, Ernildo; STRECK, Lenio Luiz; ROSA, Alexandre (Org.) et al. *Hermenêutica e epistemologia:* 50 anos de verdade e método. Porto Alegre: Liv. do Advogado, 2011. p. 129-131.

[693] ROSA, Alexandre Morais. O hiato entre hermenêutica filosófica e a decisão judicial. In: STEIN, Ernildo; STRECK, Lenio Luiz; ROSA, Alexandre (Org.) et al. *Hermenêutica e epistemologia:* 50 anos de verdade e método. Porto Alegre: Liv. do Advogado, 2011. p. 129.

[694] ROSA, Alexandre Morais. O hiato entre hermenêutica filosófica e a decisão judicial. In: STEIN, Ernildo; STRECK, Lenio Luiz; ROSA, Alexandre (Org.) et al. *Hermenêutica e epistemologia:* 50 anos de verdade e método. Porto Alegre: Liv. do Advogado, 2011. p. 130.

com base em conclusão da medicina especializada, mesmo que a doença tenha sido contraída depois da aposentadoria ou reforma".

Atualmente, seguindo entendimento jurisprudencial dominante, a isenção *in casu* aplica-se apenas para proventos de aposentadoria, pelo que as pessoas com moléstia grave em atividade não podem gozar da referida isenção. Nesse sentido, o seguinte precedente do Superior Tribunal de Justiça, que vem sendo seguido pelos Tribunais:

> TRIBUTÁRIO. IMPOSTO DE RENDA. ISENÇÃO. PORTADOR DE MOLÉSTIA GRAVE EM ATIVIDADE. ART. 6º DA LEI 7.713/1988. INTERPRETAÇÃO EXTENSIVA. IMPOSSIBILIDADE.
> 1. O art. 6º, XIV, da Lei 7.713/88 é claro ao isentar do Imposto de Renda os "proventos de aposentadoria ou reforma" para os portadores de moléstias graves.
> 2. Segundo a exegese do art. 111, inciso II, do CTN, a legislação tributária que outorga a isenção deve ser interpretada literalmente.
> 3. Agravo Regimental não provido.[695]

Seguindo a decisão, no caso a interpretação deve ser realizada de forma literal, por força do art. 111 do CTN, e disso dessume-se que tal benefício se aplica tão somente aos proventos de aposentadorias. Mas será que está correto? Ainda que se trate de interpretação literal, esse o único resultado? Esse entendimento mostra claramente o porquê da falha do método, e o porquê que atrás do objetivista está também o subjetivismo. A parte inicial da lei *"os proventos de aposentadoria ou reforma motivada* por acidente em serviço *e os* percebidos pelos portadores de moléstia profissional" resulta nessa conclusão: com a técnica literal o intérprete também pode concluir que se aplica aos proventos de aposentadoria ou reforma motivada, e quando o aditivo "e", quer significar que também se aplica aos proventos dos portadores de moléstia; como nesse caso não fala se são proventos de aposentadoria ou não, podem ser qualquer um, de aposentadoria ou do trabalho. Portanto, as técnicas objetivistas falham. Não é à toa a crítica gadameriana ao método, que não chega à verdade.[696]

Verifica-se fortemente a presença da discricionariedade judicial, cuja noção, vinculada à jurisdição, aparece no contexto de teorias positivistas e pós-positivistas a partir do momento da descoberta da indeter-

---

[695] BRASIL. Superior Tribunal de Justiça. *Agravo Regimental no Recurso Especial nº 1208632*. Agravante: Carlos José de Souza. Agravada: Fazenda Nacional. Relator: Min. Herman Benjamin. Brasília, 16 de novembro de 2010. Disponível em: <https://ww2.stj.jus.br/revistaeletronica/Abre_Documento.asp?sSeq=1020940&sReg=201001509322&sData=20110204&formato=PDF >. Acesso em: 09 fev. 2014.

[696] Nesse sentido: BUFFON, Marciano. Interpretação das normas tributárias: a hermenêutica filosófica como alternativa para o rompimento com o paradigma racionalista. In: CALLEGARI, André Luís; STRECK, Lenio Luiz; ROCHA, Leonel Severo (Org.). *Constituição, sistemas sociais e hermenêutica:* anuário do Programa de Pós-graduação em Direito da UNISINOS: mestrado e doutorado. Porto Alegre: Liv. do Advogado; São Leopoldo: UNISINOS, 2013.

minação do direito, o que ocorre, segundo Losano, porque no século XX "a razão é substituída pela vontade, a relação entre a norma e a sentença assume um aspecto completamente diverso. A decisão do caso concreto já não depende das racionais leis da lógica, mas da vontade do juiz".[697] Assim, há um elemento comum desde a Escola do Direito Livre, passando pela Jurisprudência dos Interesses, pelo normativismo kelsiano, pelo positivismo moderado de Hart, até chegar aos argumentativistas como Alexy: no momento da decisão, sempre acaba sobrando um espaço não tomado pela razão; um espaço que será tomado pela vontade discricionária do juiz.[698]

Mas, a questão em apreço deve ser resolvida a partir de outras premissas. Deve o intérprete compreender a partir do novo paradigma instituído pelo Estado Democrático de Direito, pela carga principiológico que o conforma, mormente levando em conta o caráter deontológico dos princípios, e em conjunto com a Nova Crítica do Direito, pela diferença ontológica e pela circularidade da compreensão, assim como revolver seu preconceito com pré-juízos autênticos, no sentido de chegar a uma resposta adequada à Constituição para ocaso em análise. Somente compreendendo adequadamente é que poderá interpretar de forma apropriada.

Os pré-juízos são condições de possibilidade da compreensão pois permitem ao jurista projetar sentido, o qual somente pode ser confirmado se ele for derivado de um pré-juízo legítimo. Pré-juízos ilegítimos geram projetos de sentido ilegítimos e, consequentemente, fazem o interprete incorrer em erro. Somente aquele que suspende os próprios pré-juízos interpreta corretamente. Um julgador que não consegue suspender seus pré-juízos não está capacitado para a sua tarefa.[699]

Ainda, segundo Streck, "a peculiaridade do direito reside no fato de que aquele que interpreta precisa, necessariamente, *dar à comunidade política as razões de sua interpretação*". Isso significa que o intérprete precisa mostrar que sua interpretação é correta, fundada em prejuízos legítimos, bem como que sua subjetividade não se sobrepôs àquilo que deveria ser interpretado: o direito e o contexto circunstancial dos fatos que define o caso concreto. O intérprete do direito, especialmente o juiz, está obrigado, inclusive institucionalmente (art. 93, IX, da CF), há dizer o porquê de sua interpretação.[700]

---

[697] LOSANO, Mario G. Sistemas e estrutura no direito. apud STRECK, Lenio. *Verdade e consenso:* constituição, hermenêutica e teorias discursivas. 4. ed. São Paulo: Saraiva, 2011. p. 38.

[698] STRECK, Lenio. *Verdade e consenso:* constituição, hermenêutica e teorias discursivas. 4. ed. São Paulo: Saraiva, 2011. p. 38.

[699] STRECK, Lenio. *Hermenêutica jurídica e(m) crise:* uma exploração hermenêutica da construção do direito. 11. ed., rev., atual. e ampl. Porto Alegre: Liv. do Advogado, 2014. p. 330.

[700] Ibid., p. 331.

Sobre o caso da isenção, encontrou-se apenas um precedente judicial digno de aplausos, no Tribunal Regional Federal da 1ª Região. Transcreve-se a ementa:

> TRIBUTÁRIO E PROCESSUAL CIVIL. MANDADO DE SEGURANÇA. JUÍZO DE RETRATAÇÃO. RECURSO REPETITIVO (RESP nº 1.116.620/BA). ART. 543-C, § 8º, DO CPC. IMPOSTO DE RENDA. PORTADOR DE NEOPLASIA MALIGNA. ISENÇÃO. SERVIDOR PÚBLICO FEDERAL EM ATIVIDADE.
> I – Nos termos do art. 6º e respectivo inciso XIV da Lei nº. 7.713/88, com a redação dada pela Lei nº. 11.052/2004, "ficam isentos do imposto de renda os proventos de aposentadoria ou reforma motivada por acidente em serviço e os percebidos pelos portadores de neoplasia maligna".
> II – Em se tratando de benefício fiscal destinado a propiciar ao contribuinte aposentado ou reformado, em virtude de acidente em serviço, bem assim àquele portador de doença grave, maior capacidade financeira para suportar o custo elevado do tratamento permanente enquanto padecer da moléstia, a sua concessão é devida, tanto na atividade como na inatividade, tendo em vista que, em ambas as hipóteses, o sacrifício é o mesmo, prestigiando-se, assim, os princípios da isonomia e da dignidade da pessoa humana, na defesa do postulado maior da proteção e da valorização da vida, na dimensão de respeito ao valor da saúde, como garantia fundamental prevista em nossa Carta Magna (CF, arts. 1º, III, 5º, *caput*, 196 e 170, *caput*).
> III – Acórdão recorrido que se mantém, em Juízo de Retratação, nos termos do art. 543-C, § 8º, do CPC.[701]

Neste caso, o processo tinha retornado ao Relator para se manifestar em juízo de retratação, haja vista que a decisão estava em confronto com posicionamento do Superior Tribunal de Justiça definido em sede de recurso repetitivo, o que impunha novo julgamento. O Relator do caso, mesmo assim, não se curvou ao posicionamento do STJ. A decisão, da forma como foi tomada, pode ser entendida como adequada à Constituição. Se se vive em um Estado onde o princípio da igualdade deve ser respeitado, que igualdade é essa que permite a isenção para pessoas com câncer que estejam aposentadas, e não para aqueles que continuam em atividade?

A maneira como a questão foi tomada pelo STJ, ainda se mostra errada até mesmo por um ângulo lógico: incentiva que as pessoas se aposentem para ficarem isentas do imposto de renda, assim, recebe o benefício do Estado, não contribuiu mais para a previdência e também não paga mais o imposto de renda. Se fosse assim para todos aqueles com neoplasia maligna, ao menos os que estão em atividade continuarão contribuindo para a previdência e não estarão recebendo o benefício. O que ocorre a partir desses posicionamentos equivocados é que, com a

---

[701] BRASÍLIA. Tribunal Regional Federal da 1ª Região. *Apelação Cível no Mandado de Segurança nº 2006.34.00.014545-0*. Apelante: Leidimar Teixeira da Silva Cardoso. Apelada: Fazenda Nacional. Relator: Min. Souza Prudente. Brasília, 23 de setembro de 2011. Disponível em: <http://arquivo.trf1.jus.br/default.php?p1=144029620064013400>. Acesso em: 09 fev. 2014.

surgimento do fenômeno da baixa constitucionalidade, gera um reflexo social que acaba criando cidadãos de "segunda classe", gerando terceirização do exercício da cidadania e a judicialização da política, como no caso da isenção.

Enfim, é preciso que os juízes se deem conta do novo paradigma, é preciso que superem os positivismos, e, principalmente, que nessa quadra da história, por o Estado ser transformador, há um deslocamento do foco de conflito para o judiciário, que deve, obrigatoriamente, decidir de forma adequada à Constituição, e não partir da consciência ou das técnicas superadas de há muito pela viragem linguística e pela Crítica Hermenêutica do Direito.

Considerações finais

No decorrer deste trabalho, constatou-se que a tributação, apesar de suas condições de possibilidade para o cumprimento das promessas constitucionais – notadamente por seu inerente caráter redistributivo, pela via dos ingressos –, vem desempenhando função diametralmente oposta. Nos últimos tempos, apesar da melhora do Brasil em relação aos patamares de desigualdades, isso se deu "apesar da tributação", posto que o que influenciou neste resultado foram as políticas públicas de redistribuição de renda, pela via das despesas.

Para romper com o modo de tributar indutor de desigualdades, como ora se constata, é preciso estabelecer bases sólidas que possibilitem a superação dos obstáculos que impedem o acontecer do constitucionalismo transformador no âmbito do Estado Democrático de Direito. O estabelecimento dessas bases passa pela compreensão do constitucionalismo, da viragem ontológica-linguística, em especial com Heidegger e Gadamer, e da Crítica Hermenêutica do Direito – teoria que incorpora as mudanças paradigmáticas da filosofia *no* Direito.

O Estado Constitucional, originalmente, consubstancia-se em um muro de contenção ao absolutismo. Por não haver supremacia normativa por parte da Constituição sob os demais instrumentos legislativos, o direito positivo ficava submetido ao delicado jogo de maiorias ocasionais, tratando-se de um constitucionalismo frágil. Em um sentido moderno, a Constituição significa ordenação, fundação e limite do poder político, além de reconhecer e garantir os direitos individuais. Isso foi conformado pelas revoluções inglesa, francesa e americana, que começaram a delinear importantes aspectos do constitucionalidade, como a ideia de jurisdição constitucional.

A partir das Constituições do segundo pós-guerra, na esteira do *Constitucionalismo Contemporâneo*, passa-se a desenvolver a ideia de supremacia da Constituição, a partir de uma clara distinção entre o direito constitucional e o direito infraconstitucional, na medida em que atribui à si mesma o caráter de primazia, como critério de resolução dos conflitos, destruindo o dogma liberal da força da lei, evidenciando o caráter contramajoritário da constituição. A constituição passa a ser não apenas norma fundamental de garantia, mas também norma diretiva fundamental; a doutrina do constitucionalismo deixa de ser apenas a doutrina do governo limitado, passando a ser também a doutrina dos deveres do governo.

Em razão da supremacia da Constituição, as normas constitucionais ganham hierarquia sobre o restante do ordenamento jurídico, e os princípios, além de integrarem o âmbito da norma, passam a ter caráter de fundamentalidade e natureza normogenética, vindo a ser fundamento das regras. O respeito a esses postulados se dá mediante a jurisdição constitucional, que, como mecanismo de defesa da Constituição, passa a ser condição de possibilidade do Estado Democrático de Direito, protegendo os princípios e garantias constitucionais por meio dos instrumentos de controle de constitucionalidade das leis e atos do Poder Público. Além de ser compatível com a democracia, contribui para o seu fortalecimento, como poder contramajoritário.

O Neoconstitucionalismo, apesar de sua importância, mostra-se problemático na atual conjuntura, tendo em vista que, na busca por efetividade do texto constitucional, acabou por recepcionar teorias estrangeiras sem as devidas críticas e sem levar em consideração a tradição que as acompanha e a partir de quais preconceitos foram concebidas. Por decorrência, nos moldes como vem sendo trabalhado, implica posturas subjetivistas e discricionárias, ampliando o *caos interpretativo* vivenciado pelo direito. O Constitucionalismo Contemporâneo, por outro lado, representa um redirecionamento, uma revolução à Teoria do Direito: em relação à teoria das fontes, a lei cede espaço à Constituição; a teoria da norma passa a integrar os princípios e seu caráter normativo; e em termos de teoria da interpretação, há o rompimento com os positivismos através da Crítica Hermenêutica do Direito.

As transformações ocorridas no Direito, em que a Constituição implementa o Estado Democrático de Direito, exigem que se rompa com os paradigmas positivistas predominantes, que até então são utilizados para a aplicação do Direito. Ora, *o novo deve ser visto com os olhos do novo*, e o *Constitucionalismo Contemporâneo* demanda essa ruptura, essa superação do positivismo em suas mais variadas formas, implicando mudanças significativas no âmbito da interpretação, pois deixa de apostar no método para aplicação do Direito, para demonstrar que a hermenêutica deve ser compreendida como um processo construtivo, e não meramente reprodutivo.

Com o novo modelo de Estado instituído, surge um novo paradigma, quem além de superar a metafísica clássica e a filosofia da consciência, dá espaço para um redirecionamento proporcionado pela viragem ontológico-linguística de Heidegger e Gadamer, a partir da Crítica

Hermenêutica do Direito, desenvolvida por Streck, que busca superar os positivismos. O sujeito passa a não ser mais o fundamento do conhecimento, estabelecendo-se uma necessária intersubjetividade, uma conversação através da linguagem para que ocorra a *fusão de horizontes* necessária para uma compreensão apta à atribuição de sentido. Assim como o direito não pode ser aplicado mecanicamente, mediante técnicas, não pode implicar em livre arbítrio – deve consistir em atribuição de sentido, a qual se realiza pela interpretação, no caso concreto, uma vez que o sentido é construído historicamente e a partir do que faz parte da tradição (Gadamer), o que se relaciona com a distinção entre *ser* e *ente* (Heidegger).

Heidegger, com sua Hermenêutica da Faticidade, produz uma retomada da ontologia a fim de superar o esquecimento do *ser*, provocado pela metafísica clássica, procurando trazê-lo à luz, pesquisando o seu sentido. Buscou, também, revelar o *ente* que o próprio homem é, o *Dasein* – *ente* privilegiado que busca o *ser*. Para o filósofo, o *ser* dos *entes* não é em si mesmo outro *ente*. *Ser* está naquilo que é e como é, na realidade, na presença. *Ente* é tudo de que o homem fala, tudo que entende.

A busca pela análise do *ser*, passa necessariamente pela análise do homem. Na relação entre *ser* e *ente* se estabelece o núcleo da fenomenologia, que significa uma maneira de deixar as coisas se manifestarem, sem que a manifestação seja ocultada por conceitos e juízos previamente fixados no momento de desvelar o *ente*. O *ser* do homem consiste em estar referido à possibilidade. O existencial, modo de *ser* do *Dasein*, é compreensão. *Ser* no mundo, para o *Dasein*, significa ter intimidade com uma certa totalidade de significado; as coisas já se apresentam para ele dotadas de uma função, o que deixa clara a estrutura circular da compreensão em *Ser e Tempo*.

Para se chegar ao verdadeiramente filosófico, Heidegger propõe, também, o exame dos elementos que antecedem o enunciado, apontando para uma pré-compreensão que acompanha e antecipa o conhecimento do ser humano, que se manifesta no seu modo de compreender o que é no mundo. Trata-se de um acontecer sempre presente no discurso do homem que, além de possibilitar o enunciado, nele se esconde como uma dimensão que o acompanha.

Há uma compreensão antecipatória de qualquer tipo de explicação, posto que, o homem não saberia entender o que é algo, se não possuísse desde sempre uma maneira dele próprio de *ser* no mundo. *Ser* no mundo para o *Dasein* é ter intimidade original com uma certa totalidade de significados. O *Dasein* se caracteriza por uma interpretação que lhe é inerente e que existe antes de qualquer enunciado. A filosofia de Heidegger é uma hermenêutica de tudo que trabalha por trás do enunciado.

Trata-se de uma compreensão prática, de um entendimento cotidiano que não permanece expresso, que se manifesta pela linguagem. O homem apenas compreende suas possibilidades se compreender seu próprio *ser*. Portanto, a compreensão humana se orienta sempre a partir de uma pré-compreensão que surge da sua situação existencial.

O exame dos elementos antecipatórios dos enunciados aponta para uma pré-compreensão que acompanha e antecipa o esforço de conhecimento do ser humano, que se manifesta na explicitação do seu modo de compreender o mundo prático. Em sua compreensão prévia, inicialmente, o homem está numa relação de disponibilidade com as coisas, que determinará o sentido que os *entes* irão adquirir por meio da utilidade prática que possuem no cotidiano em que cada pessoa está inserida. O ser humano aparece sempre dentro de uma certa cultura, de uma determinada história, de um contexto. A compreensão, portanto, antecipa qualquer tipo de explicação que decorra de critérios lógicos.

A proximidade com os objetos se dá pelo caminho da linguagem, que apenas poderá ser pensada adequadamente a partir da temporalização do tempo. Pelas palavras e pela linguagem que as coisas adquirem *ser* e passam a existir. As coisas adquirem *ser* por um fato linguístico. A abertura do mundo se dá na linguagem; nela se verifica a inovação ontológica, a mudança do *ser*. Com a linguagem, Heidegger dá "um passo para trás", a fim de pensar a relação originária do homem com a linguagem, descendo aos seus fundamentos. Assim, "a linguagem é a casa do *ser*".

Para Gadamer, o aspecto universal da hermenêutica consiste na linguagem interior, pois não se pode dizer e nem expressar tudo que está na alma. Por isso, hermenêutica é "tudo aquilo que fica de não dito quando se diz algo". Com a noção de *horizonte*, afirma que toda forma de compreensão é historicamente situada, o que significa que a possibilidade de realização da compreensão acontece apenas no contexto do horizonte daquele que se põe a conhecer. Por isso, o acesso do homem ao mundo acontece apenas a partir de sua situação hermenêutica, de seu ponto de vista. A possibilidade de compreensão ocorre na circunstância do horizonte histórico.

Gadamer resgata a ideia de pré-compreensão em Heidegger para demonstrar que a compreensão se forma a partir do conjunto de pré-compreensão anteriores ao horizonte histórico em que está situado o sujeito que se coloca a compreender. O homem não é dono do sentido, uma vez que é no horizonte da tradição que ele compreende as coisas. A compreensão do homem, assim, é constituída pela história, por isso, a hermenêutica gadameriana é uma "hermenêutica da finitude".

O homem compreende a partir de seus pré-conceitos, que se gestaram na história. Os pré-conceitos, dessa maneira, não são pré-conceitos de um homem, mas a realidade histórica do seu *ser*. Pelo princípio da *história efeitual*, pelo qual a consciência do homem é efetuada pela história, demonstra que a perspectiva do homem é limitada por aquilo que o passado trás para ele, através do acontecer da tradição na história, a qual influencia de maneira fundamental o modo de compreender do homem, moldando, ainda que ele não perceba, seu modo de ver as coisas. Os efeitos da *história efeitual* se irradiam por toda a compreensão.

O círculo hermenêutico é o momento estrutural ontológico da compreensão, por definir o modo de sua formação. Diferentemente de Schleiermacher, em que era tido como uma inter-relação entre a *parte* e o *todo*, em Gadamer, implica um enlace entre a consciência histórica do intérprete e a abertura interpretativa permitida pelo objeto.

Pelo círculo hermenêutico fica demonstrado que a antecipação do todo, que é intrínseca ao processo compreensivo, faz com que o intérprete assuma uma tarefa de, constantemente, testar suas pré-compreensões, pois ao entrar em contato com o fenômeno interpretado, vai conferindo seus preconceitos numa constante antecipação de sentido do referido fenômeno em totalidade, cooperando para a separação dos verdadeiros conceitos prévios e dos que devem ser descartados. Assim, a circularidade da compreensão ocorre a partir de uma inter-relação entre o mundo daquele que se propõe a conhecer e o mundo daquilo que se conhece, demonstrando que o homem interpreta a partir de uma *fusão de horizontes*.

A *fusão de horizontes* leva à fusão dos momentos de compreensão, ou seja, da interpretação e aplicação, porque para Gadamer a interpretação é a forma explícita da compreensão e não um momento separado desta. A aplicação integra o ato de compreender. Disso resulta que: não se compreende para posteriormente aplicar o compreendido, mas se compreende aplicando; compreensão é aplicação, e não um acontecer anterior à aplicação.

A hermenêutica filosófica é marcada também pelo caráter dialógico da compreensão, a partir da relevância da pergunta para a produção da resposta, sendo a capacidade para o diálogo, um atributo natural do ser humano. Para ele, a importância do diálogo está em sua força transformadora, pois se o diálogo for bem sucedido, algo ficou e fica no homem que o transforma.

O diálogo, enquanto proposição, não é o lugar da verdade, mas ilumina o *ente* a partir de novas perspectivas. Entretanto, a partir da luta entre a verdade e a não verdade, acaba por reduzir o espaço do ocultamento, permitindo que o *ente* se mostre em seu *ser* (des-valando-o), porque põe o *ente* a girar e mostrar, a todo o momento, seu lado oculto.

O caráter dialógico da compreensão demonstra que a hermenêutica de Gadamer se situa da linguagem. Daí a frase "ser, que pode ser entendido, é linguagem". A compreensão acontece e é configurada na linguagem. A linguagem é o meio pelo qual ocorre a compreensão, e, por isso, não pode ser considerada como mero instrumento que se coloca entre o sujeito e um objeto. O homem não a possui, nela participa. Ela possibilita o conhecimento dos fenômenos que cercam o homem. Os conceitos que ele possui são transmitidos pela linguagem e assumem aspectos diferentes em razão da época, lugar e circunstâncias.

A Crítica Hermenêutica do Direito, as incorporar as contribuições filosóficas de Heidegger e Gadamer, proporciona uma revolução copernicana no Direito, afim de alcançar, como garantia fundamental, uma resposta adequada à Constituição, além de romper com a metafísica clássica e a filosofia da consciência. Trata-se de uma nova forma de abordar a filosofia no Direito, em que a linguagem passa a ser alçada à condição de possibilidade, em vez de uma terceira coisa, algo que se põe entre o sujeito e o objeto. Isso se constitui importante, à medida que, comumente utiliza-se a linguagem para se transmitir conceitos absolutos, descontextualizados de sua situação histórica.

A partir dos influxos filosóficos proporcionados no direito pela Crítica Hermenêutica do Direito, verifica-se ser preciso que o intérprete suspenda seus prejuízos inautênticos para poder compreender, interpretar e aplicar o texto da Constituição, permitindo que o texto *possa lhe dizer algo*, na medida em que, apenas dessa forma, poderá perceber/descobrir o novo sobreposto no referido texto, para poder trabalhar no processo de des-velamento e fundamentação da decisão judicial.

O texto da Constituição não pode ser interpretado mediante a adoção de um método dedutivo ou indutivo, ou pelo modo literal/gramatical. Qualquer método clássico de interpretação esbarrará nas condições de *finitude* do intérprete e da linguagem. É inequívoca a distinção entre ser e ente, texto e norma, diferença essa que é condição de possibilidade de uma interpretação hermeneuticamente adequada, pois quem não percebe isso está preso às amarras da metafísica, por pensar ser possível descobrir a verdade através de um método.

O texto é um *ente*, que dependerá da manifestação do seu *ser*, que é a norma. A norma é fruto de interpretação de um texto e com ela não se confunde. Para compreender adequadamente a Constituição, é necessário suspender os prejuízos inautênticos, o que ocorrerá apenas se for reconhecida a autoridade da tradição de uma Constituição dirigente e compromissória, típica do Estado Democrático de Direito. Não ocorrendo isso, permanece a Constituição como uma obra de ficção, sem eficácia e normatividade.

A interpretação que se critica é fundada em uma tradição inautêntica, construída num momento histórico superado, que colabora para que a Constituição continue sendo um monumento em homenagem à inefetividade. Superar essa tradição inautêntica, passa por repensar o que se entende por Constituição, além de romper com os paradigmas objetivista e subjetivista.

Essa ruptura com o paradigma objetivista, a partir da hermenêutica filosófica, é muito mais significativa do que o mero confronto entre o texto constitucional e a legislação infraconstitucional, uma vez que faz com o que o intérprete perceba que, certos conceitos utilizados para a atribuição de sentido a ser realizada por ele, foram construídos sob um paradigma que não forma uma estrutura prévia autêntica. As pressuposições e os pré-juízos do intérprete não devem amordaçar a realidade, o contexto onde se insere. O intérprete não deve silenciar o real, mas permitir e possibilitar que ele fale através dele; deve ser sensível à alteridade do contexto onde se insere.

É preciso levar em conta que, anteriormente, a função da Constituição era a de apenas legitimar a ação do Estado e estabelecer o processo de participação democrática, sem estabelecer os valores regentes da sociedade – como se verifica na Constituição de 1988 –, ou seja, as constituições deixam de ser meramente programáticas, pois passam a agregar conteúdo substancial, pelo que vinculam os atos do Poder Público e buscam transformar a sociedade.

Para um retomar hermenêutico com o intuito de compreender os princípios constitucionais aptos a colaborar com uma tributação diferente da que ora se constata, é preciso levar em consideração que o jurista, ao interpretar o texto constitucional, o faz a partir de preconceitos construídos durante sua formação, por serem intrínsecos ao seu modo de ser no mundo, embora não perceba claramente isso. Portanto, deve compreender o novo paradigma, situando-se no seu contexto histórico (atual), a fim de incorporar pré-juízos que o faça alcançar interpretações adequadas à Constituição, a partir da virada hermenêutica realizada no Direito pela Crítica Hermenêutica do Direito.

Estabelecer uma compreensão *autêntica* da tributação no Brasil significa compreende-la a partir da tradição que se sustenta no paradigma do Estado Democrático de Direito, adotado pela Constituição, por meio da principiologia constitucional, partindo dos elementos que devem conformar a pré-compreensão do fenômeno jurídico. A partir dos fundamentos e objetivos da Constituição, bem como pelos princípios constitucionais que alicerçam a *função* tributária, verifica-se que há alterações significativas quanto ao fundamento constitucional da tributação, que passa a ser a ideia de solidariedade, atendida a partir do princípio da capacidade contributiva, que densifica o princípio da igualdade no campo fiscal.

O contemporâneo Estado fiscal social, tem na figura dos impostos a sua principal fonte de recursos. Em vista da sua razão de ser, que é a realização da dignidade da pessoa humana, precisa servir de meio para alcançá-la. Um dos principais deveres de cidadania consiste no pagamento de tributos, para o bem comum. Entretanto, esse dever deve ser cumprido em conformidade com a capacidade de cada um de contribuir.

A tributação constitui-se um importante instrumento direcionado à redução das desigualdades sociais e na busca da concretização dos direitos dos cidadãos, a partir de sua função redistributiva, que se fundamenta na solidariedade e na capacidade contributiva. Apesar de poder se considerar que a redistribuição se cumpre de forma mais eficaz pela via das despesas (políticas públicas), de maneira alguma há renúncia pela Constituição em relação à busca da redistribuição de renda pela via dos ingressos (receitas/arrecadação de tributos), o que pode ser alcançado através da progressividade fiscal – um dos instrumentos mais eficazes à concretização do princípio da capacidade contributiva.

Para que a tributação cumpra seu sentido, há, necessariamente, que se realizar um retomar hermenêutico em favor de uma adequada compreensão do princípio da capacidade contributiva. Referido princípio implica uma tributação justa, como visto, à unanimidade entre a doutrina que trata da tributação na França, Espanha, Itália e Portugal. Além disso, possui fundamento no princípio da igualdade, na ideia de cidadania e solidariedade, bem como possui condições de salvaguarda o mínimo existencial.

O princípio da capacidade contributiva implica o entendimento à generalidade e a igualdade em matéria tributária, uma vez que, todos devem pagar tributos, desde que possuam capacidade para suportar o ônus. Quanto maior a riqueza do indivíduo, maior deverá ser a sua contribuição com os custos públicos.

Para a sua aplicação, devem ser utilizados seus instrumentos: a progressividade (fiscal ou extrafiscal) e a seletividade. Contudo, quando houver inexistência de capacidade contributiva, por o cidadão não possuir sequer o necessário à sobrevivência, em respeito ao mínimo existencial, não deve haver a cobrança de tributos, ainda que haja benefício ao sujeito passivo da obrigação tributária. Nessas hipóteses, desde que estejam devidamente fundamentadas nos valores adotados constitucionalmente, é possível que o princípio da capacidade contributiva ceda espaço para a efetivação dos demais objetivos e garantias constitucionais.

É preciso ficar claro, entretanto, que não se sustenta a aplicação de tal princípio porque está contido na regra do art. 145, § 1º, da Constituição, mas, sim, por ser decorrência do modelo de Estado adotado pela Lei

Maior de 1988, e por encontrar fundamento no princípio da igualdade, na solidariedade e no próprio conceito de cidadania. Despreza-se, portanto, os entendimentos calcados na metafísica e na filosofia da consciência, que procuram estabelecer a aplicação do referido princípio por meio da interpretação gramatical e com amparo em verdades absolutas (conceitos atemporais), para que possa atingir suas condições de possibilidade na busca pela concretização dos direitos sociais. Rechaça-se a distinção entre impostos reais e pessoais, assim como o apego à literalidade do texto.

Por óbvio que, não se pretende extrapolar o limite semântico do texto. Mas, pretende-se o *desocultamento* quanto ao fundamento de aplicação deste princípio: ele se aplica aos tributos como decorrência do princípio da igualdade, da dignidade da pessoa humana, como consequência dos fundamentos ideológicos do Estado Democrático de Direito! Sequer seria necessário estar mencionado na regra contida no art. 145, § 1º, da Constituição. Prova disso é que, na Alemanha, apesar de não estar positivado na Constituição, a Corte Constitucional entende que referido princípio é perfeitamente aplicável, como consequência dos direitos fundamentais. E a Crítica Hermenêutica do Direito dá inegáveis contribuições ao que ora se sustenta, possibilitando ao intérprete construir uma adequada interpretação/compreensão dos dispositivos constitucionais. Portanto, o princípio da capacidade contributiva deve ser aplicado a todos aqueles tributos aos quais não haja nenhum óbice intransponível para tanto, seja pela progressividade, seja pela seletividade.

Não obstante, apesar de todas suas possibilidades, a tributação não vem sendo exercida adequadamente, podendo ser constatados inúmeros pré-juízos inautênticos por parte daqueles atores que, privilegiadamente, têm o poder de fixar seus contornos. A dialética entre texto e atribuição de sentido acaba sendo afogada por pressupostos metafísicos, uma vez que o intérprete continua refém do esquema sujeito-objeto. Apenas se consegue enfrentar isso, a partir da Crítica Hermenêutica do Direito, no contexto do Constitucionalismo Contemporâneo.

Constata-se que a tributação no Brasil, apesar das diretrizes do Sistema Tributário Nacional e da principiologia do Estado Democrático de Direito, está influenciada pelo receituário neoliberal. Portanto, seus paradigmas estão distanciados do modelo de Estado adotado pela Constituição e dos valores nela postos. Assim, ao invés de instrumento de redistribuição de renda, passa a ser um meio de ampliação das desigualdades sociais e de concentração de renda. Em vista da *neotributação*, ao invés de a cobrança dos tributos sobre o consumo ser mitigada e sobre a renda ser exacerbada – com base nos primados da igualdade e da capacidade contributiva –, ela torna-se insuportável sobre o consumo e bastante generosa em relação à renda, notadamente à renda das camadas mais abastadas da sociedade, de forma a incentivar o acúmulo de capital. Dessa forma, a tributação torna-se um cruel e privilegiado instrumento de entrave ao principal objetivo do Estado ora constituído: reduzir as desigualdades sociais.

Não houve, ainda, o rompimento com este modo ultrapassado de se pensar e perceber o Texto Maior, no Brasil, mormente em termos de tributação. A análise da base de incidência mais afetada pela tributação (consumo) e os efeitos que isso gera na renda das famílias com menores condições financeiras (menor capacidade contributiva), dá conta de que a Constituição brasileira ainda continua "nas mãos" do legislador e do jogo das maiorias, posto que não se respeita o princípio da capacidade contributiva, e, consequentemente, o pilar de sustentação do Estado Democrático de Direito: a solidariedade.

Entretanto, haja vista que num Estado fiscal social a tributação deve ser exercida de modo a colaborar para a redução das desigualdades sociais, não pode ser conduzida de forma a uma incidência forte sobre o consumo e rasa sobre o patrimônio, e, principalmente sobre a renda. Faz-se necessário romper com a denominada *neotributação*, a qual qualifica o modo de tributar como injusto e irracional e inverte a ordem de cobrança dos tributos.

Há de se desgarrar do modo de tributar forjado pelo liberalismo econômico, uma vez que este é uma das importantes causas das desigualdades sociais que se perpetuam ao longo dos anos no Brasil, além de, sob o ponto de vista jurídico-formal, ser incompatível com o modelo de constituição ora vigente. A tributação há de cumprir sua importante função de servir como instrumento de concretização dos direitos fundamentais e, com isso, seguir os passos delineados nos objetivos fundamentais da República Federativa Brasileira. Sem isso, continuar-se-á pragmaticamente distante do tão desejado Estado Democrático de Direito.

Em regra, aqueles que ocupam o papel de formatadores, executores e intérpretes das normas em matéria tributária, mostram-se resistentes à evolução do constitucionalismo e ao papel que a Constituição assume nos dias atuais. Verifica-se um ranço relativo ao tema da tributação, que é tratada e disciplinada sem que os pressupostos básicos de fundamento da República Brasileira devessem necessariamente ser respeitados. Há dificuldade em compreender/aceitar que, uma tributação justa, isto é, devidamente distribuída entre as bases de incidência, possui capacidade para gerar reflexos nos direitos sociais. No mais das vezes, a doutrina trabalha a partir de um exegetismo acerca das regras tributárias que compõem o Código Tributário Nacional e nega a necessidade/obrigatoriedade de pensar a tributação como algo importante para a sociedade, cuja função deve ser exercida a partir dos *mandamentos da democracia e da justiça*, que constituem a filosofia do Estado Social. "A doutrina, portanto, não doutrina. É doutrinada" (Streck).

Os juristas continuam refratários à viragem ontológico-linguística ocorrida na filosofia, que há muito deveria ser incorporada pela hermenêutica jurídica. Notadamente em matéria de tributação, apesar de haver uma parte da Constituição cuidando somente dela, os juristas continuam presos aos paradigmas metafísicos, notadamente o objetivismo e as técnicas de interpretação continuamente sustentadas pelo *senso comum teórico dos juristas* (Warat). Não é possível continuar a agir dessa forma em relação a um âmbito do direito que pode contribuir significativamente para a redução das desigualdades sociais, pela redistribuição de riquezas como o da tributação.

A forma como a tributação vem sendo tratada no Brasil, isto é, como a *função* tributária vem sendo exercida, contraria a doutrina constitucionalista que se desenvolveu durante os séculos, e que culminou com o uníssono e singelo entendimento de que a Constituição ocupa o vértice do Ordenamento Jurídico. Constata-se que há um importante e longo caminho a ser trilhado no sentido de se compreender adequadamente o novo (com mais de vinte e cinco anos!) texto constitucional, sendo que a hermenêutica filosófica dá uma significativa contribuição neste processo.

A inautenticidade das contribuições ainda predominantes merece uma fundada crítica, notadamente por impedir que a Constituição produza seus óbvios e imprescindíveis efeitos, ou seja, que "constitua-a-ação". Entre os indevidamente denominados "ramos do direito" em que isso aparece, inequivocamente há de se reconhecer que o "direito tributário" ocupa um espaço de crucial destaque, pois sequer se consegue perceber que se vive em um formal Estado Democrático de Direito, com toda sua gama de irradiações.

Ao se constatar isso, e se perceber os seus malefícios, cria-se condições que possibilitam seu rechaço, especialmente por parte daqueles que hoje suportam os efeitos mais danosos. Enfim, passa-se a traçar um caminho que leve a uma tributação mais equânime e não indutora da exclusão social como a ora em prática, com vistas a transformá-la em um eficaz meio de concretização dos direitos fundamentais e cumprimento dos objetivos fundamentais da República Federativa brasileira, que, ao menos formalmente, está instituída como um Estado Democrático de Direito.

É certo, pois, que existe um longo caminho a ser percorrido no sentido de concretizar o Estado Democrático de Direito. Para trilhar tal caminho, faz-se necessário romper com os conceitos anacrônicos sobre o próprio Estado e sobre os princípios que, indiscutivelmente, foram consagrados pela inovadora Constituição de 1988. Tais conceitos – concebidos dentro de uma outra realidade – não podem se perpetuar, como se o tempo fosse possível aprisionar, como se a dinâmica evolucional da humanidade fosse possível de ser travada, como se a realidade, a partir da qual foram construídos, tenha produzido uma sociedade alicerçada em justiça, enfim, como se os mesmos tivessem colaborado para edificar uma vida melhor.

Não há mais como continuar a fazer de conta que a Constituição, em matéria tributária, resume-se a estabelecer limites ao poder de tributar, como se a norma maior apenas albergasse os clássicos direitos fundamentais de defesa. Isso não significa que tais limites sejam menos importantes, apenas que eles correspondem a um dos pilares de sustentação do sistema tributário nacional.

É necessário ver que o novo já existe. Basta que se tenha coragem suficiente para romper com os preconceitos, basta que um sentimento de solidariedade se aposse do pensar, basta que se constate a obviedade de que aquilo com o qual se romperá não foi eficaz na construção de uma sociedade justa, igualitária e humana – razão, em última análise, da existência do próprio Estado.

Enfim, diferentemente daquilo que demagogicamente se sustenta, não é necessário modificar o ordenamento jurídico constitucional para que se possa implementar um Estado que seja efetivo na busca do bem comum. Faz-se necessário, apenas, que os princípios, instrumentos e institutos já existentes tenham um sentido construído que vá ao encontro do modelo de Estado ora vigente, e, portanto, amparado na tradição e no novo paradigma constitucional.

É possível criar alternativas que busquem uma efetiva justiça fiscal, desde que observados os princípios próprios de uma carga tributária justa, voltada à redução das desigualdades sociais e em respeito ao mínimo existencial, pois a Constituição exige que assim se faça. Simplesmente isso! A constituição assim determina!

Esta geração, pois, não tem mais o direito de continuar contaminada pelo individualismo que a caracteriza e manter uma estrutura tributária destinada a relegar aos servos contemporâneos a condição de contribuintes e aos senhores feudais do Século XXI a de destinatários das benesses estatais.

Referências

ALMEIDA, Custódio Luís da Silva; FLICKINGER, Hans-Georg; ROHDEN, Luiz (Eds.) *Hermenêutica filosófica:* nas trilhas de Hans-Georg Gadamer. Porto Alegre: EDIPUCRS, 2000.

ALTAMIRANO, Alejandro. *As garantias constitucionais no processo penal tributário.* In: FERRAZ, Roberto (Coord.). Princípios e limites da tributação. São Paulo: Quartier Latin, 2005.

ALTERAÇÃO em imposto sobre doações e herança resulta em aumento de 487% na arrecadação. *Secretaria da Fazenda do Rio Grande do Sul.* 03 de março de 2010. Disponível em: <http://www.sefaz.rs.gov.br/Site/NoticiaDetalhes.aspx?NoticiaId=4387> Acesso: 31 mar. 2014.

AMARO, Luciano. *Direito tributário brasileiro.* 16. ed. São Paulo: Saraiva, 2010.

ATALIBA, Geraldo. *Hipótese de incidência tributária.* 6. ed. 10. tir. São Paulo: Malheiros, 2009.

BACHOF, Otto. *Normas constitucionais inconstitucionais?.* Coimbra: Almedina, 1994.

BALEEIRO, Aliomar. *Direito tributário brasileiro.* 11. ed. Atual. Misabel Abreu Machado Derzi. Rio de Janeiro: Forense, 2003.

——. *Limitações constitucionais ao poder de tributar.* 7. ed. Atual. Misabel Abreu Machado Derzi. Rio de Janeiro: Forense, 1997.

——. *Uma introdução às ciências das finanças.* Rio de Janeiro: Forense, 1955.

——. ——. 15. ed. Rio de Janeiro: Forense, 1998.

BARACHO, José Alfredo de Oliveira. Teoria geral das constituições escritas. In: *Revista Brasileira de Estudos Políticos.* Belo Horizonte: UFMG/Imprensa Universitária, n. 61/62, jul. 1985.

BARBOSA, Rui. *Oração aos moços.* Rio de Janeiro: Organizações Simões, 1951.

BARRETO, Aires Ferdinando. *Imposto predial e territorial urbano – IPTU.* In: MARTINS, Ives Gandra da Silva (coord.). Curso de Direito Tributário. 8. ed. São Paulo: Saraiva, 2001.

BARRETTO, Vicente de Paulo (Coord.). *Dicionário de filosofia do direito.* São Leopoldo: UNISINOS, 2006.

BARROSO, Luís Roberto. Constituição. In: BARRETTO, Vicente de Paulo (Coord.). *Dicionário de filosofia do direito.* São Leopoldo: UNISINOS, 2006.

BECKER, Alfredo Augusto. *Teoria geral do direito tributário.* 3. ed. São Paulo: Lejus, 1998.

BINENBOJM, Gustavo. *A nova jurisdição constitucional brasileira:* legitimidade democrática e instrumentos de realização. 2. ed. Rio de Janeiro: Renovar, 2004.

BOBBIO, Norberto; MATTEUCCI, Nicola; PASQUINO, Gianfranco (Orgs.). *Dicionário de política.* 5. ed. Brasília : Universidade de Brasília, 2000. v. 1.

BONAVIDES, Paulo. *Curso de direito constitucional.* 6 ed. São Paulo: Malheiros, 1996.

——. ——. 11 ed. São Paulo: Malheiros, 2001.

——. *Do estado liberal ao estado social.* 9 ed. São Paulo: Malheiros, 2009.

BOUVIER, Michel. A questão do imposto ideal. In: FERRAZ, Roberto (Coord.). *Princípios e limites da tributação 2.* São Paulo: Quartier Latin, 2009.

——. *Introduction au droit fiscal general et à la théorie de l'impot.* 4. ed., Paris: LGDJ, 2001.

BRAGATO, Fernanda Frizzo. Para além do individualismo: crítica à irrestrita vinculação dos direitos humanos aos pressupostos da modernidade ocidental. In: CALLEGARI, André Luís; STRECK, Lenio Luiz; ROCHA, Leonel Severo (Org.). *Constituição, sistemas sociais e hermenêutica:*

anuário do Programa de Pós-graduação em Direito da UNISINOS: mestrado e doutorado. Porto Alegre: Liv. do Advogado; São Leopoldo: UNISINOS, 2010.

BRASIL. Justiça Federal de Novo Hamburgo. Impetrante: H. Kuntzler & Cia Ltda. Impetrado: Delegado da Receita Federal do Brasil em Novo Hamburgo. Disponível em: <https://eproc.jfrs.jus.br/eprocV2/controlador.php?acao=acessar_documento_publico&doc=711343152900310501120000000006&evento=711343152900310501120000000006&key=da35f5fcea8b517d6ceb36393fc23f15efc0c4df0ba42a86652c02b49a245b6e>. Acesso em 09 fev. 2014.

———. Superior Tribunal de Justiça. *Agravo Regimental no Recurso Especial n° 1208632*. Agravante: Carlos José de Souza. Agravada: Fazenda Nacional. Relator: Min. Herman Benjamin. Brasília, 16 de novembro de 2010. Disponível em: <https://ww2.stj.jus.br/revistaeletronica/Abre_Documento.asp?sSeq=1020940&sReg=201001509322&sData=20110204&formato=PDF>. Acesso em: 09 fev. 2014.

———. Supremo Tribunal Federal. *Ação Direta de Inconstitucionalidade n° 948*. Requerente: Conselho Federal da Ordem dos Advogados do Brasil. Requeridos: Assembleia Legislativa do estado de Goiás e Governador do Estado de Goiás. Relator: Min. Francisco Rezek. Brasília, 09 de novembro de 2000. Disponível em: <http://redir.stf.jus.br/paginadorpub/paginador.jsp?docTP=AC&docID=266593>. Acesso em: 2 abr. 2011.

———. Supremo Tribunal Federal. *Ação Direta de Inconstitucionalidade n° 453*. Requerente: Confederação Nacional das Profissões Liberais. Requeridos: Comissão de Valores Mobiliários – CVM, Congresso Nacional e Presidente da República. Relator: Min. Gilmar Mendes. Brasília, 30 de agosto de 2006. Disponível em: <http://redir.stf.jus.br/paginadorpub/paginador.jsp?docTP=AC&docID=409732>. Acesso em: 2 abr. 2011.

———. Supremo Tribunal Federal. *Recurso Extraordinário n° 153771*. Recorrente: José Tarcizio de Almeida Melo. Recorrido: Município de Belo Horizonte. Relator: Min. Carlos Velloso. Brasília, 20 de novembro de 1996. Disponível em: <http://redir.stf.jus.br/paginador pub/paginador.jsp?doc TP=AC&docID=211634>. Acesso em: 2 abr. 2014.

———. Supremo Tribunal Federal. *Recurso Extraordinário n° 234105*. Recorrente: Adolfo Carlos Canan. Recorrido: Estado de São Paulo. Relator: Min. Carlos Velloso. Brasília, 08 de abril de 1999. Disponível em: <http://redir.stf.jus.br/paginadorpub/paginador.jsp?docTP=AC&docID=254529>. Acesso em: 2 abr. 2014.

———. Supremo Tribunal Federal. *Recurso Extraordinário n° 379572*. Recorrente: Conrado Van Erven Neto e Outro (a/s). Recorrido: Estado do Rio de Janeiro. Relator: Min. Gilmar Mendes. Brasília, 11 de abril de 2007. Disponível em: <http://redir.stf.jus.br/pagin adorpub/paginador.jsp?doc TP=AC&docID=506713> Acesso em: 2 abr. 2014.

———. Supremo Tribunal Federal. *Recurso Extraordinário n° 562.045*. Recorrente: Estado do Rio Grande do Sul. Recorrido: Espólio de Emília Lopes de Leon. Relator: Min. Ricardo Lewandowski. Brasília, 27 de novembro de 2013. Disponível em: <http://redir.stf.jus.br/paginadorpub/paginador.jsp?docTP =AC&docID=630039>. Acesso em: 10 jan. 2014.

———. Supremo Tribunal Federal. *Súmula n° 668*. É inconstitucional a lei municipal que tenha estabelecido, antes da emenda constitucional 29/2000, alíquotas progressivas para o IPTU, salvo se destinada a assegurar o cumprimento da função social da propriedade urbana. Disponível em: <http://www.stf.jus.br/portal/jurisprudencia/listarJurisprudencia.asp>. Acesso em: 4 mai. 2014.

BRASÍLIA. Tribunal Regional Federal da 1ª Região. *Apelação Cível no Mandado de Segurança n° 2006.34.00.014545-0*. Apelante: Leidimar Teixeira da Silva Cardoso. Apelada: Fazenda Nacional. Relator: Min. Souza Prudente. Brasília, 23 de setembro de 2011. Disponível em: <http://arquivo.trf1.jus.br/default.php?p1=144029620064013400>. Acesso em: 09 fev. 2014.

BUFFON, Marciano. Interpretação das normas tributárias: a hermenêutica filosófica como alternativa para o rompimento com o paradigma racionalista. In: CALLEGARI, André Luís; STRECK, Lenio Luiz; ROCHA, Leonel Severo (Org.). *Constituição, sistemas sociais e hermenêutica*: anuário do Programa de Pós-graduação em Direito da UNISINOS: mestrado e doutorado. Porto Alegre: Liv. do Advogado; São Leopoldo: UNISINOS, 2013.

———. Princípio da capacidade contributiva: uma interpretação hermeneuticamente adequada. In: CALLEGARI, André Luís; STRECK, Lenio Luiz; ROCHA, Leonel Severo (Org.). *Constituição, sistemas sociais e hermenêutica*: anuário do Programa de Pós-graduação em Direito da UNISINOS: mestrado e doutorado. Porto Alegre: Liv. do Advogado; São Leopoldo: UNISINOS, 2011.

———. Reforma tributária: por que não fazê-la?. *Revista Tecnicouro* (Novo Hamburgo), Novo Hamburgo, a. 36, n. 6, p. 34, 2010.

———. Tributação ambiental: a prevalência do interesse ecológico mediante a extrafiscalidade. In: STRECK, Lenio Luiz; ROCHA, Leonel Severo; ENGELMANN, Wilson (Org.). *Constituição, sistemas sociais e hermenêutica:* anuário do Programa de Pós-graduação em Direito da UNISINOS: mestrado e doutorado. Porto Alegre: Liv. do Advogado; São Leopoldo: UNISINOS, 2012.

———. *Tributação e dignidade humana:* entre os direitos e deveres fundamentais. Porto Alegre: Liv. do Advogado, 2009.

CADEMARTORI, Daniela Mesquita Leutchuk de. Reflexões histórico-conceituais sobre constitucionalismo e democracia na Revolução Francesa. In: STRECK, Lenio Luiz; ROCHA, Leonel Severo; ENGELMANN, Wilson (Org.). *Constituição, sistemas sociais e hermenêutica:* anuário do Programa de Pós-graduação em Direito da UNISINOS: mestrado e doutorado. Porto Alegre: Liv. do Advogado; São Leopoldo: UNISINOS, 2012.

CALLEGARI, André Luis. *Política criminal, estado e democracia:* homenagem aos 40 anos do Curso de Direito e aos 10 anos do Curso de Pós-Graduação em Direito da Unisinos. Rio de Janeiro: Lumen Juris, 2007.

CANOTILHO, José Joaquim Gomes. *Direito constitucional e teoria da Constituição.* 7 ed. Coimbra: Almedina, 2003.

———. Constituição dirigente e vinculação do legislador. Coimbra: Coimbra Ed., 1982.

CARGA Tributária no Brasil 2012. Disponível em: http://www.receita.fazenda.gov.br/publico/estudoTributarios/estatisticas/CTB2012.pdf. Acesso em 25 fev. 2014.

CARNEIRO, Wálber Araujo. O direito e as possibilidades epistemológicas do paradigma hermenêutico. In: STEIN, Ernildo; STRECK, Lenio Luiz; ROSA, Alexandre (Org.) et al. *Hermenêutica e epistemologia:* 50 anos de verdade e método. Porto Alegre: Liv. do Advogado, 2011.

CARRAZZA, Roque Antonio. *Curso de direito constitucional tributário.* 26. ed. ver. ampl. e atual. até a EC n. 64/2010. São Paulo: Malheiros, 2010.

———. *ICMS.* 16º ed. rev. e. ampl. até a EC 67/2011, e de acordo com a Lei Complementar 87/1996, com suas ulteriores modificações. São Paulo: Malheiros, 2012.

CASOLATO, Roberto Wagner Battochio. *O Furto desde a Lei 9426/96.* Boletim IBCCrim. 55/5-6, jun. 1997.

CASSESE, Sabino. *A crise do estado.* São Paulo: Saberes, 2010.

CHANEL, Emmanuel de Crouy. A cidadania fiscal. In: FERRAZ, Roberto (Coord.). *Princípios e limites da tributação 2.* São Paulo: Quartier Latin, 2009.

COÊLHO, Sacha Calmon Navarro. *Comentários à Constituição de 1988:* Sistema Tributário, 2º ed. Rio de Janeiro: Forense, 1990.

———. *Curso de direito tributário brasileiro.* 6. ed. Rio de Janeiro: Saraiva, 2003.

COMPARATO, Fábio Konder. *A afirmação histórica dos direitos humanos.* 5. ed. São Paulo: Saraiva, 2007.

———. *Ética:* direito moral e religião no mundo moderno. São Paulo: Companhia das Letras, 2006.

CORETH, Emerich. *Questões fundamentais hermenêuticas.* São Paulo: EPU/Edusp, 1973.

CORSATTO, Olavo Nery. Imposto sobre grandes fortunas. Revista de Informação Legislativa. a. 37, n. 146, abr./jun. 2000.

CORSET, Paul. Wilhelm Dilthey: Le pacte moderne entre épistémologic et herméneutique. In: GREISCH, Jean (Cur). *Comprendre et interpreter; le paradigme herméneutique de la raison.* Paris: Beauchesne, 1993.

COUTINHO, Jacinto Nelson de Miranda. Dogmática crítica e limites linguísticos da lei: ainda! In: CALLEGARI, André Luis. *Política criminal, estado e democracia:* homenagem aos 40 anos do Curso de Direito e aos 10 anos do Curso de Pós-Graduação em Direito da Unisinos. Rio de Janeiro: Lumen Juris, 2007.

CRUZ, Valdo; NERY, Natuza. Correção do IR pode gerar cortes no Legislativo. *Folha.com.* 19 de março de 2011. Disponível em: <http://www1.folha.uol.com.br/poder/891081-correcao-do-ir-pode-gerar-cortes-no-legislativo.shtml>. Acesso em: 23 mar. 2014.

DALLARI, Dalmo de Abreu. *Elementos de teoria geral do estado*. 24. ed. São Paulo: Saraiva, 2003.

DE MITA, Enrico. O princípio da capacidade contributiva. In: FERRAZ, Roberto (Coord.). *Princípios e limites da tributação*. São Paulo: Quartier Latin, 2005.

——. *Principi de diritto tributario*. Sesta Edizione Milano: Giuffrè, 2011.

DERZI, Misabel Abreu Machado. Pós-modernismo e tributos: complexidade, descrença e corporativismo. In: *Revista Dialética de Direito Tributário*. São Paulo: Oliveira Rocha, n. 100, jan. 2004.

DUARTE, Efigenia Maria Nolasco et al. O Imposto Territorial Rural (ITR) como Instrumento de Justiça Fiscal e Social. In: *Teses Temáticas*. Florianópolis: Sindicato Nacional dos Auditores-Fiscais da Receita Federal do Brasil, 2010.

DUBOIS, Christian. *Heidegger*: introdução a uma leitura. Rio de Janeiro: Jorge Zahar, 2004.

DUVIGNAUD, Jean. *A Solidariedade*: laços de sangue, laços de razão. Trad.: Vasco Casimiro. Lisboa: Instituto Piaget, 1986.

DWORKIN, Ronald. *O império do direito*. São Paulo: Martins Fontes, 1999.

——. *Uma questão de princípio*. São Paulo: Martins Fontes, 2000.

ENTERRÌA, Eduardo García. *Hermeneutica y supremacía constitucional*: el principio de la interpretacíon conforme a la constitución de todo el ordenamiento. Revista de Direito Público, n. 77, ano XIX. p. 33, jan/mar. 1986.

ESTEVAN, Juan Manuel Barquero. *La función del tributo en el estado social y democrático de derecho*. Madrid: Centro de estudios políticos e constitucionales, 2002.

ESTUDO mostra que Brasil tem a 14ª maior carga tributária do mundo. *Correio do Povo*. 22 de março de 2011. Disponível em: <http://www.correiodoestado.com.br/noticias/estudo-mostra-que-brasil-tem-a-14-maior-carga-tributaria-do_102661/>. Acesso em: 23 mar. 2014.

FATTORELLI, Maria Lucia, *A proposta da reforma tributária*. Disponível em: http:// www.sindifisconacional.org.br/mod_download.php?id=L2ltYWdlcy9lc3R1ZG9zL291dHJvcy9BUHJvcG9z dGFEZVJlZm9ybWFUcmlidXRhcmlhLnBkZnww. Acesso em: 23 mar. 2014.

FAVEIRO, Vítor António Duarte. *O estatuto do contribuinte*: a pessoa do contribuinte no Estado Social de Direito. Coimbra: Coimbra Editora, 2002.

FERRAZ, Roberto (Coord.). *Princípios e limites da tributação 2*. São Paulo: Quartier Latin, 2009.

——. Igualdade na tributação – Qual o critério que legitima discriminações em matéria fiscal?. In: FERRAZ, Roberto (Coord.). *Princípios e limites da tributação*. São Paulo: Quartier Latin, 2005.

FERREIRA FILHO, Manoel Gonçalves. *Estado de direito e Constituição*. 2. ed., rev. e ampl. São Paulo: Saraiva, 1999.

FIORAVANTI, Maurizio. *Los derechos fundamentales*: apuntes de historia de las constituciones. 4. ed. Madrid: Trotta, 2003.

FOME zero virou bolsa, sem porta de saída. *O Globo*, 19 dez. 2010, Rio de Janeiro. Disponível em: http://www.ipea.gov.br/portal/index.php?option=com_content& view=article&id=6636:o-globo-rj-fome-zero-virou-bolsa-sem-porta-de-saida&catid=159:clipping&Itemid=75. Acesso: 04 mar. 2014.

FUNDAÇÃO GETÚLIO VARGAS. Instituto Brasileiro de Economia. Centro de Políticas Sociais. *Miséria em Queda*: Mensuração, Monitoramento e Metas. Coordenado por Marcelo Neri. Novembro/2005. Disponível em: http://www.ipea.gov.br/portal/index.php?option =com_content&view=article&id=6622:valor-economico-sp-ainda-ha-muita-desigualdade-a-reduzir-&catid=159:clipping&Itemid =75). Acesso em 04 mar. 2014.

GADAMER, Hans Georg. A incapacidade para o diálogo. In: ALMEIDA, Custódio Luís da Silva; FLICKINGER, Hans-Georg; ROHDEN, Luiz (Eds.) *Hermenêutica filosófica*: nas trilhas de Hans-Georg Gadamer. Porto Alegre: EDIPUCRS, 2000.

——. *Verdade e método*: traços fundamentais de uma hermenêutica filosófica. 2 ed. Petrópolis: Vozes, 1998.

——. Retrospectiva dialógica à obra reunida e sua história de efetuação. Entrevista de Jean Grondin com H.-G. Gadamer. In: ALMEIDA, Custódio Luís Silva de. FLICKINGER, Hans-Georg (Org.). *Hermenêutica filosófica*: nas trilhas de Hans-Georg Gadamer. Porto Alegre: EDIPUCRS, 2000.

GALLO, Franco. Justiça social e justiça fiscal. In: FERRAZ, Roberto (Coord.). *Princípios e limites da tributação 2*. São Paulo: Quartier Latin, 2009.

GALUPPO, Marcelo Campos. Os princípios jurídicos no estado democrático de direito: ensaio sobre o modo de sua aplicação. *Revista de informação legislativa*. Brasília, n. 143. Ano 36. p. 191-209, jul./set. 1999.

GAMA, Júnia. Governo anuncia isenção de Imposto de Renda sobre participação de lucros. *O globo*: economia. 24 dez 2012. Disponível em: <http://oglobo.globo.com/economia/governo-anuncia-isencao-de-imposto-de-renda-sobre-participacao-de-lucros-7130003#ixzz2KMzJ8U Kt>. Acesso em: 09 fev. 2014.

GRECCO, Marco Aurélio. Do poder à função tributária. In: FERRAZ, Roberto (Coord.). *Princípios e limites da tributação 2*. São Paulo: Quartier Latin, 2009.

GREISCH, Jean (Cur). Comprendre et interpreter; le paradigme herméneutique de la raison. Paris: Beauchesne, 1993.

GRODIN, Jean. *L' université de l'hermeneutique*. Paris: Presses Universitaires de França, 1993.

——. *Introdução à hermenêutica filosófica*. São Leopoldo: UNISINOS, 1999.

HÄBERLE, Peter. *Hermenêutica constitucional*: a sociedade aberta dos intérpretes da constituição – contribuição para a interpretação pluralista e 'procedimental' da constituição. Porto Alegre: Fabris, 1997.

HABERMAS, Jurgen. *Direito e democracia*: entre facticidade e validade. Rio de Janeiro: Tempo Brasileiro, 1997. v. 1.

HEIDEGGER, Martin. *Ser e tempo*. Parte I. Petrópolis: Vozes, 1995.

——. *Ser e tempo*. 7. ed. Petrópolis: Vozes, 2012.

HESSE, Konrad. Elementos de direito constitucional da República Federal da Alemanha. Trad. Luís Afonso Heck. Porto Alegre: Fabris, 1998.

——. *Escritos de derecho constitucional*. 2. ed. Madrid: Centro Estud. Constitucionales, 1992.

INDICADORES de equidade do sistema tributário nacional. *Observatório da equidade*. Disponível em: <http://www.ibge.gov.br/observatoriodaequidade/relatoriotributario.htm>. Acesso em: 23 mar. 2014.

INSTITUTO BRASILEIRO DE GEOGRAFIA E ESTATÍSTICA. *Síntese dos Indicadores* Sociais: Uma análise das condições de vida da população brasileira. Estudos e Pesquisas, Informação Demográfica e Socioeconômica, n.23. Rio de Janeiro, 2008. Disponível em: http://www.ibge.gov.br/home/estatistica/populacao/condicaodevida/indicadoresminimos/sinteseindicsociais2008/indic_sociais2008.pdf. Acesso: 04 mar. 2014.

JULIOS-CAMPUZANO, Alfonso. *Constitucionalismo em tempos de globalização*. Porto Alegre: Livraria do Advogado, 2009.

KHAIR, Amir. *Prioridade à justiça tributária*. Disponível em: <http://www.ie.ufrj. br/aparte/pdfs/akhair220408.pdf>. Acesso em: 04 abr. 2014.

LAPATZA, José Juan Ferreiro. *Direito tributário*: teoria geral do tributo. São Paulo: Manole, 2007.

LEAL, Rogério Gesta. *Teoria do estado*: cidadania e poder político na modernidade. 2. ed. Porto Alegre: Livraria do Advogado, 2001.

LEHNER, Moris. Consideração econômica e tributação conforme a capacidade contributiva. sobre a possibilidade de uma interpretação teleológica de normas com finalidades arrecadatórias. In: SCHOUERI, Luís Eduardo; ZILVETI, Fernando Aurelio (Coord.). *Direito tributário*: estudos em homenagem a Brandão Machado. São Paulo: Dialética, 1998.

LIMA, Mário Sérgio. Defasagem na tabela do IR passa de 70%. *Folha.com*. 06 de janeiro de 2011. Disponível em: <http://www1.folha.uol.com.br/mercado/855670-defasagem-na-tabela-do-ir-passa-de-70.shtml>. Acesso em: 24 mar. 2014.

LOSANO, Mario G. *Sistema e estrutura no direito*. São Paulo: WMF Martins Fontes, 2010. v. 2: O século XX.

LUIZ, Fernando Vieira. *Teoria da decisão judicial*: dos paradigmas de Ricardo Lorenzetti à resposta adequada à Constituição de Lenio Streck. Porto Alegre: Liv. do Advogado, 2013.

MACHADO, Hugo de Brito. *Curso de direito tributário*. 30. ed. rev., atual. e ampl. São Paulo: Malheiros, 2009.

MALBERG, Carré de, Contribution à la théorie génerale de l'État, Paris: Sirey, 1922.

MARCONDES, Danilo. *Iniciação à história da filosofia:* dos pré-socráticos a Wittgenstein. 13. ed. Rio de Janeiro: Jorge. Zahar, 2010.

MATTEUCCI, Nicola. Constitucionalismo. In: BOBBIO, Norberto; MATTEUCCI, Nicola; PASQUINO, Gianfranco (Orgs.). *Dicionário de política*. 5. ed. Brasília : Universidade de Brasília, 2000. v. 1.

MAXIMILIANO, Carlos. *Hermenêutica e aplicação do Direito*. 14. ed. Forense, 1994.

MIRANDA, Jorge. *Manual de direito constitucional*. 5. ed. Coimbra: Coimbra, 1996. v. 1: Preliminares – a experiência constitucional.

——. *Manual de direito constitucional*. 3. ed. Lisboa: Coimbra, 2000. v. 4: Direitos fundamentais.

MISÉRIA em queda. Disponível em: http://www3.fgv.br/ibrecps/queda_da_miseria/CPS daFGV_IBRE _MisériaEmQuedaFim2.pdf. Acesso: 04 mar. 2014.

MOBILIZAÇÃO contra o IR. *Estadão.com.br*. 21 de janeiro de 2011. Disponível em: <http://www.estadao.com.br/estadaodehoje/20110121/not_imp669098,0.php >. Acesso em: 24 mar. 2014.

MORAES, Bernardo R. de. *Compêndio de direito tributário*. 3. ed. Rio de Janeiro: Forense, 1999. v. 2.

MORAIS, José Luis Bolzan de. As crises do estado e da constituição e a transformação espacial dos direitos humanos. Porto Alegre: Liv. do Advogado, 2002.

——. Estado, Função Social e (os Obstáculos da) Violência. Ou: do "mal-estar" na civilização à síndrome do medo na barbárie! In: CALLEGARI, André Luis. *Política criminal, estado e democracia:* homenagem aos 40 anos do Curso de Direito e aos 10 anos do Curso de Pós-Graduação em Direito da Unisinos. Rio de Janeiro: Lumen Juris, 2007.

——. O estado constitucional: diálogos (ou a falta deles) entre justiça e política. In: CALLEGARI, André Luís; STRECK, Lenio Luiz; ROCHA, Leonel Severo (Org.). *Constituição, sistemas sociais e hermenêutica:* anuário do Programa de Pós-graduação em Direito da UNISINOS: mestrado e doutorado. Porto Alegre: Liv. do Advogado; São Leopoldo: UNISINOS, 2010.

——; NASCIMENTO, Valéria Ribas do. *Constitucionalismo e cidadania:* por uma jurisdição constitucional democrática. Porto Alegre: Livraria do Advogado Editora, 2010.

MOSCHETTI, Francesco. *O princípio da capacidade contributiva*. In: FERRAZ, Roberto (Coord.). Princípios e limites da tributação 2. São Paulo: Quartier Latin, 2009.

MÜLLER, Friedrich. *Métodos de trabalho do direito constitucional*. 2.ed. São Paulo: Max Limonad, 2000.

MURPHY, Liam; NAGEL, Thomas. *O Mito da propriedade*: os impostos e a justiça. Trad.: Marcelo Brandão Cipolla. São Paulo: Martins Fontes, 2005.

NABAIS, José Casalta. Da sustentabilidade do Estado Fiscal. In: NABAIS, José Casalta; SILVA, Suzana Tavares da (Org.). *Sustentabilidade fiscal em tempos de crise*. Coimbra: Almedina, 2011.

——. *Estudos de direito fiscal:* por um estado fiscal suportável. Coimbra: Almedina, 2005.

——. *O dever fundamental de pagar impostos:* contributo para a compreensão constitucional do estado fiscal contemporâneo. Coimbra: Almedina, 2004.

——; SILVA, Suzana Tavares da (Org.). *Sustentabilidade fiscal em tempos de crise*. Coimbra: Almedina, 2011.

NAVARRO, Vicenç. *As políticas fiscais neoliberais*. Jornal Público. 08 de setembro de 2010. Disponível em: <http://justicafiscal.wordpress.com/2010/09/11/as-politicas-fiscais-neoliberais/>. Acesso em: 31 mar. 2014.

OHLWEILER, Leonel. Estado, administração pública e democracia: condições de possibilidade para ultrapassar a objetificação do regime administrativo. In: ROCHA, Leonel Severo; STRECK, Lenio Luiz. (Org.) UNIVERSIDADE DO VALE DO RIO DOS SINOS Centro de Ciências Jurídicas. *Anuário do Programa de Pós-Graduação em Direito:* mestrado e doutorado, 2003. São Leopoldo: UNISINOS, Centro de Ciências Jurídicas, 2003.

OLIVEIRA, Manfredo Araújo de. Reviravolta lingüístico-pragmática na filosofia contemporânea. São Paulo: Loyola, 1996.

ORTIZ-OSÉS, Andrés. *La nueva filosofía hermenéutica:* hacia uma razón axiológica posmoderna. Barcelona: Anthropos, 1986.

PALMER, Richard E. *Hermenêutica.* Lisboa: Edições 70, 1997.

PAULSEN, Leandro. *Curso de direito tributário.* 3. ed. Porto Alegre: Livraria do Advogado, 2010.

PIKETTY, Thomas. *O capital no século XXI.* Lisboa: Temas e Debates, 2014.

POCHMANN, Márcio. *A exclusão social no Brasil e no mundo.* Rede Social de Justiça e Direitos Humanos. Disponível em: <http://www.social.org.br/relatorio2004/relato rio016.htm>. Acesso: 22 mar. 2014.

QUEIROZ, Cristina. *Interpretação constitucional e poder judicial:* sobre a epistemologia da construção constitucional. Coimbra: Coimbra Editora, 2000.

QUEIROZ, Mary Elbe. O imposto sobre a renda das pessoas físicas e as distorções na sua incidência – Injustiça fiscal? In: MARTINS, Ives Gandra da Silva (Coord.). *O Tributo*: reflexão multidisciplinar sobre sua natureza. Rio de Janeiro: Forense, 2007.

RIBEIRO, Fabiana. *Ricos gastam em 3 dias o que pobres consomem em um ano, afirma Ipea.* 25 de setembro de 2009. Disponível em: <http://desafios2.ipea.gov.br /003/00301009.jsp?ttCD_CHAVE=12248>. Acesso: 23 mar. 2014.

RIO GRANDE DO SUL. Tribunal de Justiça do Rio Grande do Sul. *Incidente de Inconstitucionalidade nº 70013242508.* Proponente: Colenda 21. Camará Cível. Interessado: Heitor Fernando Muccillo. Relator: Araken de Assis. Porto Alegre, 10 de abril de 2006. Disponível em: <http://www1.tjrs.jus.b r/busca/index.jsp?pesq=ementario&as_q=&as_ epq=&as_oq=&as_eq=&sort=date%3AD %3AS%3Ad1&btnG=Buscar&tb=jurisnova&partialfields=tribunal%3ATribunal%2520de%252 0Justi%25C3%25A7a%2520do%2520RS.NumProcesso%3A70013242508.%28TipoDecisao%3Aa c%25C3%25B3rd%25C3%25A3o|TipoDecisao%3Amonocr%25C3%25A1tica%29&requiredfiel ds=TipoProcesso%3AIncidente%2520de%2520Inconstitucionalidade>. Acesso em: 2 abr. 2014.

——. Tribunal de Justiça do Rio Grande do Sul. *Incidente de Inconstitucionalidade nº 70013242508.* Proponente: Colenda 21. Camará Cível. Interessado: Heitor Fernando Muccillo. Relator: Araken de Assis. Porto Alegre, 10 de abril de 2006. Disponível em: <http://www1.tjrs.jus.br/busca/ index.jsp?pesq=ementario&as_q=&as_epq=& as_oq=&as_eq=&sort=date%3AD%3AS%3Ad1 &btnG=Buscar&tb=jurisnova&partialfields=tribunal%3ATribunal%2520de%2520Justi%25C3 %25A7a%2520do%2520RS.NumProcesso%3A70013242508.%28TipoDecisao%3Aac%25C3%25 B3rd%25C3%25A3o|TipoDecisao%3Amonocr%25C3%25A1tica%29&requiredfields=TipoProc esso%3AIncidente%2520de%2520Inconstitucionalidade>. Acesso em: 10 jan. 2014.

ROCHA, Leonel Severo. A aula mágica de Luis Alberto Warat: genealogia de uma pedagogia da seduçãopar o ensino do Direito. In: STRECK, Lenio Luiz; ROCHA, Leonel Severo; ENGELMANN, Wilson (Org.). *Constituição, sistemas sociais e hermenêutica:* anuário do Programa de Pósgraduação em Direito da UNISINOS: mestrado e doutorado. Porto Alegre: Liv. do Advogado; São Leopoldo: UNISINOS, 2012.

ROHDEN, Luiz. *Hermenêutica filosófica.* São Leopoldo: Universidade do Vale do Rio dos Sinos. Editora UNISINOS, 2002.

——. *Interfaces da hermenêutica:* método, ética e literatura. Caxias do Sul, RS: Educs, 2008.

ROSA, Alexandre Morais. O hiato entre hermenêutica filosófica e a decisão judicial. In: STEIN, Ernildo; STRECK, Lenio Luiz; ROSA, Alexandre (Org.) et al. *Hermenêutica e epistemologia:* 50 anos de verdade e método. Porto Alegre: Liv. do Advogado, 2011.

ROSA, André Vicente Pires. Igualdade. In: BARRETTO, Vicente de Paulo (Coord.). *Dicionário de filosofia do direito.* São Leopoldo: UNISINOS, 2006.

SAFATLE, Vladimir. Como não pagar IPVA. *A folha de São Paulo.* 22 de setembro de 2014. Disponível em: http://www1.folha.uol.com.br/colunas/vladimirsafatle/2014/04/1443523 -comonao-pagar-ipva.shtml. Acesso: 25 mai. 2014.

SALÁRIO mínimo nominal e necessário. *Departamento intersindical de estatística e estudos socioeconômicos.* Disponível em: <http://www.dieese.org.br/rel/rac/salminMenu09-05.xml>. Acesso: 31 mar. 2014.

SANCHÍS, Luis Prieto. *Ideología e interpretación jurídica.* Madrid: Tecnos, 1993.

——. *Ley, principios, derechos.* Madrid: Dykinson, 1998.

SANTOS, J. Albano. *Teoria fiscal.* Lisboa: Instituto Superior de Ciências Sociais e Políticas, 2003.

SARLET, Ingo Wolfgang. *A eficácia dos direitos fundamentais*. 3. ed. rev. e ampl. Porto Alegre: Livraria do Advogado, 2003.

SCAFF, Fernando Facury. Quando as medidas provisórias se transformam em decretos-lei ou notas sobre a reserva legal tributária no Brasil. In: FERRAZ, Roberto (Coord.). *Princípios e limites da tributação*. São Paulo: Quartier Latin, 2005.

SCHLEIERMACHER, Friedrich D. E. *Hermenêutica*: a arte e técnica de interpretação. Rio de Janeiro: Vozes, 1999.

SCHMITT, Carl. *Teoría de la Constitución*. 1. ed. Madrid: Alianza, 1992.

SCHOUERI, Luís Eduardo; ZILVETI, Fernando Aurelio (Coord.). *Direito tributário*: estudos em homenagem a Brandão Machado. São Paulo: Dialética, 1998.

SCHUBACK, Márcia Sá Cavalcante. A perplexidade da presença. HEIDEGGER, Martin. *Ser e tempo*. 7. ed. Petrópolis: Vozes, 2012.

SILVA FILHO, José Carlos Moreira da. *Hermenêutica filosófica e direito*: o exemplo privilegiado da boa-fé objetiva no direito contratual. Rio de Janeiro: Lumen Juris, 2003.

SIQUEIRA, Marcelo Rodrigues de. Os desafios do estado fiscal contemporâneo e a transparência fiscal. In: NABAIS, José Casalta; SILVA, Suzana Tavares da (Org.). *Sustentabilidade fiscal em tempos de crise*. Coimbra: Almedina, 2011.

SISTEMA TRIBUTÁRIO: diagnóstico e elementos para mudanças. Brasília: Sindicato Nacional dos Auditores-Fiscais da Receita Federal do Brasil, 2010.

STEIN, Ernildo. *Aproximações sobre hermenêutica*. 2. ed. Porto Alegre: EDIPUCRS, 2004.

———. *Diferença e metafísica*: ensaios sobre a desconstrução. 2. ed. Ijuí: UNIJUÍ, 2008.

———. *Exercícios de fenomenologia*: Limites de um Paradigma. Ijuí: Unijuí, 2004.

———. Gadamer e a consumação da hermenêutica. In: STEIN, Ernildo; STRECK, Lenio Luiz; ROSA, Alexandre (Org.) et al. *Hermenêutica e epistemologia*: 50 anos de verdade e método. Porto Alegre: Liv. do Advogado, 2011.

———. Nas raízes da controvérsia II. In: STRECK, Lenio. *Verdade e consenso*: constituição, hermenêutica e teorias discursivas. 4. ed. São Paulo: Saraiva, 2011.

———; STRECK, Lenio Luiz; ROSA, Alexandre (Org.) et al. *Hermenêutica e epistemologia*: 50 anos de verdade e método. Porto Alegre: Liv. do Advogado, 2011.

STRECK, Lenio Luiz. Apresentação. TRIBE, Laurence; DORF, Michael. *Hermenêutica constitucional*. Belo Horizonte: Del Rey, 2007.

———. Crítica hermenêutica às recepções teóricas inadequadas feitas pelo constitucionalismo brasileiro pós-1988. In: CALLEGARI, André Luís; STRECK, Lenio Luiz; ROCHA, Leonel Severo (Org.). *Constituição, sistemas sociais e hermenêutica*: anuário do Programa de Pós-graduação em Direito da UNISINOS: mestrado e doutorado. Porto Alegre: Liv. do Advogado; São Leopoldo: UNISINOS, 2011.

———. Hermenêutica e (pos)positivismo: por que o ensino jurídico continua de(sin)formando os alunos?. *Constituição, Sistemas Sociais e Hermenêutica*, Porto Alegre, n.7, p. 163-185, 2011.

———. *Hermenêutica jurídica e(m) crise*: uma exploração hermenêutica da construção do direito. 11. ed., rev., atual. e ampl. Porto Alegre: Liv. do Advogado, 2014.

———. *Jurisdição constitucional e hermenêutica*: uma nova crítica do direito. 2. ed. Rio de Janeiro: Forense, 2004.

———. Na democracia, decisão não é escolha: os perigos do solipsismo judicial – o velho realismo e outras falas. In: STRECK, Lenio Luiz; ROCHA, Leonel Severo; ENGELMANN, Wilson (Org.). *Constituição, sistemas sociais e hermenêutica*: anuário do Programa de Pós-graduação em Direito da UNISINOS: mestrado e doutorado. Porto Alegre: Liv. do Advogado; São Leopoldo: UNISINOS, 2012.

———. Neoconstitucionalismo, positivismo e pós-positivismo. In: FERRAJOLI, Luigi; STRECK, Lenio Luiz; TRINDADE, André Karam (Orgs.). *Garantismo, hermenêutica e (neo)constitucionalismo*: um debate com Luigi Ferrajoli. Porto Alegre: Livraria do Advogado, 2012.

———. *O que é isto – decido conforme minha consciência?*. 2. ed., rev. e ampl. Porto Alegre: Liv. do Advogado, 2010.

———. Uma Visão Hermenêutica do Papel da Constituição em Países Periféricos. In: CALLEGARI, André Luis. *Política criminal, estado e democracia:* homenagem aos 40 anos do Curso de Direito e aos 10 anos do Curso de Pós-Graduação em Direito da Unisinos. Rio de Janeiro: Lumen Juris, 2007.

———. *Verdade e consenso:* constituição, hermenêutica e teorias discursivas. 4. ed. São Paulo: Saraiva, 2011.

———; BOLZAN DE MORAIS, José Luiz. *Ciência política & teoria do Estado.* 5. ed. Porto Alegre: Livraria do Advogado, 2006.

TEIXEIRA, Anderson Vichinkeski. Qual a função do Estado constitucional em um constitucionalismo transnacional? In: STRECK, Lenio Luiz; ROCHA, Leonel Severo; ENGELMANN, Wilson (Org.). *Constituição, sistemas sociais e hermenêutica:* anuário do Programa de Pós-graduação em Direito da UNISINOS: mestrado e doutorado. Porto Alegre: Liv. do Advogado; São Leopoldo: UNISINOS, 2012.

TEIXEIRA, Anderson Vichinkeski. *Teoria pluriversalista do direito internacional.* São Paulo: WMF Martins Fontes, 2011.

TIPKE, Klaus; YAMASHITA, Douglas. *Justiça fiscal e princípio da capacidade contributiva.* São Paulo: Malheiros, 2002.

———; LANG, Joachim. *Direito tributário (Steuerrecht),* Vol. I. Tradução da 18. ed. Alemã, de Luiz Dória Furquim. Porto Alegre: Sergio Antonio Fabris Ed., 2008.

TORRES, Heleno Taveira. *Direito constitucional tributário e segurança jurídica.* 2. ed. São Paulo: Revista dos Tribunais, 2012.

TORRES, Ricardo Lobo. Cidadania. In: BARRETTO, Vicente de Paulo (Coord.). *Dicionário de filosofia do direito.* São Leopoldo: UNISINOS, 2006.

———. *Curso de direito financeiro e tributário.* 15. ed. Rio de Janeiro: Renovar, 2008.

———. *Tratado de direito constitucional financeiro e tributário.* Rio de Janeiro: Renovar, 1999. v. 3: os direitos humanos e a tributação.

———. ———. Rio de Janeiro: Renovar, 2005. v. 2: Valores e princípios constitucionais tributários.

TRIBE, Laurence; DORF, Michael. *Hermenêutica constitucional.* Belo Horizonte: Del Rey, 2007.

VALCÁRCEL, Ernesto Lejeune. O Princípio de igualdade. In: FERRAZ, Roberto (Coord.). *Princípios e limites da tributação.* 2. São Paulo: Quartier Latin, 2009.

VATTIMO, Gianni. *Introdução à Heidegger.* Lisboa: Instituto Piaget, 1998.

WARAT, Luis Alberto. *Introdução geral ao direito I.* Porto Alegre: Fabris, 1994.

WEISS, Fernando Leme. *Justiça tributária:* as renúncias, o código de defesa dos contribuintes e a reforma tributária. Rio de Janeiro: Lumen Juris, 2003.

WIZIACK, Julio. Brasil já possui 220 mil milionários, diz pesquisa. *Folha.com.* 05 de setembro de 2008. Disponível em: <http://www1.folha.uol.com.br/folha/dinheiro/ult91 u441681.shtml>. Acesso em: 07 abr. 2014.

ZILVETI, Fernando Aurelio. Capacidade contributiva e mínimo existencial. In: SCHOUERI, Luís Eduardo; ZILVETI, Fernando Aurelio (Coord.). *Direito tributário:* estudos em homenagem a Brandão Machado. São Paulo: Dialética, 1998.

———. *Princípios de direito tributário e a capacidade contributiva.* São Paulo: Quartier Latin, 2004.

Impressão:
Evangraf
Rua Waldomiro Schapke, 77 - POA/RS
Fone: (51) 3336.2466 - (51) 3336.0422
E-mail: evangraf.adm@terra.com.br